Zwischen Kern und Peripherie

studia grammatica 76

Herausgegeben von Manfred Bierwisch,
Hans-Martin Gärtner und Manfred Krifka

unter Mitwirkung von Regine Eckardt (Göttingen), Paul Kiparsky (Stanford)

Antonio Machicao y Priemer, Andreas Nolda,
Athina Sioupi (Hg.)

Zwischen Kern und Peripherie

Untersuchungen zu Randbereichen in Sprache
und Grammatik

Festschrift zum 64. Geburtstag von Norbert Fries

DE GRUYTER

ISBN 978-3-05-006058-3
eISBN 978-3-05-006533-5
epubISBN 978-3-05-501611-0

Library of Congress Cataloging-in-Publication Data
A CIP catalog record for this book has been applied for at the Library of Congress.

Bibliografische Information der Deutschen Nationalbibliothek
Die Deutsche Nationalbibliothek verzeichnet diese Publikation in der Deutschen
Nationalbibliografie; detaillierte bibliografische Daten sind im Internet über
http://dnb.dnb.de abrufbar.

Druck und Bindung: Hubert & Co. GmbH & Co. KG, Göttingen

♾ Gedruckt auf säurefreiem Papier
Printed in Germany

www.degruyter.com

Inhaltsverzeichnis

Vorwort

Der vorliegende Sammelband ist Norbert Fries zum 64. Geburtstag gewidmet, der sich seit Jahrzehnten immer wieder mit der Interaktion von Kern und Peripherie in Sprache und Grammatik auseinandergesetzt hat.

Wir danken den Autoren für ihre Bereitschaft, in ihren Beiträgen eine Brücke zu der Kern- und Peripherie-Thematik zu schlagen. Den Reihenherausgebern Manfred Bierwisch, Hans-Martin Gärtner und Manfred Krifka sind wir dankbar für ihre Zusage, den Band in die „Studia grammatica" aufzunehmen und Katja Leuchtenberger vom Akademie Verlag für ihre freundliche und engagierte Begleitung dieses Projekts. Bei der Editionsarbeit wurden wir von Christopher Izgin, Anina Klein und Sören Meyer unterstützt, für deren Einsatz wir uns herzlich bedanken möchten. Gefördert wurde unser Unternehmen nicht zuletzt auch vom Institut für deutsche Sprache und Linguistik der Humboldt-Universität zu Berlin.

Berlin, Szeged und Thessaloniki, im November 2013

Antonio Machicao y Priemer
Andreas Nolda
Athina Sioupi

Die Kern/Peripherie-Unterscheidung: Probleme und Positionen[*]

Andreas Nolda, Antonio Machicao y Priemer & Athina Sioupi

1. Einführung

Die von Noam Chomsky seit den 1970er Jahren vertretene Differenzierung zwischen Kern und Peripherie von Sprache und Grammatik ist spätestens mit dem Aufkommen der Konstruktionsgrammatik Gegenstand kontroverser Diskussion. Die Grundidee dieser Unterscheidung ist etwa die folgende. Die grammatischen Phänomene in einer Sprache zerfallen in zwei Teilbereiche: ‚regelhafte‘ *kerngrammatische Phänomene* und ‚unregelmäßige‘ *randgrammatische Phänomene* (‚Ausnahmen‘). Kerngrammatische Phänomene werden von einer *Kerngrammatik* der Sprache mit relativ einfachen theoretischen Mitteln erfasst. Die Erfassung randgrammatischer Phänomene erfordert hingegen komplexere Mittel; welche dies im Einzelnen sind, bleibt bei Chomsky weitgehend offen. In der Literatur ist dafür der Terminus „Randgrammatik" geläufig. Dabei gilt, dass die Kerngrammatik gegenüber der Randgrammatik heuristisch wie ontogenetisch primär ist. Diese Unterscheidung wollen wir „Kern/Peripherie-Unterscheidung" nennen.[1]

Mit der Kern/Peripherie-Unterscheidung ist eine Reihe von empirischen, theoretischen und metatheoretischen Problemen verbunden. Dazu gehören insbesondere:

- Welche Kriterien gibt es dafür, dass ein grammatisches Phänomen kerngrammatisch oder randgrammatisch ist (*Kriterienproblem*)?
- Lassen sich kern- und randgrammatische Phänomenbereiche auf diskrete Weise voneinander abgrenzen, oder besteht zwischen ihnen ein gradueller Übergang (*Grenzproblem*)?
- Können randgrammatische Phänomene mit denselben theoretischen Mitteln beschrieben werden wie kerngrammatische (*Beschreibungsproblem*)?
- Sollen vom grammatischen System einer Sprache sowohl kerngrammatische als auch randgrammatische Phänomene erfasst werden (*Grammatikproblem*)?
- Ist die Kern/Peripherie-Unterscheidung überhaupt heuristisch sinnvoll und wissenschaftstheoretisch vertretbar (*Methodenproblem*)?

---

[*] Für anregende Denkanstöße danken wir Anke Lüdeling, Stefan Müller, Amir Zeldes und insbesondere Manfred Bierwisch.
[1] Damit nicht zu verwechseln ist die Unterscheidung zwischen dem ‚Kern‘ oder ‚Zentrum‘ eines Begriffs oder einer Kategorie im Sinne eines Prototyps und der nichtprototypischen ‚Peripherie‘ (für einen allgemeinen Überblick vgl. Taylor 2003; eine frühe Diskussion dieser Unterscheidung aus sprachtheoretischer Sicht findet sich bei Daneš 1966).

Dieses einführende Kapitel soll einen Überblick darüber geben, wie sich ausgewählte theoretische Ansätze zu den angeführten Problemen verhalten. Die berücksichtigten Ansätze sind dabei:

1. die Generative Grammatik chomskyscher Prägung, für die die Kern/Peripherie-Unterscheidung wesentlich ist;
2. die Konstruktionsgrammatik und die *Simpler Syntax*, in denen die Kern/Peripherie-Unterscheidung weitgehend abgelehnt wird.

Nicht angestrebt wird hier eine Lösung der mit der Kern-Peripherie-Unterscheidung verbundenen Probleme. Das Kapitel schließt mit einem provisorischen Zwischenfazit und mit einem Überblick über den Bezug der folgenden Beiträge zum Thema des Bandes.

2. Die Konzeption der Kern/Peripherie-Unterscheidung in der Generativen Grammatik

Die Kern/Peripherie-Unterscheidung in der Generativen Grammatik hängt eng mit der rationalistischen Annahme einer genetisch determinierten Universalgrammatik (UG) zusammen. Die Universalgrammatik soll nicht nur beliebigen Sprachen zugrundeliegen, sondern es auch dem Kind ermöglichen, trotz eines (tatsächlich oder vermeintlich) beschränkten sprachlichen Inputs eine einzelsprachliche Grammatik zu erwerben. Chomsky (1981a: 3) charakterisiert diese doppelte Anforderung an die Universalgrammatik so:

> UG [...] must be compatible with the diversity of existing (indeed, possible) grammars. At the same time, UG must be sufficiently constrained and restrictive in the options it permits so as to account for the fact that each of these grammars develops in the mind on the basis of quite limited evidence. [...] it is a near certainty that fundamental properties of the attained grammars are radically underdetermined by evidence available to the language learner and must therefore be attributed to UG itself.

Um diese Anforderungen zu erfüllen, werden im Rahmen der Prinzipien-und-Parameter-Theorie Parameter in der Universalgrammatik vorgesehen, die auf der Basis von einzelsprachlicher Evidenz beim Spracherwerb belegt werden. Dies ermöglicht, so Chomsky (1981a: 4), eine Lösung des *poverty of stimulus*-Problems: "limited evidence, just sufficient to fix the parameters of UG, will determine a grammar that may be very intricate and will in general lack grounding in experience in the sense of an inductive basis".

Eine auf diese Weise erworbene einzelsprachliche Grammatik kann und soll nicht alle grammatischen Phänomene einer Sprache, einer Varietät oder eines Idiolekts abdecken. Chomsky (1986: 147) unterscheidet vielmehr zwischen einer *core language*, die durch die Universalgrammatik und eine bestimmte Parameterbelegung determiniert ist, und einer anderweitig erfassten sprachlichen *periphery*:

> The systems called "languages" in common sense usage tolerate exceptions: irregular morphology, idioms, and so forth. These exceptions do not fall naturally under the principles-and-parameters conception of UG. Suppose we distinguish *core language* from *periphery*, where a core language is a system determined by fixing values for the parameters of UG, and the periphery is whatever is added on in the system actually represented in the

mind/brain of a speaker-hearer. This distinction is a theory-internal one; it depends crucially on a formulation of UG.

In analoger Weise unterscheidet Chomsky (1981a: 8) zwischen *core grammar* und *periphery*:[2]

> [...] each actual "language" will incorporate a periphery of borrowings, historical residues, inventions, and so on, which we can hardly expect to – and indeed would not want to – incorporate within a principled theory of UG. For such reasons as these, it is reasonable to suppose that UG determines a set of core grammars and that what is actually represented in the mind of an individual even under the idealization of a homogeneous speech community would be a core grammar with a periphery of marked elements and constructions.

Die Position der Generativen Grammatik chomskyscher Prägung zum Grammatikproblem ist also, dass das grammatische System einer Sprache nur kerngrammatische Phänomene erfassen; nur diese gehören zum generativen Untersuchungsbereich im engeren Sinn.

Diese Position lässt sich mindestens bis zu Chomsky und Lasnik (1977: 430) zurückverfolgen. Später haben Chomsky und Lasnik (1993: 510) diese Position wieder relativiert:[3]

> For working purposes (and nothing more than that), we may make a rough and tentative distinction between the *core* of a language and its *periphery*, where the core consists of what we tentatively assume to be pure instantiations of UG and the periphery consists of marked exceptions (irregular verbs, etc.). Note that the periphery will also exhibit properties of UG (e.g., ablaut phenomena), though less transparently.

Demnach hat die Kern/Peripherie-Unterscheidung lediglich den Status einer provisorischen, letztlich heuristisch motivierten Hilfsannahme. Das Grammatikproblem wird offen gelassen; stattdessen wird die Kern/Peripherie-Unterscheidung vor allem methodologisch im Sinne des Methodenproblems gerechtfertigt. Dies erinnert an die 'clear cases first'-Strategie bei Chomsky (1957: 14):

> [...] we may assume for this discussion that certain sequences of phonemes are definitely sentences, and that certain sequences are definitely non-sentences. In many intermediate cases we shall be prepared to let the grammar itself decide, when the grammar is set up in the simplest way so that it includes the clear sentences and excludes the clear non-sentences. [...] A certain number of clear cases, then will provide us with a criterion of adequacy for any particular grammar.

---

[2] Chomsky (1981a: 9) lässt offen, ob dabei die Peripherie vor dem Kern erworben wird:
> We would expect the order of appearance of structures in language acquisition to reflect the structure of markedness in some respects, but there are many complicating factors: e.g., processes of maturation may be such as to permit certain unmarked structures to be manifested only relatively late in language acquisition, frequency effects may intervene, etc.

[3] Ähnlich zurückhaltend äußert sich Chomsky (1995: 163, Fn. 3): "The core-periphery distinction, in my view, should be regarded as an expository device, reflecting a level of understanding that should be superseded as clarification of the nature or linguistic inquire advances." An anderer Stelle sieht Chomsky (1995: 241) das Lexikon als geeigneten Ort für die Repräsentation von ‚Ausnahmen': "The lexicon provides the optimal coding for 'exceptions'".

Etwas vereinfacht ausgedrückt, liegt dieser Strategie die heuristische Hoffnung zugrunde, dass sich die randgrammatischen 'intermediate cases' schon mehr oder weniger von selbst lösen (hier: als grammatische Sätze bzw. ungrammatische Nicht-Sätze ausgezeichnet werden), sobald die kerngrammatischen 'clear cases' erfolgreich erfasst sind.

Die Frage, ob man grammatische 'clear cases' mit kerngrammatischen Phänomenen und 'unclear cases' mit randgrammatischen Phänomenen identifizieren kann, tangiert das Kriterienproblem. Zu randgrammatischen Phänomenen zählt Chomsky (1986: 147), wie oben bereits angeführt, "exceptions: irregular morphology, idioms, and so forth". Chomsky (1981a: 8) führt als Beispiele "marked elements and constructions" an. Kriterien für die Bestimmung kern- und randgrammatischer Phänomene sind also insbesondere ‚Regelhaftigkeit', Idiomatizität und ‚Markiertheit'. "Marked cases" charakterisiert Chomsky (1981b: 143) als "somewhat marginal", "rather unusual" und von unklarer Akzeptabilität. Zu diesen Kriterien kommen Kriterien diachroner oder variationslinguistischer Art. Randgrammatische Phänomene seien, so Chomsky (1986: 147), "variable among languages and dialects". Chomsky und Lasnik (1993: 510) rechnen hierzu auch "phenomena that result from historical accident, dialect mixture, personal idiosyncrasies, and the like" (vgl. auch das oben angeführte Zitat von Chomsky 1981a: 8). Alles in allem wird das Kriterienproblem also mit einem offenen, lediglich exemplarisch bestimmten Kriterienkatalog beantwortet. Interessanterweise sind die dadurch ausgezeichneten Phänomenbereiche nicht nur empirisch problematisch, sondern – wohl nicht zufällig – in einem theoretischen Rahmen dieser Art auch im Hinblick auf die für ihre Beschreibung benötigten theoretischen Mittel. Eine vielzitierte Charakterisierung dieser Mittel findet sich bei Chomsky und Lasnik (1977: 430):

> We will assume that UG is not an "undifferentiated" system, but rather incorporates something analogous to a "theory of markedness". Specifically, there is a theory of core grammar with highly restricted options, limited expressive power, and a few parameters. Systems that fall within core grammar constitute "the unmarked case"; we may think of them as optimal in terms of the evaluation metric. An actual language is determined by fixing the parameters of core grammar and then adding rules or rule conditions, using much richer resources, perhaps resources as rich as those contemplated in the earlier theories of TG noted above.

Chomsky und Lasnik (1977) positionieren sich zum Beschreibungsproblem also dahingehend, dass sie für die Beschreibung randgrammatischer Phänomene andere und gegebenenfalls wesentlich mächtigere theoretische Mittel vorsehen als für die Beschreibung kerngrammatischer Phänomene.

Bei der im von Chomsky und Lasnik angesprochenen "theory of markedness" handelt es offensichtlich sich nicht um die von Chomsky und Halle (1968: Kap. 9) für die Phonologie entwickelte Markiertheitstheorie. Dieser Theorie zufolge enthalten phonologische Merkmalstrukturen die Merkmalswerte „u" ('unmarked') und „m" ('marked'), die durch universale Interpretationsregeln den Merkmalswerten „+" und „–" zugeordnet werden. Bei der Entwicklung ihrer Theorie beziehen sich Chomsky und Halle (1968: 402, 404) ausdrücklich auf den Markiertheitsbegriff der Prager Schule. Markiertheit – genauer: Merkmalhaltigkeit – in diesem Sinne betrifft Oppositionen zwischen einem merkmaltragenden und einem merkmallosen Oppositionsglied, wie zum Beispiel die phonologische Opposition zwischen ‚stimmhaft' und ‚stimmlos' (Trubetzkoy [1939] 1958: 67).[4] Analoges gilt für morphosyntaktische Oppositionen, wie etwa die Opposition zwischen ‚Plural' und ‚Nicht-Plural' in Sprachen wie dem Deutschen oder Englischen. Wird in einer bestimmten Umgebung die Opposition aufgehoben, so tritt regelmäßig das merkmallose Oppositionsglied ein (Trubetzkoy [1939] 1958: 73), so beispielsweise ‚stimmlos' bei der Auslautverhärtung oder ‚Nicht-Plural' (= Singular) bei Prädikaten mit einem satzwertigen, numerusunmarkierten Subjekt.[5] Eine unterschiedliche Zuordnung grammatischer Phänomene zu Kern und Peripherie leistet weder die Konzeption der Prager Schule noch die Markiertheitstheorie von Chomsky und Halle: Stimmlose und stimmhafte Laute gehören genauso zum kerngrammatischen Bereich wie Singular und Plural. ‚Markiertes' gibt es also nicht nur in der Peripherie, sondern auch im Kern.

Nähere Angaben zur Rolle einer für die Kern/Peripherie-Unterscheidung geeigneten "theory of markedness" finden sich bei Chomsky (1981a: 8):

> [...] we assume that the child approaches the task [of language acquisition; A. N., A. MyP., A. S.] equipped with UG and an associated theory of markedness that serves two functions: it imposes a preference structure on the parameters of UG, and it permits the extension of core grammar to a marked periphery. Experience is necessary to fix the values of parameters of core grammar. In the absence of evidence to the contrary, unmarked options are selected.

Eine solche Markiertheitstheorie soll die Parameter der angeborenen Universalgrammatik also hinsichtlich ihrer ‚Markiertheit' ordnen.[6] Beim Spracherwerb erfordern ‚markiert(er)e' Parameterwerte explizite Evidenz,[7] während ‚unmarkierte' Parameterwerte bei fehlender

---

4   ‚Merkmallosigkeit' wurde in der Prager Schule in zweierlei Sinn verstanden: als negativer Wert eines Merkmals oder als Abwesenheit eines Merkmals (zur Diskussion vgl. Ludwig 2001: 401).

5   Das merkmallose Glied einer Opposition fungiert also als Default. Dies erinnert an die bis zu Pāṇini zurückverfolgbare *Elsewhere Condition*, derzufolge eine allgemeine Defaultregel von einer spezielleren Regel mit einem engeren Anwendungsbereich überschrieben werden kann (zur Diskussion vgl. Kiparski 1973).

6   Die Ordnung der Werte der universalgrammatischen Parameter durch eine Markiertheitstheorie in der Prinzipien-und-Parameter-Theorie erinnert an die (sprachspezifische) Ordnung universaler Constraints in der Optimalitätstheorie (Prince und Smolensky [1993] 2004). Die Verletzung outputorientierter *markedness constraints* wird in optimalitätstheoretischen Tableaus mit *violation marks* gekennzeichnet; Analoges gilt für die Verletzung input- und outputorientierter *faithfulness constraints*. Je nachdem, wie die für eine Kandidatenmenge relevanten Constraints geordnet sind, werden Kandidaten mit *violation marks* als grammatisch oder ungrammatisch gewertet. Zur Verallgemeinerung der klassischen Optimalitätstheorie für die Erfassung nicht-binärer Markiertheit vgl. u. a. Müller (1999).

7   Chomsky (1981a: 8f.) unterscheidet hier zwischen *positive evidence* (sprachlichen Daten), *direct negative evidence* (metasprachlichen Korrekturen) und *indirect negative evidence* (dem Fehlen erwartbarer Evidenz).

    Auf ein interessantes Problem in diesem Zusammenhang hat uns Manfred Bierwisch aufmerksam gemacht. In Sprachen wie dem Deutschen oder Englischen besitzen Kopulaverben und Personalpronomina ‚irreguläre', suppletive Paradigmen, deren Erwerb explizite Evidenz erfordert. Dennoch gehören Kopulaverben und Personalpronomina zweifellos zum syntaktischen Kernbereich dieser Sprachen.

Evidenz auch als Defaultwerte gesetzt werden können. Die ‚Markiertheit' grammatischer
Phänomene erscheint somit abgeleitet von der ‚Markiertheit' der betreffenden Parameterwerte.[8] Eine strikte Trennung zwischen den für die Erfassung kern- und randgrammatischer
Phänomene erforderlichen Mittel nimmt Chomsky (1981a: 8) dementsprechend nicht mehr
vor:

> [...] outside the domain of core grammar we do not expect to find chaos. Marked struc-
> tures have to be learned on the basis of slender evidence too, so there should be further
> structure to the system outside the core grammar. We might expect to that the structure of
> these further systems relates to the theory of core grammar by such devices as relaxing
> certain conditions of core grammar, processes of analogy in some sense to be made pre-
> cise, and so on, though there will presumably be independent structure as well: hierar-
> chies of accessibility, etc.

Chomsky (1981a) scheint also damit zu rechnen, dass randgrammatische Phänomene zumindest teilweise mit ‚markierten', ‚abgeschwächten' oder anderweitig modifizierten theoretischen Mitteln der Kerngrammatik beschreibbar sind.[9]

Damit entfällt eine scharfe Abgrenzung kern- und randgrammatischer Phänomenbereiche. Eine entsprechend vorsichtige Haltung zum Grenzproblem nimmt Chomsky (1982:
108) ein:

> I do not even think it is clear whether we should make a sharp distinction between core
> and periphery. Maybe these are more closely related notions of some sort.

Man muss also damit rechnen, dass der Übergang zwischen kerngrammatischen und randgrammatischen Phänomenbereichen kein diskreter, sondern ein gradueller ist.

3.   Die Kritik an der Kern/Peripherie-Unterscheidung

3.1. Konstruktionsgrammatik

Anders als die Generative Grammatik chomskyscher Prägung lehnen die unter dem Begriff
der Konstruktionsgrammatik subsumierten Ansätze eine Unterscheidung von Kern und
Peripherie ab. Dies hat mit einem anderen, holistischen Anspruch an den Untersuchungsbereich grammatischer Beschreibung zu tun, den Kay and Fillmore (1999: 1) auf die folgende
Weise charakterisieren:

> To adopt a constructional approach is to undertake a commitment in principle to account
> for the entirety of each language. This means that the relatively general patterns of the
> language [...] and the more idiomatic patterns [...] stand on an equal footing as data for
> which the grammar must provide an account.

---

[8]   Haider (1993) unterscheidet dementsprechend zwei Arten der Markiertheit: ‚interne Markiertheit'
      der Werte universalgrammatischer Parameter und ‚externe Markiertheit' (rand)grammatischer Phä-
      nomene.

[9]   In ähnlicher Weise geht Müller (2011) davon aus, dass man auch vermeintlich ‚irreguläre' Kon-
      struktionen mit theoretischen Mitteln der Kerngrammatik beschreiben kann, sodass sich die An-
      nahme einer grammatischen Peripherie erübrigt.

Der holistische Anspruch der Konstruktionsgrammatik erfordert theoretische Mittel, die in der Lage sind, sowohl kerngrammatische als auch randgrammatische Phänoneme zu beschreiben. Diese sollen in der Lage sein, so Fillmore, Kay und O'Connor (1988: 534), kerngrammatische Phänomene als Grenzfälle randgrammatischer, insbesondere phraseologischer und idiomatischer Phänomene zu erfassen:

> It appears to us that the machinery needed for describing the so-called minor or peripheral constructions [...] will have to be powerful enough to be generalized to more familiar structures, in particular those represented by individual phrase structure rules. [...] It can be hoped that the structure-building principles of the so-called core and the machinery for building the phraseological units [...] may be of a uniform type, the former being a degenerate instance of the latter.

Dementsprechend gehen konstruktionsgrammatische Studien heuristisch typischerweise ‚vom Rand zum Kern'. Die Untersuchung bezieht also 'unclear cases' von vornherein mit ein, sofern sie nicht sowieso im Zentrum stehen. Zugespitzt formulieren Kay und Fillmore (1999: 1, Fn. 1) die Motivation dafür so: "the construction grammarian does not have the luxury of setting aside any specific piece of problematical data as irrelevant to grammatical theory". Die Kern/Peripherie-Unterscheidung wird also auch im Hinblick auf das Methodenproblem als wenig hilfreich erachtet – im Gegenteil. Setzt man nämlich wie in der *Berkeley Construction Grammar* eine Vererbungshierarchie von Konstruktionen an, dann lässt sich, so Kay und Fillmore (1999: 30), die Untersuchung rand- und kerngrammatischer Phänomene gar nicht sauber trennen:

> The investigation of the idiomatic thus involves the analyst directly in the study of the most general constructions of the grammar. One cannot analyze an idiomatic construction without simultaneously discovering and setting aside all the aspects of the data that are NOT licensed by the construction one is studying. To know what is idiomatic about a phrase one has to know what is nongeneral and to identify something as nongeneral one has to be able to identify the general. In grammar, the investigation of the idiomatic and of the general are the same; the study of the periphery is the study of the core – and vice versa.

Zur Lösung des Beschreibungsproblems wählen konstruktionsgrammatische Ansätze einen mehr oder weniger allgemeinen Konstruktionsbegriff als theoretisches Mittel. Kay (2002: 1) versteht unter „Konstruktion" etwa "a conventional association of any or all of the following kinds of grammatical information: syntactic, semantic – including 'pragmatic', lexical and phonological".[10] Darunter fallen nicht nur grammatische Konstruktionen im engeren Sinn, sondern auch lexikalische Einheiten. Dieser universal anwendbare Konstruktionsbegriff erlaubt es der Konstruktionsgrammatik, von einem einheitlichen grammatischen System auszugehen. Stefanowitsch (2011: 182) motiviert dies mit einem metatheoretischen Ökonomie-Argument:

> Ein System, das irreguläre und idiomatische Strukturen verarbeiten kann, ist logischerweise auch in der Lage, regelhafte und kompositionelle Strukturen zu verarbeiten, denn

---

[10] Andere Autoren schränken den Konstruktionsbegriff auf ‚Gespeichertes' (Goldberg und Jackendoff 2004: 533) oder ‚Nicht-Kompositionelles' (Goldberg 1995: 4) ein, was dessen Anwendbarkeit auf kerngrammatische Phänomene naturgemäß begrenzt.

letztere unterscheiden sich von ersteren ja nur durch ihre weniger starken syntaktischen und semantischen Beschränkungen. Umgekehrt kann aber ein regelverarbeitendes System nicht ohne weiteres idiomatische Strukturen verarbeiten. Ockhams Rasiermesser sagt uns, dass eine Grammatik mit nur einem System einer mit zwei Systemen ceterus paribus vorzuziehen ist.

Eine Reduktion des grammatischen Systems einer Sprache auf eine Kerngrammatik im Sinne des Grammatikproblems erfolgt somit nicht. Insbesondere wird in empiristischer Weise die Annahme eines angeborenen, nicht auf Erfahrung beruhenden mentalen Grammatikmoduls abgelehnt.[11]

Damit entfällt auch die Notwendigkeit, das Kriterienproblem für die Zuordnung grammatischer Phänomene zu Kern und Peripherie zu lösen. Im Hinblick auf das Grenzproblem geht die Konstruktionsgrammatik von einem graduellen Übergang zwischen kern- und randgrammatischen Phänomenen aus: "There is a cline of grammatical phenomena from the totally general to the totally idiosyncratic." (Goldberg und Jackendoff 2004: 533).

3.2. *Simpler Syntax*

Simpler Syntax ist der programmatische Name einer Weiterentwicklung der *Parallel Architecture* (Jackendoff 1997, 2002) von Culicover und Jackendoff (1999, 2005), die im Hinblick auf die Kern/Peripherie-Unterscheidung weitgehend eine ähnliche Position wie die Konstruktionsgrammatik einnimmt. So gehen Culicover und Jackendoff (1999: 544) ebenfalls von einem umfassenden Untersuchungsbereich grammatischer Beschreibungen aus: "in our view an empirically adequate syntactic theory should be able to account for the full range of phenomena that actually exist in natural language". Im Hinblick auf das Grenzproblem konstatieren auch Culicover und Jackendoff (2005: 39) einen graduellen Übergang zwischen kern- und randgrammatischen Phänomenen:

> [...] there is a smooth continuum of linguistic material in the lexicon, ranging from words through idioms through truly idiosyncratic constructions through more general but still specialized constructions to the most general core-like principles. There is no principled distinction between core and periphery, only a gradation of generality.

Eine saubere Abgrenzung zwischen Kern und Peripherie im Sinne des Kriterienproblems halten Culicover und Jackendoff (2005: 26) nicht für möglich, denn: "'Peripheral' phenomena are inextricably interwoven with the 'core'."[12] Dementsprechend kritisch sehen Cu-

---

[11] Dies bedeutet nicht, dass man in der Konstruktionsgrammatik die Existenz von Universalien generell ablehnen würde. Diese sind jedoch, so Tomasello (2009: 471), nicht mit einer Universalgrammatik im chomskyschen Sinne gleichzusetzen:

> Why don't we just call this universal grammar? The reason is because historically, universal grammar referred to specific linguistic content, not general cognitive principles, and so it would be a misuse of the term. It is not the idea of universals of language that is dead, but rather, it is the idea that there is a biological adaptation with specific linguistic content that is dead.

[12] Im selben Sinn konstatieren Jackendoff und Pinker (2005: 221): "relegating the syntactic nuts to the periphery is computationally arbitrary, because they use the same mechanisms of phrase structure and argument structure as the 'core' phenomena of canonical words and structures".

licover und Jackendoff (2005: 25) auch die methodologische Beschränkung auf einen kerngrammatischen Bereich in der Generativen Grammatik chomskyscher Prägung:

> Such an idealization [of the study of the language faculty to the study of the core; A. N., A. MyP., A. S.] is indeed 'reasonable' but, as always, an idealization carries with it an implicit promissory note to make good on the phenomena it has omitted. And 'periphery' tends to become a tempting dumping ground for any irregularity one's theory cannot at the moment explain.

Im Hinblick auf das Methodenproblem wird die Kern/Peripherie-Unterscheidung also eher kritisch gesehen.

Im Unterschied zu konstruktionsgrammatischen Ansätzen setzt die *Simpler Syntax* wie die Generative Grammatik eine Universalgrammatik (UG) an, die allerdings inhaltlich wie funktional anders gefasst wird. Ausgehend von einer Hierarchie mehr oder weniger abstrakter Lexikoneinträge, sehen Culicover und Jackendoff (2005: 40) die Rolle der Universalgrammatik beim Spracherwerb darin, die abstraktesten dieser Einträge (,Regeln' im traditionellen Sinn) zu bestimmen:

> We conceive of UG as pre-specifying the highest, most general layer of the hierarchy. The gradual creation of lower, more specialized levels from idiosyncratic input is guided by the criterion that, if at all possible, lower levels should be specializations of the highest layer [...]. [...] relatively "core" phenomena [...] are quite direct specializations of UG, and represent degrees of abstraction and generality that probably could not be achieved without the principles of UG [...].

Anders als in konstruktionsgrammatischen Ansätzen wird in der *Simpler Syntax* eine kerngrammatische Komponente also nicht gänzlich abgelehnt, die allerdings "only the most general syntactic phenomena" erfassen soll (Culicover 1999: 13f.).

Diese Haltung zum Grammatikproblem führt jedoch nicht dazu, dass wie in der Generativen Grammatik unterschiedliche theoretische Mittel für die Beschreibung bzw. den Erwerb kerngrammatischer und randgrammatischer Phänomene und Kompetenzen angesetzt würden. Vielmehr gehen Culicover und Jackendoff (2005: 43) davon aus, dass sich die theoretischen Mittel für die Peripherie auch für den Kern eignen:

> [...] we have offered the possibility of treating rules of grammar as "bleached-out" idioms: they are more or less idiomatic syntactic structures, sometimes with learned interpretations. Thus whatever mechanism is appropriate for learning words and idioms ought to be capable of learning rules as well, with some guidance from principles [of UG; A. N., A. MyP., A. S.].

Das Beschreibungsproblem wird von der *Simpler Syntax* also im Prinzip so wie in der Konstruktionsgrammatik gelöst: Die für den Kern angesetzten theoretischen Mittel unterscheiden sich von den theoretischen Mitteln für die Peripherie lediglich im Hinblick auf ihre Abstraktheit.

Damit wird die generative Sichtweise des Spracherwerbs gewissermaßen umgekehrt. Ist für die Generative Grammatik chomskyscher Prägung der Erwerb der Kerngrammatik gegenüber dem Erwerb der Peripherie primär, so betrachten Culicover und Jackendoff (2005: 26) den Spracherwerb stattdessen ,vom Rand zum Kern':

[...] even if we were to solve the acquisition problem for "core" grammar, it would still leave mysterious the acquisition of the rest of the language – which, including the lexicon, constitutes most of the language. Conversely, it might turn out that a learning theory adequate for the lexicon and the "peripheral" rules would, with only moderate adjustment or amplification, be able to learn the "core" as well.

4.   Zwischenfazit

Im Hinblick auf die Kern/Peripherie-Unterscheidung beziehen die Generative Grammatik chomskyscher Prägung einerseits und Ansätze aus dem Umkreis von Konstruktionsgrammatik und *Simpler Syntax* andererseits also konträre Positionen. Für die Generative Grammatik ist die Unterscheidung wesentlich und kann aus theorieimmanenten Gründen auch gar nicht ohne Weiteres aufgegeben werden. Wie Chomsky (1986: 147) selbst einräumt, ist die Unterscheidung theorieintern durch die Annahme einer für den Spracherwerb zentralen Universalgrammatik bedingt (siehe oben Abschnitt 2). Außerdem ist der standardmäßig in der Generativen Grammatik verfügbare theoretische Apparat gar nicht ausgelegt für randgrammatische Phänomene, die somit auch nicht im Fokus empirischer Untersuchungen stehen.

Die Konstruktionsgrammatik und die *Simpler Syntax* hingegen sind von vornherein für solche Phänomenbereiche konzipiert. Statt ‚Unregelmäßiges' als Ausnahme von ‚Regelhaftem' zu behandeln, konstruiert die Konstruktionsgrammatik ‚Regelmäßiges' als Grenzfall von ‚Unregelmäßigem'. In konstruktionsgrammatischen Ansätzen wie der *Berkeley Construction Grammar* sind dies alles Konstruktionen, die lediglich mehr oder weniger idiosynkratisch sind. Auch die *Simpler Syntax* geht – trotz der prinzipiellen Annahme einer Universalgrammatik – lediglich von einem graduellen Übergang zwischen Kern und Peripherie aus. Die Kern/Peripherie-Unterscheidung wird unter diesen Voraussetzungen auch für den Spracherwerb theoretisch verzichtbar. Die Frage ist, ob sie noch eine empirische und/oder eine heuristische Berechtigung hat.

Bei der Beschreibung eines komplexen Phänomenbereichs kann eine Unterscheidung zwischen kern- und randgrammatischen Phänomen heuristisch durchaus Sinn machen. Mit Hilfe einer solchen Unterscheidung lässt sich die Komplexität der Untersuchung reduzieren, indem man sich in einem ersten Schritt den kerngrammatischen ‚klaren Fällen' widmet und erst in einem zweiten Schritt versucht, die Beschreibung im Hinblick auf die randgrammatischen ‚unklaren Fälle' zu verallgemeinern, anstatt von vornherein eine Lösung zu suchen, die sowohl mit den ‚klaren Fällen' als auch mit den ‚unklaren Fällen' kompatibel ist.[13] Voraussetzung für eine solche methodologische Strategie ist allerdings, dass eine Verallgemeinerung der Beschreibung für die zunächst ausgeklammerten Phänomene auch tatsächlich angestrebt wird.[14] Ansonsten besteht die Gefahr, dass die Kern/Peripherie-Unterscheidung

---

[13] Eine derartige Methodologie hat sich Chomsky (2009: 6) zufolge in der Naturwissenschaft bewährt: „So part of the reason why the hard sciences make deep discoveries is that they artificially restrict the domain of inquiry."

[14] Wie Fries (1980: 77) anmerkt, können gerade die ‚unklaren Fälle' die Theorieentwicklung vorantreiben: „Wir werden aber nicht allzu weit mit diesem Prinzip (der klaren Fälle) kommen, denn

als wissenschaftstheoretische Immunisierungsstrategie missbraucht wird, indem man „the data according to the theory" (Kuhn 2007: 619) festlegt. Diese Gefahr besteht insbesondere dann, wenn von einer diskreten, nicht-graduellen Grenze zwischen kern- und randgrammatischen Phänomen ausgegangen wird.

Was die empirische Berechtigung der Kern/Peripherie-Unterscheidung angeht, so hieße es vielleicht, das Kind mit dem Bade auszuschütten, wenn man sie ganz aufgeben wollte. Bei aller berechtigten Skepsis, die dieser Unterscheidung von Vertretern der Konstruktionsgrammatik und der *Simpler Syntax* entgegengebracht wird, scheint sie doch eine empirische Basis zu haben. In einer explorativen Studie zur „Randgrammatik des Deutschen" formuliert Fries (1987: 84–92) eine Reihe von Tendenzen, in denen sich im Deutschen randgrammatische Phänomene von kerngrammatischen zu unterscheiden scheinen. Randgrammatische Konstruktionen seien unter anderem stark einzelsprachspezifisch und situationsgebunden und wiesen einen hohen Grad konstruktionsspezifischer Idiosynkrasien und Distributionsbeschränkungen auf. Fries (2007) zufolge gelte allgemein, dass Phänomene mit einer starken Generalisierungstendenz zur Kerngrammatik gehören und Phänomene mit einer schwachen Generalisierungstendenz zur Randgrammatik gehören. Wenn dies zutrifft, dann ergibt sich die (In-)Adäquatheit unterschiedlicher Beschreibungsmittel für kern- und randgrammatische Phänomenbereiche aus der Verschiedenheit der beiden grammatischen Pole – und etwa nicht umgekehrt, indem die verfügbaren theoretischen Mittel einen kerngrammatischen Bereich auszeichnen.

Bei aller Kontroverse um die Kern/Peripherie-Unterscheidung lässt sich vielleicht Konsens herstellen in den folgenden Punkten:

– Zur Identifizierung kern- und randgrammatischer Phänomene scheint es zwar Kriterien zu geben; diese sind aber nur Tendenzen.
– Dementsprechend gibt es auch keine diskrete Grenze, sondern nur einen graduellen Übergang zwischen kern- und randgrammatischen Phänomenen.
– Die Beschreibung randgrammatischer Phänomene scheint tendenziell komplexere, in bestimmter Weise stärker spezifizierte theoretische Mittel zu erfordern als die Beschreibung kerngrammatischer Phänomene.
– Ob es sinnvoll ist, im grammatischen System einer Sprache eine Kerngrammatik auszuzeichnen oder es gar darauf zu beschränken, hängt wesentlich von theorieinternen Gesichtspunkten ab, aber unter Umständen auch vom Bereich der zu erfassenden grammatischen Phänomene.
– Die Kern/Peripherie-Unterscheidung kann heuristisch fruchtbar sein, solange sie nicht als wissenschaftstheoretische Immunisierungsstrategie missbraucht wird.

[…] es sind gerade, wie die Entwicklungen der generativen Grammatik gezeigt haben, oft die unklaren Fälle, welche zwischen bestimmten Hypothesen innerhalb eines Grammatikmodells zu entscheiden haben, welche sogar zwischen unterschiedlichen Grammatikmodellen zu entscheiden haben."

5.   Die Beiträge in diesem Band

Die folgenden Beiträge befassen sich aus unterschiedlichen theoretischen Perspektiven mit der grammatiktheoretischen Relevanz der Kern/Peripherie-Unterscheidung als auch mit empirischen Phänomenen an Randbereichen der Grammatik, die besondere Herausforderungen an die Kern/Peripherie-Unterscheidung stellen.

Stefan Müller diskutiert in seinem Beitrag die grammatiktheoretische Relevanz der Kern/Peripherie-Unterscheidung und beschreibt eine im CoreGram-Projekt entwickelte Methode, mit deren Hilfe ein Maß für ‚Kernigkeit' empirisch bestimmt werden kann.

Manfred Krifka diskutiert in seinem Beitrag die semantischen und pragmatischen Bedingungen, unter denen die Polaritätspartikeln *ja*, *nein* und *doch* als Antworten erscheinen können. Dabei weist er mit Mitteln der Kerngrammatik eine starke Regelhaftigkeit in einem ‚peripheren' Bereich der Grammatik nach.

Der Beitrag von *Rita Finkbeiner* und *Jörg Meibauer* thematisiert die randgrammatische Konstruktion „X *oder nicht* X". Die Autoren untersuchen, welchen syntaktischen, semantischen und pragmatischen Beschränkungen diese Konstruktion unterliegt.

Der Beitrag von *Juliana Goschler* zeigt am Beispiel der Subjekt-Verb-Kongruenz bei koordinierten Subjekten auf der Basis von Korpusdaten, dass die Trennung zwischen ‚unregelmäßiger' Peripherie und ‚regelhaftem' Kern empirisch nicht haltbar ist.

Gegenstand des Beitrags von *Antonio Machicao y Priemer* ist ein Randphänomen in einem Kernbereich: die differentielle Objektmarkierung im Spanischen. Die hier zu beobachtende Optionalität der Objektmarkierung wird mit Hilfe einer rein semantischen Spezifizitätsanalyse aufgelöst.

Anne Temme befasst sich in ihrem Beitrag mit dem Phänomen der Psych-Adjektiven, die eine für Psych-Prädikate typische strukturelle Vielfalt aufweisen. Der Beitrag plädiert für die genaue Untersuchung von Regularitäten bei (vermeintlich) randgrammatischen Phänomenen.

Athina Sioupi schlägt in ihrem Beitrag eine semantische Analyse des perfektiven Aspekts im Griechischen vor – eines an sich kerngrammatischen Phänomens. Dabei zeigt sie, dass eine resultative Interpretation nicht von der Aspektkategorie selbst ableitbar ist, sondern von der Natur des verbalen Ausdrucks und der Art des ausgedrückten Ereignisses abhängt.

Lindsay Butler, *Jürgen Bohnemeyer* und *T. Florian Jaeger* untersuchen die Beziehung zwischen der (nahezu) universellen Kategorie des Numerus und der einzelsprachlichen Variation im Yukatekischen Maya in Bezug auf deren morphosyntaktische Kodierung und Prozessierung.

Die Frage nach der Prozessierung stellen auch *Heike Wiese* und *Maria Piñango* in ihrem Beitrag, der sich mit der konzeptuellen Unterscheidung zwischen Massennomina und zählbaren Nomina beschäftigt. Sie kommen auf der Basis psycholinguistischer Evidenz zum Spanischen und Persischen zu dem Schluss, dass nicht eine binäre, sondern eine trinäre lexikalisch-konzeptuelle Klassifikation vonnöten ist, die auch Kollektiva mit einbezieht.

Tomás Jiménez Juliá und *Irene Doval Reixa* stellen in ihrem Beitrag eine kontrastive Analyse des präpositionalen Systems im Deutschen und im Spanischen vor (unter besonderem Bezug auf das Lateinische). Dabei zeigt sich, dass das Deutsche eine hohe Systematizität im präpositionalen Bereich aufweist, während das Spanische im Vergleich zum Lateinischen hier an Systematizität verloren hat.

In ihrem Beitrag zu koordinativen Strukturen in der Morphologie widmet sich *Susan Olsen* einem peripheren Bereich der Komposition im *Standard Average European*: den Kopulativkomposita. Dabei zeigt sie, dass der in dieser Sprachengruppe vorherrschende Typ – die appositiven Komposita – enge Bezüge zu den Determinativkomposita aufweist, die den Kernbereich der Komposition in diesen Sprachen bilden.

Andreas Nolda befasst sich in seinem Beitrag mit der Bildung komplexer Kardinalia im Deutschen – einem Phänomenbereich, der nicht zum Kernbereich der Wortbildungslehre des Deutschen gehört. Ziel des Beitrags ist es zu zeigen, dass sich ihre Bildung dennoch sinnvoll mit Wortbildungskonzepten beschreiben lässt. Insbesondere wird diskutiert, inwieweit sich Wortbildungsmuster für die Bildung komplexer Kardinalia von kerngrammatischen Wortbildungsmustern des Deutschen unterscheiden.

Hans-Georg Müller betrachtet die Kern/Peripherie-Unterscheidung aus einer orthographischen Perspektive und zeigt, dass sich die Binnenmajuskelschreibung im orthographischen System des Deutschen von einem Randphänomen zu einem Kernphänomen entwickelt.

Literatur

Chomsky, Noam. 1957. *Syntactic Structures*. Janua Linguarum: Series Minor 4. Den Haag: Mouton.

Chomsky, Noam. 1981a. *Lectures on Government and Binding: The Pisa Lectures*. Dordrecht: Foris.

Chomsky, Noam. 1981b. On markedness and core grammar. In *Theory of Markedness in Generative Grammar: Proceedings of the 1979 GLOW Conference*, hg. v. Adriana Belletti, Luciana Brandi und Luigi Rizzi, 123–146. Pisa: Scuola Normale Superiore de Pisa.

Chomsky, Noam. 1982. *The Generative Enterprise: A Discussion with Riny Huybregts and Henk van Riemsdijk*. Dordrecht: Foris.

Chomsky, Noam. 1986. *Knowledge of Language: Its Nature, Origin, and Use*. Westport, Conn.: Praeger.

Chomsky, Noam. 1995. *The Minimalist Program*. Cambridge, Mass.: MIT Press.

Chomsky, Noam. 2009. Interview by Samuel J. Keyser. Transkript von MIT Press Journals Podcasts, episode 3. Cambridge, Mass.: MIT Press.

Chomsky, Noam und Morris Halle. 1968. *The Sound Pattern of English*. Cambridge, Mass.: MIT Press.

Chomsky, Noam und Howard Lasnik. 1977. Filters and control. *Linguistic Inquiry* 8: 1–46.

Chomsky, Noam und Howard Lasnik. 1993. The Theory of Principles and Parameters. In *Syntax: Ein internationales Handbuch zeitgenössischer Forschung/An International Handbook of Contemporary Research*, hg. v. Joachim Jacobs, Arnim von Stechow, Wolfgang Sternefeld und Theo Vennemann, Handbücher zur Sprach- und Kommunikationswissenschaft 9, Bd. 1, 506–569. Berlin: de Gruyter.

Culicover, Peter W. 1999. *Syntactic Nuts: Hard Cases, Syntactic Theory, and Language Acquisition*. Oxford: Oxford University Press.

Culicover, Peter und Ray Jackendoff. 1999. The view from the periphery: The English comparative correlative. *Linguistic Inquiry* 30: 543–571.

Culicover, Peter und Ray Jackendoff. 2005. *Simpler Syntax*. Oxford Linguistics. Oxford: Oxford University Press.

Daneš, František. 1966. The relation of centre and periphery as a language universal. In *Les problèmes du centre et de la périphérie du système de la langue*, Travaux linguistiques de Prague 2, 9–21. Prag: Academia.

Fillmore, Charles, Paul Kay und Mary C. O'Connor. 1988. Regularity and idiomaticity in grammatical constructions: The case of *let alone*. *Language* 64: 501–538.

Fries, Norbert. 1980. *Ambiguität und Vagheit: Einführung und kommentierte Bibliographie.* Linguistische Arbeiten 84. Tübingen: Niemeyer.

Fries, Norbert. 1987. Zu einer Randgrammatik des Deutschen: Zur Theorie randgrammatischer satzwertiger Konstruktionen. In *Satzmodus zwischen Grammatik und Pragmatik*, hg. v. Jörg Meibauer, 75–95. Tübingen: Niemeyer.

Fries, Norbert. 2007. Schnittstellen, Arbitrarität, Kern und Rand. In *Deutsche Grammatik im europäischen Dialog: Beiträge zum Kongress Krakau 2006*, hg. v. Norbert Fries und Christiane Fries. Online-Publikation unter http://krakau2006.anaman.de (Zugriff: 29. 7. 2012).

Goldberg, Adele E. 1995. *Constructions: A Construction Grammar Approach to Argument Structure*. Cognitive Theory of Language and Culture. Chicago: The University of Chicago.

Haider, Hubert. 1993. ‚Markiertheit‘ in der Generativen Grammatik. In *Syntax: Ein internationales Handbuch zeitgenössischer Forschung/An International Handbook of Contemporary Research*, hg. v. Joachim Jacobs, Arnim von Stechow, Wolfgang Sternefeld und Theo Vennemann, Handbücher zur Sprach- und Kommunikationswissenschaft 9, Bd. 1, 635–645. Berlin: de Gruyter.

Jackendoff, Ray. 1997. *The Architecture of the Language Faculty*. Linguistic Inquiry Monographs 28. Cambridge, Mass.: MIT Press.

Jackendoff, Ray. 2002. *Foundations of Language: Brain, Meaning, Grammar, Evolution.* Oxford: Oxford University Press.

Jackendoff, Ray und Adele Goldberg. 2004. The English resultative as a family of constructions. *Language* 80: 532–568.

Jackendoff, Ray und Steven Pinker. 2005. The nature of the language faculty and its implications for evolution of language (Reply to Fitch, Hauser, and Chomsky). *Cognition* 97: 211–225.

Kay, Paul. 2002. An informal sketch of a formal architecture for Construction Grammar. *Grammars* 5: 1–19

Kay, Paul und Charles Fillmore. 1999. Grammatical constructions and linguistic generalizations: The *What's X doing Y?* construction. *Language* 75: 1–34.

Kiparsky, Paul. 1973. 'Elsewhere' in phonology. In *A Festschrift for Morris Halle*, hg. v. Stephen R. Anderson und Paul Kiparsky, 93–106. New York: Holt, Rinehart and Winston.

Kuhn, Jonas. 2007. Interfaces in constraint-based theories of grammar. In *The Oxford Handbook of Linguistic Interfaces*, hg. v. Gillian Ramchand und Charles Reiss, 613–650. Oxford: Oxford University Press.

Ludwig, Ralph. 2001. Markiertheit. In *Sprachtypologie und sprachliche Universalien/Language Typology and Language Universals/La typologie des langues et les universaux linguistiques: Ein internationales Handbuch/An International Handbook/Manuel international*, hg. v. Martin Haspelmath, Ekkehard König, Wulf Oesterreicher und Wolfgang Raible, Handbücher zur Sprach- und Kommunikationswissenschaft 20, Bd. 1, 400–419. Berlin: de Gruyter.

Müller, Gereon. 1999. Optimality, markedness, and word order in German. *Linguistics* 37: 777–818.

Müller, Gereon. 2011. Regeln oder Konstruktionen? Von verblosen Direktiven zur sequenziellen Nominalreduplikation. In *Sprachliches Wissen zwischen Lexikon und Grammatik*, hg. v. Stefan Engelberg, Anke Holler und Kristel Proost, 211–249. Berlin: de Gruyter.

Prince, Alan und Paul Smolensky. [1993] 2004. *Optimality Theory: Constraint Interaction in Generative Grammar*. Oxford: Blackwell.

Stefanowitsch, Anatol. 2011. Keine Grammatik ohne Konstruktionen: Ein logisch-ökonomisches Argument für die Konstruktionsgrammatik. In *Sprachliches Wissen zwischen Lexikon und Grammatik*, hg. v. Stefan Engelberg, Anke Holler und Kristel Proost, 181–210. Berlin: de Gruyter.

Taylor, John R. 2003. *Linguistic Categorization*. 3. Aufl. Oxford: Oxford University Press.

Tomasello, Michael. 2009. Universal grammar is dead. *Behavioral and Brain Sciences* 32: 470–471.

Trubetzkoy, Nikolaj S. [1939] 1958. *Grundzüge der Phonologie*. Göttingen: Vandenhoeck & Ruprecht.

Kernigkeit:
Anmerkungen zur Kern-Peripherie-Unterscheidung[*]

Stefan Müller

1. Kern und Peripherie

Chomsky (1981: 7–8) hat vorgeschlagen, Grammatiken in einen Kernbereich und eine Peripherie einzuteilen. Die Kerngrammatik einer Sprache wird als Instanz der Universalgrammatik (UG) gesehen. Zum Kern gehören alle regelmäßigen Aspekte. Zur Peripherie gehören unregelmäßige Bestandteile einer Sprache wie z. B. Idiome und insbesondere auch das Lexikon. Dadurch, dass eine genetisch determinierte UG Beschränkungen für das Aussehen der jeweiligen Kerngrammatiken enthält, ist laut Chomsky erklärt, warum Sprache schnell und auch überhaupt erworben werden kann.

Kritiker des Prinzipien und Parameteransatzes haben darauf hingewiesen, dass idiomatische und unregelmäßige Konstruktionen einen relativ großen Teil unserer Sprache ausmachen und dass die Grenzen fließend und die Abgrenzung willkürlich bzw. nur theorieintern motiviert ist (Jackendoff 1997: Kapitel 7; Culicover 1999; Ginzburg und Sag 2000: 5; Newmeyer 2005: 48; Kuhn 2007: 619).

Die Einordnung von Phänomenen als zum Kern- bzw. zur Peripherie gehörig hat sich in der Geschichte der Linguistik chomskyscher Prägung oft geändert. So wurde die Zuweisung von Akkusativ in AcI-Konstruktionen (auch *Exceptional Case Marking* genannt) von Chomsky (1981: 70) und Hyams (1988: 13) zur Peripherie gerechnet. Abbildung 1 zeigt die entsprechende Struktur aus Haegeman (1994: 170). *believe* weist Kasus an die NP *him* in der Spezifikatorposition der IP zu, also ausnahmsweise an ein Element, das innerhalb einer eingebetteten Wortgruppe steht. In neuen Theorievarianten (z. B. Kratzer 1996: 120–123) erfolgt alle Kasuszuweisung an Spezifikatorpositionen. So weist z. B. in Abbildung 2 der Voice-Kopf der DP in der Spezifikatorposition von VP den Akkusativ zu. Abbildung 2 zeigt die Analyse des einfachen Satzes in (1), der wohl in jedem Fall mit Mitteln der Kerngrammatik beschreibbar sein sollte:

(1)   Mittie feeds the dog.

---

[*] Die Arbeit an diesem Aufsatz wurde von der Deutschen Forschungsgemeinschaft unterstützt (InfStruk MU 2822/1-1, SFB 632 A6, DanGram MU 2822/2-1, PerGram MU 2822/3-1 und ChinGram MU 2822/5-1).
Ich danke Antonio Machicao y Priemer für Kommentare zu früheren Versionen dieses Aufsatzes und für die Einladung, zum Sammelband beizutragen. Jean-Pierre Koenig danke ich für Diskussionen.

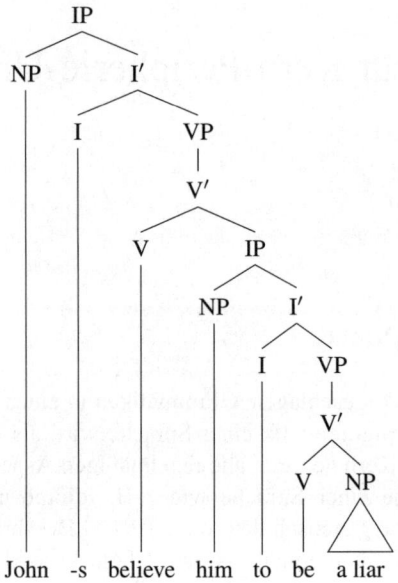

Abbildung 1: Analyse der AcI-Konstruktion mit *Exceptional Case Marking*

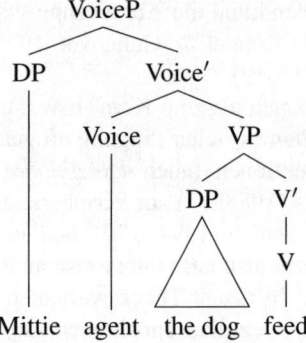

Abbildung 2: Analyse von Strukturen mit transitivem Verb nach Kratzer

Wie man an diesem Beispiel sieht, ist die Zuordnung zu Kern und Peripherie willkürlich: Das was 1981 noch Peripherie war, auch in der Spracherwerbsforschung, ist nun Bestandteil des Kerns. Auch die Anordnung von Konstituenten (Scrambling) wird mal dem Kern und mal der Peripherie zugeordnet (siehe Sabel und Saito 2008: Abschnitt 1, für Verweise auf verschiedene Positionen).

In diesem Aufsatz möchte ich einen Weg zeigen, wie man bestimmen kann, welche Phänomene bzw. Konstrukte zum Kern unseres sprachlichen Wissens gehören. Dabei geht es aber nicht um Kerngrammatiken als Instanzen von domänenspezifischem angeborenem Wissen, d. h. als Instanzen von Wissen, das nur für die Verarbeitung/Erzeugung von Sprache relevant ist, sondern um häufig auftretende Phänomene bzw. Generalisierungen über sprachliches Wissen in bzw. aus den Sprachen der Welt.

2.   Sprachübergreifende Generalisierungen

Im Folgenden möchte ich den Ansatz beschreiben, den wir im CoreGram-Projekt verfolgen (Müller 2013a, b). Wir arbeiten im Rahmen der Head-Driven Phrase Structure Grammar (Pollard und Sag 1994; Müller 2013d) parallel an einer Reihe von computerverarbeitbaren Grammatikfragmenten. Gegenwärtig gibt es Grammatiken für folgende Sprachen:

– Deutsch
– Dänisch
– Persisch
– Maltesisch
– Mandarin Chinesisch
– Jiddisch
– Englisch
– Hindi
– Französisch

Da sich in den letzten Jahren gezeigt hat, dass Argumente für angeborenes domänenspezifisches Wissen über Sprache nicht stichhaltig sind und viele Spracherwerbsphänomene besser erklärt werden können, wenn man inputgesteuertes Lernen annimmt (zu einem Überblick siehe Müller 2013c: Abschnitte 11.1, 11.4), formulieren wir nur solche Beschränkungen für die Wohlgeformtheit von Äußerungen, die einzelsprachlich motivierbar sind. Leere Köpfe für Objektkongruenz, die unter Bezug auf Objektkongruenz im Baskischen auch in Minimalistischen Analysen für das Deutsche stipuliert wurden (Meinunger 2000), kommen in den CoreGram-Grammatiken also nicht vor.

In verwandten Sprachen sind Strukturen oft sehr ähnlich und es ist somit möglich, Regeln und Beschränkungen, die bereits für eine Sprache entwickelt wurden, in die Grammatik einer anderen Sprache zu übernehmen. Auch wenn man psycholinguistische Plausibilität und inputbasierte Erwerbbarkeit zum Kriterium für gute Analysen macht, gibt es mitunter mehrere Alternativen für die Analyse eines Phänomens. In diesem Fall kann man die Analyse nehmen, die mit den Analysen für parallele Phänomene in anderen Sprachen kompatibel ist.

Ziel des Projektes ist es, Beschränkungen, die für mehrere Sprachen bzw. Sprachklassen gelten, zu identifizieren und in entsprechenden Beschränkungsmengen zu repräsentieren. Auf diese Weise lässt sich ermitteln, was allen Sprachen bzw. bestimmten Sprachgruppen gemein ist und somit letztendlich, was unser sprachliches Wissen ausmacht. Im Folgenden soll das anhand einiger Sprachen verdeutlicht werden: Deutsch, Niederländisch, Dänisch, Englisch und Französisch.

Wenn man beginnt, Analysen für das Deutsche und das Niederländische auszuarbeiten, stellt man fest, dass diese Sprachen viele Eigenschaften teilen: Beide sind SOV- und V2-Sprachen (Reis 1974; Thiersch 1978; Koster 1975) und beide haben einen Verbalkomplex.

Ein großer Unterschied ist die Anordnung der Elemente im Verbalkomplex. Die Situation kann wie in Abbildung 3 dargestellt werden. Einige Eigenschaften werden vom Deutschen und Niederländischen geteilt (Menge 3). Zum Beispiel die Spezifikation von Argumentstrukturen für bestimmte Wortklassen werden geteilt (abgekürzt mit Arg St). Argumentstrukturen sind Listen, die Beschreibungen der syntaktischen und semantischen Eigenschaften von Argumenten eines Kopfes enthalten und auch die Beziehung zwischen den jeweiligen Argumenten und den semantischen Rollen, die diese füllen, herstellen (Stichwort *Linking*, siehe Wechsler 1991; Davis 2001; Müller 2013d: Abschnitt 5.6). Zusätzlich zu diesen Beschränkungen sind in der Menge 3 Beschränkungen für SOV-Sprachen (SOV), der Verbstellung in Verbzweitsätzen (V2), der Voranstellung einer Konstituente in V2-Sätzen und zur Struktur des Verbalkomplexes (VC) enthalten. Diese Beschränkungen werden von beiden Grammatiken geteilt. Andere Beschränkungen wie z. B. die Stellungseigenschaften der Wörter im Verbalkomplex (abgekürzt mit VC) sind lexem- bzw. lexemklassenspezifisch und für das Deutsche und Niederländische unterschiedlich (Bouma und van Noord 1998). Natürlich unterscheiden sich Deutsch und Niederländisch auch hinsichtlich des Wortschatzes. Die entsprechenden Beschränkungen bzgl. der Aussprache der Wörter sind Teil der deutsch-spezifischen Menge 1 bzw. der niederländisch-spezifischen Menge 2.

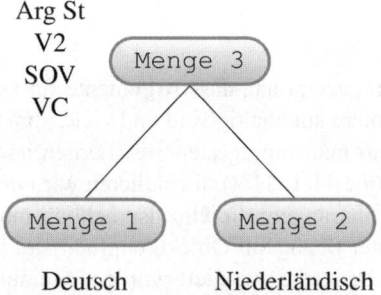

Arg St
V2
SOV
VC

Abbildung 3: Geteilte Eigenschaften von Deutsch und Niederländisch

Wird eine weitere Sprache hinzugenommen, so erhalten wir eine feinere Ausdifferenzierung in weitere Mengen. Zur Verdeutlichung nehmen wir in unserem Beispiel jetzt das Dänische hinzu: Das Deutsche und das Niederländische sind SOV-Sprachen, wohingegen das Dänische eine SVO-Sprache ist (Vikner 1995; Müller und Ørsnes i. V.). Abbildung 4 auf der nächsten Seite zeigt das Ergebnis: Der oberste Knoten (Menge 5) enthält Beschränkungen, die für alle (untersuchten) Sprachen gelten (z. B. Argumentstrukturbeschränkungen, Linking und V2) und der Knoten darunter (Menge 4) enthält Beschränkungen, die ausschließlich für das Deutsche und das Niederländische gelten.[1] Zum Beispiel enthält Menge 4 Beschränkun-

---

[1] Außerdem kann es natürlich Beschränkungen geben, die für das Niederländische und das Dänische gelten, aber nicht für das Deutsche bzw. Beschränkungen, die für das Deutsche und das Dänische gelten, nicht jedoch für das Niederländische. Diese Beschränkungen würden aus den Mengen 1 und 2 entfernt und in entsprechenden Beschränkungsmengen weiter oben in der Hierarchie repräsentiert. Diese Mengen sind nicht in der Abbildung enthalten und wir behalten die Namen Menge 1 und Menge 2 aus der Abbildung 3 für die Beschränkungsmengen für Deutsch und Niederländisch.

gen für Verbalkomplexe und die SOV-Stellung. Die Vereinigung von Menge 4 und Menge 5 ist die Menge 3 aus Abbildung 3.

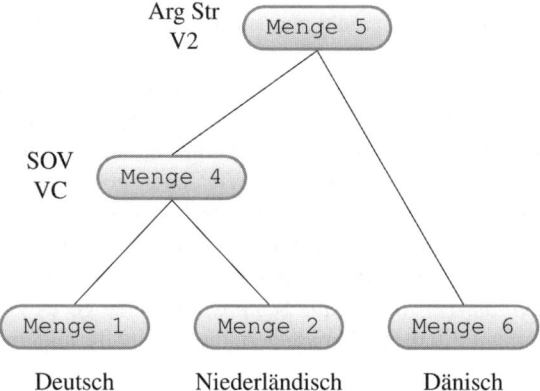

Abbildung 4: Geteilte Eigenschaften von Deutsch, Niederländisch und Dänisch

Wenn wir weitere Sprachen hinzufügen, müssen weitere Beschränkungsmengen unterschieden werden. Abbildung 5 auf der nächsten Seite zeigt, was passiert, wenn wir Englisch und Französisch hinzufügen. Hierbei haben wir wieder einige Mengen weggelassen. Zum Beispiel sind die Menge der Beschränkungen, die von Dänisch und Englisch, aber nicht Französisch geteilt werden, nicht abgebildet.

Die Abbildungen 4 und 5 kann man jetzt so lesen, dass alle SOV-Sprachen V2-Sprachen sind. Das ist natürlich falsch. Nimmt man weitere Sprachen wie das Japanische und Persische hinzu, ergeben sich entsprechend andere Aufteilungen, in denen V2 nicht über SOV sondern daneben steht.

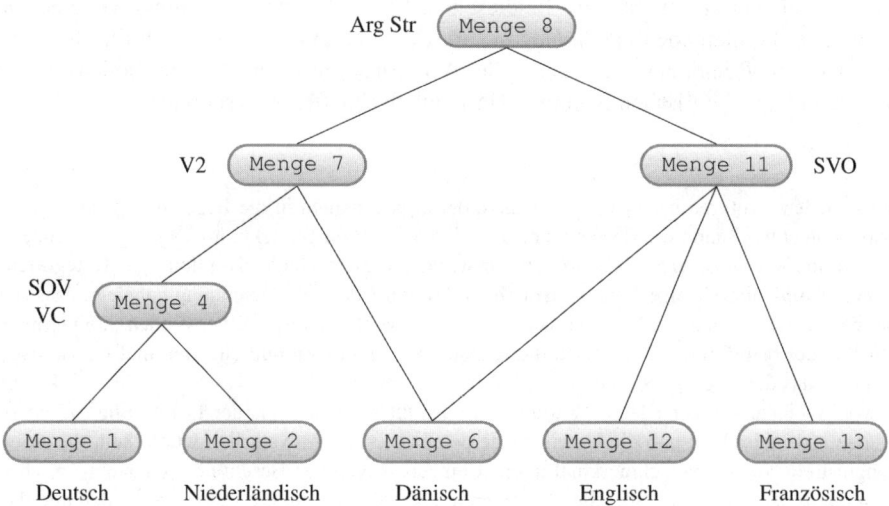

Abbildung 5: Sprachen und Sprachklassen

Wenn wir konsequent so weiterarbeiten, sollten wir bei Beschränkungsmengen angelangen, die den Sprachklassen, die in der typologischen Forschung angenommen werden, direkt entsprechen. Da die grammatischen Beschreibungen aber sehr viel detaillierter sind als in der typologischen Literatur üblich, findet man auf diese Weise auch neue Gemeinsamkeiten und neue Klassen.

Aus dem bereits Gesagten ergibt sich, dass alle Wissenschaftler, die so arbeiten, darum bemüht sind, Generalisierungen zu finden, und darum, Sprache so zu beschreiben, dass theoretische Konstrukte, die für die Beschreibung einer Sprache wichtig waren, auch für die Beschreibung neuer Sprachen benutzt werden. Wie schon gesagt, sollten die Grammatiken jeweils einzelsprachlich motiviert sein und nicht durch Fakten aus anderen Sprachen. Wenn es jedoch mehrere Möglichkeiten gibt, ein Phänomen in der Sprache X zu analysieren, dann ist Evidenz aus der Sprache Y für eine der Analysen von X höchst willkommen. Ich nenne diesen Ansatz den *Bottom-Up-Ansatz mit Schummeln*: Solange es keine Evidenz für das Gegenteil gibt, können wir Analysen verwenden, die bereits für andere Sprachen entwickelt wurden.

Der hier vorgestellte Ansatz ist kompatibel mit Sichtweisen wie denen von Haspelmath (2010a), Dryer (1997), Croft (2001: Section 1.4.2–1.4.3) und anderen, die dafür plädieren, nur sprachspezifische Kategorien zu verwenden. Das heißt, dass der Subjektbegriff für Tagalog sich von dem für das Englische unterscheidet, dass die Kategorie *noun* für das Englische von der für das Persische unterschieden wird usw. Selbst wenn man diesen extremen Ansätzen folgen würde, könnte man Generalisierungen bezüglich der Konstituentenstruktur, der Kopf-Argument-Strukturen usw. erfassen. Ich denke jedoch, dass viele Kategorien sprachübergreifend benutzt werden können, wenn nicht für alle Sprachen, so doch zumindest für Sprachklassen. Newmeyer (2010: 692) hat in Bezug auf den Subjektbegriff festgestellt, dass daraus, dass man zwei linguistische Einheiten einer Sprache *Subjekt* nennt, nicht folgt, dass sie identische Eigenschaften haben. Das gilt natürlich auch für zwei linguistische Einheiten aus verschiedenen Sprachen: Wenn man eine persische linguistische Einheit *Subjekt* nennt, bedeutet das nicht, dass sie dieselben Eigenschaften haben muss wie eine Englische Einheit, die man ebenfalls *Subjekt* nennt. Dasselbe gilt natürlich auch für alle anderen Kategorien und Relationen, z. B. auch für Wortarten: Persische Nomina teilen nicht alle Eigenschaften mit Englischen Nomina.[2] Haspelmath (2010b: 697) schreibt:

---

[2] Verschiedene Autoren haben vorgeschlagen, den Sprachnamen in die Bezeichnung zu integrieren. Statt *subject* wird dann die Bezeichnung *Tagalog Subject* für Subjekte im Tagalog verwendet oder es wird in *Russian Dative*, *Korean Dative*, usw. differenziert. Die Verwendung von Kategorien wie *Persian Noun* und *English Noun* ist jedoch merkwürdig, da die Bezeichnung nahelegt, dass es sich bei beiden Kategorien um Nomina handelt. Statt diese Bezeichner zu verwenden, könnte man die Objekte der betreffenden Klassen in die Klasse *noun* einordnen und ein Merkmal LANGUAGE verwenden, das den Wert *persian* oder *english* haben kann. Mit diesem Taschenspielertrick kann man sowohl Objekte aus der Klasse *Persian Noun* als auch Objekte aus der Klasse *English Noun* der Klasse *noun* zuordnen und die Unterschiede dennoch erfassen. Natürlich würde kein theoretischer Linguist ein solches Sprachmerkmal in einer einzelsprachlichen Beschreibung annehmen, aber die Nomina in den jeweiligen Sprachen haben andere Eigenschaften, die sie unterscheiden und die natürlich mit entsprechenden Merkmalen modelliert werden. Das heißt, dass die Wortartenklassifizierung als *noun* eine Generalisierung über Nomina aus verschiedenen Sprachen ist und die Katego-

> Generative linguists try to use as many crosslinguistic categories in the description of individual languages as possible, and this often leads to insurmountable problems.

Wenn die Annahme bestimmter Kategorien zu Problemen führt, müssen diese gelöst werden. Wenn das mit einer gegebenen Menge aus Kategorien/Merkmalen nicht möglich ist, muss man zusätzliche verwenden. Das ist kein Nachteil der beschriebenen Vorgehensweise, sondern vielmehr ein Vorteil: Wenn wir gezwungen sind neue Merkmale zu verwenden, haben wir etwas entdeckt, was es in den bisher untersuchten Sprachen noch nicht gab. Verwendet man dagegen von vornherein nur sprachspezifische Symbole, würde man nicht bemerken, dass man etwas Neues und Spezielles analysiert, das spezifisch für die untersuchte Sprache ist und spezifische Symbole erfordert (das aber vielleicht in anderen Sprachen ebenso Anwendung finden kann), denn alle Symbole sind ja ohnehin sprachspezifisch. Man beachte auch, dass nicht alle Sprecher einer Sprechergemeinschaft exakt gleiche Kategorien haben. Wenn man die Idee von sprachspezifischen Symbolen konsequent zu Ende denkt, wäre man also gezwungen, sprecherspezifische Kategoriesymbole wie *Klaus-English-noun* anzunehmen, wobei *Klaus* ein eindeutiges Symbol für eine bestimmte Person sein soll.

Mit der hier vorgestellten Methode ist die Willkür der Festlegung von Kern und Peripherie eliminiert. Allerdings ist der Kern, den man auf diese Weise erhält, wahrscheinlich sehr klein und auch uninteressant (siehe auch Abschnitt 3). Die Generalisierungen, die man für bekannte Sprachklassen und auch für noch unbekannte Klassen erhält, dürften jedoch interessanter sein. Auch kann man auf diese Weise Merkmale herausarbeiten, die in den Sprachen der Welt häufig sind und interessante Korrelationen zwischen Merkmalen in den Sprachen der Welt (implikationelle Universalien) erkennen und testen. (siehe Fußnote 3 und Abschnitt 4).

Wie man an den diskutierten Abbildungen bereits sieht, gehören Beschränkungen zur VO bzw. OV-Abfolge nicht zur obersten Menge. Solche Beschränkungen wurden/werden aber im Prinzipien und Parameter Modell über Parameter geregelt und somit zur Kerngrammatik gerechnet. Man bekommt mit dem hier beschriebenen Verfahren also nicht einen Kern im chomskyschen Sinne, sondern eher ein Maß für Kernigkeit, d. h. man kann etwas darüber aussagen, wie weit verbreitet bestimmte Phänomene in den Sprachen der Welt sind. Zum Beispiel sind die Beschränkungen in Menge 7 in Abbildung 5 näher am Kern als die in Menge 4. Die Beschränkungen aus Menge 7 gelten für mehr Sprachen als die aus Menge 4. Die Beschränkungen aus Menge 7 haben also eine *höhere Kernigkeit* als die aus Menge 7.

3. Universalien, UG und Spracherwerb

Auf die hier beschriebene Art und Weise findet man natürlich alle Universalien, wenn man alle Sprachen in die Untersuchung einbezieht.[3] Es ergibt sich die Frage, was man dann hat.

---

rien *Persian Noun* und *English Noun* Merkmalsbündel sind, die weitere, sprachspezifische Information enthalten.

[3] In der typologischen Literatur findet man oft Aussagen der Form: Alle Sprachen, die die Eigenschaft *X* haben, haben auch die Eigenschaft *Y*. Solche Aussagen sind nicht als Beschränkungen in den Beschränkungsmengen enthalten, da die Summe aller für eine Sprache geltenden Beschränkungen aus den Beschränkungsmengen genau die Grammatik der betreffenden Sprache ist. Das

Die hierarchisch höchste Menge enthält sprachliches Wissen, das für alle Sprachen gilt. Unser europäisch geprägter Blick lässt uns vielleicht vermuten, dass es in allen Sprachen bestimmte Phrasen gibt (z. B. $\bar{X}$-Strukturen) oder dass es immer Argumentstrukturrepräsentationen, d. h. Valenz, und ein entsprechendes Linking zur Semantik gibt. Betrachtet man australische Sprachen und die entsprechenden Arbeiten in LFG (Bresnan 2001), so wird die Universalität der $\bar{X}$-Strukturen aber in Frage gestellt.[4] Koenig und Michelson (2012) stellen eine Analyse der nord-irokesischen Sprache Oneida vor, die auch keine Argumenstrukturrepräsentation mehr annimmt. Wenn der Ansatz von Koenig und Michelson adäquat ist, heißt das, dass das, was für alle Sprachen gilt, eher sehr allgemein ist und auch nahezu trivial, nämlich, dass man kleinere Objekte zu größeren Strukturen kombinieren kann. Genau das nehmen auch Hauser, Chomsky und Fitch (2002) an, sie gehen allerdings davon aus, dass dieses Wissen domänenspezifisches angeborenes Wissen ist. Es stellt sich aber die Frage, ob die Fähigkeit, Einheiten zu größeren Einheiten zu kombinieren, für Sprache spezifisch ist (Culicover und Jackendoff 2005: 113–114; Jackendoff 2011; Müller 2013c: Abschnitt 11.1.1.8). Wenn dem nicht so ist, dann ist die UG im chomskyschen Sinne leer. Für den hier vorgestellten Ansatz ist das jedoch nicht dramatisch, denn es wird keine Aussage darüber gemacht, ob gefundene Beschränkungen spezifisch für Sprache sind oder nicht.

4.   Vorhersagen

2013 habe ich bei den Psycholinguisten am MIT über beschränkungsbasierte Grammatiken und darüber, wie man Minimalistische Theorien beschränkungsbasiert verstehen kann, vorgetragen (Müller ersch.). Der Vortrag enthielt auch einen Teil über den *Poverty of the Stimulus* und den von den Daten ausgehenden Aufbau linguistischer Theorien, der dann letztendlich Hauptgegenstand der Diskussion mit ebenfalls anwesenden Mitgliedern der Linguistik-Abteilung war. Es wurde behauptet, dass man mit dem hier vertretenen Ansatz nicht zu Vorhersagen bzgl. möglicher/unmöglicher Sprachen kommen würde.

   In Bezug auf Vorhersagen muss man zwei Dinge sagen: Erstens machen Grammatiken Vorhersagen auf einzelsprachlicher Basis. In Abwandlung des Heiner Müller Zitates „Der Text ist klüger als der Autor."[5] kann man sagen: „Die Grammatik ist klüger als der Grammatikschreiber." Das soll anhand der beiden folgenden Sätze von Klaus Netter (1991) verdeutlicht werden:

(2)   a.   [Versucht, zu lesen], hat er das Buch nicht.

      b.   [Versucht, einen Freund vorzustellen], hat er ihr noch nie.

---

heißt, es gibt nur Beschränkungen, die in Grammatiken von Einzelsprachen eine Rolle spielen, aber keine Beschränkungen, die Aussagen über die Form von Grammatiken allgemein machen. Wie die Diskussion von SOV und V2 im Abschnitt 2 jedoch gezeigt hat, kann man bestimmte Zusammenhänge in Bezug auf alle untersuchten Sprachen aus den Beschränkungsmengen ablesen.

[4] $\bar{X}$-Strukturen sind schon für deutsche und englische Nominalphrasen mit Relativsätzen nicht angemessen, da sie so genannte Hydrasätze (Perlmutter und Ross 1970; Link 1984; Kiss 2005) nicht abdecken. Zu einem Überblick siehe Müller 2013c: Abschnitt 11.1.1.2.

[5]   Heiner Müller, Gesammelte Irrtümer 3, Texte und Gespräche. Frankfurt/M, S. 161.

Als ich diese Sätze zum ersten Mal sah, war mir ihre Struktur absolut unklar. Ich schaltete meinen Computer ein, lud meine Grammatik in das Verarbeitungssystem (Müller 1996) und bekam nach einigen Millisekunden eine Analyse. Nachdem ich mir das Analyseergebnis angesehen hatte, war mir klar, dass es sich bei den Sätzen um eine Kombination aus Teilphrasenvoranstellung und der so genannten dritten Konstruktion handelt (Müller 1999: 439). Beide Phänomene waren in der Grammatik implementiert, aber ich hatte noch nie über die Interaktion der Phänomene nachgedacht. Die Grammatik sagt vorher, dass Sätze wie (2) grammatisch sind. Genauso schließen die Beschränkungen von Grammatiken in ihrer Gemeinsamkeit bestimmte Strukturen aus. Das heißt, dass auch Vorhersagen über Ungrammatikalität/Unmöglichkeit gemacht werden.

Zweitens enthält der oberste Knoten in der Hierarchie aus Beschränkungsmengen die Beschränkungen, die für alle untersuchten Sprachen gelten. Diese Beschränkungsmenge enthält Beschränkungen für die Interaktion zwischen Syntax und Informationsstruktur und solche Beschränkungen lassen z. B. Verbzweitsprachen zu, aber schließen Sprachen aus, die das Verb in die vorletzte Position stellen (siehe Kayne (1994: 50) zu der Behauptung, dass solche Sprachen nicht existieren). Genau wie Beschränkungen aus den verschiedenen Mengen für eine einzelne Sprache bestimmte Wortfolgen ausschließen, schließen die Beschränkungen aus der obersten Menge Sätze in allen Sprachen und somit ganze Sprachtypen aus. Sollte sich nun herausstellen, dass es doch eine Sprache gibt, die das Verb in die vorletzte Position stellt, dann muss eine neue oberste Menge gebildet werden. Das ist jedoch völlig parallel zur Vorgehensweise im Minimalistischen Rahmen: Wenn sich herausstellt, dass Grundannahmen falsch sind, müssen die entsprechenden Annahmen revidiert werden.[6]

Cinque (1999: 106) hat eine Kaskade funktionaler Projektionen vorgeschlagen, um bestimmte in den Sprachen der Welt immer wiederkehrende Abfolgen erklären zu können. Er nimmt an, dass seine Baumstrukturen in der Analyse aller Sätze aller Sprachen eine Rolle spielen und zwar auch dann, wenn es entsprechende morphosyntaktische Unterscheidungen in einer bestimmten Sprache nicht gibt (siehe auch Cinque und Rizzi 2010: 55). Wenn ein bestimmtes morphosyntaktisches Merkmal in einer Sprache irrelevant ist oder es keine Wörter der jeweiligen Kategorie gibt, geht Cinque davon aus, dass die entsprechenden Knoten im Baum leer bleiben. Cinques Ergebnisse könnten in das hier vorgeschlagene Modell integriert werden. Man würde Kategorien für Wortarten und morphosyntaktische Merkmale und Linearisierungsbeschränkungen für die Anordnung der entsprechenden Elemente als Bestandteil der höchsten Beschränkungsmenge definieren. Diese würden die Abfolge sicherstellen, die Cinque durch die Verdrahtung der Abfolge in seinen Bäumen erzwingt. Der Unterschied zu Cinques Modell bestünde dann darin, dass man in Sprachen, in denen die jeweiligen Kategorien gar nicht benutzt werden, keine leeren Knoten in Bäumen annehmen müsste. Die Linearisierungsbedingungen der Form $X < Y$ sind vielmehr als Aussagen zu verstehen, die sagen, wenn in einer Struktur ein X und ein Y vorkommen, dann muss X im-

---

[6] Vielleicht wäre hier das Verb *müssten* angebrachter als *müssen*, denn obwohl es ausreichend Evidenz gegen kaynesche Analysen gibt, die davon ausgehen, dass es grundsätzlich eine Abfolge Spezifikator-Kopf-Komplement und nur Bewegung nach links gibt, wurden die entsprechenden Grundannahmen nicht aufgegeben, sondern neue Schnörkel erfunden bzw. die Probleme einfach ignoriert. Zu Argumenten gegen kaynesche Analysen siehe Borsley 1997, 2012 und Haider 2000. Zu Schnörkeln siehe auch Abschnitt 5.

mer vor *Y* stehen. Wenn es in einer Sprache weder *X* noch *Y* gibt, dann wird die Beschränkung nicht angewendet. Für den HPSG-Ansatz würde man also weder leere Elemente noch elaborierte Baumstrukturen benötigen. Ich habe also gezeigt, dass Cinques Daten in einer HPSG mit einer reichen UG besser erfasst werden könnten, als in Cinques Ansatz, aber ich halte es für abwegig wie Cinque und Rizzi (2010: 57) mindestens 400 Kategorien (oder Merkmale) in die Theorien aller Sprachen einzuführen und weise erneut darauf hin, dass das von genetischem Standpunkt aus unplausibel ist und warte darauf, dass eine andere, wahrscheinlich funktionale Erklärung für die Cinque-Daten gefunden wird.

Ein anderes Beispiel für eine nicht existierende Sprache, das oft diskutiert wird, ist eine Sprache die Fragen dadurch bildet, dass sie die Reihenfolge der Wörter eines Aussagesatzes einfach umdreht (Musso u. a.: 2003). Solche Sprachen muss man aber nicht mittels linguistischer Beschränkungen ausschließen, da sie bereits durch außersprachliche Beschränkungen ausgeschlossen sind: Wir haben als Menschen einfach nicht genug Arbeitsspeicher um solche komplexen Operationen auszuführen.

5. Kern, Peripherie und Ausblick

Das folgende Zitat von John von Neumann findet man in einem Brief an das MIT, den John Ross zum 50ten Jahrestag des MIT geschrieben hat:[7]

> As a mathematical discipline travels far from its empirical source, or still more, if it is a second and third generation only indirectly inspired from ideas coming from 'reality,' it is beset with very grave dangers. It becomes more and more purely aestheticizing, more and more purely l'art pour l'art. This need not be bad, if the field is surrounded by correlated subjects, which still have closer empirical connections, or if the discipline is under the influence of men with an exceptionally well-developed taste.
>
> But there is a grave danger that the subject will develop along the line of least resistance, that the stream, so far from its source, will separate into a multitude of insignificant branches, and that the discipline will become a disorganized mass of details and complexities.
>
> In other words, at a great distance from its empirical source, or after much 'abstract' inbreeding, a mathematical subject is in danger of degeneration. At the inception the style is usually classical; when it shows signs of becoming baroque the danger signal is up. It would be easy to give examples, to trace specific evolutions into the baroque and the very high baroque, but this would be too technical.
>
> In any event, whenever this stage is reached, the only remedy seems to me to be the rejuvenating return to the source: the reinjection of more or less directly empirical ideas. I am convinced that this is a necessary condition to conserve the freshness and the vitality of the subject, and that this will remain so in the future.
>
> John von Neumann

Ich denke, dass das, was hier für Zweige der Mathematik gesagt wird, leider auch den Zustand großer Teile der theoretischen Linguistik zutreffend charakterisiert. Sternefeld und Richter (2012) sehen das genauso und verwenden auch Teile dieses Zitats. Interessanter-

---

[7] http://ling50.mit.edu/category/replies (29.06.2013).

weise fehlt bei Sternefeld und Richter der letzte Absatz, aber genau in diesem Punkt könnte die Lösung und der Weg aus der von Sternefeld und Richter mit eindrucksvollen Worten beschriebenen Krise liegen: Gerade in Deutschland haben sich viele Wissenschaftler von barocken Spielereien ab- und empirischen Fragen zugewandt. Es gibt mehrere SFBs, die datenorientiert arbeiten, und auch die erfolgreiche Konferenz *Linguistic Evidence*. Fanselow (2009) weist darauf hin, dass die Empirie nicht vernachlässigt werden darf und dass es unzulässig ist, impressionistisch Daten aus bunten Sprachen zur Stützung eigener Analysen heranzuziehen, ohne ein wirkliches Verständnis der Grammatik der entsprechenden Sprachen zu haben (ebd.: 137).[8]

Die hier vorgestellte Methode garantiert den Fortschritt, denn es wird bei jeder Veränderung und Erweiterung von Grammatiken darauf geachtet, dass nicht weniger Daten abgedeckt werden. Wenn die Grammatik einer Sprache ausgebaut wird, kann es sein, dass dies auch zu Verbesserungen in der Abdeckung anderer Sprachen führt. Aus Gesamtprojektsicht gesehen gibt es somit einen Anreiz, sich mit Themen zu beschäftigen, die in mehreren Sprachen relevant sind und somit zum Wissen über unsere allgemeinen sprachlichen Fähigkeiten beizutragen. Es ist aber auch möglich, dass Erweiterungen nur für Einzelsprachen relevant sind und somit im Bereich liegen, der traditionell der Peripherie zugerechnet wurde.[9] In jedem Fall führt die von von Neumann angemahnte Hinzunahme neuer Daten zu neuen Erkenntnissen, egal ob die Erfassung dieser Daten Bereiche mit hoher oder niedriger Kernigkeit betreffen.

---

[8] Siehe auch Croft (2009: 157). Croft nennt ein solches Vorgehen „methodologischen Opportunismus". Ironischerweise werden von Typologen vorgebrachte Argumente von theoretischen Linguisten oft mit dem Einwand zurückgewiesen, dass unanalysierte Daten keine Evidenz wären (Chomsky 1981: 281, vergleiche auch das folgende Zitat von Freidin (2009) als Antwort auf Evans und Levinson (2009): „unanalyzed data cannot disprove grammatical hypotheses"). Gleiches muss somit auch für die angeblich stützende Evidenz aus wenig erforschten Sprachen gelten: So lange nicht wirklich klar ist, welche Rolle ein bestimmtes Datum im grammatischen System einer Sprache einnimmt, kann es nicht als Evidenz für eine Analyse eines Phänomens in einer anderen Sprache herangezogen werden.

[9] Interessanterweise gibt es auch Phänomene, die man in chomskyschen Theorievarianten garantiert zur Peripherie zählen würde, die aber dennoch in mehreren Sprachen vorkommen und somit eine gewisse Kernigkeit aufweisen. Ein Beispiel sind Jackendoffs N-P-N-Konstruktionen (Jackendoff 2008):

(i)   student after student

(ii)   Student um Student

(iii)   Zeile für Zeile (*Zwölf Städte*. Einstürzende Neubauten. Fünf auf der nach oben offenen Richterskala, 1987)

Zum Vorkommen dieser Konstruktion mit einer reziproken räumlichen Lesart insbesondere in den europäischen Sprachen siehe König und Moyse-Faurie (2009).

Literatur

Borsley, Robert D. 1997. Relative clauses and the theory of phrase structure. *Linguistic Inquiry* 28: 629–647.

Borsley, Robert D. 2012. Don't move! *Iberia: An International Journal of Theoretical Linguistics* 4: 110–139.

Bouma, Gosse und Gertjan van Noord. 1998. Word order constraints on verb clusters in German and Dutch. In *Complex Predicates in Nonderivational Syntax*, hg. v. Erhard W. Hinrichs, Andreas Kathol und Tsuneko Nakazawa, 43–72. Syntax and Semantics 30. San Diego: Academic Press. http://www.let.rug.nl/~vannoord/papers/ (abgerufen am 31. Mai 2010).

Bresnan, Joan. 2001. *Lexical-Functional Syntax*. Oxford: Blackwell.

Chomsky, Noam. 1981. *Lectures on Government and Binding*. Dordrecht: Foris Publications.

Cinque, Guglielmo. 1999. *Adverbs and Functional Heads: A Cross-Linguistic Perspective*. Oxford: Oxford University Press.

Cinque, Guglielmo und Luigi Rizzi. 2010. The cartography of syntactic structures. In *The Oxford Handbook of Linguistic Analysis*, hg. v. Bernd Heine und Heiko Narrog, 51–65, Oxford: Oxford University Press.

Croft, William. 2001. *Radical Construction Grammar: Syntactic Theory in Typological Perspective*. Oxford: Oxford University Press.

Croft, William. 2009. Methods for finding language universals in syntax. In *Universals of Language Today*, hg. v. Sergio Scalise, Elisabetta Magni und Antonietta Bisetto, 145–164. Studies in Natural Language and Linguistic Theory 76. Dordrecht: Springer.

Culicover, Peter W. 1999. *Syntactic Nuts: Hard Cases, Syntactic Theory, and Language Acquisition*. Foundations of Syntax 1. Oxford: Oxford University Press.

Culicover, Peter W. und Ray Jackendoff. 2005. *Simpler Syntax*. Oxford: Oxford University Press.

Davis, Anthony R. 2001. *Linking by Types in the Hierarchical Lexicon*. Stanford, CA: CSLI Publications.

Dryer, Matthew S. 1997. Are grammatical relations universal? In *Essays on Language Function and Language Type: Dedicated to T. Givon*, hg. v. Joan Bybee, John Haiman und Sandra Thompson, 115–143. Amsterdam: John Benjamins Publishing Co.

Evans, Nicholas und Stephen C. Levinson. 2009. The myth of language universals: Language diversity and its importance for cognitive science. *The Behavioral and Brain Sciences* 32: 429–448.

Fanselow, Gisbert. 2009. Die (generative) Syntax in den Zeiten der Empiriediskussion. *Zeitschrift für Sprachwissenschaft* 28: 133–139.

Freidin, Robert. 2009. A note on methodology in linguistics. *The Behavioral and Brain Sciences* 32: 454–455.

Ginzburg, Jonathan und Ivan A. Sag. 2000. *Interrogative Investigations: The Form, Meaning, and Use of English Interrogatives*. CSLI Lecture Notes 123. Stanford, CA: CSLI Publications.

Haegeman, Liliane. 1994. *Introduction to Government and Binding Theory*. Blackwell Textbooks in Linguistics 1. Oxford: Blackwell Publishing Ltd. Zweite Auflage.

Haider, Hubert. 2000. OV is more basic than VO. In *The Derivation of VO and OV*, hg. v. Peter Svenonius, 45–67. Amsterdam: John Benjamins Publishing Co.

Haspelmath, Martin. 2010a. Comparative concepts and descriptive categories in crosslinguistic studies. *Language* 86: 663–687.

Haspelmath, Martin. 2010b. The interplay between comparative concepts and descriptive categories (reply to Newmeyer). *Language* 86: 696–699.

Hauser, Marc D., Noam Chomsky und W. Tecumseh Fitch. 2002. The faculty of language: What is it, who has it, and how did it evolve? *Science* 298: 1569–1579. http://www.chomsky.info/articles/20021122.pdf (abgerufen am 17. August 2007).

Hyams, Nina. 1988. The effects of core and peripheral grammar on grammatical development in children. In *Proceedings of the Eastern States Conference on Linguistics* 4. Ohio: The Ohio State University.

Jackendoff, Ray S. 1997. *The Architecture of the Language Faculty*. Linguistic Inquiry Monographs 28. Cambridge, MA: MIT Press.

Jackendoff, Ray S. 2008. Construction after construction and its theoretical challenges. *Language* 84: 8–28.

Jackendoff, Ray S. 2011. What is the human language faculty? Two views. *Language* 87: 586–624.

Kayne, Richard S. 1994. *The Antisymmetry of Syntax*. Linguistic Inquiry Monographs 25. Cambridge, MA: MIT Press.

Kiss, Tibor. 2005. Semantic constraints on relative clause extraposition. *Natural Language and Linguistic Theory* 23: 281–334.

Koenig, Jean-Pierre und Karin Michelson. 2012. The (non)universality of syntactic selection and functional application. In *Empirical Issues in Syntax and Semantics* 9, hg. v. Christopher Piñón, 185–205. Paris: CNRS.

König, Ekkehard und Claire Moyse-Faurie. 2009. Spatial reciprocity: Between grammar and lexis. In *Form and Function in Language Research: Papers in Honour of Christian Lehmann*, hg. v. Johannes Helmbrecht, Yoko Nishina, Yong-Min Shin, Stavros Skopeteas und Elisabeth Verhoeven, 57–68. Trends in Linguistics: Studies and Monographs 210. Berlin: de Gruyter.

Koster, Jan. 1975. Dutch as an SOV language. *Linguistic Analysis* 1: 111–136.

Kratzer, Angelika. 1996. Severing the external argument from its verb. In *Phrase Structure and the Lexicon*, hg. v. Johan Rooryck und Laurie Zaring, 109–137. Dordrecht: Kluwer Academic Publishers.

Kuhn, Jonas. 2007. Interfaces in constraint-based theories of grammar. In *The Oxford Handbook of Linguistic Interfaces*, hg. v. Gillian Ramchand und Charles Reiss, 613–650. Oxford: Oxford University Press.

Link, Godehard. 1984. Hydras: On the logic of relative constructions with multiple heads. In *Varieties of Formal Semantics*, hg. v. Fred Landmann und Frank Veltman, 245–257. Dordrecht: Holland.

Meinunger, André. 2000. *Syntactic Aspects of Topic and Comment*. Linguistik Aktuell/Linguistics Today 38. Amsterdam: John Benjamins Publishing Co.

Müller, Stefan. 1996. The Babel-System – An HPSG fragment for German, a parser, and a dialogue component. In *Proceedings of the Fourth International Conference on the Practical Application of Prolog*, 263–277. London. http://hpsg.fu-berlin.de/~stefan/Pub/babel .html (abgerufen am 09. August 2013).

Müller, Stefan. 1999. *Deutsche Syntax deklarativ: Head-Driven Phrase Structure Grammar für das Deutsche*. Linguistische Arbeiten 394. Tübingen: Max Niemeyer Verlag. http:// hpsg.fu-berlin.de/~stefan/Pub/hpsg.html (abgerufen am 09. August 2013).

Müller, Stefan. 2013a. The CoreGram Project: A brief overview and motivation. In *Proceedings of the Workshop on High-level Methodologies for Grammar Engineering (HMGE 2013)*, hg. v. Denys Duchier und Yannick Parmentier, 93–104. Düsseldorf.

Müller, Stefan. 2013b. The CoreGram Project: Theoretical linguistics, theory development and verification. Manuskript. Freie Universität Berlin. http://hpsg.fu-berlin.de/~stefan/ Pub/coregram.html (abgerufen am 09. August 2013).

Müller, Stefan. 2013c. *Grammatiktheorie*. Stauffenburg Einführungen 20. Tübingen: Stauffenburg Verlag. Zweite Auflage. http://hpsg.fu-berlin.de/~stefan/Pub/grammatiktheorie. html (abgerufen am 09. August 2013).

Müller, Stefan. 2013d. *Head-Driven Phrase Structure Grammar: Eine Einführung*. Stauffenburg Einführungen 17. Tübingen: Stauffenburg Verlag. Dritte Auflage. http://hpsg.fu-berlin.de/~stefan/Pub/hpsg-lehrbuch.html (abgerufen am 09. August 2013).

Müller, Stefan. ersch. Unifying everything: Some remarks on simpler syntax, construction grammar, minimalism and HPSG. *Language*. http://hpsg.fu-berlin.de/~stefan/Pub/ unifying-everything.html (abgerufen am 09. August 2013).

Müller, Stefan und Bjarne Ørsnes. i. V. *Danish in Head-Driven Phrase Structure Grammar: Empirically Oriented Theoretical Morphology and Syntax*. Berlin: Language Science Press. http://hpsg.fu-berlin.de/~stefan/Pub/danish.html (abgerufen am 09. August 2013).

Musso, Mariacristina, Andrea Moro, Volkmar Glauche, Michel Rijntjes, Jürgen Reichenbach, Christian Büchel und Cornelius Weiller. 2003. Broca's area and the language instinct. *Nature Neuroscience* 6: 774–781.

Netter, Klaus. 1991. Clause union phenomena and complex predicates in German. In *Clause Structure and Word Order Variation in Germanic*. DYANA Report (Deliverable R1.1.B), hg. v. Klaus Netter und Mike Reape. University of Edinburgh.

Newmeyer, Frederick J. 2005. *Possible and Probable Languages: A Generative Perspective on Linguistic Typology*. Oxford: Oxford University Press.

Newmeyer, Frederick J. 2010. On comparative concepts and descriptive categories: A reply to Haspelmath. *Language* 86: 688–695.

Perlmutter, David M. und John Robert Ross. 1970. Relative clauses with split antecedents. *Linguistic Inquiry* 1: 350.

Pollard, Carl J. und Ivan A. Sag. 1994. *Head-Driven Phrase Structure Grammar*. Studies in Contemporary Linguistics. Chicago, IL: The University of Chicago Press.

Reis, Marga. 1974. Syntaktische Hauptsatzprivilegien und das Problem der deutschen Wortstellung. *Zeitschrift für Germanistische Linguistik* 2: 299–327.

Sabel, Joachim und Mamoru Saito. 2008. Introduction. In *The Free Word Order Phenomenon: Its Syntactic Sources and Diversity*, hg. v. Joachim Sabel und Mamoru Saito, 1–12. Studies in Generative Grammar 69. Berlin: de Gruyter.

Sternefeld, Wolfgang und Frank Richter. 2012. Wo stehen wir in der Grammatiktheorie? – Bemerkungen anläßlich eines Buchs von Stefan Müller. *Zeitschrift für Sprachwissenschaft* 31: 263–291.

Thiersch, Craig L. 1978. Topics in German Syntax. Dissertation, M.I.T.

Vikner, Sten. 1995. *Verb Movement and Expletive Subjects in the Germanic Languages.* Oxford: Oxford University Press.

Wechsler, Stephen Mark. 1991. Argument Structure and Linking. Dissertation, Stanford University.

Ja, *nein*, *doch* als sententiale Anaphern und deren pragmatische Optimierung[*]

Manfred Krifka

1.   Einleitung

Euer Ja sei ein Ja, euer Nein ein Nein; alles andere stammt vom Bösen – so heißt es bei Matthäus 5,37. Doch diese klare Anweisung schafft bekanntlich nicht immer Klarheit. Reagiert man mit *ja* oder *nein* auf einen negierten Satz oder beantwortet man damit eine negierte Frage, dann ist mindestens die Antwort *nein* ambig, wie die Beispiele (2) im Gegensatz zu den eindeutigen Beispielen (1) zeigen.

(1)　　　　A: Norbert ist auf Reisen. / Ist Norbert auf Reisen?

　　　a.　B: Ja (, er ist auf Reisen).

　　　b.　B: Nein (, er ist nicht auf Reisen).

　　　c. # B: Nein (, er ist nicht auf Reisen).

　　　d. # B: Ja (, er ist auf Reisen).

(2)　　　　A: Norbert ist nicht auf Reisen. / Ist Norbert (also) nicht auf Reisen?

　　　a.　B: Ja (, er ist nicht auf Reisen).

　　　b.　B: Nein (, er ist auf Reisen).

　　　c.　B: Nein (, er ist nicht auf Reisen).

　　　d. # B: Ja (, er ist auf Reisen).

　　　d'.　B: Doch (, er ist auf Reisen).

[*]　Die in diesem Artikel dargestellte Forschung wurde mit Mitteln des Bundesministeriums für Bildung und Forschung (Förderkennzeichen 01UG0711) und durch die Deutsche Forschungsgemeinschaft (SFB 632 Informationsstruktur) gefördert. Die Verantwortung für den Inhalt dieser Veröffentlichung liegt beim Autor. Ich danke den Zuhörern bei verschiedenen Präsentationen von Teilen der hier dargestellten Überlegungen, insbesondere bei dem Netzwerktreffen „Questions in Discourse" im Februar 2012 in Frankfurt, die SALT-Konferenzen im Juni 2012 in Chicago und im April 2013 in Santa Cruz und am ZAS Berlin im Dezember 2012. Ich danke insbesondere Hans-Martin Gärtner, Andreas Haida, Antonio Machicao y Priemer, Sophie Repp, Hubert Truckenbrodt, Tue Trinh, Kazuko Yatsushiro und Malte Zimmermann für wertvolle Hinweise. Ein weiterführender Artikel hierzu ist Krifka (2013). Ich widme diesen Artikel meinem Kollegen Norbert Fries zum 64. Geburtstag.

Die Beispiele in (1) zeigen, dass *ja* zur Zustimmung und *nein* zur Ablehnung eines behaupteten oder erfragten Satzes verwendet werden. Wie die Beispiele unter (2) zeigen, kommt es dabei aber darauf an, ob der Vorgängersatz selbst eine Negation enthält (wobei wir bei der Frage zunächst den Fall betrachten, in dem die Negation Teil der erfragten Proposition ist, was durch die Partikel *also* mit Skopus über die zugrundeliegende Konstituente *Norbert also nicht auf Reisen ist* erzwungen wird). Jetzt ist *nein* sowohl mit der Ablehnung wie auch mit der Zustimmung zu dem behaupteten oder erfragten Satz verträglich. (2d) zeigt, dass *ja* in diesem Fall nicht zur Ablehnung verwendet werden kann, sondern dass hierfür die Partikel *doch* eintritt.

Diese Verwendung der Polaritätspartikeln[1] *ja*, *nein* und *doch* ist zwar bekannt, aber dennoch erstaunlich. In diesem Artikel will ich sie auf eine neue Weise erklären. Ich will dafür argumentieren, dass die eigentliche Bedeutung dieser Polaritätspartikeln recht einfach ist, und dass die recht komplexen Regeln ihrer Verwendungsweise aus einem Zusammenspiel ihrer Semantik, der Semantik der Negation und pragmatischen Optimierungsstrategien resultieren.

2.   Rezente Ansätze zu Polaritätspartikeln

Die Wirkungsweise von Partikeln wie *ja* und *nein* hat in den letzteren Jahren größere Aufmerksamkeit gefunden. Ich will hier kurz auf zwei rezente Ansätze und ihre Probleme eingehen.

2.1.   Syntaktische Ansätze

Kramer und Rawlins (2009) erklären die englischen Partikeln *yes* und *no* als Adverbialphrasen, die an einen Satz adjungiert werden; in isolierter Verwendung ist der begleitende Satz elliptisch getilgt (ein Vorschlag, der auf Laka 1990 zurückgeht). Etwas vereinfacht, lässt sich der Vorschlag wie folgt charakterisieren:[2]

(3)   A: Is Alfonso coming to the party?
       B: [$_{TP}$ [$_{AdvP}$ Yes,] [$_{TP}$ he [$_{VP}$ is [$_{VP}$ coming to the party.]]]]

Die Tilgung kann die TP *he is coming to the party* erfassen, aber auch nur die VP *coming to the party*. Wie üblich bei Ellipsen ist Tilgung möglich, weil die entsprechende syntaktische Struktur vorerwähnt wurde.

Die Partikel *no* hat ein nicht-interpretierbares NEG-Merkmal, das mit einem interpretierbaren NEG-Merkmal kongruieren muss. Wiederum etwas vereinfacht, kann man dies wie folgt darstellen:

---

[1]   Ich verwende hier den Ausdruck „Polaritätspartikel" in Anlehnung an den Term „polarity particle" in Kramer und Rawlins (2009). Er ist dem Term „Antwortpartikel" vorzuziehen, da diese Ausdrücke ja nicht nur zur Antwort auf Fragen verwendet werden. *Ja* und *doch* kommen auch als Diskurspartikeln vor; darauf gehe ich in der Zusammenfassung noch einmal kurz ein.

[2]   Kramer und Rawlins (2009) nehmen eine Polaritätsphrase ΣP oberhalb der TP an, welche die positive oder negative Polarität der Phrase zu formulieren erlaubt.

(4)   A: Is Alfonso coming to the party?

        B: [$_{TP}$ No$_{[u\ NEG]}$ [$_{TP}$ he isn't coming to the party]$_{[i\ NEG]}$]

Da *no* nicht interpretiert wird, ist die Gesamtbedeutung des Satzes nicht die, die wir bei doppelter Verneinung erwarten würden. Im Unterschied zu *no* besitzt die Partikel *yes* kein Merkmal und ist daher mit der Negation verträglich. Dies sagt die folgenden Antwortmöglichkeiten voraus, wenn der Antezedens-Satz negiert ist:

(5)   A: Is Alfonso coming to the party?

    a. B: [$_{TP}$ Yes [$_{TP}$ he isn't coming to the party]$_{[i\ NEG]}$]

    b. B: [$_{TP}$ No$_{[u\ NEG]}$ [$_{TP}$ he isn't coming to the party]$_{[i\ NEG]}$]

Ein Problem dieser Analyse ist, dass durch die Merkmallosigkeit von *yes* auch die folgende Antwort als eine mögliche vorausgesagt wird, ganz gegen unsere Beobachtung:

(6)   A: Is Alfonso coming to the party?
        # B: Yes, he isn't coming to the party.

Ein weiteres Problem ist, dass die Ellipsis-Bedingung in Beispiel (4) eigentlich verletzt ist: Der Antezedens-Ausdruck enthält ja gerade nicht die Negation *n't*, dennoch kann die TP getilgt werden.

    Bei einer Übertragung der Analyse auf das Deutsche stellt sich ferner das Problem, dass *ja* und *nein* auch in anderer Funktion verwendet werden können als in der, auf eine Aussage oder eine Frage zu reagieren.

(7)   A: Ist Norbert auf Reisen?

    a. B: Falls ja, brauchen wir einen Stellvertreter.

    b. # B: Falls [ja, Norbert ist auf Reisen / Norbert auf Reisen ist], brauchen wir einen Stellvertreter.

Hier sollte jedoch bemerkt werden, dass im Englischen Ausdrücke wie *if yes ...* und *if no ...* ungebräuchlich sind; es heißt vielmehr *if so ...* und *if not ...* In Krifka (2013) argumentiere ich, dass *ja*, *nein* und *doch* propositionale Ausdrücke sind (TPs), die assertiert werden können; *yes* und *no* hingegen selbst bereits Sprechakte ausdrücken und daher in der Protasis von Konditionalen nicht eingebettet werden können.

    Holmberg (2012) vertritt ebenfalls einen Ellipsis-Ansatz, der jedoch von Kramer und Rawlins in wichtigen Details abweicht. Ich gehe auf Holmbergs Theorie hier nicht im Detail ein, werde allerdings auf einige seiner Beobachtungen zurückgreifen.

2.2. Semantische Ansätze

Als einen jüngeren semantisch orientierten Ansatz wähle ich hier ein noch unveröffentlichtes Papier von Farkas und Roelofsen (2012), dem Arbeiten wie Farkas und Bruce (2010) und Roelofsen und van Gool (2010) vorausgehen.

    Diese Theorie wurde auf der Grundlage der inquisitiven Semantik entwickelt, auf die ich hier nicht im Detail eingehen kann. Zentral ist der Begriff der „possibilities", die in einem Diskurs zur Sprache kommen, indem sie zum Beispiel behauptet oder erfragt werden. Es handelt sich dabei um Propositionen, formal Mengen von möglichen Welten. Eine Assertion schlägt eine Proposition zur Annahme vor; eine Frage gibt zwei oder mehrere Propositionen zur Auswahl.

Über das Standardformat der inquisitiven Semantik hinausgehend, nehmen Farkas und Roelofsen (2012) an, dass bei der Propositionenmenge von Fragen eine oder mehrere Propositionen hervorgehoben („highlighted") werden können; dies sind die Propositionen, die explizit erwähnt wurden. Dies erlaubt eine differenzierte Bedeutung für die folgenden drei Fragen, wobei p hier die Proposition ‚die Türe ist offen' sei, und *the door is closed* das Komplement davon, $\neg p$, bedeute. Die Hervorhebung wird durch Unterstreichung ausgedrückt.

(8) a. A: Is the door open? $\{\underline{p}, \neg p\}$ B: Yes: p, No: $\neg p$

   b. A: Is the door closed? $\{p, \underline{\neg p}\}$ B: Yes: $\neg p$, No: p

   c. A: Is the door open or closed? $\{\underline{p}, \underline{\neg p}\}$ B: #Yes. / #No.

Die Hervorhebung macht Propositionen sichtbar für das anaphorische Aufgreifen durch Polaritätspartikeln. Die Partikel *yes* bestätigt die aufgegriffene Proposition, *no* verneint sie. Dies erklärt die Interpretation der Antworten *yes* und *no* in den Fällen (8a), (8b). Die Unmöglichkeit, mit *yes* im Falle (c) zu antworten, wird dadurch erklärt, dass *yes* präsupponiert, dass es genau eine hervorgehobene Proposition gibt. Im Falle *no* gibt es diese Präsupposition nicht, und *no* verneint alle hervorgehobenen Propositionen. Im vorliegenden Fall ist *no* aber dennoch nicht möglich, da diese Antwort einen logischen Widerspruch bedeuten würde: Die Tür wäre danach weder offen noch geschlossen.

Es wird ferner auch angenommen, dass die Propositionen als positiv oder negativ markiert werden können. Dies ist zur Differenzierung zwischen Propositionen nötig, die nach der üblichen semantischen Repräsentation als identisch erscheinen, wie zum Beispiel bei den Propositionen, die durch *the door is open* und *the door is not closed* ausgedrückt werden. Eine Differenzierung ist hier nötig, weil das konversationelle Potenzial dieser Ausdrücke verschieden ist, wie wir bereits gesehen haben:

(9) a. A: Is the door open? B: Yes, it is. / #No, it is.

   b. A: Is the door not closed? B: Yes, it isn't. / No, it isn't.

Mit der Unterscheidung zwischen positiven Propositionen wie in (9a) und negativen Propositionen wie in (9b) folgen Farkas und Roelofson früheren Vorschlägen z. B. von Ginzburg und Sag (2000). Die Bedeutung von *yes* und *no* nimmt dann Rücksicht darauf, ob die Proposition positiv oder negativ ist:

(10) a. Die Partikel *yes* tritt auf in
      i. zustimmenden Reaktionen auf positive und negative Propositionen;
      ii. ablehnenden Reaktionen auf negative Propositionen.

   b. Die Partikel *no* tritt auf in
      i. ablehnenden Reaktionen auf positive und negative Propositionen;
      ii. zustimmenden Reaktionen auf negative Propositionen.

Im Falle von (9b) ist *yes* durch (10.a.i) und *no* durch (10.b.ii) motiviert. In diesem Fall wäre auch die Reaktion *Yes, it is* möglich, wegen (10.a.ii), und die Reaktion *No, it is* wegen (10.b.i). Im Falle der Antwort *Yes, it is* auf (9a) greift die Regel (10.a.i), während keine der Regeln für *no* die Antwort *No, it is* lizensiert. Die Antwort *No, it isn't* würde durch (10.b.i) ermöglicht werden, während keine der Regeln für *yes* die Antwort *Yes, it isn't* erlaubt.

Farkas und Roelofsen drücken diese Ideen mithilfe von Merkmalen aus, worauf hier nicht eingegangen werden soll. Ihrem Ansatz gelingt es, das Verhalten der englischen Polaritätspartikeln zu beschreiben; ob die von ihnen aufgestellten Regeln in (10) dem Klarheitskriterium von Matthäus 5,37 gerecht werden, sei allerdings dahingestellt. Die Autoren erfassen dann auch weitere Systeme wie die mit spezialisierten ablehnenden Partikeln wie Rumänisch *ba* und Deutsch *doch*.

Der Ansatz von Farkas und Roelofson setzt voraus eine Anreicherung der üblichen semantischen Interpretation. Dies betrifft zum einen den Mechanismus der Hervorhebung von Propositionen, der wichtig ist dafür, welche Propositionen die Polaritätspartikeln aufgreifen können. Es handelt sich hierbei, wie die Autoren auch sagen, um anaphorische Beziehungen; zur Behandlung von solchen Phänomenen im Allgemeinen wurden aber Konzepte wie Diskursreferenten und Theorien wie die Diskursrepräsentationstheorie entwickelt, die auch hier zum Einsatz kommen sollten.

Zum zweiten betrifft dies die Unterscheidung zwischen positiven und negativen Propositionen, die in der üblichen Semantik nicht ausgedrückt werden kann, sobald wir die Regel der doppelten Negation, $\neg\neg p \leftrightarrow p$, annehmen. Es gibt Semantiken, die dies nicht voraussetzen, wie z. B. die Heyting-Algebra für intuitionistische Logiken, auf die man hier zurückgreifen könnte. Die Daten, die uns zu einer Unterscheidung von positiven und negativen Antezedens-Ausdrücken von *yes* und *no* führen, können aber auch so verstanden werden, dass nicht rein semantische, sondern strukturelle Merkmale eine Rolle spielen. Es gibt einen strukturellen, nicht einen denotationellen, semantischen Unterschied zwischen *Die Tür ist offen* und *Die Tür ist nicht geschlossen*. Interessanterweise kann auf der Ebene der Diskursreferenten auch dieser strukturelle Unterschied erfasst werden.

Die hier zu entwickelnde Theorie (vgl. hierzu auch Krifka 2013 und Krifka i. E.) nimmt ihren Ausgang von diesen beiden Beobachtungen: dass Antwortpartikeln wie *ja* und *nein* anaphorischen Charakter haben und daher Diskursreferenten aufgreifen sollten, und dass auf der Ebene der Diskursreferenten zwischen positiven und negativen Antezedens-Sätzen differenziert werden kann. Darüber hinaus nimmt sie einen pragmatischen Prozess der Optimierung an, der die Verwendung der verschiedenen Partikeln erklärt. Dies führt zu einer einfacheren Grundbedeutung der Partikeln als diejenige, die von Farkas und Roelofsen (2012) vorgeschlagen wurde.

3. Polaritätspartikeln als propositionale Anaphern

Nach der hier zu entwickelnden Theorie greifen Polaritätspartikeln wie *ja*, *nein* und *doch* saliente propositionale Diskursreferenten auf. Es handelt sich also um anaphorische Ausdrücke, die anders als *er* oder *dieser* sich nicht auf Entitäten beziehen, sondern vielmehr auf die Bedeutung von satzwertigen Ausdrücken, genauer: auf Propositionen. Die Grundbedeutungen der Partikeln sind dann wie folgt: *ja* assertiert die Proposition einer solchen Anapher, *nein* assertiert deren Negation. Auch *doch* verneint die propositionale Anapher, setzt aber darüber hinaus voraus, dass der propositionale Diskursreferent selbst durch einen negierten Satz eingeführt wurde.

3.1. Propositionale Diskursreferenten

Der Begriff „discourse referent" wurde von Karttunen (1969) zur Bezeichnung der konzeptuellen Entitäten vorgeschlagen, die in einem Text eingeführt werden, typischerweise von indefiniten Nominalphrasen, und die von anaphorischen Ausdrücken wieder aufgegriffen werden können. Die Diskursrepräsentationstheorie von Kamp (1981), vgl. auch Kamp und Reyle (1993), und die File-Change-Semantik von Heim (1982), aber auch zum Beispiel die dynamische Montague-Grammatik von Groenendijk und Stokhof (1990) erlauben es, den Status von Diskursreferenten in der Interpretation von Sätzen und Texten zu erfassen.

Diskursreferenten dürfen nicht mit wirklichen Entitäten gleichgesetzt werden. Es handelt sich vielmehr um konzeptuelle Größen, die in der Interpretation mit realen Objekten verbunden werden können. Es sind Mittler zwischen dem sprachlichen Ausdruck auf der einen und der Wirklichkeit auf der anderen Seite. So wird in (11) zwar ein Diskursreferent durch den Quantor *niemand* eingeführt, der dann durch *er* aufgegriffen wird. Er steht jedoch gerade nicht mit einem konkreten Individuum in Verbindung, sondern dient ähnlich einer Variablen dazu, die quantifizierende Bedeutung dieses Satzes auszudrücken.

(11)   Niemand$_1$ kann sich erinnern, wo er$_1$ Norbert gesehen hat.

Ein zweiter Umstand macht es deutlich, dass es sich bei Diskursreferenten um repräsentationelle Größen handelt. In (11) kann sich *er* trotz der Spezifikation als Maskulinum natürlich auch auf Frauen beziehen, genauso wie sich *sie* in (12) trotz der femininen Spezifikation auch auf Männer beziehen kann.

(12)   Keine Person$_1$ kann sich erinnern, wo sie$_1$ Norbert gesehen hat.

Die Pronomina kongruieren mit ihrem Antezedens-Ausdruck, *niemand* bzw. *keine Person*, und übernehmen dadurch bestimmte formale Merkmale wie deren Genus. Wir können also annehmen, dass die eingeführten Diskursreferenten als Maskulina, Feminina, Neutra oder auch Plurale markiert sind, was nicht unmittelbar auf die Natur der konkreten Gegenstände zurückzuführen ist, mit denen sie in Beziehung gebracht werden können.

Neben den Diskursreferenten, die sich auf Entitäten beziehen, wurden auch solche angenommen, die mit Arten, Ereignissen, Zeiten, Orten, Handlungen oder Sprechakten verbunden sind. An dieser Stelle interessieren uns vor allem solche Diskursreferenten, die sich auf Propositionen beziehen; sie wurden z. B. von Asher (1986, 1993) und Cornish (1992) zur Modellierung verschiedener anaphorischer Erscheinungen angenommen. Ein Beispiel hierfür ist (13); das Pronomen *es* bezieht sich hier auf die Proposition, die der erste Satz assertiert.

(13)   Norbert ist auf Reisen. Bernd hat *es* geahnt.

Eine andere Verwendung von propositionalen Diskursreferenten findet sich in Frank (1996) und Geurts (1998) zur Modellierung der so genannten modalen Subordination wie in (14):

(14) Norbert könnte auf Reisen sein. Wir müssten dann eine Vertretung finden.

Der erste Satz führt die Proposition p = ‚Norbert ist auf Reisen' ein, die in dem Satz selbst modalisiert wird: ‚Es könnte sein, dass p'. Der zweite Satz nimmt mit *dann* darauf Bezug; dies liefert die Protasis des Konditionalsatzes: ‚Falls p, dann müssen wir eine Vertretung finden'.

3.2. Die Einführung von propositionalen Diskursreferenten

Entitätsbezogene Diskursreferenten werden durch Nominalphrasen wie *eine Person* oder *niemand* eingeführt. Propositionale Diskursreferenten werden hingegen durch satzwertige Ausdrücke eingeführt, wie etwa in (13). In der Generierung eines Satzes werden nun manchmal satzwertige Konstituenten als Zwischenschritte erzeugt, und es stellt sich die Frage, ob auch diese propositionale Diskursreferenten zur Folge haben, auf die anaphorisch zugegriffen werden kann. Wenn wir (14) genauer betrachten, stellen wir fest, dass dies offensichtlich genau so ist. Denn der anaphorische Ausdruck *dann* bezieht sich ja nicht auf die Proposition, dass Norbert auf Reisen sein könnte, sondern auf die Proposition, dass Norbert auf Reisen ist. Wenn wir der Einfachheit halber die zugrunde liegende Nebensatzstruktur wählen, (vgl. (14a)), können wir zwischen einer TP *Norbert auf Reisen sein* und einer Modalitätsphrase ModP *Norbert auf Reisen sein könnte* unterscheiden, die dann zu der Hauptsatzstruktur (b) führen.

(15) a. $[_{ModP}\ [_{TP}\ \text{Norbert auf Reisen sein}]_{p1}\ \text{könnte}]_{p2}$

  b. $[_{CP}\ \text{Norbert}_1\ [_{C'}\ \text{könnte}_0\ [_{ModP}\ \text{auf Reisen sein}]_{p1}\ t_0]_{p2}]]]$

Ich habe hier jeweils durch ein Subskript die propositionalen Diskursreferenten angegeben, die durch die syntaktischen Konstituenten eingeführt werden. $p1$ ist der Diskursreferent, der durch die TP eingeführt wurde; $p2$ der Diskursreferent, der durch die ModP eingeführt wurde. Weitere Diskursreferenten, wie zum Beispiel der Diskursreferent für Norbert, werden der Einfachheit halber nicht angezeigt. Der anaphorische Ausdruck *dann* bezieht sich auf den Diskursreferenten, der durch die TP eingeführt wurde, also auf $p1$. Der anaphorische Ausdruck *dessen* in (16) hingegen bezieht sich auf den Diskursreferenten, der durch die ModP eingeführt wurde, also auf $p2$.

(16) Norbert könnte auf Reisen sein. Bernd ist sich *dessen* bewusst.

Ich gehe hier nicht auf die Prinzipien ein, die mitbestimmen, auf welche propositionalen Diskursreferenten die anaphorischen Ausdrücke sich in solchen Fällen beziehen können. Die Diskussion soll vielmehr lediglich darauf hinleiten, dass auch im Falle von negierten Sätzen mehrfache Diskursreferenten eingeführt werden. Betrachten wir hierzu das folgende Beispiel:

(17) Zwei plus zwei ist nicht fünf. a. *Das* weiß jeder!

  b. *Das* wäre ein Widerspruch!

Im ersten Fall (a) bezieht sich das auf die Proposition $\neg[2 + 2 = 5]$; im zweiten Fall (b) hingegen auf die Proposition $[2 + 2 = 5]$. Der erste Satz muss also Diskursreferenten für beide Propositionen bereitstellen. Dies ist möglich, wenn wir annehmen, dass in der syntaktischen

Generierung des Satzes zwei Konstituenten entstehen, die eine Proposition bezeichnen: eine TP und eine weitere sentenziale Konstituente. Die Natur dieser weiteren Konstituenten ist umstritten; es wurde zum einen eine eigene Projektion NegP angenommen, wie sie wohl im Englischen vorliegt, und es wurde angenommen, dass der Negator nicht adverbialen, also modifizierenden, Charakter hat und nicht zu einer eigenen Projektion führt (vgl. z. B. die Diskussion in Repp 2009, die zu dem letzteren Schluss kommt). Unter beiden Analysen kann man jedoch annehmen, dass es zwei sentenziale Konstituenten gibt, die jeweils ihre eigenen Diskursreferenten einführen. (18a) zeigt dies für die NegP-Analyse im Englischen, und (18b) zeigt dies für die adverbiale Analyse der Negation im Deutschen.

(18) a. $[_{\text{NegP}}$ [two plus two]$_1$ $[_{\text{Neg'}}$ $[_{\text{Neg}}$ is$_0$ n't] $[_{\text{TP}}$ t$_1$ t$_0$ five]$_{p1}$]]$_{p2}$
       b. $[_{\text{TP}}$ [zwei plus zwei]$_1$ $[_{\text{TP}}$ nicht $[_{\text{TP}}$ t$_1$ fünf ist]$_{p1}$]$_{p2}$]

In (a) wurde angenommen, dass das Subjekt der TP sich in die Spec-Position der NegP bewegt; in (b), dass das Subjekt sich durch Scrambling vor den adverbialen Modifikator setzt. In letzterem Fall wäre auch die maximale TP eine propositionale Konstituente, deren Diskursreferent aber bezugsgleich mit *p2* wäre. Zur Ableitung der Verbzweitstellung würden dann weitere Bewegungen stattfinden, die zu einer weiteren sentenzialen Konstituente CP führen; der zugehörige Diskursreferent wäre ebenfalls bezugsgleich mit *p2*.

(19) $[_{\text{CP}}$ [zwei plus zwei]$_1$ $[_{\text{C'}}$ ist$_0$ $[_{\text{TP}}$ t$_1$ $[_{\text{TP}}$ t$_1$ fünf t$_0$]$_{p1}$]$_{p2}$]]]

Die Einführung von propositionalen Diskursreferenten durch eingebettete propositionsdenotierende Ausdrücke wurde bereits durch Cornish (1992) beobachtet.[3] Es kommt bei dieser Einführung allerdings darauf an, dass propositionale syntaktische Kategorien wie TP, ModP oder NegP gebildet werden. Wenn die Modalisierung oder die Negation nicht zu solchen sentenzialen Kategorien führt, gibt es auch keine entsprechenden propositionalen Diskursreferenten. Betrachten wir hierzu zunächst Beispiel (20):

(20) Der Schaden kann behoben werden. Wir müssten dann keine Strafe zahlen.

Hier bezieht sich *dann* auf den nicht-modalisierten Kernsatz, $[_{\text{TP}}$ *der Schaden wird behoben*]. Dies ist kaum möglich bei der morphologischen Modalisierung durch das Suffix *-bar*, die zwar dieselbe Interpretation wie *können* besitzt, aber keinen Diskursreferenten auf einen nicht-modalisierten Kernsatz einführt:

(21) Der Schaden ist behebbar. #Wir müssten dann keine Strafe zahlen.

Während *können* als propositionaler Operator interpretiert wird, im Wesentlichen als $\lambda p[\Diamond p]$, ist *-bar* ein lexikalischer Operator, der die Bedeutung eines transitiven Verbs R detransitiviert: $\lambda R \lambda y \lambda x[\Diamond R(y)(x)]$. Angewendet auf BEHEB, erhalten wir das Prädikat $\lambda y \lambda x[\Diamond \text{BEHEB}(y)(x)]$, was auf die y zutrifft, für die es ein x gibt, sodass es möglich ist, dass x

---

[3] Cornish (1992) beschreibt insbesondere Fälle, in denen die aufgegriffene Prädikation innerhalb eines Frageoperators, eines negativen oder affirmativen Imperativoperators, eines epistemischen Modals und als Antezedens eines Konditionalsatzes erscheint. Ein Beispiel für Propositionen, die durch ein epistemisches Modal eingebettet werden, ist *Williard may have cooked the dinner, but I doubt it* (*it* referiert hier auf die Proposition, dass Williard das Dinner zubereitet hat). Cornish betrachtet hier aber auch Fälle, in denen *so* und *it* sich auf Prädikate beziehen.

y behebt. Hier wird keine syntaktische Kategorie eingeführt, die der nicht-modalisierten Proposition entspricht, und damit auch kein entsprechender propositionaler Diskursreferent.

Einen ähnlichen Unterschied finden wir bei der syntaktischen Negation durch *nicht* und der morphologischen Negation durch das Präfix *un-*:

(22)   Zwei plus zwei ist ungleich fünf.   a.   *Das* weiß jeder!

                                                                     b.   #*Das* wäre ein Widerspruch.

In (22) ist nur die Fortsetzung (a) wirklich angemessen, in welcher *das* sich auf die Proposition [2 + 2 ≠ 5] bezieht. Die Fortsetzung (b) ist kaum möglich. Man versteht vielleicht, was gemeint ist, das Beispiel ist aber viel weniger glatt als (17b). Dies liegt daran, dass nun nur eine einzige sententiale Kategorie gebildet wird, welche die Negation bereits enthält:

(23)   [$_{TP}$ [zwei plus zwei] [$_{PP}$ ungleich fünf] ist]$_{p1}$]

Die propositionale Negation denotiert die Operation $\lambda p[\neg p]$, die Präfix-Negation hingegen die morphologische Operation $\lambda R \lambda y \lambda x[\neg R(y)(x)]$. Wiederum entspricht dem Teil $\neg R(y)(x)$ keine syntaktische Kategorie, und damit wird auch kein Diskursreferent eingeführt.

Das folgende Beispielpaar vergleicht die sententiale Negation mit negativ-implizierenden Verben. Wiederum finden wir, dass nur die sententiale Negation einen Diskursreferenten einführt:

(24)   Die Inkas haben Tahiti nicht erreicht, obwohl *dies* Heyerdahl behauptet hat.

(25) # Die Inkas haben Tahiti verfehlt, obwohl *dies* Heyerdahl behauptet hat.

In (24) wird wiederum eine sententiale Struktur [$_{TP}$ *die Inkas Tahiti erreicht haben*] aufgebaut, die einen propositionalen Diskursreferenten erzeugt, der von *dies* aufgegriffen werden kann. Das negativ-implizierende Verb *verfehlt* führt nicht zu einer solchen Struktur; der Teil $\neg$ERREICH$(y)(x)$ ist hier Teil der lexikalischen Spezifikation der Bedeutung von *verfehlen*. Damit wird wiederum auch kein entsprechender Diskursreferent für ERREICH$(y)(x)$ eingeführt.

Dass morphologische Operationen keine Diskursreferenten einführen, ist auch unabhängig bekannt. Zum Beispiel führt das Nomen *Krawatte* in der Komposition *Krawattenträger* keinen Diskursreferenten ein:

(26)   a.   Norbert trägt eine Krawatte. Sie ist orange.

          b.   Norbert ist Krawattenträger. #Sie ist orange.

Die Rolle der sententialen syntaktischen Struktur für die Einführung von propositionalen Diskursreferenten kann auch im Vergleich von eingebetteten Sätzen und scheinbar semantisch gleichwertigen, eher monoklausalen Strukturen beobachtet werden.

(27)   A: Peter findet, dass Paul doof ist.
          B: Das stimmt.

(28)   A: Peter findet den Paul doof.
          B: Das stimmt.

In (27) kann sich *das* auf die Gesamtproposition des von (A) geäußerten Satzes beziehen, aber sehr leicht auch auf die Proposition des eingebetteten Satzes, ‚dass Paul doof ist'. Letzteres ist in (28) kaum möglich. Dies spricht gegen eine Small-Clause-Analyse von solchen Strukturen, nach der *den Paul* und *doof* eine sententiale Konstituente bilden, und für eine Analyse, nach der *finden* in einer Lesart ein direktes Objekt und einen prädikativen Ausdruck selegiert. Hierfür spricht ja auch, dass *den Paul doof* nur schwer topikalisiert werden kann, im Unterschied zu *den Paul* oder zu *doof*. Auf jeden Fall zeigt die Gegenüberstellung der Beispiele in (27) und (28), dass eine klare sententiale Struktur zu einem propositionalen Diskursreferenten führt.

3.3. Die Semantik von sententialen Anaphern

Wir haben gesehen, dass sententiale syntaktische Kategorien propositionale Diskursreferenten einführen. Für Sätze mit sententialer Negation heißt dies, dass sie zwei Diskursreferenten generieren, wobei einer die Negation des anderen ist.

Ich nehme nun an, dass die Polaritätspartikeln *ja*, *nein* und *doch* propositionale Diskursreferenten aufgreifen. Im Unterschied zu den anaphorischen Ausdrücken wie *es*, *das* oder *dies*, die ebenfalls propositionale Diskursreferenten aufgreifen, handelt es sich bei ihnen nicht um Ausdrücke der syntaktischen Kategorie DP. Sie sind vielmehr selbst von der Kategorie von Sätzen; daher die vorgeschlagene Bezeichnung „sententiale Anaphern".[4]

Die anaphorische Funktion und der sententiale kategoriale Status sind besonders evident in den folgenden Fällen, in denen die Partikeln nach konditionalen Konjunktionen wie wenn oder falls auftreten:

(29)   Ist Norbert auf Reisen?

　　　　a. Falls ja, müssen wir einen Vertreter bestimmen.

　　　　b. Falls nein, müssen wir keinen Vertreter bestimmen.

　　　　c. # Falls doch, müssen wir (k)einen Vertreter bestimmen.

(30)   Ist Norbert (also) nicht auf Reisen?

　　　　a. Falls ja, müssen wir keinen Vertreter bestimmen.

　　　　b. Falls nein, müssen wir einen Vertreter bestimmen.

　　　　c. Falls nein, müssen wir keinen Vertreter bestimmen.

　　　　d. # Falls ja, müssen wir einen Vertreter bestimmen.

　　　　e. Falls doch, müssen wir einen Vertreter bestimmen.

---

[4]   Cornish (1992) hat ähnliche kategoriale Unterschiede zwischen den englischen Anaphern *it* und *so* festgestellt; erstere ist nach ihm nominal, letztere adverbial. Dabei können manche Vorkommen von *so* besser als propositional erklärt werden, z. B. in *if so* oder *maybe so*. Als Komplement von *believe* kommen sowohl *it* als auch *so* vor; dies entspricht dem Selektionsverhalten dieses Verbs, das sowohl Sätze als auch DPn subkategorisieren kann: *John believes that Bill cheated on the exam* und *John believes the rumour that Bill cheated on the exam*.

Die Konjunktion *dann* erwartet eine propositionale Kategorie, die ebenfalls durch eine Polaritätspartikel geliefert werden kann, wie in dem folgenden Beispiel:

(31)   A: Ist Norbert auf Reisen?
         B: Wenn seine Tür verschlossen ist, dann ja.

Die Partikeln *ja*, *nein* und *doch* können auch als Komplement von satzeinbettenden Verben wie *glauben* verwendet werden.[5] Auch dies zeigt ihren sentantialen Status:

(32)   A: Ist Norbert auf Reisen?

         a.   B: Ich glaube ja.[6]

         b.   B: Ich glaube nein.

(33)   A: Ist Norbert (also) nicht auf Reisen?

         a.   B: Ich glaube ja. Er ist nicht auf Reisen.

         b.   B: Ich glaube nein. Er ist auf Reisen.

         c.   B: Ich glaube nein. Er ist nicht auf Reisen.

         d. # B: Ich glaube ja. Er ist auf Reisen.

         e.   B: Ich glaube doch. Er ist auf Reisen.

In allen diesen Fällen haben die Partikeln offensichtlich nur eine anaphorische Funktion; sie stehen für die jeweilige Antezedens-Proposition. Ich nehme an, dass dies auch in der Verwendung der Partikeln als Reaktion auf eine Assertion oder als Antwort auf eine Polaritätsfrage wie in (1) und (2) der Fall ist. In jenen Beispielen beziehen sich *ja*, *nein* und *doch* nicht nur auf einen propositionalen Diskursreferenten und negieren diesen im Falle von *nein* und *doch*; sie assertieren vielmehr auch die jeweilige Proposition. Wir können dies der Prosodie zuschreiben, genauer dem fallenden Tonmuster, welches zum Ausdruck einer Assertion dient (vgl. Truckenbrodt i. E.[7]).

Dem kategorialen Status von *ja*, *nein* und *doch* entspricht es, dass Satzadverbiale wie *glücklicherweise* mit ihnen kombiniert werden können. Auch sprechaktbezogene Adverbiale wie *offen gestanden* treten mit ihnen auf, sie betreffen dann aber die Assertionen der Propositionen, die durch *ja*, *nein* oder *doch* ausgedrückt werden.

---

[5]   Das Verb *glauben* erlaubt wie das englische *believe* auch nominale Argumente wie in *Norbert glaubt es*; vgl. hierzu auch *Norbert glaubt, dass die Dissertation plagiiert ist* und *Norbert glaubt das Gerücht, dass die Dissertation plagiiert ist*.

[6]   Es ist hier zu unterscheiden zwischen *Ich glaube ja* und *Ich glaube, ja*. Der erste Fall entspricht dem Satz *Ich glaube, dass Norbert auf Reisen ist*, in dem das Komplement eine Proposition denotiert. Der zweite Fall entspricht dem Satz *Ich glaube, Norbert ist auf Reisen*, in dem das Komplement meines Erachtens selbst einen (eingebetteten) Sprechakt denotiert und das *ich glaube* lediglich eine evidentiale Abschwächung der Assertion darstellt.

[7]   Genauer schlägt Truckenbrodt vor, dass Assertion mit dem Akzentton H* verbunden ist, was zusammen mit dem Grenzton L% zu dem fallenden Intonationsmuster führt.

Wie kann man nun die Distribution der Partikeln erklären? In Fällen, in denen der Antezedens-Satz keine Negation enthält, wird nur ein propositionaler Diskursreferent durch die TP eingeführt, hier $p1$. Dies gilt für Assertionen und für Fragen:

(34)   a. $[_{CP}$ Norbert$_1$ $[_{C'}$ ist$_0$ $[_{TP}$ t$_1$ auf Reisen t$_0]_{p1}]]$

       b. $[_{CP}$ $[_{C'}$ ist$_0$ $[_{TP}$ Norbert auf Reisen t$_0]_{p1}]]$

Die Partikel *ja* greift diesen Diskursreferenten auf; die Partikel *nein* greift ihn auf und negiert ihn. Dies führt zu den folgenden Lesarten für drei verschiedene Verwendungsweisen von *ja* und *nein*:

(35)   a.   Falls ja, … : $[p1 \rightarrow …]$

       b.   Ich glaube ja. $[\text{BELIEVE}(p1)(\text{SPEAKER})]$

       c.   Ja. $\text{ASSERT}(p1)$

(36)   a.   Falls nein, … : $[\neg p1 \rightarrow …]$

       b.   Ich glaube nein. $[\text{BELIEVE}(\neg p1)(\text{SPEAKER})]$

       c.   Nein. $\text{ASSERT}(\neg p1)$

Enthält der Vorgängersatz hingegen eine Negation, sind die daraus resultierenden Optionen komplexer. Unter der adverbialen Analyse der Negation haben wir die folgende Struktur:

(37)   a. $[_{CP}$ Norbert$_1$ $[_{C'}$ ist$_0$ $[_{TP}$ t$_1$ $[_{TP}$ nicht $[_{TP}$ t$_1$ auf Reisen t$_0]_{p1}]_{p2}]]]$

       b. $[_{CP}$ _ $[_{C'}$ ist$_0$ $[_{TP}$ Norbert$_1$ $[_{TP}$ t$_1$ (also) $[_{TP}$ nicht $[_{TP}$ t$_1$ auf Reisen t$_0]_{p1}]_{p2}]]]$

Die Partikel *ja* kann sich nun im Prinzip auf einen von zwei propositionalen Diskursreferenten beziehen, auf $p1$ oder auf $p2$.

(38)   a.   Falls ja, … : $[p1/p2 \rightarrow …]$

       b.   Ich glaube ja. $[\text{BELIEVE}(p1/p2)(\text{SPEAKER})]$

       c.   Ja. $\text{ASSERT}(p1/p2)$

Wir finden jedoch, dass sich *ja* faktisch nur auf $p2$ bezieht und nicht auf $p1$. So kann die Antwort *ja* nicht meinen, dass sich Norbert auf Reisen befindet. Anders sieht dies bei *nein* aus. Diese Partikel kann offensichtlich sowohl $p1$ als auch $p2$ aufgreifen, was zu der beobachteten Ambiguität führt:

(39)   a.   Falls nein, … : $[\neg p2/\neg p1 \rightarrow …]$

       b.   Ich glaube nein. $[\text{BELIEVE}(\neg p2/\neg p1)(\text{SPEAKER})]$

       c.   Nein. $\text{ASSERT}(\neg p2/\neg p1)$

Wir werden im nächsten Abschnitt die eingeschränkte Verwendung von *ja* aus pragmatischen Überlegungen ableiten.

Für die Partikel *doch* nehmen wir an, dass sie die Zugänglichkeit von zwei proportionalen Diskursreferenten voraussetzt, wobei einer die Negation des anderen ist. Von diesen zwei Diskursreferenten greift *doch* den nicht-negierten auf. Damit kann in unserem Beispiel *doch* nur $p1$ aufgreifen und nicht $p2$.

(40) a. Falls doch, … : $[p1 \rightarrow …]$

    b. Ich glaube doch.   [BELIEVE$(p1)$(SPEAKER)]

    c. Doch.   ASSERT$(p1)$

Damit drückt *doch* selbst keine Negation aus, setzt aber eine negierte Proposition voraus und bezieht sich selbst auf die nicht-negierte Proposition. Dies entspricht dem Vorschlag von Karagjosova (2006), dem zufolge *doch* eine kontrastive Bedeutung hat und aus zwei propositionalen Alternativen {p, ¬p} die nicht-negierte p bezeichnet. In Ausnahmefällen kann die negierte Proposition, wie Karagjosova zeigt, akkommodiert werden wie in (41), wo *doch* im zweiten Satz einen höflichen Einwand des Adressaten vorwegnimmt, nämlich dass er es nicht gut gemacht habe.

(41) Das haben Sie gut gemacht. Doch, ich bin wirklich zufrieden.

Über den Vorschlag von Karagjosova hinaus macht der gegenwärtige Vorschlag explizit, wie diese beiden Alternativen {p, ¬p} durch den Antezedens-Satz eingeführt werden, nämlich durch propositionsdenotierende syntaktische Kategorien TP. Und er löst ein Problem bei Karagjosova, nämlich wie zwischen einer negierten und einer nicht-negierten Proposition zu unterscheiden ist. Wie in Abschnitt 2.2 ausgeführt, sind Diskursreferenten Objekte, die Eigenschaften der sprachlichen Ausdrücke aufgreifen können, welche die Diskursreferenten einführen. Dies haben wir mit den Beispielen (12) und (13), dem maskulinen Diskursreferenten von *jemand* und dem femininen von *Person*, gesehen. Ebenso können wir annehmen, dass die Negation bewirkt, dass der Diskursreferent das formale Merkmal der Negation erhält. Das heißt, wenn ein Diskursreferent durch eine syntaktische Konstituente der Art [*nicht* […]] eingeführt wird, trägt er dieses Merkmal und kann damit durch *doch* aufgegriffen werden. Dies gilt auch für Fälle, in denen Negation durch Determinatoren wie *kein-* ausgedrückt werden, die nach Penka (2010) über Kongruenz die Präsenz eines nicht-overten negativen Operators anzeigen. Ein Beispiel hierfür ist (42); eine illustrative syntaktische Analyse hierzu (43); Op₋ ist hier der koverte, semantisch aktive Negationsoperator, und *eine*ₙₑG ist die negative Kongruenzform des Indefinitums, die als *keine* realisiert wird.

(42) A: Norbert hat keine Institutsratssitzung versäumt.
     B: Doch.

(43) [ₜₚ OP₋ [ₜₚ Norbert [eineₙₑG Institutsratssitzung] [versäumt hat]]]

Die hier vorgeschlagene Analyse nimmt im Gegensatz zu syntaktischen Analysen wie Kramer und Rawlins (2009) und Holmberg (2012) nicht an, dass einfache Antworten wie *ja* und *nein* Überbleibsel elliptischer Tilgungen sind. Sie ist aber mit Fällen verträglich, in denen *ja*, *nein* und *doch* mit adjazenten Sätzen verwendet werden, wie in (1) und (2). In diesen Fällen ist der adjazente Satz eine Apposition, ein zweiter Ausdruck mit demselben Referenten wie der erste – ganz ähnlich wie in dem folgenden Beispiel:

(44) A: Wer ist auf Reisen?
     B: [ₐₚₚ [DP Norbert,] [DP mein Büronachbar]]

Hier steht APP für eine appositive Struktur. Solche Strukturen werden so interpretiert, dass die Referenten der beiden Teilausdrücke identisch sind. In dem folgenden Fall handelt es sich um eine Apposition von zwei Assertionen:

(45)   A: Ist Norbert also nicht auf Reisen?
        B: [$_{APP}$ [$_{ForceP}$ Nein,] [$_{ForceP}$ er ist nicht auf Reisen.]]

Als Kategorie der beiden Teilausdrücke kann man hier die eines Sprechakts, z. B. einer ForceP, annehmen. Die Apposition drückt hier aus, dass die beiden Sprechakte dieselbe diskursive Funktion haben; dies impliziert, dass *nein* hier die Proposition ‚Norbert ist auf Reisen' aufgreifen und diese negieren muss.

3.4. Die Pragmatik von sententialen Anaphora

Wir wenden uns nun der Frage zu, weshalb die Partikel *ja* nur eingeschränkt verwendet werden kann, weshalb sie insbesondere in unserem Beispiel (38) nicht die Proposition $p1$ aufgreifen kann. Die zugrunde liegende Idee ist, dass diese Lesart zwar semantisch existiert, aber aus pragmatischen Gründen ausgeschlossen wird. Es handelt sich um einen Fall von pragmatischer Blockierung ähnlich dem, dass aus *Robin ist ein Kater und Toni ist eine Katze* erschlossen werden kann, dass Toni eine weibliche Katze ist, obwohl das Nomen *Katze* als Autohyponym auch auf männliche Katzen angewendet werden kann. Wenn nämlich der Sprecher gemeint hätte, dass Toni eine männliche Katze ist, hätte er das Nomen *Kater* verwendet (vgl. Becker 2002).

Die Anwendung der pragmatischen Regeln, die zu den beobachtbaren Interpretationen führen, kann man wie folgt durch ein optimalitätstheoretisches Tableau im Stile von Beaver (2004) darstellen. Es werden hier jeweils Paare von Ausdrucksformen und Interpretationen bewertet, wobei Ausdrucksformen selbst Paare von anaphorischen Ausdrücken und ihrem Diskursreferenten sind.

(46)   [$_{CP}$ Norbert$_1$ [$_{C'}$ ist$_0$ [$_{TP}$ nicht [$_{TP}$ t$_1$ auf Reisen t$_0$]$_{p1}$]$_{p2}$]]]
        $p1$: ‚Norbert ist auf Reisen'
        $p2$: ¬‚Norbert ist auf Reisen'

	AUSDRUCK	BEZUG	BEDEUTUNG	WBED	BLOCK	*NEGDR	
1	*ja*	$p1$	$p1$		*		
2	*ja*	$p2$	$p2, \leftrightarrow \neg p1$			*	
3	*nein*	$p1$	$\neg p1$				☜
4	*nein*	$p2$	$\neg p2, \leftrightarrow \neg\neg p1, \leftrightarrow p1$		*	*	
5	*doch*	$p1$	$p1$				☜
6	*doch*	$p2$	$p2, \leftrightarrow \neg p1$	*		*	

Die ersten beiden Spalten stellen die drei Polaritätspartikeln und die in dem gegebenen Kontext möglichen anaphorischen Bezüge dar; die dritte Spalte die Propositionen, die daraus resultieren.

Der Constraint „WBED" markiert Verletzungen der wörtlichen Bedeutung von Partikeln; dies ist ein harter Constraint, der auf jeden Fall eingehalten werden muss. Dies trifft hier auf Zeile 6 zu, da die wörtliche Bedeutung von *doch* darin besteht, dass zwei propositionale

Diskursreferenten gegeben sind, von denen einer die Negation des anderen ist, und davon den nicht-negierten herausgreift. Damit steht Zeile 5 für die einzig mögliche Interpretation von *doch*. Damit werden alle alternativen Möglichkeiten, die Bedeutung $p1$ auszudrücken, blockiert; dies betrifft die Zeilen 1 und 4. Damit sind Zeilen 2 und 3 Ausdrucksweisen für $\neg p1$, die miteinander im Wettbewerb stehen.

Wir nehmen nun ein weiteres, nunmehr rein pragmatisches Constraint *NEGDR an, welches besagt, dass das Aufgreifen eines negierten propositionalen Diskursreferenten disfavorisiert ist. Der Grund hierfür liegt darin, dass im allgemeinen negierte Sätze dann verwendet werden, wenn die entsprechende nicht-negierte Proposition bereits ausgedrückt wurde und deren Diskursreferent daher im Text bereits präsent und salient ist. Dieses Constraint führt dazu, dass die Antwort *nein* (Zeile 3) über die Antwort *ja* (Zeile 2) vorgezogen wird, um die Bedeutung ‚Norbert ist nicht auf Reisen' auszudrücken.

(47)   A: Norbert ist nicht auf Reisen.
          B: Nein. (= Er ist nicht auf Reisen.)

In einer Sprache wie dem Englischen, die keine Entsprechung zu *doch* kennt, kommt es zu größeren pragmatischen Ambiguitäten. Insbesondere ist hier auch die Partikel *yes* ambig:

(48)   A: Norbert isn't away on a trip.
            $[_{\text{NegP}}$ Norbert$_1$ $[_{\text{Neg'}}$ is$_0$n't $[_{\text{TP}}$ t$_1$ t$_0$ away on a trip$]_{p1}]]_{p2}$

    a.   B: Yes (, he isn't).   ASSERT($p2$)

    b.   B: No (, he is).   ASSERT($\neg p2$)

    c.   B: No (, he isn't).   ASSERT($\neg p1$)

    d.   B: Yes (, he is).   ASSERT($p1$)

Während alle Antworten wohlgeformt sind, gibt es bestimmte pragmatische Tendenzen. Die einfache Antwort *no* wird wie in (48.c), also als ‚Norbert ist nicht auf Reisen', verstanden. Zur selben Lesart, also (48.a), tendiert auch die Antwort *yes*. Allerdings wird ein betontes *YES!* eher als (48.d) mit der Bedeutung ‚Norbert ist auf Reisen' interpretiert, ebenso wie ein betontes *NO!*. Aber nur *no* im Sinne von (48.c) kann leicht ohne elliptischen Satz vorkommen.

Diese Tendenzen können nun durch das folgende Tableau erklärt werden. Das Constraint *DISAGR drückt hier aus, dass Widerspruch disfavorisiert ist; eigentlich müsste diese durch eine Berücksichtigung von betonten Formen erfasst werden, welche gerade diesen Widerspruch ausdrücken.

(49) $p1$: ‚Norbert ist auf Reisen'
        $p2$: $\neg$‚Norbert ist auf Reisen'

	AUSDRUCK	BEZUG	BEDEUTUNG	*DISAGR	*NEGDR	
1	*yes*	$p1$	$p1$	*		
2	*yes*	$p2$	$p2, = \neg p1$		*	
3	*no*	$p1$	$\neg p1$			☞
4	*no*	$p2$	$\neg p2, = \neg\neg p1, = p1$	*	*	

Wir sehen, dass die Verwendung von *no* zum Ausdruck von ‚Norbert ist nicht auf Reisen‘ (Zeile 3) kein Constraint verletzt; deswegen kann *no* auch ohne elliptischen Satz vorkommen. Die weitere Rangfolge von Form-Bedeutungs-Paaren (Zeile 2 > Zeile 1 > Zeile 4) entspricht vermutlich der Natürlichkeit von einfachen *yes/no*-Antworten und ihrer jeweiligen Interpretation.

Ein wichtiger Unterschied zwischen dem Deutschen und dem Englischen besteht darin, dass im Englischen die Antworten häufig durch elliptische Satzantworten verdeutlicht werden, wie z. B. in *Yes, he is* oder *No, he isn't*, und dass ferner auch elliptische Sätze allein als Antworten verwendet werden, wie in *He is* oder *He isn't*. Vennemann (2009) bringt Evidenz hierfür zum Beispiel aus der idiomatischen Beantwortung der Heiratsformel (mit *ja* bzw. mit *I will*) und aus Übersetzungen von Dramen; er erklärt die Verhältnisse im Englischen durch den Einfluss des Keltischen, das keine Polaritätspartikeln kennt. Geschichtlich hat sich das heutige System des Englischen aus einem komplexeren entwickelt, in dem *yea* und *nay* (= *ne ay* ‚not yes‘) als Partikel für nicht-negierte und *yes* und *no* als Partikel für negierte Antezedens-Sätze verwendet wurden (siehe entsprechende Einträge und Beispiele im Oxford English Dictionary).[8] Dieses System kann man als eines beschreiben, in dem *yes* und *no* nur negierte propositionale Diskursreferenten aufgreifen können.

Mit dem Constraint *NEGDR haben wir für die Wahl von Antwortpartikeln ein diskursbezogenes Prinzip, die Bevorzugung von nicht-negierten Diskursreferenten, herangezogen. Dieses ist zwar plausible motiviert – wenn ein negierter Diskursreferent eingeführt wird, dann war in der Regel seine nicht-negierte Entsprechung bereits im Diskurs hoch salient, und bleibt damit insgesamt weiter hoch salient. Wir sollten aber erwarten, dass es Kontexte gibt, für die dieses nicht gilt, und dass dies einen Einfluss auf die bevorzugten Antworten hat. Dies ist nun tatsächlich der Fall, wie das folgende Beispiel zeigt:

(50)   A: Welche der Länder auf dieser Liste hat Norbert noch nicht bereist?
        B: Warte mal … Er war noch nicht in Moldawien.
        A: Ja. / Nein. / Doch.

Die Antwort *doch* wird wie gewohnt und von der Theorie vorhergesagt interpretiert (als ‚Er war in Moldawien‘). Die Antwort *ja* mit der Bedeutung ‚Er war nicht in Moldawien‘ ist nun aber nicht mehr disfavorisiert, da in diesem Beispiel im größeren Kontext kein propositionaler Diskursreferent für ‚Er war in Moldawien‘ eingeführt wurde und deshalb das Constraint *NEGDR nicht greift. Ein weiterer, niedriger gerankter Constraint, der Negation in der Aussage und damit *nein* disfavorisiert, führt zu einer Bevorzugung von *ja* über *nein* in dieser Bedeutung. Die Antwort *nein* wird hier vielmehr als ‚Er war in Moldawien‘ verstanden, also genauso wie die Antwort *doch*. Es stellt sich hier dann allerdings die Frage, weshalb *nein* in dieser Funktion nicht durch *doch* geblockt wird, auf die ich hier nicht näher eingehen möchte.

---

[8]   Das OED bringt hierzu folgendes Zitat aus T. More Confut. Tyndales Answere iii. p. clxxxi (1532):

No answereth the questyon framede by the affyrmatyue..yf a man sholde aske..is an heretyke mete to translate holy scrypture into englyshe..he muste answere nay and not no. But and yf the questyon be asked..Is not an heretyque mete to translate holy scripture into englysh. To this questyon..he muste answere no & not nay.

In der typologischen Literatur zu Antwortpartikeln (vgl. etwa den Übersichtsartikel von Sadock und Zwicky 1985) haben Systeme wie das Japanische eine wichtige Rolle gespielt, für die argumentiert wurde, dass die Partikeln dort Zustimmung oder Ablehnung ausdrücken. Dadurch sind diese Partikeln im Falle eines negierten Antezedens nämlich immer eindeutig interpretierbar:

(51) A: John wa hashitte imasu ka?   a. B: Hai (, hashitte imasu).
       ,Is John running?'   ,Yes (, he is running).'

                                           b. B: Iie (, hashitte imasen).
                                               ,No (, he is not running).'

(52) A: John wa hashitte imasen ka?   a. B: Hai (, hashitte imasen).
       ,Is John not running?'   ,Yes (, he is not running).'

                                           b. B: Iie (, hashitte imasu).
                                               ,No (, he is running).'

Dieses System wird üblicherweise interpretiert als eines, in dem eine Partikel, hier *hai*, einen Vorschlag des einen Sprechers annimmt und eine andere, hier *iie*, den Vorschlag des Sprechers zurückweist. Damit würden sich *hai* und *iie* grundsätzlich anders verhalten, als es hier für die deutschen und englischen Polaritätspartikeln vorgeschlagen wurde.

Nun hat aber Yabushita (1998), aus dem auch die obigen Beispiele stammen, darauf aufmerksam gemacht, dass die Negation im Japanischen anders zu verstehen ist als im Englischen oder Deutschen: Es handelt sich dabei nämlich nicht um eine sententiale Negation, sondern um eine Prädikatsnegation, ähnlich dem deutschen *un-*. Unabhängige Evidenz dafür ist zum Beispiel, dass direkte Übersetzungen von Sätzen wie *Every arrow didn't hit the target* nur die Lesart $\forall x[\text{PFEIL}(x) \rightarrow \neg\text{TRIFFT}(x)]$ haben, nicht aber die für die Satznegation mögliche Lesart $\neg\forall x[\text{PFEIL}(x) \rightarrow \text{TRIFFT}(x)]$. Dann aber würde der Antezedens-Satz von (51) nur einen einzigen propositionalen Diskursreferenten einführen, nämlich den für die Proposition ,John läuft nicht'. Damit wiederum können *hai* und *iie* exakt wie Englisch *yes* und *no*, oder Deutsch *ja* und *nein* interpretiert werden.

Natürlich sind zurückweisende Partikeln nicht ausgeschlossen. Dies scheint zum Beispiel im Rumänischen nach den Daten und der Analyse von Farkas (2010) vorzuliegen, nach denen *ba* eine solche Funktion besitzt:

(53) A: Ana a plecat.   a. B: Da (a plecat).
       ,Ana left.'   ,Yes (she left).'

                                           b. B: Ba nu, nu a plecat.
                                               ,No, she didn't leave.'

(54) A: Ana nu a plecat.   a. B: Nu, nu a plecat.
       ,Ana didn't leave.'   ,No, she didn't leave.'

                                           b. B: Ba da, a plecat.
                                               ,Yes, she did leave.'

(55)   A: Ana a plecat?   a. B: Da (a plecat).
          ‚Did Ana leave?'   ‚Yes (she left).'

                                              b. B: Nu (nu a plecat).
                                                    ‚No (she didn't leave).'

(56)   A: Ana nu a plecat?   a. B: Nu (nu a plecat).
          ‚Didn't Ana leave?'   ‚No, she didn't leave.'

                                              b. B: Ba da, a plecat.
                                                    ‚Yes, she did leave.'

Diese Daten sind konsistent damit, dass *da* und *nu* die Bedeutung von *ja* und *nein* haben, und dass die Partikel *ba* in etwa *falsch* oder *you are wrong* ausdrückt. Dies erklärt die Verwendung nach Assertionen in (53)/(54) und das Fehlen von *ba* nach der einfachen Polaritätsfrage in (54). Das Auftreten von *ba* nach der negierten Frage in (56) kann wohl mit der Tendenz dieser Frage erklärt werden.

Die deutsche Polaritätspartikel *doch* läuft zwar auch auf eine Rückweisung hinaus. Dies ist aber nach der hier vorgestellten Theorie nicht die Grundbedeutung von *doch*; diese besteht vielmehr darin, von zwei propositionalen Diskursreferenten, wobei einer die Negation des anderen ist, den nicht-negierten aufzugreifen. Damit wird implizit ein Vorschlag zurückgewiesen, der durch den negierten Diskursreferenten ausgedrückt wurde. Solche impliziten Zurückweisungen findet man natürlich auch in Beispielen wie dem folgenden:

(57)   A: Die Tür ist offen.
        B: Die Tür ist zu!

Abschließend soll hier auf einen weiteren Unterschied zwischen den deutschen Polaritätspartikeln *ja*, *nein*, *doch* und ihren englischen Pendants *yes* und *no* hingewiesen werden. Im Gegensatz zu den deutschen Partikeln können *yes* und *no* nicht in nicht-assertiven Kontexten verwendet werden.

(58)   Is Norbert on a trip?

    a.   If *yes/*no, we (don't) have to find a substitute for him.

    b.   If so, we have to find a substitute for him.

    c.   If not, we don't have to find a substitute for him.

Statt *ja* finden wir *so*, statt *nein* finden wir *not*. Dies lässt vermuten, dass *yes* und *no* bereits lexikalisch als Assertionen spezifiziert sind, also nicht nur als propositionale Anaphern wie *ja* und *nein*, die auch assertiv verwendet werden können.

3.5.   Fälle mit engskopiger Negation

Wir haben mit Beispielen wie (22) und (25) gesehen, dass negative Prädikate wie *ungleich sein* oder *verfehlen* keine eigenen propositionalen Diskursreferenten einführen, im Gegensatz zu propositionalen Negationen. Dies sagt richtig voraus, dass auf Aussagen und Fragen mit negativem Prädikat so reagiert wird wie auf nicht-negierte Aussagen und Fragen mit normalem Prädikat:

(59)   A: Norbert ist nicht da. / Ist Norbert nicht da?

   a.   B: Ja (, er ist nicht da).

   b.   B: Nein (, er ist da).

   c.   B: Nein (, er ist nicht da).

   d.   B: Doch (, er ist da).

(60)   A: Norbert ist weg. / Ist Norbert weg?

   a.   B: Ja (, er ist weg).

   b.   B: Nein (, er ist da).

   c. # B: Doch (, er ist da).

Der Grund hierfür ist natürlich der, dass durch Ausdrücke wie *Norbert ist weg* nur ein einziger propositionaler Diskursreferent eingeführt wird, auch wenn die Bedeutung des Prädikats von *weg sein* über eine Negation definiert ist: $\lambda x \neg [x$ ist da]. Es handelt sich um eine lexikalische Negation, die nicht durch eine propositionale syntaktische Kategorie ausgedrückt wird.

   Aber auch die syntaktische Negation führt nicht immer zu einer propositionalen syntaktischen Kategorie, und damit zu einem negierten propositionalen Diskursreferenten. Dies erklärt die Beobachtung von Holmberg (2012) zu Fällen, in denen Adverbien wie *sometimes, for once* und *purposely* Skopus über die Negation erhalten:

(61)   A: Did John sometimes not show up for work?

   a.   B: Yes. (= He sometimes doesn't show up for work.)

   b. $^?$ B: No. (= He doesn't sometimes not show up for work, he always shows up for work.)

Die schwache Degradierung der Antwort *no* erklärt Holmberg damit, dass diese eine Negation einer Bedeutung involviert, die selbst eine Negation enthält, was konzeptuell schwierig ist und besser durch eine explizitere Antwort ausgedrückt wird.

   Im Rahmen der hier vorgelegten Theorie kann man die Antwortmöglichkeiten zu (60) wie folgt interpretieren: Das Adverb sorgt dafür, dass die Negation als Prädikatsnegation und nicht als Satznegation interpretiert wird; damit etabliert die Negation keine propositionale syntaktische Kategorie und führt deshalb auch keinen negativen propositionalen Diskursreferenten ein. Warum wird die Negation als Prädikatsnegation interpretiert? Dies liegt an der Bedeutung der Adverbiale. Adverbien wie *sometimes, usually* und *always* sind Quantoren über Ereignisse; sie nehmen daher Ereignisprädikate und keine Propositionen als Argumente. So wird *sometimes* interpretiert als eine Funktion, die einer Menge von Ereignissen E eine Proposition zuweist, in etwa: $\exists e[E(e)]$, d. h. es gibt Ereignisse der Art E. Dasselbe gilt auch für ein Adverb wie *purposely*, welches ausdrückt, dass ein Agens absichtlich ein Ereignis der Art E realisiert. Die Negation muss dann so verstanden werden, dass sie eine Klasse von Ereignissen E auf eine Klasse E' von Ereignissen abbildet, die darin bestehen, dass in ihnen Ereignisse der Klasse E gerade nicht vorkommen. In Krifka (1989) wurde eine solche Negation für Ereignisse definiert. Pragmatisch sinnvoll ist sie in Fällen, in denen entweder E' aus maximalen Ereignissen besteht oder aus Ereignissen (Raumzeit-Situationen), in denen Ereignisse der Art E erwartet werden. In unserem Beispiel ist letzteres der Fall: Mit (60) fragt man, ob es Gelegenheiten (= Ereignisse) gegeben hat, zu denen es erwartbar war, dass John zur Arbeit kommt, an denen aber ein Ereignis dieser Art nicht aufgetreten ist. Für unsere Zwecke ist wichtig, dass es sich hierbei nicht um eine propositionale Negation handelt. Die Negation kann vielmehr wie folgt interpretiert werden: $\text{NICHT}(E) = \lambda e \neg \exists e'[e' \sqsubseteq e \wedge E(e)]$, d. h. als Prädikat über Ereignisse e, die kein Ereignis e' der Art E als Teil enthalten.

Im Deutschen lassen sich Holmbergs Daten reproduzieren:

(62)   A: Ist Norbert manchmal nicht da?

    a.   B: Ja. (= Norbert ist manchmal nicht da.)

    b.   B: Nein. (= Norbert ist immer da.)

Die zugrundeliegende syntaktische Struktur für (A) ist wie folgt, wenn wir die VP als die syntaktische Kategorie für Ereignisprädikate ansehen:

(63) $[_{CP} [_C \text{ist}_0 [_{TP} \text{Norbert}_1 [_{VP} \text{manchmal} [_{VP} \text{nicht} [_{VP} t_1 \text{ da } t_0] t_0]]]_{p1}]]$

Die VP (*Norbert*) *da sein* wird durch die Ereignisnegation *nicht* modifiziert; dies führt mithin keinen propositionalen Diskursreferenten ein. Ein solcher kommt erst auf der Ebene der TP ins Spiel. Dem entspricht, dass die Antwort mit *doch* hier ausgeschlossen ist.

3.6. Fragen mit äußerer Negation

Es ist bekannt und wurde z. B. von Holmberg (2012) bemerkt, dass Fragen mit syntaktisch hoher Negation (vgl. Ladd 1981) sich bezüglich des Antwortverhaltens anders verhalten als Fragen nach einer Proposition mit einer Negation, also Fragen mit syntaktisch niedriger Negation. Hierzu ein deutsches Beispiel; man vergleiche hiermit (2) mit syntaktisch tiefer Negation.

(64)   A: Ist nicht Norbert auf Reisen?

    a.   B: Ja. (= Er ist auf Reisen.)

    b.   B: Nein. (= Er ist nicht auf Reisen.)

    c. # B: Doch.

Dieses Antwortmuster kann man damit erklären, dass die Negation hier gar nicht Teil der Proposition ist, die erfragt wird. Hierzu gibt es verschiedene konkrete Vorschläge. In Krifka (i. E.) schlage ich vor, dass die Negation auf der Ebene des Sprechakts interpretiert wird, also nicht als propositionale Negation, und damit auch keinen negierten propositionalen Diskursreferenten einführen kann.

Ich will diesen Vorschlag hier knapp erläutern. Sprechakte werden zunächst interpretiert als Veränderungen von Verpflichtungs(zu)ständen. Mit einer Assertion einer Proposition p verpflichtet sich ein Sprecher S_1 gegenüber einem Sprecher S_2, für die Wahrheit von p geradezustehen. Wenn c der gegenwärtige Verpflichtungsstand ist (eine Menge von Verpflichtungen), dann kann man dies wie folgt beschreiben, wobei $S_1|\!-\!p$ ausdrückt: S_1 übernimmt Verantwortung für die Wahrheit der Proposition p.

(65) S_1 assertiert gegenüber S_2 die Proposition φ vor dem Verpflichtungsstand c

$$c + \text{ASS}_{S1,S2}(p) = c \cup \{S_1|\!-\!p\}$$

Für gewisse Phänomene reicht die Modellierung von Konversationszuständen durch einfache Verpflichtungsstände nicht aus. Wir brauchen vielmehr Verpflichtungsräume, das sind Mengen von Verpflichtungsständen, die beschreiben, wie sich ein Verpflichtungsstand in der Zukunft entwickeln kann. Es sei C ein solcher Verpflichtungsraum; dann ist der Verpflichtungsstand $c = \cap\, C$ die Wurzel des Verpflichtungsraumes (auch geschrieben $\sqrt{C}$); und die Menge C beschreibt, wie sich der Verpflichtungsstand $\sqrt{C}$ weiterentwickeln kann. Die Assertion einer Proposition kann man dann wie folgt beschreiben:

(66) $C + \text{ASS}_{S1,S2}(p) = \{c \in C \mid \sqrt{C} + \text{ASS}_{S1,S2}(p) \subseteq c\}$

Das heißt, der Verpflichtungsraum C wird so verändert, dass die neue Wurzel ein Verpflichtungstand ist, in dem S_1 auf die Proposition p verpflichtet ist.

Fragen können in diesem Modell so verstanden werden, dass der Fragende den Verpflichtungsraum so einschränkt, dass der Befragte mit einer Assertion antworten muss, die eine Antwort auf die Frage darstellt oder eine solche mindestens impliziert. Natürlich kann der Befragte auch die Frage zurückweisen. Eine einfache Art der Frage, die so genannte Deklarativfrage in Fällen wie *Norbert ist auf Reisen?*, kann man wie folgt darstellen:

(67) $C + \text{REQUEST}_{S1,S2}(\text{ASS}(p)) = C + \text{ASS}_{S2,S1}(p)$

Das heißt, der Fragende S_1 schränkt den Verpflichtungsraum C so ein, dass der Befragte S_2 nur p assertieren kann. Der Befragte S_2 kann dies aufgreifen und p durch *ja* assertieren; er kann auch die Negation von p assertieren, was nur möglich ist, wenn zunächst der Konversationszug von S_1 zurückgewiesen wird.

Auf der Ebene der Verpflichtungsräume kann man nun auch eine Denegation ~ definieren, die darin besteht, dass ein entsprechender Sprechakt A ausgeschlossen wird:

(68) $C + {\sim}A = C - \{c \mid \exists c'[c' + A \subseteq c]\}$

Die syntaktisch hohe Negation in Fragen lässt sich als Denegation deuten. Die Frage *Ist nicht Norbert auf Reisen?* kann wie folgt interpretiert werden:

(69) $C + \text{REQUEST}_{S1,S2}({\sim}\text{ASS}_{S1,S2}(p)) = C - \{c \mid \exists c'[c' + \text{ASS}_{S2,S1}(p)]\}$

Der Effekt dieser Frage ist, dass S_1 den S_2 auffordert, die Assertion, dass p, auszuschließen. Dieser konversationelle Zug ist in gewissen Situationen sinnvoll, zum Beispiel wenn S_1 annimmt, dass p, aber sichergehen will, dass S_2 nicht eine andere Meinung vertritt.

Für unsere gegenwärtigen Belange von Bedeutung ist, dass die Negation ~ nicht propositional ist und damit keinen negativen propositionalen Diskursreferenten einführt. In Krifka (i. E.) schlage ich vor, dass die Sprechakt-Ebene selbst syntaktisch in einer ForceP repräsentiert ist, und dass im Falle von Fragen der vorliegenden Art ein Sprechakt des Requests eines Sprechers (S_1) an den zweiten Sprecher (S_2) besteht, einen Sprechakt auszuführen. Im vorliegenden Falle besteht dieser zweite Sprechakt aus der Negation einer Assertion.

(70)   [$_{ForceP}$ REQU [$_{Force'}$ ist$_0$ [$_{ForceP}$ nicht [$_{ForceP}$ ASS [t$_0$ [$_{TP}$ Norbert auf Reisen t$_0$]$_{p1}$]]]]]?

Man beachte, dass nur die TP und nicht die ForceP einen propositionalen Diskursreferenten einführt.

3.7. Alternativfragen und Konstituentenfragen

Eine Alternativfrage stellt explizite Alternativen auf, aus denen der Adressat eine Auswahl treffen und diese assertieren soll. Betrachten wir hierzu zunächst das Beispiel (8c) von Farkas und Roelofsen, hier in seiner deutschen Übersetzung:

(71)   A: Ist die Tür OFFen oder geSCHLOSSen?

    a. # B: Ja (, sie ist offen).

    b. # B: Nein (, sie ist geschlossen).

In der Alternativfragen-Interpretation tragen *offen* einen steigenden und *geschlossen* einen fallenden Akzent. Mit Krifka (2001) nehme ich an, dass Alternativfragen eine ähnliche Bedeutung wie Konstituentenfragen haben: Bei Konstituentenfragen wie *In welchem Zustand ist die Tür?* führt die Fragekonstituente, hier *in welchem Zustand*, die Alternativen ein; bei Alternativfragen wie *Ist die Tür OFFen oder geSCHLOSSen?* werden die Alternativen explizit erwähnt. Im Unterschied zu Konstituentenfragen, bei denen die *W*-Konstituente normalerweise in die Anfangsposition des Satzes bewegt wird, verbleibt die Alternativen anzeigende Phrase jedoch in situ. Auch *W*-Konstituenten können ja in situ bleiben, zum Beispiel in Echofragen: *Die Tür ist in WELchem Zustand?* Für unsere Zwecke von Bedeutung ist, dass auch Konstituentenfragen nicht durch *ja* oder *nein* beantwortet werden können:

(72)   A: In welchem Zustand ist die Tür?

    a. # B: Ja, sie ist offen.

    b. # B: Nein, sie ist geschlossen.

Ich erkläre dies, wie folgt: Konstituentenfragen und Alternativfragen denotieren nicht Propositionen, sondern Mengen von Propositionen. Sie führen also keinen propositionalen Diskursreferenten ein, sondern vielmehr einen Diskursreferenten für Propositionsmengen. Dieser kann zum Beispiel durch *das* oder *es* aufgegriffen werden:

(73)   A: Ist die Tür offen oder geschlossen? / In welchem Zustand ist die Tür?

    a.   B: Das ist hier die Frage.

    b.   B: Das will ich auch wissen.

    c.   B: Frag Peter, der weiß es.

Die Polaritätspartikeln *ja* und *nein* sind hingegen von ihrem semantischen Typ her nicht geeignet, solche Diskursreferenten aufzugreifen; sie erwarten ja ganz spezifisch eine Proposition und nicht eine Propositionsmenge.[9]

Allerdings gibt es auch Alternativfragen, bei denen die Alternativen selbst propositional sind, wie in (74). Hier sollte demnach jede Alternative einen propositionalen Diskursreferenten einführen. Die einfachen Antworten *ja* oder *nein* sind hier nicht möglich, wohl weil es unklar ist, auf welchen Diskursreferenten sich *ja* und *nein* hier beziehen. Im Gegensatz zu dem Fall von negierten Antezedens-Sätzen gibt es auch keine Möglichkeit der pragmatischen Optimierung. Allerdings scheinen mir explizite Antworten mit *ja* und *nein* hier möglich zu sein:

(74)   A: Ist die Tür OFFen oder ist sie geSCHLOSSen?

    a.   B: Ja, sie ist offen.

    b.   B: Nein, sie ist offen.

    c.   B: Ja, sie ist geschlossen.

    d.   B: Nein, sie ist geschlossen.

In dem folgenden Fall hingegen sind meines Erachtens die einfachen Antworten *ja* und *nein* wieder möglich; vgl. hierzu auch Farkas und Roelofsen (2012).

(75)   A: Ist die Tür offen oder nicht?

    a.(#) B: Ja.   /   B: Ja, sie ist offen.

    b.   B: Nein (, sie ist nicht offen).

    c. # B: Ja (, sie ist nicht offen).

    d. # B: Nein (, sie ist offen).

    e. # B: Doch (, sie ist offen).

Dies kann man dadurch erklären, dass der erste Teilsatz einen Diskursreferenten $p1$ für ‚die Tür ist offen' einführt und der zweite, wenn er elliptisch aus *die Tür ist nicht offen* hervorgehend verstanden wird, zwei Diskursreferenten $p1$ und $p2$, mit $p2 = \neg p1$. Interessanterweise ist *doch* hier nicht möglich, obwohl im zweiten Teilsatz zwei geeignete Diskursreferenten eingeführt wurden. Dies führt mich zu der Überlegung, dass eine akzeptable Antwort beiden Teilsätzen unabhängig gerecht werden muss; für den ersten Teilsatz *ist die Tür offen* ist die Reaktion *doch* dann nicht angemessen, da hier ja nur ein propositionaler Diskursrefe-

---

[9]   Nach Farkas und Roelofsen (2012) erwartet *no* nicht, dass es nur eine einzige hervorgehobene Proposition gibt. Sie halten demnach die Antwort *no* auf eine Alternativfrage für möglich. In dem Artikel gibt es hierfür leider kein Beispiel. Ich nehme aber an, dass damit Fragen wie *Ist Norbert im URlaub oder auf einer DIENSTreise?* gemeint sind, in denen *oder* keine Fragealternativen aufstellt, sondern die Proposition 'Norbert ist im Urlaub oder auf einer Dienstreise' erfragt wird. Hier beobachten wir, dass die *ja*-Antwort typischerweise ergänzt wird, z. B. *ja, auf einer Dienstreise*; dies liefert eigentlich mehr Information, als zunächst erfragt. Die *nein*-Antwort muss hingegen natürlich nicht ergänzt werden.

rent eingeführt wurde. Die Antwort *ja* identifiziert nun für den ersten Teilsatz die Proposition $p1$; das Aufgreifen von $p1$ ist auch für den zweiten Teilsatz, der die Propositionen $\{p1, p2\}$ einführt, möglich. Dies erklärt, warum Antworten wie *Ja, sie ist offen* möglich sind, aber die einfache Antwort *ja* eher nicht: Betrachtet man den zweiten Teilsatz isoliert, dann gibt es bei *ja* keine Präferenz für $p1$, eher eine für $p2$, wie wir für das Englische im Diagramm (49) gesehen haben. Die Antwort *nein* identifiziert für den ersten Teilsatz den propositionalen Diskursreferenten $p1$ und assertiert dessen Negation ($\neg p1$); für den zweiten Teilsatz präferiert diese Antwort ebenfalls den Diskursreferenten $p1$, da ein Aufgreifen von $p2$ zu einer Negation eines bereits negierten Diskursreferenten führen würde. Bei beiden Teilsätzen führt *nein* also zu derselben Interpretation, und deshalb ist *nein* hier eine akzeptable Antwort.

4. Zusammenfassung

In dem vorliegenden Artikel habe ich eine Theorie entwickelt, nach der die Polaritätspartikeln *ja* und *nein* sowie auch *doch* eine einfache Bedeutung haben: Sie greifen jeweils einen propositionalen Diskursreferenten auf; *nein* negiert diesen Diskursreferenten, und *doch* setzt voraus, dass zwei propositionale Diskursreferenten eingeführt sind und greift den nicht-negierten auf. In einer einzelnen Äußerung wie als Antwort zu einer Frage können die Polaritätspartikeln, die ja für eine Proposition stehen, assertiert werden; sie treten jedoch auch in anderer Funktion auf, wie etwa in Konstruktionen wie *wenn ja, dann ...* und in *ich glaube ja*.

Die zum Teil verwirrenden Gebrauchsbedingungen für die Polaritätspartikeln bei negierten Antezedens-Sätzen ergeben sich daraus, dass diese Sätze zwei propositionale Diskursreferenten einführen, von denen einer negiert ist. Pragmatische Prinzipien erklären dann die Bevorzugung von *ja* vs. *nein* für verschiedene Fälle. Diese Situation entsteht aber nur dann, wenn die Negation im Antezedens-Satz tatsächlich zu einer negierten Proposition führt; dies ist nicht der Fall bei lexikalischen Negationen, bei Negationen im Skopus von ereignisbezogenen Modifikatoren und im Falle der syntaktisch hohen Negation in Fragen, die auf der Ebene der Sprechakte interpretiert werden muss.

Ich bin in diesem Artikel auch kurz auf andere Systeme wie zum Beispiel das des Englischen, des Japanischen und des Rumänischen eingegangen. Diese sind jeweils etwas anders gelagert als im Deutschen: Im Englischen fehlt eine Entsprechung zu *doch*, und damit verläuft die pragmatische Optimierung anders, und im Japanischen ist möglicherweise die Negation im Antezedens-Satz keine propositionale Negation. Rumänisch hat zwei Partikeln wie im Englischen, darüber hinaus aber noch eine zurückweisende Partikel, die dem deutschen *Falsch!* oder dem englischen *You're wrong* entspricht. Ich habe dafür plädiert, dass das deutsche *doch* zwar auch zurückweist, dass diese Zurückweisung aber implizit ist, sich als Folge der Bedeutung von *doch* ergibt.

Der vorliegende Artikel ist ein vorläufiger; er wirft vielleicht mehr Fragen auf, als er beantworten kann. Ein Desiderat ist die empirische Absicherung. Obwohl *ja*, *nein* und *doch* und ihre Entsprechungen in anderen Sprachen zu den häufigsten und am frühesten gelernten Wörtern und Konstruktionen gehören, ist vieles in diesem Bereich noch empirisch recht unklar. Erst aus jüngerer Zeit gibt es erste experimentelle Daten zur Verwendung von Polaritätspartikeln, und eine Reihe von empirischen Behauptungen, wie sie auch in dem vorliegenden Artikel aufgestellt wurden, bedarf dringend einer experimentellen Verifizierung.

Ein weiteres Desiderat ist es, die Verwendung der Partikeln in weiteren Kontexten zu beschreiben. Hierzu gehören die Verwendung von *ja* und *nein* als Reaktion auf Befehle oder die Verwendung von *ja* als Reaktion auf Vokative. Ferner wird *ja* und auch ein erstauntes *Nein!* als Rückmeldesignal verwendet, das vermutlich sprechaktbezogen ist und bedeutet: *Ich habe den Konversationszug verstanden und akzeptiert.* Ferner werden *ja* und *doch* auch als Diskurspartikeln verwendet, wie in den folgenden Beispielen:

(76) a. Norbert ist ja auf Reisen.

 b. Norbert ist doch auf Reisen.

In beiden Fällen beziehen sich *ja* und *doch* auf Propositionen, die als bereits bekannt vorausgesetzt werden, die also Teil des Common Ground sind oder aus ihm leicht inferierbar sind. Im Unterschied zu den Polaritätspartikeln ist diese Proposition jedoch nicht salient und wird anaphorisch aufgegriffen, man greift mit ihnen eher auf das gemeinsame Hintergrundwissen zu. Im Falle von *ja* in (76a) ist diese Proposition dieselbe wie die Proposition in der Assertion, in der *ja* vorkommt, nämlich ‚Norbert ist auf Reisen'. Das *ja* drückt eine Präsupposition aus, nämlich dass diese Proposition bereits bekannt ist. Im Falle von *doch* in (76b) ist diese Proposition hingegen die Negation der Proposition, die assertiert wird, also ‚Norbert ist nicht auf Reisen'. Wie ist das möglich? Der Sprecher scheint sich hier in eine Kontradiktion zu verwickeln. Dem ist nicht so. In einer Situation, in welcher der andere Sprecher eine Anreicherung des Common Ground vorschlägt, aus der die Proposition ‚Norbert ist nicht auf Reisen' folgt, kann der erste Sprecher diesen Common Ground mit einem Satz wie (76b) zurückweisen.

Schließlich gilt es, das Verhältnis von Polaritätspartikeln zu Ausdrücken der Übereinstimmung oder der Zurückweisung zu bestimmen, wie zum Beispiel *stimmt, richtig, stimmt nicht* und *falsch,* oder auch das rumänische *ba.* Anders als *nein* und *ja* sind *richtig* und *falsch* nach der Assertion einer negierten Proposition eindeutig:

(77) A: Norbert ist nicht auf Reisen.

 a. B: (Das ist) richtig. (= Er ist nicht auf Reisen.)

 b. B: (Das ist) falsch. (= Er ist auf Reisen.)

Dies deutet darauf hin, dass sich *richtig* und *falsch* nicht auf die Proposition selbst beziehen, sondern vielmehr auf den Sprechakt des ersten Sprechers. Diesen greift auch das Pronomen *das* in der expliziten Version auf. Durch *richtig* bringt Sprecher B zum Ausdruck, dass er die Assertion von A für gerechtfertigt hält. Das ist dann der Fall, wenn Sprecher B ebenfalls Evidenz für die Proposition ‚Er ist nicht auf Reisen' hat, also diese Proposition ebenfalls assertieren könnte. Entsprechend drückt *falsch* aus, dass Sprecher B die Assertion für A für nicht gerechtfertigt hält, was dann der Fall ist, wenn B Evidenz für die Falschheit der Proposition, und damit für ‚Er ist nicht auf Reisen' hat.

Literatur

Asher, Nicholas. 1986. Belief in discourse representation theory. *Journal of Philosophical Logic* 15: 127–189.

Asher, Nicholas. 1993. *Reference to Abstract Objects in Discourse.* Dordrecht: Kluwer.

Beaver, David. 2004. The optimization of discourse anaphora. *Linguistics and Philosophy* 27: 1–53.

Becker, Thomas. 2002. Autohyponymy: Implicature in lexical semantics, word formation, and grammar. *Journal of Germanic Linguistics* 14: 105–136.

Cornish, Francis. 1992. So be it: The discourse-semantic roles of so and it. *Journal of Semantics* 9: 163–178.

Farkas, Donka F. 2010. The grammar of polarity particles in Romanian. In *Edges, heads and projections. Interface properties*, hg. v. Anna Maria Di Sciullo und Virginia Hill, 87–142. Philadelphia: John Benjamins.

Farkas, Donka F. und Kim B. Bruce. 2010. On reacting to assertions and polar questions. *Journal of Semantics* 27: 81–118.

Farkas, Donka F. und Floris Roelofsen. 2012. Polar initiatives and polar particle responses in an inquisitive discourse model. Manuskript, University of Amsterdam.

Frank, Annette. 1996. Context Dependence in Modal Constructions. Dissertation. Universität Stuttgart.

Geurts, Bart. 1998. Presuppositions and anaphors in attitude contexts. *Linguistics and Philosophy* 21: 545–601.

Ginzburg, Jonathan und Ivan A. Sag. 2000. *Interrogative Investigations.* Stanford: CSLI Publications.

Groenendijk, Jeroen und Martin Stokhof. 1990. Dynamic Montague Grammar. In *Papers from the Second Symposium on Logic and Language*, hg. v. László Kálmán und László Pólos, 3–48. Budapest: Akadémiai Kiadó.

Heim, Irene. 1982. The Semantics of Definite and Indefinite Noun Phrases. Dissertation, University of Massachusetts in Amherst.

Holmberg, Anders. 2012. On the syntax of yes and no in English. *Newcastle Working Papers in Linguistics* 18: 52–72.

Karagjosova, Elena. 2006. The German response particle *doch* as a case of contrastive focus. In Ninth Symposium on Logic and Language (LoLa9), 90–98.

Kamp, Hans. 1981. A theory of truth and semantic representation. In *Formal Methods in the Study of Language*, hg. v. Jeroen A. G. Groenendijk, Theo M. V. Janssen und Martin B. J. Stokhof, 277–322. Amsterdam: Mathematical Centre Tracts 135.

Kamp, Hans und Uwe Reyle. 1993. *From Discourse to Logic: Introduction to Modeltheoretic Semantics of Natural Language, Formal Logic, and Discourse Representation Theory.* Dordrecht: Kluwer.

Karttunen, Lauri. 1969. Discourse referents. In Third International Conference on Computational Linguistics, COLING 1969, Stockholm, Sweden, September 1–4.

Kramer, Ruth und Kyle Rawlins. 2009. Polarity particles: An ellipsis account. NELS 39.

Krifka, Manfred. 1989. Nominal reference, temporal constitution and quantification in event semantics. In *Semantics and Contextual Expressions*, hg. v. Renate Bartsch, Johan van Benthem und Peter van Emde Boas, 75–115. Dordrecht: Foris.

Krifka, Manfred. 2001. For a structured account of questions and answers. In *Audiatur Vox Sapientiae: A Festschrift for Achim von Stechow*, hg. v. Caroline Féry und Wolfgang Sternefeld, 287–319. Berlin: Akademie-Verlag.

Krifka, Manfred. 2013. Response particles as propositional anaphors. SALT 23, 1–18.

Krifka, Manfred. i. E. Negated polarity questions as denegations of assertions. In *Contrastiveness and Scalar Implicatures*, hg. v. Lee Chungmin und Ferenc Kiefer. Heidelberg: Springer.

Ladd, D. Robert. 1981. A first look at the semantics and pragmatics of negative questions and tag questions. *Proceedings of the Chicago Linguistic Society* 17: 164–171.

Laka, Itziar. 1990. Negation in syntax: On the nature of functional categories and projections. Dissertation, Cambridge, Massachusetts Institute of Technology.

Penka, Doris. 2010. *Negative Indefinites*. Oxford: Oxford University Press.

Repp, Sophie. 2009. *Negation in Gapping*. Oxford: Oxford University Press.

Roelofsen, Floris und Sam van Gool. 2010. Disjunctive questions, intonation, and highlighting. In *Logic, Language, and Meaning*, hg. v. Maria Aloni, Vadim Kimmelman, Floris Roelofsen, Galit W. Sassoon, Katrin Schulz und Matthijs Westera, 384–394. Berlin: Springer.

Sadock, Jerold M. und Arnold M. Zwicky. 1985. Speech act distinction in syntax. In *Language typology and syntactic description*, hg. v. Timothy Shopen, 155–196. Cambridge: Cambridge University Press.

Truckenbrodt, Hubert. i. E. Satztyp und prosodische Merkmale. In *Satztypen im Deutschen*, hg. v. Hans Altmann, Jörg Meibauer und Markus Steinbach. Berlin: De Gruyter Mouton.

Vennemann, Theo. 2009. Celtic influences in English? Yes and No. *English Language and Linguistics* 13: 309–334.

Yabushita, Katsuhiko. 1998. Why do Japanese hai and iie not behave like English yes and no all the way? Consequences of the non-sentential operation of the Japanese non-sentential morpheme nai. *Kansas Working Papers in Linguistics* 23: 59–74.

Festschrift oder nicht Festschrift
Syntax, Semantik und Pragmatik einer peripheren Konstruktion

Rita Finkbeiner & Jörg Meibauer

1. Einleitung

Angenommen, eine verdiente Professorin lehnt Festschriften grundsätzlich ab. Für sie sind Festschriften nur wertlose Sammlungen von mehr oder minder witzigen Texten, die noch in der Schublade lagen oder an einem Wochenende entstanden sind. Ihre Schüler denken jedoch anders darüber und präsentieren ihr mit Stolz eine Festschrift (die so schlecht nun auch wieder nicht ist). Die Professorin sagt (leicht verschnupft): *Festschrift oder nicht Festschrift, gefeiert wird auf jeden Fall.*

Ein anderer Professor träumt heimlich von einer Festschrift, die für ihn den Höhepunkt seiner wissenschaftlichen Karriere darstellen würde. Aber er wird enttäuscht, alles, was er bekommt, ist eine Fahrt im Heißluftballon (verbunden mit einer wunderschönen Aussicht über die universitäre Landschaft). Später äußert er (ebenfalls leicht verschnupft): *Festschrift oder nicht Festschrift, gefeiert wird auf jeden Fall.*

Wir sehen, dass die jeweiligen Äußerungen durchaus nützlich sind, und dass sie zu den skizzierten Äußerungssituationen passen. Die Frage ist nun, in welchem Sinne es sich um eine periphere Konstruktion handeln könnte. Betrachten wir zunächst den Begriff der „Peripherie". Fries (2007: 13; vgl. auch Fries 1987, Reis 1979) ordnet „Phänomene mit einer starken Generalisierungstendenz" der Kerngrammatik zu, „Phänomene mit einer schwachen Generalisierungstendenz" der Randgrammatik. In diesem Sinne könnte es sich bei *Festschrift oder nicht Festschrift* um ein sprachliches Phänomen mit schwacher Generalisierungstendenz handeln.

Die Unterscheidung zwischen Kerngrammatik und Randgrammatik ist auf den theoretischen Versuch bezogen, „generalisierbare Aussagen über die Sprachfähigkeit und die Struktur einzelner Sprachen" (Fries 2007: 13) abzuleiten. Fries bringt dies mit der Universalgrammatik im Sinne von Chomsky (1981) in Zusammenhang, aber dieser Zusammenhang ist in keiner Weise zwingend. Mehr noch, wenn in der (universalgrammatischen) Peripherie „markierte Konstruktionen" „von untergeordneter Bedeutung" (Fries 2007: 13) zu finden sind, fragt man sich, inwiefern sich deren Untersuchung linguistisch lohnen sollte. Fries (2007: 15) verweist hier zu Recht auf zwei Forschungstendenzen, nämlich die Entdeckung der Relevanz randgrammatischer Konstruktionen für das Studium diachroner Entwicklungsprozesse, sowie den Nachweis verborgener kerngrammatischer Eigenschaften mutmaßlicher randgrammatischer Konstruktionen. Darüber hinaus betont er, *pace* Chomsky, die Gradualität von rand- versus kerngrammatischen Phänomenen.

Dass Markiertes, Peripheres, Randständiges in irgendeiner Weise „von untergeordneter Bedeutung" sei, erklärt sich natürlich nur im Hinblick auf die universalgrammatische Agenda mit ihren theoriespezifischen Bewertungen. Im Hinblick auf die Sprachverwendung mag das ganz anders aussehen, so dass eine möglicherweise wenig generalisierbare Konstruktion in dieser Perspektive keineswegs „untergeordnete Bedeutung" aufweist, sondern im Verein mit vielen, vielen anderen Konstruktionen eine besondere sprachliche Eigenschaft zeigt, die man mit passgenauer Bezogenheit auf eine Menge von möglichen Äußerungssituationen beschreiben kann. In Teilen der sog. Konstruktionsgrammatik spielt genau dieser Aspekt der kommunikativen Verwendung eine wichtige Rolle. Die Rand- versus Kern*grammatik* muss daher systematisch auf eine Rand- versus Kern*pragmatik* bezogen werden.

Ein Wort zu den im Weiteren diskutierten Daten. Wenn immer es möglich und sinnvoll ist, präsentieren wir authentische Daten. Wir nehmen uns aber auch die Freiheit, Beispiele selber zu konstruieren, ein Verfahren, das nicht nur in der universalgrammatisch orientierten Forschung durchaus üblich ist. Wenn also keine Quelle vermerkt ist, handelt es sich um von uns konstruierte Beispiele.

2.   X *or no* X im Englischen

Bisher ist die X-*oder-nicht*-X-Konstruktion nur für das Englische, nicht aber für das Deutsche beschrieben worden. Das englische Pendant X *or no* X ist Gegenstand zweier neuerer Aufsätze (Pullum und Rawlins 2007; Kobele 2008), die gegensätzliche Positionen hinsichtlich der Erklärung der Konstruktion vertreten. Beide nehmen Bezug auf eine These Manaster-Ramers aus den 1980er Jahren (als Bezugspunkt genannt wird Manaster-Ramer 1986), der anhand der Konstruktion für die Nicht-Kontextfreiheit des Englischen argumentiert hat. Manaster-Ramer beschreibt die Konstruktion in Sätzen wie (1) oder (2) als bestehend aus einem nominalen String X1 (*Iraq war*), gefolgt von der Verknüpfung *or no* und einem mit X1 identischen String X2.

(1)   The North Koreans were developing nuclear weapons anyway, Iraq war or no Iraq
         war.   (Pullum und Rawlins 2007: 278)

(2)   Babysitter or no Babysitter, the kid is staying home.   (Kobele 2008: 1)

Mit der Äußerung von (1) oder (2) gibt ein Sprecher zu verstehen, dass das Zutreffen von X für die Gültigkeit des Sachverhalts irrelevant ist, der durch den an die Konstruktion angegliederten finiten Satz bezeichnet wird. Ausgehend von der Beobachtung, dass Exemplare der Konstruktion unakzeptabel sind, in denen X1 und X2 formal nicht identisch sind (vgl. (3)), und zwar selbst dann, wenn es sich um nahe Synonyme handelt (vgl. (4)), stellt Manaster-Ramer die These der *string identity* auf, die besagt, dass X2 eine exakte Kopie von X1 sein muss.

(3)   * The North Koreans were developing nuclear weapons anyway, Iraq war or no IAEA
         inspections.   (Pullum und Rawlins 2007: 279)

(4)   * Babysitter or no supervision, the kid is staying home.   (Kobele 2008: 2)

Gegen diese These argumentieren Pullum und Rawlins (2007) unter Verweis auf mehrere Typen von Evidenz, in denen Verschiedenheit von X1 und X2 zulässig ist. Am zentralsten für ihre Argumentation sind dabei zwei Fälle: (i) teil- oder vollelliptische Verwendungen, vgl. (5), (6); und (ii) Epitheta (*expressive epithets*), vgl. (7), (8).

(5)   War with Iraq or no war, innocent people are likely to die.

                                           (Pullum und Rawlins 2007: 280)

(6)   … its willingness to print this story, anonymous source or no, would seem to suggest there's some legitimacy to it.   (Pullum und Rawlins 2007: 281)

(7)   day trip or no bloody day trip   (Pullum und Rawlins 2007: 281)

(8)   beard or no goddam beard   (Pullum und Rawlins 2007: 281)

Obwohl X1 und X2 in (5)–(8) formal nicht identisch sind, sind die Sätze akzeptabel. Pullum und Rawlins (2007: 284) schlagen daher vor, statt von *string identity* von *sense identity* als Bedingung auszugehen. *Sense identity* definieren sie als Übereinstimmung der Denotation von X1 und X2. Hierbei zeigen sie zunächst auf, dass X *or no* X semantisch mit *exhaustive conditionals* vom Typ *We're going ahead, what ever you say* verwandt ist (vgl. auch Irrelevanzkonditionale, König und Eisenberg 1984; Gleichsetzungskonditionale, Zaefferer 1987), insofern als die Konstruktion eine Erfordernis der erschöpfenden Möglichkeiten erfüllen muss:

> Each disjunct introduces a new alternative, and it is a semantic condition on the construction that these alternatives must as a set jointly exhaust all the possibilities (that is, all the possibilities relative to the contextual domain at hand). If they do not, the disjunct is semantically anomalous.   (Pullum und Rawlins 2007: 283)

Während sich die fehlende Akzeptabilität von Fällen wie (3) auch über einen Verstoß gegen die *string identity* erklären ließe, da hier denotative Differenz mit formaler Differenz einhergeht, lässt sich die Akzeptabilität von (5) oder (6) nach Pullum und Rawlins nur damit erklären, dass hier im Gegensatz zu (3) trotz formaler Differenz kein Unterschied in der Denotation vorliegt. Vielmehr sei die Denotation der beiden Strings in den elliptischen Beispielen „implizit" dieselbe (Pullum und Rawlins 2007: 284). Auch die Beispiele mit expressiven Adjektiven in (7) und (8) erfüllen das Kriterium der *sense identity*, und zwar deshalb, weil solche *expressive epithets* nach Potts (2006) nichts zur denotativen Bedeutung einer Proposition beitragen, sondern auf der Ebene von Sprechereinstellungen wirken. Weder (5) und (6) noch (7) und (8) können also durch *string identity* erklärt werden, wohl aber durch *sense identity*.

    Gegen Pullum und Rawlins (2007) argumentiert Kobele (2008), der versucht zu zeigen, dass sich die Annahme der *string identity* sehr wohl aufrechterhalten lässt, wenn man eine Theorie syntaktischer Reduplikation ansetzt, die sowohl *head movement* als auch bestimmte nachträgliche Tilgungs- und Additionsmechanismen (*ellipsis* und *late adjunction*), d. h. bestimmte Typen von „imperfect copying" zulässt. *String identity* wäre somit nicht gleichzusetzen mit Oberflächenidentität, sondern abstrakter zu modellieren. Insbesondere kritisiert Kobele (2008), dass das Kriterium der *sense identity* im Gegensatz zum Kriterium der *string identity* gerade voraussagen würde, dass Fälle wie (9) und (10) (vgl. auch (4) oben) akzeptabel sind.

(9)   * gnu or no wildebeest   (Kobele 2008: 4)

(10) * pretty girls or no beautiful girls   (Kobele 2008: 4)

(9) und (10) sind jedoch unakzeptabel, obwohl hier X1 und X2 denotativ im Prinzip identisch sind. So ist *gnu* die zoologische Bezeichnung für *wildebeest* und *pretty* synonym zu *beautiful*. Pullum und Rawlins greifen zur Erklärung dieser Fälle auf die Grice'sche Modalitätsmaxime zurück:

> Speakers tend to assume a distinction of meaning between any two expressions of different form. This tendency will lead to pressure to regard any two distinct nouns in close proximity to be understood as having different denotations. Thus, although all and only gnus are wildebeests, a use of the phrase *gnu or no wildebeest*, with an un-motivated choice of mismatched nouns when *wildebeest or no wildebeest* could have been used instead, would prompt the hearer to doubt the identity of denotation [...] and thus render the use of the phrase perplexing and unacceptable.   (Pullum und Rawlins 2007: 284)

Kobele (2008: 5–6) bringt gegen diese Erklärung zwei Einwände vor: Erstens müsste die Pragmatikkomponente Zugriff auf syntaktische Objekte haben und diese hinsichtlich ihrer internen Struktur miteinander vergleichen können, was in Pullum und Rawlins' Ansatz nicht genau ausgearbeitet sei. Zweitens sei unklar, bis zu welchem Grad der Abweichung von der Identitätsprämisse die beschriebene Implikatur beim Hörer nicht ausgelöst bzw. ab wann sie ausgelöst werde:

> The procedure [...] has lots of leeway in what counts as 'identical' enough to avoid triggering hearer doubt.   (Kobele 2008: 6)

Hierbei verweist Kobele auf Sätze wie (11) und (12), die anscheinend eher akzeptabel sind als (9) oder (10), also offenbar die genannte Implikatur nicht auslösen, obwohl auch hier zwei Ausdrücke verschiedener Form, aber gleicher Denotation disjungiert werden.

(11) $^?$ Girl that it seems John has a crush on or no girl that John seems to have a crush on
                                                                                (Kobele 2008: 4)

(12) $^?$ Garden where three boys were standing around or no garden where there were three
       boys standing around   (Kobele 2008: 4)

Dem ersten Einwand lässt sich entgegnen, dass es eine Standardannahme modularer Grammatikmodelle ist, dass Syntax und Pragmatik interagieren, dass also die Pragmatik syntaktische Strukturen interpretieren können, d.h. auch „Zugriff" auf sie haben muss. Dies in einem Interface-Modell genau auszuarbeiten, war nicht Pullum und Rawlins' Ziel. Der zweite Einwand scheint substanzieller zu sein. Zwar lässt sich die Beweiskraft von konstruierten Beispielen wie (11) und (12) schon allein dadurch in Frage stellen, dass die NP zwar in der Theorie in ihrer Länge unbegrenzt sein mag, in der Praxis jedoch kaum Instanzen vorkommen, die in ihrer Komplexität über die von Strukturen wie *Cold War or no cold war* hinausgehen (vgl. Pullum und Rawlins 2007: 278, die auf eine Korpusrecherche im *Wall Street Journal*-Korpus verweisen, bei der sich *Cold War* als komplexester String erwies).

Allerdings sind in der Tat die zulässigen syntaktischen Varianten der X-*or-no*-X-Konstruktion bzw. ihrer Disjunkte in den vorliegenden Arbeiten nicht detailliert genug untersucht worden. Dies für das Deutsche zu tun, ist ein erstes Teilziel des vorliegenden

Beitrags (vgl. Abschnitt 3). Eine weitere zentrale Frage ist, wie der Begriff der *sense identity* genauer gefasst werden kann. Einerseits geht es dabei offenbar um die semantisch zu bestimmende Denotation lexikalischer Ausdrücke; zugleich deuten Pullum und Rawlins aber mit der Rede von „impliziten" Bedeutungsaspekten auch auf pragmatische Prozesse der Bedeutungskonstitution hin. Hier muss genauer geklärt werden, um welche Arten von pragmatischen Prozessen es sich handelt, und wie die besonderen pragmatischen Effekte der Konstruktion genau zu erklären sind: Handelt es sich um Implikaturen, und wenn ja, wodurch werden sie ausgelöst? Auch informationsstrukturelle Aspekte der Konstruktion, die eng mit ihren pragmatischen Effekten zusammenhängen, sind bisher völlig unbeachtet geblieben. Zur Klärung dieser Fragen beizutragen, ist das zweite Teilziel dieses Beitrags (vgl. Abschnitt 4). Ein kurzes Schlusskapitel (Abschnitt 5) rundet den Artikel ab.

3. Zur Syntax von X *oder nicht* X

Die X-*oder-nicht*-X-Konstruktion im Deutschen hat eine Reihe von interessanten syntaktischen Eigenschaften, die im Folgenden etwas genauer untersucht werden sollen. Diese Eigenschaften betreffen: (a) Möglichkeiten der kategorialen Realisierung von X, (b) Möglichkeiten der Verknüpfung der Disjunkte, (c) Varianten des Negationselements, (d) mögliche Reduktionen oder Erweiterungen (Frage der *string identity*), (e) Stellungsmöglichkeiten der Konstruktion und (f) Kontextbedingungen (externe Syntax) der Konstruktion.

3.1. Möglichkeiten der kategorialen Realisierung von X

Kategorial kann X, wie im Englischen, durch ein einfaches Nomen besetzt werden, vgl. (13)–(15).

(13)   Festschrift oder nicht Festschrift, meinen Geburtstag feiere ich auf jeden Fall.

(14)   Sieg oder nicht Sieg – zum Feiern reicht es für die „Erben" auch so.[1]

(15)   Krieg oder nicht Krieg … Politiker sind von Natur aus nur Lügner und Betrüger.[2]

Das Nomen lässt Erweiterungen durch adjektivische oder präpositionale Attribute zu. Dabei führt die Attribuierung der Nomina tendenziell zu einem Austausch des Negationselements (*nicht > kein*), vgl. (16)–(19).

(16)   [?] Verdienter Sieg oder nicht verdienter Sieg – zum Feiern reicht es für die „Erben" auch so.

(17)   Verdienter Sieg oder kein verdienter Sieg – zum Feiern reicht es für die „Erben" auch so.

(18)   [?] Krieg im Irak oder nicht Krieg im Irak, Politiker sind von Natur aus nur Lügner und Betrüger.

---

[1]   http://www.kreiszeitung-wesermarsch.de/Home/region/elsfleth_Die-Holzwuermer-beissen-sich-durch-_arid,566100_print,1.html (4.6.2012)

[2]   http://meinungen.web.de/forum-webde/post/6501123?sp=7 (4.6.2012)

(19)   Krieg im Irak oder kein Krieg im Irak, Politiker sind von Natur aus nur Lügner und
        Betrüger.

Theoretisch sind dabei Erweiterungen bis hin zu sehr komplexen NPs wie (20) konstruierbar, die Wahrscheinlichkeit, auf ein authentisches Äußerungsexemplar wie (20) zu stoßen,
erscheint aber äußerst gering. Dies kann mit Begrenzungen der Gedächtnisleistung von
Sprechern zu tun haben, es kann aber auch bestimmte semantische oder pragmatische Gründe für die schlechte Akzeptabilität von (20) geben, z. B. die angestrebte Generizität.

(20)   [?] Gelungene Festschrift mit Beiträgen aller hochgeschätzten Kollegen oder keine ge-
        lungene Festschrift mit Beiträgen aller hochgeschätzten Kollegen, meinen Ge-
        burtstag feiere ich auf jeden Fall.

Eine Beobachtung in diesem Zusammenhang ist, dass relative Komplexität des ersten Disjunkts erleichtert ist, wenn das zweite Disjunkt getilgt wird. Reduplikation scheint dagegen
die Komplexität der Disjunkte einzuschränken. Dafür spricht u. a., dass wir keine Belege für
„Adj N *oder nicht* Adj N" gefunden haben, aber doch immerhin einige Belege für „Adj N
oder nicht".
        Neben Nomen kann X auch durch Adjektive besetzt sein (vgl. (21)–(22); dies gilt übri-
gens – auch wenn weder Pullum und Rawlins noch Kobele dies erwähnen – auch für das
Englische, wenn man dort die Variante X *or not* X zulässt, vgl. (23)).

(21)   Schön oder nicht schön, Parabolantennen sind kaum noch aus dem Straßenbild zu
        verbannen.   (Mannheimer Morgen, 15.08.1995)

(22)   „Jung oder nicht jung, im Endeffekt entscheidet die Qualität" sagte unlängst der
        Linksverteidiger vom Hamburger SV.   (Braunschweiger Zeitung, 29.05.2010)

(23)   Nice or not nice, there's someone for everyone.[3]

Die Besetzung von X durch eine NP bzw. AP scheint uns der prototypische Fall zu sein, der
sich auch am ehesten belegen lässt. Andere Kategorien schließen wir aber nicht aus. So sind
etwa auch PPs auf X-Position konstruierbar (vgl. (24)), sie scheinen aber spezifischere Kontexte zu erfordern.

(24)   A: Das Buch liegt nicht hier auf dem Tisch. Wo kann es denn nur sein?
        B: Auf dem Tisch oder nicht auf dem Tisch, es muss irgendwo in meinem Büro
           sein.

3.2. Möglichkeiten der Verknüpfung der Disjunkte

X1 und X2 sind durch die Konjunktion *oder* syndetisch miteinander verknüpft. Die Konjunktion scheint nur unter ganz bestimmten Bedingungen (z. B. besondere prosodische
Markierung[4]) weglassbar zu sein (vgl. (25))[5], ein Austausch durch *und* ist unakzeptabel

---

[3]   http://help.com/post/369267-why-nice-guys-finish-last-sorry-it (4.6.2012)
[4]   Als besondere prosodische Markierung für (25) nehmen wir Pausen nach den beiden Instanzen von
       Krieg an, sowie einen Hauptakzent auf *nicht* und einen Nebenakzent auf dem zweiten *Krieg*.
[5]   Dabei müsste man noch genauer untersuchen, ob mit dem Weglassen von *oder* eine bestimmte
       Bedeutungsveränderung einhergeht.

(vgl. (26)). Allerdings gibt es im Deutschen eine besondere asyndetische Alternative zu X *oder nicht* X, nämlich X *hin*, X *her* (vgl. (27)). Diese Konstruktion weist weder Konjunktion noch Negationselement, aber die Richtungsadverbien *hin* und *her* auf. Eine Variante dazu ist X *hin oder her* (vgl. (28)). Auf diese Konstruktion wird weiter unten noch genauer eingegangen (vgl. Abschnitt 5).

(25) $^?$ Krieg, nicht Krieg, Politiker sind von Natur aus nur Lügner und Betrüger.

(26) * Krieg und nicht Krieg, Politiker sind von Natur aus nur Lügner und Betrüger.

(27) Krieg hin, Krieg her, es muss eine „gute Show" werden, so Gill Cates, Veranstalter der Oscar-Verleihung.[6]

(28) Natürlich wird gefeiert, Krieg hin oder her, und sogar doller denn je.
(Mannheimer Morgen, 21.01.2005)

3.3. Varianten des Negationselements

Ein Negationselement ist in der Konstruktion X *oder nicht* X obligatorisch (vgl. (29)). Es kann nur vor dem zweiten Disjunkt auftreten (vgl. (30)). Wenn X ein Nomen ist, kann das Negationselement entweder als Negationspartikel oder als Artikelwort realisiert sein (vgl. (31) und (32)), wobei die Prinzipien der Distribution von *nicht* vs. *kein* den Standard-Regularitäten des Deutschen zu entsprechen scheinen. So können Nomen, die ohne indefiniten Artikel stehen, entweder durch *nicht* oder durch *kein* modifiziert werden (vgl. *Er ist nicht Schauspieler / Er ist kein Schauspieler*), während Nomen mit Adjektivattribut nur durch *kein* negiert werden können (vgl. (16) vs. (17) oben; vgl. Gallmann 2009: 914).

(29) * Krieg oder Krieg, Politiker sind von Natur aus nur Lügner und Betrüger.

(30) * Nicht Krieg oder Krieg, Politiker sind von Natur aus nur Lügner und Betrüger.

(31) Krieg oder nicht Krieg ... Politiker sind von Natur aus nur Lügner und Betrüger[7]

(32) Krieg oder kein Krieg – in Wahrheit geht es um die Glaubwürdigkeit des Afghanistan-Einsatzes. (Hamburger Morgenpost, 25.06.2009)

Neben diesen syntaktischen Möglichkeiten gibt es im Deutschen aber auch die Möglichkeit, die Negation auf der Ebene der Wortbildung auszudrücken, z. B. durch Komposition mit *Nicht-* bei Nomen oder Präfigierung mit *un-* bei Adjektiven, vgl. (33) und (34)[8].

(33) Job oder Nicht-Job ... wichtig ist doch nur Geld das gibt es hier![9]

(34) Zusammengefasst: Viagra ist ein Bombengeschäft, nötig oder unnötig.
(St. Galler Tagblatt, 09.10.1998)

Bei bestimmten Präpositionalphrasen kann die Negation ebenfalls lexikalisch erfolgen, vgl. (35).

---

[6] http://www.zeit.de/2003/13/Lebenshilfe_2fEthikrat_13 (4.6.2012)

[7] http://meinungen.web.de/forum-webde/post/6501123?sp=7 (4.6.2012)

[8] In (34) tritt die X-*oder-nicht*-X-Konstruktion nachgestellt auf; siehe dazu Abschnitt 3.5.

[9] http://www.kmb-anzeigenservice.de/sumawriter/output/p36307.html (4.6.2012)

(35)   Mit Ketchup oder ohne Ketchup, ich ess' jetzt die Pommes.

Ein syntaktischer Negationsmarker wird in solchen Fällen redundant. Diese Alternativen bei der Realisierung der Negation deuten darauf hin, dass die syntaktische Struktur der Konstruktion mit der o. g. Beschreibung von Manaster-Ramer, nach der man zwei identische nominale Strings hat, die durch *oder nicht* verbunden sind, nicht korrekt abgebildet ist. Genauer muss man von der Koordination eines positiven und eines negativen Strings ausgehen, also von phrasaler Negation innerhalb des nominalen Strings, der auf die Konjunktion folgt. Die korrekte Struktur ist also nicht [[*Krieg*] *oder* NEG [*Krieg*]], sondern [[*Krieg*] *oder* [NEG *Krieg*]]. Dafür spricht auch die Möglichkeit von Antonymenpaaren wie in (36)–(37).

(36)   Krieg oder Frieden im Irak, die Gegensätze bleiben bestehen.

(37)   Alt oder jung, an die Rente müssen wir alle denken.

3.4. Mögliche Reduktionen oder Erweiterungen – Frage der *string identity*

Hinsichtlich der Bedingung der formalen Identität der beiden Disjunkte scheinen ähnliche Möglichkeiten bzw. Beschränkungen im Deutschen vorzuliegen wie im Englischen. So sind Strukturen wie (38) ausgeschlossen, obwohl es hier eine gewisse inhaltliche Beziehung zwischen den beiden nominalen Strings gibt.

(38)   * Sondereinsatzkommando oder kein Lösegeld, ich glaube nicht, dass wir die Geisel befreien werden.

Auch die Kombination synonymer Ausdrücke ist unakzeptabel, vgl. (39)–(41).

(39)   * Samstag oder kein Sonnabend, heute wird nicht ausgeschlafen.

(40)   * Krieg oder kein bewaffneter Konflikt, Politiker sind von Natur aus nur Lügner und Betrüger.

(41)   * Frostiges Wetter oder nicht eisiges Wetter, Karl ist im Park.

Solche Beispiele, die äquivalent zu den englischen Daten sind, sprechen zunächst für die These der *string identity*. Gute Gegenargumente liefern allerdings zum einen die von Pullum und Rawlins genannten Möglichkeiten formaler Verschiedenheit zwischen X1 und X2. Ein weiteres Gegenargument lässt sich aus den deutschen Daten gewinnen: Aufgrund seiner reicheren Flexionsmorphologie kann es im Deutschen zu bestimmten Formdivergenzen zwischen X1 und X2 kommen, die keine Auswirkungen auf die Akzeptabilität der Konstruktion haben, vgl. (42).

(42)   Hübsche Mädchen oder keine hübschen Mädchen, Karl konzentriert sich auf seine Arbeit.

Aufgrund des Artikelworts im zweiten Disjunkt muss dort das Adjektiv kontextuell schwach flektieren, ein Bedeutungsunterschied ist damit aber nicht verbunden. Somit erhält man hier ein Argument für die These der *sense identity*: Formal unterscheiden sich X1 und X2 zwar, nicht aber denotativ. Dieses Argument wird noch dadurch unterstützt, dass andererseits diejenigen flexionsmorphologischen Unterschiede, die Auswirkungen auf die Semantik haben (z. B. Pluralbildung), durchaus zu Inakzeptabilität führen, vgl. (43).

(43) * Hübsches Mädchen oder keine hübschen Mädchen, Karl konzentriert sich auf seine Arbeit.

Auch Vollellipsen sind möglich, vgl. (44)–(45), wobei dann *nicht* als Negationselement vor *kein* bevorzugt zu sein scheint, vgl. (44) vs. (46). Getilgt werden kann dabei nur das zweite Disjunkt, nicht das erste, vgl. (44) vs. (47).

(44) „Wahlkampf oder nicht – in dieser Situation muss der Bundeskanzler außenpolitische Handlungsfähigkeit zeigen", heißt es in Regierungskreisen.
(Nürnberger Zeitung, 06.06.2005)

(45) Turbulentes Privatleben oder nicht, bei Grand Slams ist die Belgierin immer in Topform. (Südostschweiz, 10.06.2007)

(46) ? Wahlkampf oder keiner – in dieser Situation muss der Bundeskanzler außenpolitische Handlungsfähigkeit zeigen, heißt es in Regierungskreisen.

(47) * Oder nicht Wahlkampf – in dieser Situation ...

Teilellipsen, z. B. durch Auslassung von Attributen innerhalb eines nominalen Strings, sind ebenfalls konstruierbar. Dabei scheint aber die Tilgung nachgestellter Attribute wie in (48) akzeptabler als die Tilgung vorangestellter Attribute wie in (49); klare Akzeptabilitätsurteile sind hier allerdings nicht ganz leicht zu treffen, zumal Ambiguitäten, die mit den Ellipsen zu tun haben, hier eine Rolle spielen können.[10]

(48) Krieg [mit Irak]$_i$ oder kein Krieg [ ]$_i$, die USA wollen ihren Verteidigungshaushalt radikal kürzen.

(49) ? [Gerechter]$_i$ Krieg oder kein [ ]$_i$ Krieg, zivile Opfer lassen sich nicht vermeiden.

Bei Ellipse eines nachgestellten Attributs scheinen im Gegensatz zu Vollellipsen auch Auslassungen im ersten Disjunkt möglich, vgl. (50)–(51).

(50) Krieg [ ]$_i$ oder kein Krieg [mit Irak]$_i$, die USA wollen ihren Verteidigungshaushalt radikal kürzen.

(51) Öl [ ]$_i$ oder kein Öl [im Nudelwasser]$_i$, bei häufigem Umrühren kleben die Nudeln nicht zusammen.

Bei vorangestellten Attributen scheint dies dagegen ausgeschlossen, vgl. (52)–(53).

(52) * [ ]$_i$ Krieg oder kein [gerechter]$_i$ Krieg, die USA wollen ihren Verteidigungshaushalt radikal kürzen.

---

[10] Die Frage ist, ob eine Struktur wie *Krieg mit Irak oder kein Krieg* (a) eine asymmetrische (nichtelliptische) Interpretation erhält (‚Krieg mit Irak oder [gar] kein Krieg') oder (b) die intendierte symmetrische Interpretation, bei der eine Ellipse vervollständigt wird (‚Krieg mit Irak oder kein Krieg mit Irak'). Wenn man (a) als salientere bzw. einzig mögliche Interpretation annimmt, wie es ein Gutachter vorschlägt, bleibt unklar, warum dann (49) in der Akzeptabilität u. E. schlechter abschneidet als (48).

(53) * [ ]ᵢ Öl oder kein [kaltgepresstes]ᵢ Öl, bei häufigem Umrühren kleben die Nudeln nicht zusammen.

Eine mögliche Erklärung könnte sein, dass Strukturen wie (50) und (51), in denen ein nach-gestelltes Attribut getilgt ist, an der Oberfläche zunächst als Instanzen von [X *oder nicht* X] aufgefasst werden können, bei denen die gesamte Struktur dann nachfolgend weiter spezifi-ziert wird (durch die PP), während in Strukturen wie (52) und (53), in denen ein vorange-stelltes Attribut getilgt ist, aufgrund des intern auftretenden Adjektivs (X *oder nicht* Adj X) eine solche Interpretation nicht möglich ist.

Auch die Einfügung von expressiven Epitheta (vgl. Zwicky und Pullum 1987) ins zweite Disjunkt nach dem Muster von (7) und (8) ist im Deutschen möglich, vgl. (54)–(56).

(54) Krieg oder kein verdammter Krieg, wir lassen uns das Feiern nicht verbieten.

(55) Profi oder kein beschissener Profi, so darf man sich einfach nicht benehmen.

(56) Wahlkampf oder kein Scheiß-Wahlkampf, in so einer Situation muss man doch als Politiker klar Position beziehen.

Auch das erste Disjunkt scheint unter bestimmten Bedingungen ein expressives Adjektiv aufnehmen zu können, wobei sich je nach Stellung innerhalb des Disjunkts Akzeptabilitäts-unterschiede ergeben, vgl. (57)–(58). Adjektive können auch an je unterschiedlichen Positi-onen innerhalb der Disjunkte eingefügt werden, vgl. (59).

(57) [?] Verdammter Krieg oder kein Krieg, wir lassen uns das Feiern nicht verbieten.

(58) Krieg im verdammten Irak oder kein Krieg im Irak, wir lassen uns das Feiern nicht verbieten.

(59) Krieg im verdammten Irak oder kein verdammter Krieg im Irak, wir lassen uns das Feiern nicht verbieten.

Sogar Nicht-Identität der Epitheta und Mehrfacheinfügung sind möglich, vgl. (60). Pullum und Rawlins (2007: 282) konstruieren ähnliche Fälle für das Englische, die sie ebenfalls als akzeptabel beurteilen, vgl. (61).

(60) Krieg im beschissenen Irak oder kein dreckiger Krieg im verdammten Irak, wir las-sen uns das Feiern nicht verbieten.

(61) end of the frigging world or no goddamn end of the fucking world

Mit Potts (2006: 4), der zwischen expressivem und deskriptivem Gehalt von Äußerungen unterscheidet, kann man argumentieren, dass die Adjektive eine expressive Bedeutung auf Äußerungsebene haben, aber nichts am deskriptiven Inhalt der Sätze ändern. Die Wiederho-lung expressiver Ausdrücke verstärkt nach Potts den emotionalen Gehalt der Äußerung, ohne sich deskriptiv auszuwirken. Aus der Annahme, dass expressive Adjektive auf einer vom deskriptiven Gehalt unabhängigen Ebene fungieren, erklärt sich nach Pullum und Rawlins die Akzeptabilität der Beispiele.

3.5. Stellungsmöglichkeiten der Konstruktion

Die Konstruktion tritt in Kombination mit einem vollständigen Satz auf, steht aber syntaktisch außerhalb dieses Satzes. In ihrer Position ist sie dabei nicht festgelegt.[11] Sowohl Voranstellung vor das Vorfeld (vgl. (62)–(63)) als auch Nachfeldstellung (vgl. (64)–(65)) sind möglich.[12]

(62) Krieg oder kein Krieg – in Wahrheit geht es um die Glaubwürdigkeit des Afghanistan-Einsatzes.   (Hamburger Morgenpost, 25.06.2009)

(63) Schön oder nicht schön, Parabolantennen sind kaum noch aus dem Straßenbild zu verbannen.   (Mannheimer Morgen, 15.08.1995)

(64) „Den Hai anschreien", lautet sein altbekannter Abwehrtip, den er im Laufe der Jahre zwar relativiert hat, aber die Zeitung ist ihren Lesern einen Tip schuldig, alt oder nicht.   (Die Presse, 27.07.1996)

(65) Sein Buch über das „Verführte Denken" ist politisches Grundbuch der Epoche, zugleich mit den Werken von Arthur Koestler, George Orwell und Sidney Hook, die alle recht behielten – Kalter Krieg oder nicht.[13]

Der mit X *oder nicht* X verknüpfte Satz kann dabei nicht nur V2-, sondern auch V1- oder VL-Stellung aufweisen, vgl. (66)–(67).

(66) Dreckige Schuhe oder nicht, komm doch endlich rein!

(67) Dreckige Schuhe oder nicht, was der wohl für Strümpfe anhat?

Die Konstruktion ist damit syntaktisch nicht eingebettet, kann aber wie Gleichsetzungskonditionale vom Typ (68) nach Zaefferer (1987) als semantisch untergeordnet interpretiert werden. Dabei ergibt sich die Unterordnung nicht ausgehend von einer Konstituente im Gesamtsatz, sondern nur aus der „abgesetzten Stellung vor oder nach dem Satz, der das andere Argument ausdrückt" (Zaefferer 1987: 281).

---

[11] Einem Gutachter verdanken wir den Hinweis, dass es möglicherweise eine Abhängigkeit zwischen dem Skopus der Konstruktion und ihrer Position im Satz gibt. I. d. R scheint die Konstruktion einen weiten Skopus einzunehmen und ist dann positionell nicht festgelegt. Es gibt aber Fälle, in denen es kein weiter Skopus sein soll, und dann zeigt sich eine stärkere Beschränkung, vgl. (Skopusbereich in eckigen Klammern): **[Parabolantennen] sind kaum noch aus dem Straßenbild zu verbannen. Schön oder nicht schön.* Mit dem Einfluss des Skopus könnte es auch zu tun haben, dass (64) relativ markiert erscheint.

[12] Hinzu kommen bestimmte parenthetische Stellungsmöglichkeiten, vgl. etwa folgenden Beleg mit Parenthese im Mittelfeld: *„Jelineks Grundidee [...] dass sich solche weibliche Obsessionen [...] in nichts von den entsprechenden männlichen Wünschen und Vorstellungen unterschieden, hat, wahr oder nicht, etwas Niederschmetterndes"* (Zürcher Tagesanzeiger, 25.03.1996). Auch parenthetische Stellung im Vorfeld scheint nicht ausgeschlossen, z. B. *Jelineks Grundidee – wahr oder nicht – hat etwas Niederschmetterndes.* Die syntaktische Desintegriertheit zeigt sich aber u. a. daran, dass die Konstruktion nicht allein das Vorfeld besetzen kann, z. B. **Wahr oder nicht hat Jelineks Grundidee etwas Niederschmetterndes.*

[13] http://www.faz.net/aktuell/feuilleton/buecher/rezension-sachbuch-wunderbar-ist-es-als-mensch-unter-menschen-zu-leben-11291541.html (4.6.2012)

(68)   Ob du mitkommst oder nicht, ich gehe jetzt spazieren.   (Zaefferer 1987: 262)

Auf die semantische Nähe der Konstruktion zu Gleichsetzungskonditionalen wird weiter
unten noch genauer eingegangen (vgl. Abschnitt 4).

3.6. Kontextbedingungen

Als Eigenschaft der „externen Syntax" (*outer syntax*, vgl. Linell 2004: 18) der Konstruktion
kann gelten, dass der Sachverhalt, auf den mit X Bezug genommen wird, bereits im Kontext
etabliert bzw. Gegenstand des bisherigen Diskurses sein muss. In vielen Fällen ist X explizit
vorerwähnt, vgl. (69). Möglich ist aber auch ein impliziter Bezug, vgl. (70)–(71).

(69)   Seither sagen die Schweden immer wieder: „Mensch, hat dieser Carl Gustav Glück
        gehabt." Glück oder nicht: Jedenfalls weilte das Königspaar am Wochenende in Are
        und wollte sich die Männer-Abfahrt anschauen.   (Die Südostschweiz, 12.02.2007)

(70)   Interviewer: Bist du überhaupt noch happy mit Benetton?
        Berger: Ja. Wir hatten nur einen schwierigen Saisonstart – auch nicht viel
                        Glück.
        Interviewer: Deine Fans machen sich langsam Sorgen …
        Berger: Pech oder kein Pech – die Ergebnisse schauen bis jetzt nicht so gut
                        aus.   (Neue Kronen-Zeitung, 07.06.1996)

(71)   Das Hands des Schweizer Verteidigers Quentin, das dem 2:1 Chapuisats gegen Ru-
        mänien vorausging, war der erste kapitale Schiedsrichterfehler dieser WM. Glück
        oder nicht – unter den beiden deutschsprachigen Mannschaften stehlen die Eidgenos-
        sen den Deutschen die Show.   (Neue Kronen-Zeitung, 24.06.1994)

Während in (69) das Wort *Glück* Teil der vorangehenden Äußerung ist, liegt in (70) eine mit
X (*Pech*) quasi-synonyme Phrase (*nicht viel Glück*) und in (71) ein mit X assoziativ ver-
knüpfter Kontext vor (ein Schiedsrichterfehler war glücklich für die Schweizer).

Die Ausführungen in diesem Abschnitt haben das Spektrum der möglichen syntaktischen
Realisierungen der Konstruktion aufgefächert. Dabei haben sich bestimmte Annahmen aus
der Literatur zum Englischen auch für das Deutsche bestätigt, andere mussten revidiert oder
erweitert werden. Die Ausgangsfrage bei Pullum und Rawlins (2007) und Kobele (2008) ist,
ob es sich bei X *or no* X um syntaktische Reduplikation handeln kann. Dabei gehen beide
davon aus, dass syntaktische Reduplikation einem syntaktischen Kopierprozess gleichzusetzen ist (vgl. Abschnitt 2), bei dem ein Basiselement kopiert wird, wodurch eine syntaktische
Kette aus *base* und *reduplicant* entsteht. Während Pullum und Rawlins nachzuweisen ver-
suchen, dass die resultierenden Elemente nicht immer identisch sind, also kein Copying
vorliegen kann, argumentiert Kobele, dass eine erweiterte Copy-Theorie auch bestimmte
formale Unterschiede zwischen den beiden Elementen ableiten kann. Die Copy-Theorie ist
aber nicht die einzige Möglichkeit, reduplikative Strukturen zu erklären. Eine radikal andere, auf morphologische Reduplikation gemünzte Theorie ist die *morphological doubling
theory* (MDT) von Inkelas und Zoll (2005), nach der die Identität zweier Formen keine
notwendige Voraussetzung für einen Reduplikationsprozess ist. Inkelas und Zoll sehen
Reduplikation nicht als Prozess, bei dem ein *reduplicant* aus einer *base* abgeleitet (kopiert)
wird, sondern als Konstruktion mit zwei gleichwertigen Slots, die nur indirekt über ihre

„Mutter" (die ganze Konstruktion) miteinander verknüpft sind. Folglich lässt die MDT auch Reduplikationskonstruktionen zu, deren Konstituenten phonologisch nicht identisch sind. Entscheidend sei vielmehr die semantische Relation zwischen den beiden Elementen, wobei Inkelas und Zoll u. a. nicht nur Synonymie, sondern auch Antonymie zulassen.

Wir wollen hier keinen umfassenden Vergleich der beiden Reduplikationstheorien vornehmen (vgl. dazu Stolz et al. 2011). Uns kommt es vielmehr darauf an, zu zeigen, dass die X-*oder-nicht*-X-Konstruktion in einem bestimmten Sinn durchaus als syndetisches reduplikatives Pattern analysiert werden kann, das mit einer spezifischen Bedeutung und spezifischen pragmatischen Effekten verknüpft ist. Diese Bedeutung und diese Effekte können aber nicht erklärt werden, wenn man sich auf die syntaktische Ableitung der Konstruktion beschränkt. Vielmehr scheint es uns naheliegender, die Konstruktion aus umgekehrter Richtung zu analysieren, nämlich als im Grunde nicht syntaktisch, sondern semantisch-pragmatisch motiviert.

4.   Zur Semantik und Pragmatik von X *oder nicht* X

Es ist ein Credo der Konstruktionsgrammatik, dass Konstruktionen mit Bedeutungen assoziiert sind (vgl. z. B. Fillmore 1989, Kay 1995, Croft 2001). Obwohl wir annehmen, dass das auch für X *oder nicht* X gilt, folgen wir der – unseres Wissens in der Konstruktionsgrammatik eher unüblichen – modularen Sichtweise, nach der Konstruktionen eine bestimmte Semantik und eine davon unterscheidbare Pragmatik aufweisen.

Auf der Basis der oben vorgestellten syntaktischen Möglichkeiten kann man sich zunächst die Frage stellen, welche illokutive Geltung die Konstruktion hat. Die Beispiele in Abschnitt 3 zeigen, dass die Konstruktion dort jeweils mit einem selbständigen Satz verknüpft ist, von dem sie zwar syntaktisch nicht abhängt, mit dem sie aber in einer semantischen Beziehung steht. Weiter zeigt ein Vergleich mit formal ähnlichen Konstruktionen wie der äquativen Tautologie (vgl. (72), s. Meibauer 2008) oder der X-*und*-X-Konstruktion (vgl. (73), s. Finkbeiner 2012), dass jene im Gegensatz zur X-*oder-nicht*-X-Konstruktion (vgl. (74)) als selbständige Reaktionen auf die Äußerung eines Gesprächspartners verwendet werden können.[14]

(72)   A: Mit den modernen Waffen gibt es doch kaum noch zivile Opfer.
        B: (Naja,) Krieg ist Krieg.

(73)   A: Die Amerikaner führen ja laut Bush einen „Krieg gegen den Terrorismus".
        B: (Naja,) Krieg und Krieg.

(74)   A: Mit den modernen Waffen gibt es doch kaum noch zivile Opfer.
        B: *(Naja,) Krieg oder nicht Krieg.

---

[14] Zwar ist auch bei (73) ein Folgekommentar erwartbar, in dem B den mit der Konstruktion zum Ausdruck gebrachten Zweifel an der Angemessenheit des sprachlichen Ausdrucks *Krieg* genauer motiviert (z. B. ... *unter Krieg stelle ich mir was anderes vor*); der Konstruktion kann aber auch im selbständigen Gebrauch wie (73) eine bestimmte Sprechereinstellung (etwa: ,S bezweifelt die Angemessenheit des Ausdrucks X') zugeordnet werden.

Diese Beobachtungen deuten darauf hin, dass die X-*oder-nicht*-X-Konstruktion keinen eigenständigen Sprechakt bilden kann, vgl. (74). Sie lässt sich offenbar nur als Teilproposition in einem (assertiven) Bedingungsgefüge auffassen, wobei X *oder nicht* X eine als irrelevant dargestellte Bedingung für eine Proposition q spezifiziert. Nur das gesamte Bedingungsgefüge hat illokutionäre Kraft.

Nun gibt es aber eine weitere Variante der Konstruktion, wie sie etwa in Beispielen wie (75)–(76) vorkommt:

(75)   [Frage an die Community]
       Öl oder kein Öl ins Nudelwasser?[15]

(76)   Hamlet: „Sein oder Nichtsein" (das ist hier die Frage)

Hier wird die Sequenz X *oder nicht* X ganz offensichtlich selbständig gebraucht, sie ist nicht Teil eines Bedingungsgefüges. Ihre Illokution lässt sich klar als Frage beschreiben. Es sieht daher so aus, als müsse man einen nicht-selbständigen, als Ganzes assertiven Typ von einem selbständigen, interrogativen Typ der Konstruktion unterscheiden. Allerdings ist assertiver Gebrauch von „X *oder nicht* X" (vgl. (77)) wohl genau so wenig ausgeschlossen wie interrogativer Gebrauch im Bedingungsgefüge (vgl. (78)).

(77)   [Mitarbeiterbesprechung]
       A: Was ist dann unser nächster Punkt auf der Agenda?
       B: Festschrift oder nicht Festschrift.

(78)   Öl oder kein Öl ins Nudelwasser, das ist doch eine total hirnrissige Frage.

Mit anderen Worten, die selbständige Frage „X *oder nicht* X?" und die nicht-selbständige Assertion „X *oder nicht* X, q" sind möglicherweise nur pragmatische Standardisierungen, d. h. sind auf bestimmte Verwendungskontexte bezogen. Während das Aufwerfen der Frage einen Antwortkontext schafft, benötigt die Assertion einen Kontext wie z. B. eine vorangehende Frage oder den Status als Schlagzeile, um assertive Geltung zu bekommen. Wir konzentrieren uns in unserem Beitrag auf die nicht-selbständige Variante, die uns als zentrale Verwendung erscheint.

Als logische Form, als „Gesagtes" dieser Konstruktion nehmen wir vorläufig (79) an.

(79)   x oder ¬x → q

Dabei repräsentiert x im Prinzip einen Sachverhalt p, der aber nur durch eine NP (bzw. AP, PP) indiziert ist.

Das mit dieser Konstruktion „Gemeinte" repräsentieren wir wie in (80):

(80)   ‚Egal, ob x oder ¬x → q'

Die Darstellung in (80) ist so zu verstehen, dass ein zusätzlicher Bedeutungsaspekt: ‚Irrelevanz' auftritt.

Die Frage ist nun, wie wir das Gemeinte ableiten können. Betrachten wir noch einmal das Prinzip der *string identity* und das Prinzip der *sense identity*. *String identity*, eine syntaktische Erklärung, scheidet aus, denn es gibt offensichtlich Fälle, wo die Ketten nicht iden-

---

[15] www.frag-mutti.de (4.6.2012)

tisch sind (Ellipsen, Epitheta, siehe Abschnitt 3). Dass man das syntaktisch modellieren kann, spielt eigentlich keine Rolle, da die Konstruktion, wie wir noch zeigen werden, im Grunde nicht syntaktisch, sondern semantisch-pragmatisch motiviert ist: Eine bestimmte kommunikative Absicht motiviert die Wahl einer bestimmten Konstruktion, nicht umgekehrt.

Sense identity, eine semantische Erklärung, ist auch mit Problemen behaftet. Erstens würde sie ja gerade Synonymie als zulässig erwarten lassen. Zweitens ist nicht klar, welche Art von „sense" wir hier haben, weil „sense" offenbar mit Intensionen genau so gut wie mit „communicative sense" im Sinne von Bierwisch (1980) assoziiert werden kann. Darüber hinaus löst *sense identity* noch nicht die Frage, wie die pragmatischen (rhetorischen) Effekte der Konstruktion zu erklären sind.

Ein Ansatz dazu ist die Annahme, dass durch die Befolgung oder scheinbare Verletzung Grice'scher Maximen konversationelle Implikaturen ausgelöst werden (vgl. Abschnitt 2). Genau so, wie in äquativen Tautologien wie *Krieg ist Krieg* aufgrund der Verletzung der Quantitäts- und Relevanzmaxime konversationelle Implikaturen ausgelöst werden können (vgl. Meibauer 2008), genau so kann in der tautologischen Konstruktion *Festschrift oder nicht Festschrift*, die ebenso uninformativ ist, da etwas entweder existiert oder nicht existiert, eine konversationelle Implikatur, etwa eine Implikatur der Irrelevanz, ausgelöst werden.

Man könnte auch an ein (pragmatisches) Prinzip des „maximalen Kontrasts" denken. Die Konstruktion soll, so unsere Annahme, „Irrelevanz einer potentiell relevanten Bedingung für q" kommunizieren. Dies tut sie in Form einer Verknüpfung von positivem und negativem Disjunkt (= logisch immer wahr bzw. tautologisch), wobei ein Sprecher nicht nur die logische Form, sondern etwas wie ‚egal, ob X zutrifft oder ob X nicht zutrifft, (gilt q)' zu verstehen gibt. Die Verknüpfung von positivem und negativem Disjunkt ist der einfachste Weg, um maximalen Kontrast zu erzielen. Es gibt aber weitere Möglichkeiten, z. B. elliptische Interpretation (X *oder nicht*), Antonyme (*alt oder jung*, *Krieg oder Frieden*), aber eben nicht Synonyme. Der Grund dafür muss sein, dass die Negation eines mit X synonymen Ausdrucks nicht maximal mit X kontrastiert, zum Beispiel, weil ein anderes Bedeutungsspektrum evoziert wird. Dagegen kontrastiert die Negation von X normalerweise maximal mit X. Wir brauchen also den maximalen Kontrast, um über eine Implikatur die Irrelevanzlesart zu erzeugen.

Pragmatische Schlüsse spielen noch in einer anderen Hinsicht eine Rolle. Wichtig ist, dass p in einer potenziell sinnvollen Relation zum Folgesachverhalt steht, d. h. das Verhältnis zwischen p und q muss sich als sinnvolles Nicht-Bedingungsverhältnis ergeben. Wenn ich ausdrücken will, dass p keinen Einfluss auf die Gültigkeit von q hat, dann muss grundsätzlich erwartbar sein, dass es einen Zusammenhang zwischen p und q gibt, dass es also einen Einfluss von p auf q geben könnte, vgl. (81) vs. (82).

(81) # Öl im Nudelwasser oder kein Öl im Nudelwasser, Franz Beckenbauer ist Expertenkommentator für das ZDF.

(82) Öl im Nudelwasser oder kein Öl im Nudelwasser, Manuel Neuer hält jeden Elfmeter.

Während in (81) vom Hörer kein sinnvoller Zusammenhang konstruiert werden kann, sucht die Hörerin bei (82) nach einer sinnvollen Beziehung zwischen p und q. Unter der Annahme, dass Essen die körperliche Leistungsfähigkeit beeinflusst, kann man annehmen, dass, egal wie Neuer seine Nudeln isst, er jeden Elfmeter hält.

Unter dem Aspekt der „Generalisierung" von Eigenschaften oder Tendenzen ist es wichtig, nach grammatischen und pragmatischen Eigenschaften benachbarter oder verwandter Konstruktionen Ausschau zu halten. Dazu betrachten wir (in der aus Platzgründen gebotenen Knappheit) die (i) *ob-X-oder-nicht-X*-Konstruktion, die in sog. Gleichsetzungskonditionalen als Antezedens fungiert (vgl. Zaefferer 1987), sowie (ii) die *X-hin-oder-her*-Konstruktion (vgl. zu weiteren Verwandten Leuschner 2005: 286ff.).

In Bezug auf die *ob-X-oder-nicht-X*-Konstruktion ist zu bemerken, dass X *oder nicht* X in der Regel durch *ob* X *oder nicht* X (bzw. *ob* X *oder nicht*) paraphrasierbar ist, wobei dann z. T. bestimmte Erweiterungen der Prädikate vorgenommen werden müssen, vgl. (83)–(86).[16]

(83)   Krieg oder nicht Krieg, die USA müssen ihren Verteidigungsetat radikal kürzen.

(84)   Ob die USA (nun) Krieg führen oder nicht, sie müssen ihren Verteidigungsetat radikal kürzen.

(85)   Schön oder nicht schön, Parabolantennen sind kaum noch aus dem Straßenbild zu verbannen.

(86)   Ob Parabolantennen (nun) schön sind oder nicht, sie sind kaum noch aus dem Straßenbild zu verbannen.

Die Analyse, die Zaefferer (1987) für Gleichsetzungskonditionale vorschlägt, trifft auch auf die *X-oder-nicht-X*-Konstruktion zu. Zaefferer (1987: 270) nimmt an, dass „Gleichsetzungskonditionale implizieren, daß der Sprecher davon ausgeht, daß wenigstens einer der thematisierten Antezedenssachverhalte Tatsache ist (Existenzimplikatur)". Gleichsetzungskonditionale „bringen zum Ausdruck, daß die Antwort auf die Frage, die sie (als Interrogative) ja enkodieren, für die Gültigkeit des Konsequens irrelevant ist, vorausgesetzt, die Existenzimplikatur ist erfüllt" (Zaefferer 1987: 269). Auf diese Weise ‚entrelativieren' [sie] das Konsequens von denkbaren Voraussetzungen, und eine Tautologie bedeutet keine Irreführung, sondern eben maximale, weil völlige Unabhängigkeit" (Zaefferer 1987: 270).

In der Konstruktion X *hin oder her* ergibt sich aufgrund der Bedeutung der Richtungsadverbiale eine Interpretation des Hin- und Herwendens einer Alternative. Dies ist ein Ansatz zur Erklärung der Verwandtschaft zwischen den beiden Konstruktionen. Allerdings kann im Gegensatz zu X *oder nicht* X die Konstruktion X *hin oder her* nicht als Frage verwendet werden, vgl. (87) vs. (88).

(87)   [Frage an die Community]   Krieg oder nicht Krieg?

(88)   [Frage an die Community]   *Krieg hin oder her?

Hier deutet sich somit ein Unterschied im illokutiven Potential zwischen X *oder nicht* X und X *hin oder her* an. Dies führt zu der (hier nicht verfolgbaren) Frage, ob Konstruktionen einen Satzmodus haben (vgl. den Komplementierer *ob* in *ob-X-oder-nicht-X*-Konstruktio-

---

[16]   So erscheint etwa eine Paraphrase von (83) zu [?]*Ob Krieg oder nicht, die USA müssen ihren Verteidigungshaushalt radikal kürzen* nicht ganz geglückt.

nen) oder ihre Illokution direkt zugewiesen bekommen, und wie die illokutionäre Geltung als Assertion und/oder Frage jeweils zustandekommt.

Unter dem Gesichtspunkt der Informationsstruktur ist es verlockend, diese Konstruktionen als solche Konstruktionen zu verstehen, die eine bestimmte Frage aufwerfen. So spricht Zaefferer (1987), wie wir gesehen haben, von der „Thematisierung" von Alternativen. Die typische diskursive Vorerwähntheit von X zeigt, dass es darum geht, ein vorhandenes Thema aufzugreifen, zum Gegenstand der Assertion oder Frage zu machen, und als Gegenstand weiterer Reflexion oder Argumentation verfügbar zu machen. Man kann daher fragen, ob es sich bei der Konstruktion X *oder nicht* X um ein freies Topik (z. B. Frey 2005) handelt.

Gegen die Annahme vom freien Topik spricht jedoch, dass X *oder nicht* X nicht als Konstituente des Folgesatzes aufgefasst werden kann. So kann man (89) in (90) umformen, nicht aber (91) in (92).

(89)   Apropos Karl, hat jemand seine Schwester gesehen?

(90)   Hat jemand Karls Schwester gesehen?

(91)   Luftangriffe oder keine Luftangriffe, Iran wird sein Atomprogramm weiter ausbauen.

(92)   * Iran wird Luftangriffe oder keine Luftangriffe weiter ausbauen.

Außerdem haben wir bei der X-*oder-nicht*-X-Konstruktion auch nachgestellte Fälle wie (93), aber es gibt nach Gundel (1988) keine dem freien Topik ähnliche Konstruktion bei Rechtsversetzung, d. h. es gibt kein rechtsversetztes freies Topik, vgl. (94).

(93)   Iran wird sein Atomprogramm weiter ausbauen, Luftangriffe oder keine Luftangriffe.

(94)   * Hat jemand seine Schwester gesehen, apropos Karl?

Mit einem Begriff aus der Syntax der gesprochenen Sprache (Fiehler 2009) könnte man im Hinblick auf die Informationsstruktur von X *oder nicht* X allgemeiner von einer „Operator-Skopus-Struktur" sprechen. Die bei Fiehler genannten Kriterien scheinen auf die Konstruktion durchaus zuzutreffen. Denn auch bei der X-*oder-nicht*-X-Konstruktion handelt es sich um eine

> zweigliedrige sprachliche Einheit[en], deren einer Bestandteil, der Operator, aus einem kurzen sprachlichen Ausdruck besteht und deren anderer Bestandteil, der Skopus, eine potenziell vollständige Äußerung darstellt.   (Fiehler 2009: 1201)

Charakteristisch für solche Strukturen ist, dass sie „Information für den Gesprächspartner auf eine pointiert zweigliedrige Art organisier[en]" (Fiehler 2009: 1202). Leuschner (2005) spricht aus grammatikalisierungstheoretischer Perspektive von einer „pragmatischen Herabstufung des Gleichgültigkeitsprädikats", so dass das kommunikative Gewicht auf q verlagert wird (vgl. dazu bereits Zaefferer (1987), der von „semantischer Unterordnung" spricht). Dabei sei der „Hauptinhalt des Sprechaktes […] nicht die Gleichgültigkeit der Belegung von p […], sondern die unbeschränkte Gültigkeit, besondere Relevanz oder größere epistemologische Sicherheit von q" (Leuschner 2005: 296).

5.   Schluss

Die vorangehende Analyse hat gezeigt, dass die X-*oder-nicht*-X-Konstruktion in vielen Hinsichten Beschränkungen, das heißt „schwachen Generalisierungstendenzen" unterliegt. Daraus folgt für uns auf keinen Fall, dass sie von „untergeordneter Bedeutung" sei. Das Gegenteil ist der Fall, jedenfalls wenn man die spezifische Ausgebildetheit einer Konstruktion für eine sprachliche Eigenschaft hält, die es zu erklären gilt, und die mindestens so viel mit der menschlichen Sprachfähigkeit zu tun hat wie die Konstruktionen mit „starken Generalisierungstendenzen".

Ein kurzer Vergleich mit dem Satztyp Deklarativsatz verdeutlicht den Sachverhalt. Deklarativsätze sind im Deutschen Sätze mit dem finiten Verb in der linken Satzklammer (V2) und fallender Intonation. Vermutlich würde man das als eine kerngrammatische Konstruktion mit „starker Generalisierungstendenz" bezeichnen. (V1-Deklarativsätze rechnen wir dagegen tentativ zur Randgrammatik.) Merkwürdigerweise ist aber über die grammatischen Eigenschaften des Deklarativsatzes nicht sehr viel geforscht worden, er scheint hauptsächlich im Vergleich mit den anderen Satztypen von Interesse zu sein (vgl. Oppenrieder 2013). Im Kontrast dazu steht, dass seine kernpragmatischen Eigenschaften viele Rätsel aufwerfen (vgl. für das Englische Jary 2010).

Während also eine kerngrammatische Konstruktion wie der Deklarativsatz wenig Fragen aufwirft (oder eher Fragen im Hinblick auf die Kernpragmatik), ist eine möglicherweise randgrammatische Konstruktion wie die hier diskutierte von sehr großem Erkenntnisinteresse, eben weil sie viele Fragen nach ihren grammatischen und pragmatischen Beschränkungen hervorruft. Und das zählt letzten Endes linguistisch, Kerngrammatik oder nicht Kerngrammatik!

Literatur

Chomsky, Noam. 1981. *Lectures on Government and Binding*. Dordrecht: Reidel.

Croft, William. 2001. *Radical Construction Grammar: Syntactic Theory in Typological Perspective*. Oxford: Oxford University Press.

Bierwisch, Manfred. 1980. Semantic structure and illocutionary force. In *Speech Act Theory and Pragmatics*, hg. v. Ferenc Kiefer, John R. Searle und Manfred Bierwisch, 1–35. Dordrecht: Reidel.

Fiehler, Reinhard. 2009. Gesprochene Sprache. In *Duden. Die Grammatik. 8., überarb. Aufl.*, hg. v. der Dudenredaktion, 1165–1246. Duden Band 4. Mannheim: Dudenverlag.

Fillmore, Charles J. 1989. Grammatical construction theory and the familiar dichotomies. In *Language Processing in Social Context*, hg. v. Rainer Dietrich und Carl F. Graumann, 17–38. North-Holland Linguistic Series 54. Amsterdam: North-Holland.

Finkbeiner, Rita. 2012. *Naja, normal und normal*: Zur Syntax, Semantik und Pragmatik der x-*und*-x-Konstruktion im Deutschen. *Zeitschrift für Sprachwissenschaft* 31, 1–42.

Frey, Werner. 2005. Zur Syntax der linken Peripherie im Deutschen. In *Deutsche Syntax: Empirie und Theorie. Symposium Göteborg 13–15 Mai 2004*, hg. v. Franz D'Avis, 147–171. Göteborg: Göteborger Germanistische Forschungen.

Fries, Norbert. 1987. Zu einer Randgrammatik des Deutschen: Zur Theorie randgrammatischer satzwertiger Konstruktionen. In *Satzmodus zwischen Grammatik und Pragmatik: Referate anläßlich der 8. Jahrestagung der Deutschen Gesellschaft für Sprachwissenschaft, Heidelberg 1986*, hg. v. Jörg Meibauer, 75–95. Linguistische Arbeiten 180. Tübingen: Niemeyer.

Fries, Norbert. 2007. Schnittstellen, Arbitrarität, Kern und Rand. In *Deutsche Grammatik im europäischen Dialog: Beiträge zum Kongress Krakau 2006*, hg. v. Norbert Fries und Christiane Fries, Online-Publikation unter http://www2.hu-berlin.de/linguistik/institut/ syntax/krakau2006/beitraege/fries.pdf (abgerufen am 31. Juli 2012).

Gallmann, Peter. 2009. Der Satz. In *Duden. Die Grammatik. 8., überarb. Aufl.*, hg. v. der Dudenredaktion, 763–1056. Duden Band 4. Mannheim: Dudenverlag.

Gundel, Jeanette K. 1988. Universals of topic-comment structure. In *Studies in Syntactic Typology*, hg. v. Michael Hammond, Edith A. Moravcsik und Jessica Wirth, 209–239. Amsterdam: John Benjamins.

Inkelas, Sharon und Cheryl Zoll. 2005. *Reduplication: Doubling in Morphology*. Cambridge: Cambridge University Press.

Jary, Mark. 2010. *Assertion*. Basingstoke: Palgrave Macmillan.

Kay, Paul. 1995. Construction Grammar. In *Handbook of Pragmatics*, hg. v. Jef Verschueren, Jan-Ola Östman und Jan Blommaert, 171–177. Amsterdam: Benjamins.

Kobele, Gregory. 2008. Argument! Another look at the *X* or no *X* construction. Manuskript, Humboldt-Universität zu Berlin. http://amor.rz.hu-berlin.de/~kobelegr/files/Kobele08 XorNoX.pdf (abgerufen am 10. Mai 2012).

König, Ekkehard und Peter Eisenberg. 1984. Zur Pragmatik von Konzessivsätzen. In *Pragmatik in der Grammatik*, hg. v. Gerhard Stickel, 313–331. Düsseldorf: Schwann.

Leuschner, Torsten. 2005. *Ob blond, ob braun, ich liebe alle Frau'n*: Irrelevanzkonditionale als grammatikalisierter Diskurs. In *Grammatikalisierung im Deutschen*, hg. v. Torsten Leuschner, Tanja Mortelmans und Sarah De Groodt, 279–307. Berlin: Walter de Gruyter.

Linell, Per. 2004. On some principles of a dialogical grammar. In *Dialogue Analysis VIII: Understanding and Misunderstanding in Dialogue. Selected Papers from the 8th IADA Conference Göteborg 2001*, Beiträge zur Dialogforschung 27, hg. v. Karin Aijmer, 7–23. Tübingen: Niemeyer.

Manaster-Ramer, Alexis. 1986. Copying in natural languages, context-freeness, and queue grammars. In *Proceedings of the 24th Annual Meeting of the Association for Computational Linguistics*, 85–89. New York: Columbia University.

Meibauer, Jörg. 2008. Tautology as presumptive meaning. *Pragmatics & Cognition* 16: 439–470.

Oppenrieder, Wilhelm. 2013. Deklarativsatz. In *Satztypen des Deutschen*, hg. v. Jörg Meibauer, Hans Altmann und Markus Steinbach, 20–50. Berlin: De Gruyter.

Potts, Christopher. 2006. The expressive dimension. *Theoretical Linguistics* 33: 165–197.

Pullum, Geoffrey und Kyle Rawlins. 2007. Argument or no argument? *Linguistics and Philosophy* 30: 277–287.

Reis, Marga. 1979. Ansätze zu einer realistischen Grammatik. In *Befund und Deutung: Zum Verhältnis von Empirie und Interpretation in Sprach- und Literaturwissenschaft. Hans Fromm zum 26. Mai 1979 von seinen Schülern*, hg. v. Klaus Grubmüller, Ernst Hellgardt, Heinrich Jellissen und Marga Reis, 1–21. Tübingen: Niemeyer.

Stolz, Thomas, Cornelia Stroh und Aina Urdze. 2011. *Total Reduplication: The Areal Linguistics of a Potential Universal.* Berlin: Akademie.

Zaefferer, Dietmar. 1987. Satztypen, Satzarten, Satzmodi – Was Konditionale (auch) mit Interrogativen zu tun haben. In *Satzmodus zwischen Grammatik und Pragmatik: Referate anläßlich der 8. Jahrestagung der Deutschen Gesellschaft für Sprachwissenschaft, Heidelberg 1986,* hg. v. Jörg Meibauer, 259–285. Linguistische Arbeiten 180, Tübingen: Niemeyer.

Zwicky, Arnold und Geoffrey K. Pullum. 1987. Plain morphology and expressive morphology. In *Proceedings of the Thirteenth Annual Meeting of the Berkeley Linguistics Society,* 330–340.

Variation im Kernbereich:
Koordinierte Subjekte und Subjekt-Verb-Kongruenz im Deutschen[*]

Juliana Goschler

1.   Einleitung

Die Diskussion um verschiedene Grammatiktheorien hat in den letzten Jahrzehnten eine neue Qualität erreicht – es existieren aktuell eine Reihe sehr unterschiedlicher Theorien, die in sich weitgehend ausgearbeitet sind. Dadurch ist es möglich geworden, nicht nur über einzelne Phänomene in Einzelsprachen und deren angemessene Modellierung zu diskutieren, sondern die Theorien können und sollten auch allgemeiner im Hinblick auf ihre grundsätzlichen Parameter verglichen werden. Drei klassische Unterscheidungen, die Grammatiktheoretiker seit vielen Jahren begleiten, sind dabei besonders wichtig für grundsätzliche Differenzen zwischen den Theorien: die Unterscheidung von Kern und Peripherie, von Oberflächen- und Tiefenstrukturen, sowie von Kompetenz und Performanz. Klassische generative und aktuelle konstruktionsgestützte Theorien divergieren vor allem darin, ob und an welcher Stelle diese Unterscheidungen sinnvoll und nötig sind.[1]

Die Unterscheidung von Kompetenz und Performanz (die seit Chomsky (1965: 3) in der klassischen generativen Linguistik allgemein anerkannt ist) hat die Sprachwissenschaft im letzten Jahrhundert entscheidend geprägt. Durch die begriffliche Trennung wurde es möglich, die Sprachfähigkeit von Menschen auf eine Weise zu beschreiben, die nicht hauptsächlich an tatsächlichen Sprechereignissen und deren Details orientiert ist, sondern grundlegenderes sprachliches Wissen und dessen Erwerb in den Mittelpunkt rückt. Problematisch an diesem Ansatz ist jedoch die Tatsache, dass ein großer Teil der Daten, die Linguisten als Anhaltspunkt für die Beschreibung sprachlicher Strukturen dienen könnte, delegitimiert und als „uninteressante" Performanzphänomene abgetan werden konnten. Einige Grammatiktheorien haben es sich unter anderem zur Aufgabe gemacht, auch Performanzdaten – mit all ihren Unregelmäßigkeiten und Idiosynkrasien – zufrieden stellend zu beschreiben (vgl. hier insbesondere das *Usage-Based Model* in der kognitiven Grammatik (Langacker 1987) und der Konstruktionsgrammatik (Tomasello 2003, Goldberg 2006).

---

[*]   Ich danke Anatol Stefanowitsch für die ausführliche Diskussion der Projektidee und Verbesserungsvorschläge für diesen Beitrag.

[1]   Natürlich ist die Unterscheidung in „klassische generative" (d. h. chomskysche) und „konstruktionsgestützte" Theorien sehr grobkörnig, da sich diese Theoriefamilien auch intern teilweise substanziell unterscheiden – die kognitive Grammatik (Langacker 1987) oder die kognitive Konstruktionsgrammatik (Goldberg 2006) haben wenig mit der Sign-Based Construction Grammar (Michaelis 2012) zu tun. Ich stütze mich hier auf ein allgemeines Verständnis der Konstruktionsgrammatik (vgl. Stefanowitsch 2011a).

Auch die Idee von Ableitungsbeziehungen zwischen Oberflächen- und Tiefenstrukturen hat zunächst viel dazu beigetragen, schlankere und ökonomischere Grammatiken zu formulieren. Durch die Annahme verschiedener Ableitungen ein und derselben Tiefenstruktur konnten Wortstellungsvarianten, aber auch verschiedene Konstruktionen (wie etwa Aktiv und Passiv) als zusammengehörig klassifiziert werden, was einerseits der Intuition vieler Sprecher entspricht und andererseits in der Grammatik weniger Regeln nötig macht. Uneinigkeit herrschte jedoch immer darüber, ob diese tatsächlich psychologisch real seien, ob also Sprecher und Hörer beim Formulieren und Parsen von Sätzen solche Ableitungen vornehmen. Konstruktionsgestützte Ansätze gehen unter anderem deshalb von einer rein oberflächenorientierten Grammatik aus, da es gute Gründe für die Annahme gibt, dass zentrale Eigenschaften von Konstruktionen nur auf der Ebene der Oberflächenstruktur erfasst werden können (Goldberg 2002).

Schließlich ist auch die Vorstellung einer Kerngrammatik, die eine regelbasierte Syntax und Semantik enthält, mit einer davon unterschiedenen Peripherie, die durch Einzelfälle, idiomatische Wendungen oder regelabweichende Strukturen geprägt ist, eine Möglichkeit, sich auf den eigentlichen „Regelapparat" zu konzentrieren und in der Sprache zu beobachtende Irregularitäten zwar nicht zu leugnen, diese aber als seltene Randphänomene aus dem eigentlich zu modellierenden Bereich zu entfernen. Auch hier haben jedoch Arbeiten, die sich Performanzdaten (z. B. in Form von Korpora) widmen und verschiedene Oberflächenstrukturen als interessant genug für eine eingehendere Analyse betrachten, Zweifel am Sinn einer solchen Unterscheidung aufkommen lassen – und entsprechend gibt es Versuche, Grammatiktheorien ohne diese Trennung zu formulieren (vgl. z. B. Stefanowitsch 2011b).

Das betrifft auch und insbesondere Bereiche, die von klassischen generativen Ansätzen immer als „Kern", „Kompetenz" und „Tiefenstruktur" klassifiziert worden sind, nämlich syntaktische Strukturen, die die Grammatik einer Einzelsprache entscheidend ausmachen. Denn es treten auch in diesen Bereichen der Syntax Variationen oder Zweifelsfälle auf – so zum Beispiel bei der Subjekt-Verb-Kongruenz. Eine solche Variation ist das Thema dieses Aufsatzes.

Obwohl im Deutschen syntaktische Kongruenz zwischen Subjekt und finitem Verb in den allermeisten Fällen die Regel ist, gibt es Abweichungen von dieser Kongruenzregel, wenn es sich beim Subjekt um bestimmte Typen komplexer Nominalphrasen handelt (vgl. auch Jaeger 1992). In einigen Fällen tritt Plural-, in anderen Singular-Kongruenz oder systematische Variation zwischen beiden auf, nämlich unter anderem dann, wenn das Subjekt aus mit *und* koordinierten Nominalphrasen im Singular besteht. Ich werde im Abschnitt 3.1. anhand von Korpusdaten aus dem LIMAS- und dem Grimm-Korpus zeigen, dass die in diesem Fall beobachtete Variation viel zu häufig ist, um als Fehler klassifiziert zu werden. Im Abschnitt 3.2. werde ich außerdem überprüfen, inwiefern es sich dabei um ein Sprachwandelphänomen handelt. Abschnitt 3.3. diskutiert, ob Idiomatisierung eine Erklärung für die Variation sein könnte. Schließlich werde ich in Abschnitt 3.4. den Einfluss eines syntaktischen Faktors – nämlich der Wortstellung – diskutieren. Üblicherweise wird Wortstellung auf der Ebene der Oberflächenstruktur behandelt. Meine Daten zeigen jedoch, dass eine Korrelation zwischen Wortstellung (einem angeblichen Oberflächenphänomen) und Kongruenz (einem Merkmal, das normalerweise in die Tiefenstruktur gehört) besteht. Anhand dessen werde ich argumentieren, dass es sich bei der hier beschriebenen Variation im Bereich der Subjekt-Verb-Kongruenz um ein echtes grammatiktheoretisches Problem handelt, das sich weder als idiomatisch ins Lexikon oder die Peripherie verlagern, noch als reines Oberflächenphänomen behandeln lässt. Die Ergebnisse lassen mich zu dem Schluss kommen, dass die Trennung von „unregelmäßiger Peripherie" und „regelmäßigem Kern" nicht mit den vorliegenden Daten zu vereinbaren ist und dass ein unvoreingenommener Blick auf die Daten Variation selbst im sogenannten „Kern" der Grammatik erkennen lässt. Das wirft die Frage auf, inwieweit die Unterscheidungen zwischen Kern und Peripherie, zwischen Tiefen- und Oberflächenstruktur und zwischen Kompetenz und Performanz überhaupt sinnvoll sind, oder ob und wie Grammatiktheorien auch ohne diese Dichotomien auskommen können und müssen.

2.   Das Phänomen: Variation bei Subjekt-Verb-Kongruenz

Im Deutschen ist die Kongruenzbeziehung zwischen Subjekt und finitem Verb scheinbar eindeutig: Subjekt und finites Verb kongruieren in Numerus und Person. Auch wenn das Subjekt im Singular semantisch eine Mehrzahl bezeichnet, steht das Verb gewöhnlich im Singular, (z. B. *Die Menschenmasse bewegte sich vorwärts.*). Bei koordinierten Subjekten, also so genannten „Subjekten mit Reihungen", ist es jedoch meistens anders. Das Verb steht üblicherweise im Plural (Belege aus dem LIMAS-Korpus):

(1)   Die militärische Führung und der Berufsförderungsdienst *müssen* in die Lage versetzt werden, Verwendungen im Hinblick auf den Zielberuf zu beurteilen.

[LIM/L26.00061]

(2)   In der Tat, eine gute Hintermannschaft und ein gekonnt spielendes Mittelfeld *machen* noch lange keinen Meisterschaftsaspiranten aus.   [LIM/L21.00391]

(3)   Hierfür *müssen* Bund und Land mit steuerlichen Hilfen nach dem ersten Verstromungsgesetz und mit Beihilfen nach dem zweiten Verstromungsgesetz den Einsatz von etwa 140 Mio t Steinkohle in zehn Jahren fördern.   [LIM/L10.00027]

Die Tatsache, dass zwei koordinierte Nominalphrasen meistens mehr als zwei Entitäten bezeichnen, ist in diesem Fall entscheidend dafür, dass das Verb in der Pluralform auftritt. Merkwürdig daran ist, dass im Deutschen die Numeruszuweisung normalerweise morphosyntaktisch und nicht semantisch bestimmt ist. Semantische Kongruenz ist dagegen in anderen Sprachen, z. B. im Englischen (Belege aus dem *British National Corpus*), deutlich üblicher oder sogar obligatorisch (vgl. (4a, b) und (5a, b)):

(4)   a.   The police have improved both their procedures and their training.

[BNC ACJ 972]

b.   Die Polizei *hat/*haben* sowohl ihre Abläufe als auch ihr Training verbessert.

(5)   a.   I welcome the work that the Government *have* done in that important respect.

[BNC HHV 8891]

b.   Ich begrüße die Arbeit, die die Regierung in dieser wichtigen Sache geleistet *hat/*haben*.

Im Englischen ist also oft entscheidend, ob es sich bei einem Subjekt semantisch um eine „Mehrzahl" handelt. Das Deutsche dagegen ist sehr rigide in der Bevorzugung syntaktischer Kongruenz (siehe auch Berg 1998, Klein 2004), wie auch die obigen Beispiele zeigen. Warum im Falle der koordinierten Subjekte das Verb im Plural erscheinen kann, ist syntaxtheoretisch nicht unlösbar, aber auch nicht einfach zu erklären.[2] Noch verwirrender ist jedoch der Fakt, dass man in diesen Fällen eine Variation bei der Kongruenz zwischen Subjekt und finitem Verb beobachten kann, denn es gibt Fälle, in denen das Verb im Singular steht, wie die Beispiele (6)–(8) illustrieren:

(6)   Ungewiß *ist* auch seine Liebe und Gnade   [LIM/LI1.00266]

(7)   Weit aufwendiger ist der rechnerische Nachweis, daß der überkritische Laufzustand und insbesondere der Betrieb in der Nähe der kritischen Drehzahl stabil und damit realisierbar *ist*.   [LIM/LI1.00147]

(8)   Die theoretische Entwicklung und die praktische Programmierung solcher Betriebssysteme *hat* sich zu einem neuen Arbeitsgebiet innerhalb der Datenverarbeitung entwickelt   [LIM/LI1.00075]

Diese Variation ist bereits an anderer Stelle beschrieben worden und wurde auch verschiedentlich in den Fokus sprachnormierender Betrachtungen gerückt (Klein 2004, Van de Velde 1988). So behandelt beispielsweise ein Artikel der Spiegel-Online-Kolumne „Zwiebelfisch" auffällige Instanzen von Subjekten mit Reihungen, zu denen das finite Verb im Singular tritt (Sick 2006). Das Phänomen findet sich unter anderem in einigen verfestigten Redewendungen. *Marmor, Stein und Eisen bricht* ist der Titel eines Hits des deutschen Schlagersängers Drafi Deutscher. Der Autor der Kolumne, Bastian Sick, zählt eine Reihe weiterer bekannter Beispiele auf: *Stock und Hut steht ihm gut* aus dem deutschen Volkslied „Hänschen Klein", sowie die Sprichwörter und Redewendungen *Gleich und gleich gesellt sich gern, Da ist Hopfen und Malz verloren, Brot und Salz – Gott erhalt's, Glück und Glas – wie leicht bricht das* und eine Zeile aus dem Vaterunser: *Denn Dein ist das Reich und die Kraft und Herrlichkeit* (Sick 2006). Eine wirkliche Analyse des Phänomens liefert die Kolumne nicht. Es wird mit recht vagen Hinweisen auf die Semantik der Subjektteile konstatiert, dass „in bestimmten Fällen eben auch der Singular vorkommt" (Sick 2006) – wann genau, wie oft und warum, bleibt offen.

Die linguistisch fundierteren Überlegungen Kleins (2004) und Van de Veldes (1988) bieten einen deutlich breiteren Überblick über Fälle von Singular-Kongruenz bei koordinierten Subjekten und ihrer Erscheinungsbedingungen, können aber zur Häufigkeit und Regelhaftigkeit ebenfalls nur spekulieren.

Die DUDEN-Grammatik postuliert für diese Konstruktionen folgende Regel:

> Die Reihung bildet gesamthaft eine einzige Phrase. Es liegt ein komplexes Subjekt vor, die Elemente der Reihung sind Subjektteile. Für diese Konfiguration gilt die folgende Regel.

---

[2]   Für einen Versuch innerhalb des generativen Frameworks anhand des Englischen siehe McCawley (1968); auf Probleme dieser Analyse weist Perlmutter (1972) hin. Vgl. Farkas und Ojeda (1983) für eine GPSG-Analyse.

> Kongruenzregel II für Subjekte mit gereihten Subjektteilen: (a) Die Reihung gilt gesamt-
> haft als Plural, das finite Verb steht daher ebenfalls im Plural.
>
> (DUDEN-Grammatik 2006: 1013)

Diese Regel gilt laut DUDEN allerdings nicht für elliptische Reihungen von Sätzen mit nur einem finiten Verb, bei denen die jeweiligen Subjekte „je für sich zählen" (DUDEN-Grammatik 2006: 1013). In diesen Fällen richte sich das Verb nach dem näher stehenden Subjekt und würde deshalb auch im Singular möglich sein, wie etwa in Beispiel (9):

(9)   Bei einem Unfall *wurde* der Fahrer getötet und der Beifahrer verletzt.

> (DUDEN-Grammatik 2006: 1017)

Es wird eingeräumt, dass diese Konstruktionen nicht immer eindeutig voneinander unterschieden werden könnten. Ich werde im Folgenden Konstruktionen wie die letztere nicht weiter berücksichtigen und mich auf „eindeutige" Fälle von gereihten Subjektteilen konzentrieren. Allerdings erwähnt die DUDEN-Grammatik auch für diesen Fall mögliche „Abweichungen", bei denen das Verb trotz komplexem Subjekt mit Reihung im Singular steht. Diese Erwähnung von Abweichungen von der Regel in der DUDEN-Grammatik deutet darauf hin, dass diese Fälle, in denen das Verb im Singular steht, interessant und häufig genug sind, um sie sich genauer anzusehen.

3.   Variation bei Subjekt-Verb-Kongruenz: Korpusstudie

Um einen genaueren Eindruck über die Häufigkeit der von der Regel abweichenden Numeruskongruenz zu bekommen, habe ich das LIMAS-Korpus dahingehend ausgewertet. Das LIMAS-Korpus umfasst eine Million Wörter aus 500 Textstücken mit je 2000 Textwörtern. Die Texte stammen aus den Jahren 1970–1971 und umfassen verschiedene Genres, vor allem Zeitungs-, aber auch literarische und Sachbuchtexte.

Mittels eines Konkordanzprogramms wurde zunächst jedes Vorkommen von *und* aus dem Korpus herausgefiltert (insgesamt 35.383). Damit ist sichergestellt, dass alle im Korpus auftretenden Koordinationen mit *und* erfasst wurden. Manuell wurde dann überprüft, ob

1. das *und* zwei volle lexikalische Nominalphrasen (NPs) koordiniert,
2. ob beide NPs im Singular stehen und
3. ob die beiden koordinierten Singular-NPs das Subjekt des Satzes sind.

Außerdem wurden nur zweigliedrige Koordinationen in die weitere Analyse einbezogen. Dieses Verfahren ließ 181 Fälle übrig. Für diese Datenpunkte wurde jeweils überprüft, ob das finite Verb im Singular oder Plural steht.

3.1.   Häufigkeit

Anhand der oben erläuterten Daten kann zunächst die Häufigkeit der Variation genauer bestimmt werden. Dies lässt Rückschlüsse darauf zu, ob es sich hier um einzelne Belege handelt, die auf Performanzfehler zurückzuführen sind, oder ob tatsächlich eine systematische Variation vorliegt. Bei der Auswertung ergab sich folgende Verteilung: Von den 181 koordinierten Subjekten im LIMAS-Korpus traten 124 mit dem finiten Verb im Plural, 57 mit dem Verb im Singular auf. Diese Verteilung macht deutlich, dass tatsächlich die Verwendung der Pluralform des Verbs in diesem Kontext die gebräuchlichere Variante ist. Trotzdem sind 57 Vorkommen mit dem Verb im Singular, also knapp ein Drittel aller Fälle, deutlich zu viel, um hier von „Fehlern" oder „Versehen" auszugehen, zumal es sich um geschriebene (und nicht gesprochene) Daten handelt, die aller Wahrscheinlichkeit nach mindestens einen, oft aber mehrere, Korrekturprozesse durchlaufen haben. Somit ist die Kongruenzregel des DUDEN allenfalls als Tendenz zu bestätigen. Es besteht eine echte Variation.

3.2. Diachroner Trend/Sprachwandel

Bei einer solchen Variation wie der hier beschriebenen besteht natürlich die Möglichkeit, dass es sich dabei um ein Sprachwandelphänomen handelt. Wenn eine Regel – in diesem Fall eine Kongruenzregel – von einer anderen Regel abgelöst wird, gibt es eine Phase, in der beide Regeln nebeneinander existieren und entsprechend variierende Strukturen produziert werden. Das LIMAS-Korpus ist ein synchrones Korpus, die Daten des LIMAS-Korpus sind zeitlich sehr eng eingegrenzt in einem Zeitraum von zwei Jahren erhoben worden. Daher ist bei diesen Daten ausgeschlossen, dass die Variation nur scheinbar durch eine Mischung älterer und jüngerer Daten entstanden ist.

Natürlich erlaubt aber dieses Korpus deshalb auch keinerlei diachrone Analyse. Um einen ersten Eindruck davon zu bekommen, inwiefern die Variation in der Subjekt-Verb-Kongruenz als Zwischenphase in einem Sprachwandelprozess betrachtet werden könnte, habe ich das sogenannte Grimm-Korpus als Vergleichskorpus herangezogen. Dieses Korpus beinhaltet die von Jakob und Wilhelm Grimm im Zeitraum von 1806 bis etwa 1820 gesammelten deutschen Märchen und Sagen. Das Korpus enthält 585 Sagen, 201 Kinder- und Hausmärchen und 10 Kinderlegenden, mit insgesamt etwa 500.000 laufenden Wortformen. Da diese Sammlung oral tradierter Erzählungen redigiert wurde, ist auch hier – ebenso wie im Falle des LIMAS-Korpus – davon auszugehen, dass Abweichungen, die als echte „Fehler" empfunden wurden, bereits entfernt worden sind. Die Erstellung des zu analysierenden Datensatzes wurde analog zu dem bereits erläuterten Vorgehen beim LIMAS-Korpus gehandhabt. Dies resultierte in 89 relevanten Fällen koordinierter Subjekt-NPs.

Von diesen traten 40 mit dem Verb im Plural, 49 dagegen mit dem Verb im Singular auf. Hier ist also fast von einer gleichmäßigen Verteilung auszugehen.[3] Somit ist klar, dass in den Grimmschen Daten die Singular-Kongruenz noch viel weniger als „Fehler" klassifiziert werden könnte, da sie mehr als die Hälfte der Belege ausmacht – im LIMAS-Korpus nur knapp ein Drittel. Die Auswertung des Grimm-Korpus lässt also eine Zunahme der Pluralkongruenz seit dem frühen 19. Jahrhundert erkennen (für frühere Sprachstufen vgl. auch Dammel 2012a, b, Reiten 1964, Findreng 1976), insofern könnte hier tatsächlich ein Wandelprozess vermutet werden. Dafür spricht auch, dass einige der Belege aus dem Grimm-Korpus aus heutiger Sicht bereits wenig akzeptabel scheinen – die Beispiele (10), (11) und (12) illustrieren diesen Fall:

---

[3]   Ob das leichte Übergewicht der Singularform des Verbs hier auf eine echte Dominanz hinweist, ist wegen der kleinen Fallzahlen unklar. Ein Binomialtest zeigt, dass die Abweichung von der Gleichverteilung nicht signifikant ist ($p = 0,3966$), man also davon ausgehen muss, dass das etwas häufigere Auftreten der Singularform in diesem Korpus zufällig zustande gekommen ist.

(10)   Es *war* der König und die Königin   [GRI/KHM.00180]

(11)   Geh doch hinunter in den Keller und sieh, wo die Else und die Magd *bleibt.*

[GRI/KHM.00034]

(12)   Da sah er nun bald mit seinen eigenen Augen, wie die Gänsemagd und der Gänse-
       junge die Herde getrieben *brachte.*   [GRI/KHM.00089]

Keinesfalls spiegeln die grimmschen Daten jedoch eine einheitliche Regel wider, da die
Daten fast gleichmäßig zwischen Singular- und Pluralformen verteilt sind. Insofern wäre zu
überprüfen, ob vor dem 19. Jahrhundert die Singularform des Verbs nicht nur üblicher,
sondern obligatorisch war. Diese Frage kann an dieser Stelle nicht abschließend beantwortet
werden, es ist jedoch darauf hinzuweisen, dass auch für deutlich weiter zurückliegende
Sprachstufen des Deutschen Variation zwischen den beiden Arten der Kongruenz zu erkennen ist (siehe etwa Demske 2001: 102–103, Schrodt 2005: 233).

3.3.   Idiomatisierung (Grammatik vs. Lexikon)

Eine weitere Möglichkeit, das Problem zu lösen, ist, nicht von echter syntaktischer Variation auszugehen, sondern anzunehmen, dass es sich bei einzelnen Subjekten um verfestigte,
idiomatisierte Phrasen handelt. Diese könnten im Lexikon als Gesamtheit gespeichert sein
und deshalb singularischen Charakter haben. Diese Annahme würde das Phänomen zwar
nicht in Gänze erklären, aber es als Peripherie-Phänomen nicht in der Grammatik, sondern
im Lexikon lokalisieren. Die Hypothese der Idiomatisierung würde zumindest Sicks Beispiele in Abschnitt 2 erklären können.

   Zunächst ist festzuhalten, dass einige koordinierte Subjekte, die man als Kollokationen
bezeichnen würde, tatsächlich mit dem Verb im Singular auftreten und zum Teil mit dem
Singular deutlich akzeptabler klingen, wie die Beispiele (13a,b) und (14a,b) zeigen:

(13)   a.   Der hat ja Dinger drauf, daß einem Hören und Sehen *vergeht.*

[LIM/L21.00391]

       b.   ? Der hat ja Dinger drauf, daß einem Hören und Sehen *vergehen.*

(14)   a.   Nicht vermehrbar *ist* der Grund und Boden, auf dem er lebt.

[LIM/LI1.00495]

       b. ?? Nicht vermehrbar *sind* der Grund und Boden, auf denen er lebt.

Ähnliches ist für eine verfestigte Phrase wie die Eingangsformel *es war einmal* zu erwarten,
dass unabhängig von den Eigenschaften des Subjekts das Verb im Singular erscheint, da es
so Teil der lexikalisierten Phrase ist. Das gilt auch tatsächlich für die Fälle mit koordinierten
Subjekt-NPs im Grimm-Korpus (siehe (15) und (16)):

(15)   Es *war* einmal ein Hühnchen und ein Hähnchen.   [GRI/KHM.00041]

(16)   Es *war* einmal ein König und eine Königin.   [GRI/KHM.00009]

Trotzdem greift die syntaktische Subjekt-Verb-Kongruenz wieder bei einfachen plurali-
schen Subjekten (siehe Beispiel 17a, b):

(17)   a.   Es *waren* einmal zwei Brüder, ein reicher und ein armer.   [GRI/KHM.00060]

        b.[??] Es *war* einmal zwei Brüder, ein reicher und ein armer.

Und auch bei Subjekten mit Reihungen, die Kollokationen sind, gilt Singular-Kongruenz keineswegs immer, wie die Belege (18) und (19) aus dem LIMAS-Korpus zeigen:

(18)   In jeder Wissenschaft *wirken* Forschung und Lehre zusammen.   [LIM/LI1.00206]

(19)   Bund und Land *werden* eingespannt.   [LIM/L20.00396]

Daher sind auch lexikalisierte Phraseme oder Kollokationen bzw. idiomatisierte Reihungen ebenfalls nicht geeignet, um das Phänomen gänzlich zu erklären.[4]

3.4. Wortstellung und Kongruenz

Rätselhaft bleibt außerdem ein weiterer Einflussfaktor, dem ich mich an dieser Stelle näher zuwenden will: die Wortstellung bzw. die Stellung des finiten Verbs relativ zum Subjekt. Der Einfluss der Verbstellung auf die Wahl der Sprecher zwischen Singular- bzw. Plural-form des Verbs ist nämlich für andere Sprachen bereits gezeigt worden, unter anderem für das Englische (Corbett 1979: 217), für das Spanische des 13., 14. und 15. Jahrhunderts (England 1976), für Swahili (Marten 2005), Arabisch und Norwegisch (Marten 2005: 529), Walisisch (Sadler 2002), sowie auch für das Frühneuhochdeutsche (Dammel 2012a, b) (allgemein siehe auch Crockett 1976: 209). Auch für heutiges Deutsch wird dies in der DUDEN-Grammatik konstatiert. Die Abweichungen von der eigentlichen Kongruenzregel – also der, nachdem „Subjekte mit Reihungen" das Verb im Plural fordern, seien danach auch von der Stellung des finiten Verbs im Satz abhängig. Konkret wird für den Einfluss der Verbposition folgendes konstatiert: „Wenn eine Reihung mit *und* dem finiten Verb folgt, richtet sich das finite Verb zuweilen nur nach dem ersten Subjektteil [...] Standardsprach-lich wird allerdings der Plural vorgezogen." (DUDEN-Grammatik 2006: 1014).

Wenn die Stellung des Verbs unabhängig von anderen Faktoren einen Einfluss auf die Subjekt-Verb-Kongruenz hat, kann die Variation zwischen Singular und Plural nicht mehr allein durch die Eigenschaften des Subjekts – also zum Beispiel dessen Idiomatisierung oder semantische Merkmale – erklärt werden. Damit wäre die Möglichkeit, die so genannten Irregularitäten ins Lexikon zu verbannen, gänzlich unplausibel geworden, denn die Stellung des Verbs im Satz ist offensichtlich eine rein syntaktische Variable. Außerdem würde dies die Unterscheidung von Tiefenstruktur und Oberflächenstruktur in Frage stellen, denn Kon-gruenz muss in einem entsprechenden Modell in der Tiefenstruktur zugewiesen werden, die Wortstellung wäre dagegen ein klassisches Oberflächenphänomen.

---

[4]   Sowohl die DUDEN-Grammatik als auch einige Autoren erwähnen im Übrigen weitere mögliche
       Eigenschaften des Subjekts als Einflussfaktoren für die Subjekt-Verb-Kongruenz, die an dieser
       Stelle nicht weiter ausgeführt werden sollen. Zum einen semantische Eigenschaften der Subjekttei-
       le – unter anderem „Termqualität" (Schrodt 2005) oder Abstraktheit (DUDEN-Grammatik 2006:
       1016), zum anderen syntaktische Eigenschaften der Subjekt-NP – unter anderem, ob es sich um
       nominalisierte Infinitive handelt oder ob sich die koordinierten NPs einen Artikel teilen (Klein
       2004: 363–366, DUDEN-Grammatik 2006: 1017). Diese Faktoren wirken jedoch ebenfalls höchs-
       tens als Tendenzen, nicht als Regeln.

Ob dieser Faktor tatsächlich einen Einfluss hat, kann anhand der bereits vorgestellten Daten aus dem LIMAS-Korpus auch quantitativ überprüft werden, denn solch ein quantitativer Nachweis liegt zwar für einige andere Sprachen, bisher jedoch nicht für das Deutsche vor. Ich habe dementsprechend die LIMAS-Daten dahingehend ausgewertet, indem ich die Datenpunkte zusätzlich daraufhin überprüft habe, ob das finite Verb vor oder nach dem gereihten Subjekt erscheint. Tatsächlich steigt die Wahrscheinlichkeit, dass das Verb in der Singularform verwendet wird, wenn das Verb vor dem Subjekt steht: In etwa der Hälfte der Fälle (26 von 54; 48,15 %) steht das Verb im Singular, wenn das Verb im Satz *vor* dem Subjekt erscheint. Steht das Verb *hinter* dem Subjekt, wird es nur in knapp einem Viertel der Fälle (31 von 127; 24,41 %) im Singular verwendet:

LIMAS-KORPUS	VERB IM SINGULAR	VERB IM PLURAL
VERB VOR SUBJEKT	48,15 % (26)	51,85 % (28)
VERB NACH SUBJEKT	24,41 % (31)	75,59 % (96)

Dieser Unterschied ist hochsignifikant ($\chi^2 = 8{,}827$, $df = 1$, $p < 0{,}01$**). Die Korpusdaten zeigen damit eine eindeutige Korrelation zwischen Verbstellung und Numerus des Verbs. Dieser Zusammenhang ist auch im Grimm-Korpus festzustellen:

GRIMM-KORPUS	VERB IM SINGULAR	VERB IM PLURAL
VERB VOR SUBJEKT	82,98 % (39)	17,02 % (6)
VERB NACH SUBJEKT	22,73 % (10)	77,27 % (34)

Auch für diese Daten ist der Unterschied signifikant ($\chi^2 = 34{,}2181$, $df = 1$, $p <\, = 0{,}001$***).

Somit handelt es sich hier um ein ernsthaftes Problem für Syntaxtheorien. Corbett stellt fest:

> … word order does affect agreement but only within divisions of the hierarchy (i.e. A preposed predicate is more likely to show syntactic agreement than a postposed predicate). (Corbett 1979: 217)

Darüber hinaus sagt Corbett eine universale Richtung des Einflusses vorher:

> We predict that when word order affects agreement it will be agreeing elements before the controller which are syntactically nearer than those after it. (Corbett 1979: 218)

Dieser Einfluss kann als echte Regularität oder eben als Variation auftreten:

> … the effect may be absolute or relative – that is, word order may specify the agreement to be used or it may favour one type of agreement statistically. (Corbett 1979: 218)

Die hier ausgewerteten Daten zeigen also genau den vorhergesagten Trend. Insofern handelt es sich hier weder um eine Merkwürdigkeit, die nur auf die hier verwendeten Sprachdaten zutrifft, noch um eine Besonderheit des Deutschen – ein weiterer Grund, den beschriebenen Effekt als Problem für Grammatiktheorien ernst zu nehmen.

4.   Variation im Kernbereich der Grammatik: ein Problem für Syntaxtheorien

Ich habe bisher gezeigt, dass Variation im Bereich der Subjekt-Verb-Kongruenz ein echtes Phänomen ist, das stabil über Jahrhunderte in Korpusdaten nachzuweisen ist. Die Häufigkeit der Fälle, in denen ein Subjekt aus mit *und* koordinierten NPs besteht und das finite Verb im Singular steht, zeigt, dass es sich nicht um einzelne Performanzfehler handeln kann. Im Grimm-Korpus sind diese Fälle sogar häufiger als die Pluralform. Dies könnte ein Hinweis auf einen bereits über mehrere Jahrhunderte andauernden Sprachwandelprozess sein. Allerdings dauert dieser seit mehr als 200 Jahren an, wahrscheinlich deutlich länger. Es ist fraglich, ob die Singularkongruenz jemals vollkommen obligatorisch war, aber selbst wenn dem so sein sollte, ist die Tatsache, dass der Trend von der Singular- zur Pluralkongruenz nur äußerst langsam voranschreitet, ein Zeichen dafür, dass die Syntax des Deutschen diese Variation seit langem aushält. Insofern entbindet auch die Erklärung „Sprachwandel" nicht davon, einzugestehen, dass Variation im Kern einer Grammatik möglich ist (dazu siehe auch Klein 2004).

Schließlich ist außerdem festzustellen, dass die Wortstellung des Satzes, insbesondere die Stellung des Verbs zum Subjekt, einen Einfluss auf die Subjekt-Verb-Kongruenz hat. Es ist nicht trivial zu erklären, weshalb dies so sein sollte. Syntaxtheoretisch ist es ein Problem für alle Theorien, die Satzstrukturen von Wortstellungsvarianten unterscheiden, also im Prinzip alle Theorien, die verschiedene Oberflächenstrukturen als Ableitungen von denselben Tiefenstrukturen behandeln. Sobald also Phrasenstrukturen hierarchisch gegliedert werden und Wortstellungsvarianten als Oberflächenphänomen, nicht aber als unterschiedliche Tiefenstrukturen beschrieben werden, ist das hier beschriebene Phänomen schwierig zu modellieren. Denn dass die Verbstellung Einfluss auf die Kongruenz zwischen Subjekt und Verb hat, lässt theoretisch nur wenige Möglichkeiten zu:

1. Wortstellungsvarianten können nicht als die gleiche syntaktische Struktur beschrieben werden, oder

2. das Merkmal Numerus wird dem Verb erst zugewiesen, nachdem es seine endgültige Position im Satz bekommen hat, oder

3. die inkrementelle Sprachverarbeitung von links nach rechts verursacht, dass das Verb bereits Numerus erhält, bevor der Numerus des Subjekts feststeht.

Alle Möglichkeiten sind theoretisch problematisch und nicht ohne Weiteres mit existierenden Modellen zu vereinbaren. Aber selbst wenn man sich für eine der oben genannten Möglichkeiten entscheidet und dies in ein Syntaxmodell integriert (wie z. B. Johannessen 1996, Marten 2005, Munn 1999, 2000), ist das eigentliche Problem immer noch nicht gelöst, denn der Einfluss der Verbstellung ist ja nicht kategorisch, sondern verursacht nur Häufigkeitstendenzen bzw. Gebrauchspräferenzen.

Insofern ist es nicht mit einer theoretisch problematischen Regel getan, denn es liegt tatsächlich keine echte Regel vor. Selbst eine Einbeziehung von Verarbeitungsprozessen kann die Daten nicht vollständig erklären oder eine exakte Vorhersage über die Verwendung der Plural- oder der Singularform des Verbs machen. An dieser Stelle können entweder ein Einfluss von Häufigkeiten im Input der Sprecher, pragmatische Gründe wie Informationsstruktur, oder ein Einfluss der Semantik (siehe auch Schrodt 2005) auf syntaktische Strukturen angenommen werden. In jedem Fall wäre dies aber unvereinbar mit der Idee, dass ein unabhängig operierendes Syntaxmodul in der Tiefenstruktur für die Herstellung von Kongruenz zwischen Subjekt und Verb verantwortlich ist. Statt dessen wird für eine schlüssige Erklärung eine Grammatiktheorie benötigt, die Oberflächenstrukturen als eigene Repräsentationsebene ernst nimmt, wie zum Beispiel verschiedene konstruktionsgestützte Ansätze.

5. Fazit und Schluss

Dem Phänomen der Variation zwischen Singular- und Pluralkongruenz bei koordinierten Subjekt-NPs ist mit den üblichen Taktiken, die zur Verdrängung von Unregelmäßigkeiten aus der grammatischen Beschreibung dienen, nicht beizukommen. Weder ist das Phänomen selten – so dass man von vereinzelten Performanzfehlern ausgehen könnte, noch kann es, als zentrales syntaktisches Phänomen, plausiblerweise in die „Peripherie" der Grammatik verlagert werden, ohne die Kern-Peripherie-Unterscheidung ad absurdum zu führen: Der signifikante Einfluss eines weiteren syntaktischen Faktors zeigt, dass es keinesfalls durch (teil-)idiomatisierte Strukturen, die als Gesamtheit im Lexikon gespeichert sind, erklärbar ist. Die stabile Interaktion zwischen Kongruenzart und Wortstellung macht es außerdem schwierig, das Phänomen allein durch einen diachronen Wandel des Sprachsystems von einer zu einer anderen Kongruenzregel zu deuten. Damit liegt hier ein Phänomen vor, dass echte syntaktische Variation im Kernbereich darstellt, und das zudem die Annahme abgeleiteter Oberflächenstrukturen fragwürdig erscheinen lässt. Ein solcher Befund verlangt entweder nach einer radikal neuen Konzeptualisierung der Begriffe „Kern" und „Peripherie", oder nach einem Modell, in der die hier diskutierten Unterscheidungen gar nicht erst getroffen werden. Die unter dem Oberbegriff „Konstruktionsgrammatik" gehandelten Theorien sind nicht die einzig denkbare Option für ein solches Modell, bieten sich aber an. Sicher ist in jedem Fall, dass ein simples Modell mit regelhaftem Kern und idiosynkratischer Peripherie den komplexen Eigenschaften der Kongruenz bei koordinierten Nominalphrasen nicht ohne Weiteres gerecht werden kann.

Literatur

Berg, Thomas. 1998. The resolution of number conflicts in English and German agreement patterns. *Linguistics* 36: 41–70.

Chomsky, Noam. 1965. *Aspects of the Theory of Syntax*. Cambridge/MA: MIT Press.

Crockett, Dina B. 1976. *Agreement in Contemporary Standard Russian*. Cambridge/MA: Slavica.

Corbett, Greville G. 1979. The agreement hierarchy. *Journal of Linguistics* 15: 203–224.

Dammel, Antje. 2012a. One Plus One Make(s) What? Determinants of Agreement in German NP+NP Coordination. A Diachronic Approach. Abstract. http://www.uni-marburg. de/fb10/iksl/sprachwissenschaft/forschung/projekte/kongruenz/workshop2012/abstracts/ dammel.pdf (abgerufen am 29. Aug. 2012).

Dammel, Antje. 2012b. Kongruenzwandel und seine Reflexe im Neuhochdeutschen. Abstract. http://www.uni-siegen.de/phil/ggsg/programm/?lang=de/abstract_dammel_ 2012-03-01.pdf (abgerufen am 29. Aug. 2012).

Demske, Ulrike. 2001. *Merkmale und Relationen: Diachrone Studien zur Nominalphrase des Deutschen*. Berlin: de Gruyter.

Dudenredaktion (Hg.). 2006. *Duden-Grammatik*. Mannheim: Dudenverlag.

England, John. 1976. ‚Dixo Rachel e Vidas': Subject-verb agreement in Old Spanish. *Modern Language Review* 71: 812–826.

Farkas, Donka F. und Almerindo Ojeda. 1983. Agreement and coordinate NPs. *Linguistics* 21: 659–673.

Findreng, Ådne. 1976. *Zur Kongruenz in Person und Numerus zwischen Subjekt und finitem Verb im modernen Deutsch*. Oslo: Universitetsforlaget.

Goldberg, Adele. 2002. Surface generalizations: an alternative to alternations. *Cognitive Linguistics* 13: 327–356.

Goldberg, Adele. 2006. *Constructions at Work: The Nature of Generalization in Language*. Oxford: Oxford University Press.

Jaeger, Christoph. 1992. *Probleme der syntaktischen Kongruenz: Theorie und Normvergleich im Deutschen*. Tübingen: Niemeyer.

Johannessen, Janne Bondi. 1996. Partial agreement and coordination. *Linguistic Inquiry* 27: 661–671.

Klein, Wolf Peter. 2004. Koordination als Komplikation: Über eine strukturelle Ursache für die Entstehung syntaktischer Zweifelsfälle. *Deutsche Sprache* 32: 357–375.

Langacker, Ronald. 1987. *Foundations of Cognitive Grammar. Vol.1: Theoretical Prerequisites*. Stanford/CA: Stanford University Press.

Marten, Lutz. 2005. The dynamics of agreement and conjunction. *Lingua* 115: 527–547.

McCawley, James. 1968. The role of semantics in grammar. In *Universals in Linguistic Theory*, hg. v. Emmon Bach und Robert T. Harms, 124–169. New York: Holt, Rinehart, and Winston.

Michaelis, Laura A. 2012. Sign–based construction grammar. In *The Oxford Handbook of Linguistic Analysis*, hg. v. Bernd Heine und Heiko Narrog, 155–76 Oxford: Oxford University Press.

Munn, Alan. 1999. First conjunct agreement: against a clausal analysis. *Linguistic Inquiry* 30, 643–668.

Munn, Alan. 2000. Three types of coordination asymmetries. In *Ellipsis in Conjunction*, hg. v. Kerstin Schwabe und Nin Zhang, 1–22. Tübingen: Niemeyer.

Perlmutter, David M. 1972. A note on syntactic and semantic number in English. *Linguistic Inquiry* 3, 243–246.

Reiten, Håvard. 1964. *Über die Kongruenz im Numerus im Mittelhochdeutschen*. Oslo.

Sadler, Louisa. 2002. Coordination and asymmetric agreement in Welsh. In *Nominals: Inside and Out*, hg. v. Miriam Butt und Tracy Holloway King, 85–118. Stanford/CA: CSLI.

Schrodt, Richard. 2005. Kongruenzprobleme im Numerus bei Subjekt und Prädikat: Die Termqualität geht vor. In *Standardvariation: Wie viel Variation verträgt die deutsche Sprache?*, hg. v. Ludwig Eichinger, 231–246. Berlin: de Gruyter.

Sick, Bastian. 2006. Gebrochener Marmorstein. *Spiegel ONLINE* 14.6.2006. http://www. spiegel.de/kultur/zwiebelfisch/zwiebelfisch-gebrochener-marmorstein-a-421134.html (abgerufen am 30. August 2012).

Stefanowitsch, Anatol. 2011a. Konstruktionsgrammatik und Grammatiktheorie. In *Konstruktionsgrammatik III: Aktuelle Fragen und Lösungsansätze*, hg. v. Alexander Lasch und Alexander Ziem, 11–25. Tübingen: Stauffenburg.

Stefanowitsch, Anatol. 2011b. Keine Grammatik ohne Konstruktionen: Ein logisch-ökonomisches Argument für die Konstruktionsgrammatik. In *Sprachliches Wissen zwischen Lexikon und Grammatik* (IDS-Jahrbuch 2010), hg. v. Stefan Engelberg, Anke Holler und Kristel Proost, 181–210. Berlin: de Gruyter.

Tomasello, Michael. 2003. *Constructing a Language: A Usage-Based Theory of Language Acquisition*. Cambridge/MA: Harvard University Press.

Van de Velde, Marc. 1988. Schwierigkeiten bei der Subjekt-Verb-Kongruenz im Deutschen. *Beiträge zur Geschichte der deutschen Sprache und Literatur* 110: 172–201.

Quellen

LIM: LIMAS-*Korpus*, hg. v. Institut für Deutsche Sprache Mannheim, Archiv der geschriebenen Sprache (w-öffentlich). https://cosmas2.ids-mannheim.de (abgerufen am 29. Aug. 2012).

GRI: *Brüder Grimm: Sagen, Kinder- und Hausmärchen, Kinderlegenden*, hg. v. Institut für Deutsche Sprache Mannheim, Archiv der geschriebenen Sprache (w-öffentlich). https:// cosmas2.ids-mannheim.de (abgerufen am 29. Aug. 2012).

BNC: *The British National Corpus*, version 3 (BNC XML Edition) (2007), Oxford University Computing Services (on behalf of the BNC Consortium). http://www.natcorp. ox.ac.uk.

Differentielle Objektmarkierung: Spezifizität und Akkusativ im Spanischen[*]

Antonio Machicao y Priemer

1.   Einleitung

Optionalität ist in Grammatiktheorien nicht wirklich willkommen. Ziel linguistischer Untersuchungen ist es, ein Regelsystem auszuarbeiten, welches vorhersagen kann, wie linguistische Formen mit Bedeutungen gepaart werden. Wenn etwas variabel ist, d. h. wenn eine Form unterschiedliche Bedeutungen oder wenn eine Bedeutung verschiedene Formen annehmen kann, wird das häufig als peripheres Phänomen abgetan. Sicherlich handelt es sich bei einigen dieser Phänomene tatsächlich um Peripheres. Damit meine ich jedoch nicht ‚uninteressante Phänomene‘, sondern vielmehr Phänomene, die nicht *innersprachlich* erklärbar und erst durch Hinzufügung *außersprachlicher* Faktoren beschreibbar sind. Doch manchmal versteckt sich hinter der Variabilität keine reine Stilistik – wie häufig für die Extrapositionsphänomene leichter Konstituenten *angenommen* wird – sondern eine noch nicht entdeckte Regelmäßigkeit, die ein Phänomen von der ‚Verbannung‘ in die Peripherie wieder zurück zum ‚eigentlichen‘ Kern der Grammatik holen kann.[1] Im Mittelpunkt des vorliegenden Aufsatzes steht die Beschäftigung mit einer solchen (Schein-)Optionalität, nämlich mit der differentiellen Objektmarkierung im Spanischen. Die Kasusmarkierung ist an sich einer der Bereiche, die immer wieder zur Kerngrammatik gezählt werden. Das Spanische zeigt jedoch genau in diesem Bereich eine (zunächst) unerwartete Optionalität bei den indefiniten belebten Nominalphrasen.

In diesem Beitrag wird zunächst das Phänomen der differentiellen Objektmarkierung anhand spanischer Beispiele erläutert. Anschließend werden die prominentesten semantisch-pragmatischen Faktoren aufgezeigt, welche in unterschiedlichen Sprachen (Russisch, Polnisch, Hebräisch, Altspanisch und Türkisch) das Phänomen der differentiellen Objektmarkierung triggern können; dabei handelt es sich um: Belebtheit, Definitheit, Topikalität und Spezifizität (vgl. Bossong 1991). Da man der Spezifizität eine besondere Rolle bei der Auflösung der optionalen Kasusmarkierung im Spanischen zurechnet, werden hier verschiedene Definitionen von Spezifizität genauer betrachtet, insbesondere diejenigen aus Heusinger (2002) und Ioup (1977). Es sollen die Lücken in den verschiedenen Spezifizitätsdefinitionen aufgedeckt werden, um anschließend eine Typologie aus drei semantisch-pragmatischen

---

[*]   Ich danke Norbert Fries, Katharina Hartmann, Klaus von Heusinger und Manfred Krifka für wichtige Kommentare und Diskussionen zu (viel) früheren Versionen dieses Papiers. Die Fehler sind natürlich nur meine. Gewidmet ist dieser Beitrag Fries.

[1]   Vgl. das folgende Zitat von Culicover und Jackendoff (2005: 25): „[…] ‘periphery’ tends to become a tempting dumping ground for any irregularity one’s theory cannot at the moment explain.“

Merkmalen zu erstellen: *Referenz, Spezifizität* und *Individuation*.[2] Mittels dieser drei Merkmale entsteht ein Raster, welches Unterschiede in den Lesarten indefiniter NPs genauer beschreiben kann. Dieses Raster (und insbesondere die Kategorie der Individuation) wird anschließend verwendet, um eine präzisere Vorhersage der differentiellen Objektmarkierung im Spanischen zu erreichen.

2.   Die differentielle Objektmarkierung

Die differentielle Objektmarkierung (DOM) wird hier anhand von Beispielen aus dem Spanischen erläutert, da die Variabilität im Spanischen – besser: ihre Auflösung – Gegenstand von Abschnitt 4 sein wird.

Das spanische Kasussystem ‚unterscheidet' drei Kasus: Nominativ, Akkusativ und Dativ. Der Begriff des Kasus in diesem Sinne ist eng verbunden mit syntaktischen Funktionen. Der Nominativ entspricht demnach der syntaktischen Funktion des Subjekts, der Akkusativ dem direkten Objekt und der Dativ dem indirekten Objekt. Kasus wird hier also distributionell und nicht (nur) an der morphologischen Form ermittelt (vgl. Bobaljik und Wurmbrand 2009: 44; und Haspelmath 2009: 508). Ein solcher funktionaler Kasusbegriff findet sich u. a. in der Rektions- und Bindungstheorie und im Minimalismus. Demnach muss jede in einem Satz phonetisch realisierte Nominalphrase (NP) einen Kasus erhalten (vgl. Chomsky 1993: 175ff.; Chomsky 1997: 111ff.). Für das Spanische benötigt man einen funktionalen Kasusbegriff, denn die spanische Kasusmorphologie bzw. Kasusmarkierung zeigt wenig morphosyntaktische Veränderung in den unterschiedlichen Kasus bzw. in den unterschiedlichen syntaktischen Funktionen, wie die folgenden Beispiele zeigen:

(1)   *La*   madre entregó *la*   muñeca *a*   *la* hija.[3]
      die.NOM Mutter übergab *die*.AKK Puppe   DAT;*zu die* Tochter
      ‚Die Mutter übergab der Tochter die Puppe.'

(2)   *El*   profesor entregó *el*   reporte *a=l*   estudiante.[4]
      der.NOM Professor übergab *der*.AKK Bericht DAT;*zu=m* Studenten
      ‚Der Professor übergab dem Studenten den Bericht.'

(3)   *La*   botella *vací-a*   está ahí.
      die.NOM *Flasche leer*-FEM ist dort
      ‚Die leere Flasche ist dort.'

---

[2]   *Individuation* wird hier verstanden im Sinne des Begriffs der Spezifizität bei Ioup (1977), welcher eine rein semantische Kategorie darstellt, im Gegensatz zu dem hier präferierten Spezifizitätsbegriff bei Heusinger (2002), der semantische und pragmatische Aspekte verbindet.

[3]   Notation in den Glossen: NOM = Nominativ, AKK = Akkusativ, DAT = Dativ, FEM = Feminin, GEN = Genitiv, ABL = Ablativ, A = Kasusmarker im Spanischen, PERF = Perfektiv, KL = Klitikon, PL = Plural, DEF = Definit, IND = Indikativ, SUBJ = Subjunktiv.

[4]   Bei der Form *al* handelt es sich um eine obligatorische Kontraktion vom Dativ/Akkusativ-Marker *a* mit dem maskulinen definiten Determinierer *el*. Diese Kontraktion ist ebenso mit der lokalen/temporalen Präposition *a* obligatorisch.

(4)   He   visto   *la*   *botella*   *vací-a.*
      Ø-habe gesehen *die*.AKK *Flasche* *leer*-FEM[5]
      ‚Ich habe die leere Flasche gesehen.'

Die Beispiele (1) und (2) zeigen die morphologische Unveränderbarkeit sowohl der femininen als auch der maskulinen Determinierer in Subjekt- bzw. Objektposition. Die Beispiele (3) und (4) zeigen, dass die volle Nominalphrase (NP) einschließlich der adjungierten Adjektivphrase morphologisch nicht nach Kasus verändert wird. Es lässt sich also sagen, dass die spanische Kasusmorphologie im Bereich der vollen NPs[6] wenig formale Markierung aufweist. Verglichen mit der stark ausgeprägten lateinischen Kasusmorphologie, die die Kasus eindeutig voneinander unterscheidet (vgl. (5)) und somit auch die syntaktischen Funktionen eindeutig identifiziert, kann man in den obigen Beispielen für das Spanische nur eine einzige Art der positiven Markierung feststellen: die Markierung mit *a* bei den indirekten Objekten (s. (1) und (2)).

(5)   lupu-*s*   arguebat   vulpe-*m*   furt-*i*   crimin-*e.*
      Wolf-NOM beschuldigte Fuchs-AKK Diebstahl-GEN Verbrechen-ABL
      ‚Der Wolf beschuldigte den Fuchs, das Verbrechen des Diebstahls begangen zu
      haben.'   (Zitiert nach Bossong 1991: 145 (Üb. MyP))

Das indirekte Objekt im Spanischen wird immer mit *a* gekennzeichnet. Dabei handelt es sich nicht (mehr) um die homophone lokale/temporale Präposition *a*, sondern um einen Kasusmarker.[7] Es besteht eine häufig beobachtbare Tendenz bei Präpositionen, sich zu Kasusmarkern zu entwickeln, und dabei diachron ihre Lexemklasse zu verändern (vgl. Fries 1988: 30ff.).[8]
    Nimmt man die *Accessibility Hierarchy* (Keenan und Comrie 1977: 66) als „a set of possible *grammatical distinctions* that a language may make" (Hervorhebung MyP)[9] an, ist dann im ‚besten' Fall eine Differenzierung wie im Lateinischen zu erwarten: Subjekte werden von direkten Objekten und diese wiederum von indirekten Objekten morphosyntaktisch unterschieden. Die folgenden Beispiele zeigen, dass auch das direkte Objekt in einigen Fällen mit *a* markiert werden *kann* (s. (7)) und in anderen sogar markiert werden *muss*

---

[5] Spanisch ist eine sog. Pro-Drop-Sprache, d. h. Subjekte werden in der Regel nicht realisiert. Phonologisch nicht realisierte Subjekte werden mit dem Zeichen „Ø" in den Glossen widergegeben.

[6] Die spanische Kasusmarkierung im Bereich der Pronomina ist stärker ausdifferenziert. In diesem Artikel werden wir uns jedoch nur den vollen NPs widmen, denn nur diese sind für die DOM von Bedeutung.

[7] Die Differenzierung der Kategorien Präposition und Kasusmarker im Falle des *a* im Spanischen wird u. a. in den folgenden Arbeiten thematisiert: Bresnan (1982: 401f.), Demonte Barreto (1987), Machicao y Priemer (2010: 15ff.), Torrego Salcedo (1999: 1781f.), Zubizarreta (1985). Zur „Arbitrarität" der spanischen Präpositionen siehe den Beitrag von Jiménez Juliá und Doval Reixa in diesem Band.

[8] Fries (1988: 30ff.) behandelt u. a. die Beziehung zwischen dem Genitiv und der Präposition *von* im Deutschen sowie der Präposition *apo* im Griechischen.

[9] Keenan und Comrie (1977: 66) machen darauf aufmerksam, dass eine Sprache nicht all diese Kategorien notwendigerweise unterscheiden muss.

(s. (6)). Es gibt jedoch andere Fälle, bei denen eine morphosyntaktische Markierung zur Ungrammatikalität des Satzes führt (s. (8)).

(6)   Roberto busca   *(*a*) *Luisa.*
       Roberto sucht   *(A) Luisa*
       ‚Roberto sucht Luisa.'

(7)   Roberto busca (*a*)   *una enfermera.*
       Roberto sucht (*A*)   *eine Krankenschwester*
       ‚Roberto sucht eine Krankenschwester.'

(8)   Roberto busca (**a*) *una lámpara.*
       Roberto sucht (**A*) *eine Lampe*
       ‚Roberto sucht eine Lampe.'[10]

Eine positive Markierung mit *a* im Spanischen trennt also nicht strikt die nach der *Accessibility Hierarchy* zu erwartenden syntaktischen Funktionen Subjekt, direktes Objekt und indirektes Objekt voneinander. Vielmehr wird hier eine einzelne Funktion, das direkte Objekt, formal entzweit. Dieses Phänomen nennt Bossong (1982: 24) *differentielle Objektmarkierung* und definiert es wie folgt:

> […] eine aufgrund einzel- und/oder aussereinzelsprachlicher Gründe als Einheit aufzufassende Kategorie zerfällt morphologisch in zwei Unterklassen, von denen die eine positiv, die andere negativ markiert ist. Eine solche Differenzierung erfolgt […] in Übereinstimmung mit bestimmten semantischen Parametern […].

Im Spanischen wird dementsprechend das direkte Objekt differentiell markiert. Dies ist die Funktion, die morphosyntaktisch[11] in zwei Unterklassen zerfällt. Eine Unterklasse der direkten Objekte wird obligatorisch positiv mit *a* markiert (s. (6)) und gleicht somit der Markierung des indirekten Objekts (s. Tabelle 1). Die andere Unterklasse wird negativ[12] markiert und ist formgleich mit dem Subjekt des Satzes.

SUBJEKT	>	DIREKTES OBJEKT	>	INDIREKTES OBJEKT
− a		± a		+ a

Tabelle 1: *Accessibility Hierarchy*[13] und Verteilung von *a*

Eine nicht-differentielle Markierung wie in (5) erscheint zunächst sinnvoll und schlüssig, da dadurch syntaktische Funktionen eindeutig gekennzeichnet werden. Nichtsdestotrotz stellt das Phänomen der DOM keine Seltenheit in den Sprachen der Welt dar. Bossong (1985: VIII) hat sie in annähernd 300 Sprachen unterschiedlicher Sprachfamilien nachweisen können, u. a. im Russischen, Hebräischen und Türkischen. Auf diese Sprachen werde ich im

---

[10] Notation: *(a) = ungrammatisch ohne *a*; (a) = *a* ist fakultativ; (*a) = ungrammatisch mit *a*.

[11] Es handelt sich bei der Kasusmarkierung der vollen NPs im Spanischen nicht um eine rein morphologische, sondern um eine syntaktische Markierung, wie die Beispiele (6)–(8) zeigen. Pronomina werden, wie oben erwähnt, im Spanischen *morphologisch* verändert.

[12] Eine negative Markierung wird hier nicht als Subtraktion verstanden, sondern als Null-Markierung wie in (1) und (2) (vgl. Bossong 1983: 9).

[13] Die *Accessibility Hierarchy* wurde für die Zwecke dieser Arbeit vereinfacht dargestellt.

folgenden Abschnitt bei der Behandlung der Faktoren, die die DOM triggern, näher eingehen.

3. Faktoren der DOM

Sucht man in der Literatur nach dem Trigger der DOM in einer Sprache, so trifft man häufig typologisch funktionale Antworten, auf die hier nicht im Detail eingegangen werden soll (vgl. dazu Aissen 2003; Bossong 1985; Comrie 1979; Laca 2006; Meyer-Lübke 1972; Müller 1971; Pensado 1995).[14] Ein häufig angeführter (funktionaler) Grund für die Entstehung und Entwicklung der DOM ist, dass dadurch die syntaktischen Funktionen unterscheidbar bleiben. Bereits Thomson (1909: 297f., 1912: 65f.), der Bossong (1985: 3f.) zufolge als ‚Entdecker' des DOM-Phänomens gilt, nimmt Bezug darauf:

> Ein solches Bedürfnis [nach einer vom Nom. verschiedenen Akkusativform] war dann vorhanden, wenn der Hörer disponiert war, als Nom. das Wort aufzufassen, welches im gegebenen Satze als Objekt im Akk. zu gelten hatte. [...] D[ieses] Bedürfnis [...] [ist] so dringend, daß beim formellen Zusammenfall des Akk. mit dem Nom. sich mit der Zeit neue grammatische Unterscheidungsmittel und zwar für den Akk. ausbilden müssen.
>
> (Thomson 1912: 65)

Mit diesem „Bedürfnis" ist also die *kommunikative* Notwendigkeit gemeint, Subjekte, direkte Objekte und indirekte Objekte in einem Satz schnell identifizieren zu können.

Wie aus dem Zitat deutlich wird, verwendet die typologisch-funktionale Literatur häufig eine *telistische* Ausdrucksweise. Ob hinter der Entwicklung der DOM in den verschiedenen Sprachen das ‚Ziel' der Unterscheidbarkeit von syntaktischen Funktionen steht, sei dahingestellt.[15] Faktisch lässt sich sicherlich eine Korrelation erkennen; ob aber ein *Ziel* hinter der Korrelation steht, ist eine Frage der Interpretation.

Aus Tabelle 1 und den Beispielen (6)–(8) wird jedenfalls ersichtlich, dass das direkte Objekt morphosyntaktisch entweder als Subjekt (negative Markierung in (8)) oder als indirektes Objekt (positive *a*-Markierung in (6)) markiert werden kann. Nach der funktionalen Hypothese der Subjektähnlichkeit wird das direkte Objekt nur dann markiert, wenn es Subjekteigenschaften trägt. Auf diese Weise können mit einem ökonomischeren, aber komplexeren Paradigma die Grundeinheiten des Satzes Subjekt und Objekt eindeutig gekennzeichnet werden. Ein so entstandenes Paradigma ist

> [...] ökonomischer, weil nur diejenigen Objekte markiert werden, bei denen es nötig ist; [und] komplexer, weil damit eine Differenzierung neu eingeführt wird, die es vorher nicht gegeben hat.
> (Bossong 1982: 29)

Mit Hilfe der *Subject Properties List* (SPL) aus Keenan (1976) lassen sich einige der relevanten Subjekteigenschaften ermitteln, die für die DOM von Bedeutung sind. In der SPL werden 30 Faktoren aufgelistet, mittels derer sich eine universelle Definition des prototypi-

---

[14] Eine Diskussion dreier verschiedener funktionaler Ansätze für die DOM im Spanischen (Hypothese der Subjektähnlichkeit, Hypothese der Analogie zum Dativ, Hypothese der Topikalität) findet sich bei Machicao y Priemer (2010: 27ff.).

[15] Ich danke Norbert Fries für diesen Hinweis.

schen Subjektsbegriffs formulieren lässt.[16] Für die DOM haben sich in verschiedenen Sprachen folgende semantische und pragmatische Faktoren als ausschlaggebend erwiesen:

– Belebtheit,
– Definitheit („hohe Referenz" im Sinne von Keenan 1976: 319),
– Topikalität,
– Spezifizität („weiter Skopus" im Sinne von Keenan 1976: 319).

Diese Faktoren können sowohl einzeln als auch gemeinsam die DOM in verschiedenen Sprachen triggern. Das wird Thema der folgenden Unterabschnitte sein. Ausführlicher thematisiert werden insbesondere die Spezifizität und die Individuation (Unterabschnitt 3.3), die für die DOM im Spanischen besonders relevant sind.

3.1. Belebtheit und Definitheit

Russisch gehört zu denjenigen Sprachen, in denen sich die DOM nach der Belebtheit richtet (vgl. Bossong 1985: 8, 178). Wenn ein direktes Objekt im Russischen belebt ist, dann trägt es einen Genitivmarker. Unbelebte direkte Objekte tragen dagegen keinen Marker und sind somit formgleich mit Subjekten (d. h. mit der Nominativform). Die Beispiele (9) und (10) zeigen, wie *chleb* ‚Brot' im Nominativ und Genitiv formal gekennzeichnet wird, während die Beispiele (11) und (12) die unterschiedliche Markierung je nach Belebtheit der Objekte illustrieren:[17]

(9)   *Chleb*   vkusnyj.
        Brot.NOM   lecker.
        ‚Das/Ø Brot ist lecker.'

(10)   upakowka   *chleb-a*
        Verpackung   *Brot*-GEN
        ‚die/eine Brotpackung'

(11)   On sjel   *chleb.*   [– bel]: AKK = NOM
        er   essen.PERF *Brot*.AKK(=NOM)
        ‚Er hat das Brot aufgegessen.'

(12)   Marija celujet *vrač-a.*   [+ bel]: AKK = GEN
        Marija küsst   *Arzt*-AKK(=GEN)
        ‚Marija küsst den/einen Arzt.'

Ähnliches lässt sich im Polnischen beobachten. Das polnische Flexionsparadigma weist jedoch eine zusätzliche Komplikation auf. Das direkte Objekt im Polnischen wird, wenn es unbelebt ist, mit dem Nominativ markiert (s. (13)). Belebte Objekte werden dagegen mit

---

[16] Keenan (1976: 307ff.) macht darauf aufmerksam, dass der Subjektbegriff „a matter of degree" ist. Nicht jede Sprache muss (oder gar kann) all diese 30 Faktoren realisieren, darüber hinaus müssen die Faktoren je nach Sprache auch unterschiedlich gewichtet werden.

[17] Es gibt im Russischen auch eine Flexionsklasse, die unterschiedliche Marker für Nominativ, Akkusativ und Genitiv aufweist (vgl. u. a. Comrie 1979: 14), zum Beispiel: vod-*a* (Nom.), vod-*u* (Akk.), vod-*y* (Gen.) ‚Wasser'.

dem Genitiv markiert (s. (14)). Diese DOM im Polnischen gilt jedoch nur für Maskulina. Feminina und Neutra verhalten sich anders (Genaueres zum Polnischen in Wiese (2011)).[18]

(13)   Alicja widzi *stół*.
       Alicja sieht   *Tisch*.AKK(=NOM)
       ‚Alicja sieht einen Tisch.'

(14)   Alicja   widzi *psa*.
       Alicja   sieht   *Hund*.AKK(=GEN)
       ‚Alicja sieht einen Hund.'

Definitheit als Trigger der DOM ist z. B. im Hebräischen und Persischen zu beobachten. Definite direkte Objekte werden unabhängig von deren Belebtheit im Hebräischen mit der Präposition *'et* (s. (15)) und im Persischen mit dem Suffix *-ra*[19] (s. (17)) markiert. Indefinite direkte Objekte werden dagegen nicht markiert (s. (16) für Hebräisch und (18) für Persisch).

(15)   Ha-seret   her'a   'et-ha-milxama.   [+ def]: 'et
       der-Film   zeigte   AKK-den-Krieg
       ‚Der Film zeigte den Krieg.'   (Aissen 2003: 453)

(16)   Ha-seret   her'a   (*'et-)milxama.   [– def]: *'et
       der-Film   zeigte   (*AKK-)Krieg
       ‚Der Film zeigte Ø/einen Krieg.'   (ebd.)

(17)   Pærviz   piræn-o   bæra   Kimea   xærid.   [+ def]: -o
       Parviz   T-Shirt-AKK für   Kimea   kaufte
       ‚Parviz kaufte das T-Shirt für Kimea.'   (Cagri 2007: 4)

(18)   Pærviz   bæra   Kimea   piræn(*-o)   xærid.   [– def]: *-o
       Parviz   für   Kimea   T-Shirt(*-AKK) kaufte
       ‚Parviz kaufte T-Shirts für Kimea.'   (ebd.)

In den bisher betrachteten Sprachen ist nur einer der Faktoren – d. h. entweder die Belebtheit oder die Definitheit – für die DOM verantwortlich. Diese Faktoren stellen jedoch keine binären Merkmale dar, sondern Skalen. Typologische Untersuchungen (vgl. Aissen 2003; Bossong 1985) haben gezeigt: Wenn eine Sprache Objekte in einer bestimmten Kategorie auf der Skala markiert, dann markiert sie auch alle Objekte in den darüber liegenden Kategorien; das Gegenteil muss jedoch nicht zutreffen (vgl. Bossong 1983: 9). Tabelle 2 zeigt dies für die Belebtheit und Tabelle 3 für die Definitheit.[20]

HUMAN   >   BELEBT   >   UNBELEBT

Tabelle 2: Belebtheitsskala

---

[18]   Die polnischen Beispiele verdanke ich Karolina Zuchewicz.

[19]   Die Suffixe *-ra*, *-ro* und *-o* sind Allomorphe, wobei *-ro* und *-o* eher in informellen Situationen verwendet werden (vgl. Cagri 2007: 1).

[20]   Tabelle 2 und Tabelle 3 sind aus Aissen (2003: 437) leicht verändert übernommen. Für unterschiedliche Darstellungen und Diskussionen der Belebtheits- und Definitheitsskala siehe auch Croft (1988: 163f.), Laca (2002: 196) und Lyons (1999: 213ff.).

PRONOMEN   >   EIGENNAME   >   DEFINITE NP   >   INDEFINITE NP

Tabelle 3: Definitheitsskala (vorläufig)

Für das Hebräische bedeutet dies, dass Pronomina und Eigennamen markiert werden müssen, da die definiten NPs einen expliziten Marker erhalten. Im Falle des Russischen und des Polnischen müssen die Objekte markiert werden, wenn sie belebt oder menschlich sind. Beispiel (14) hatte bereits mit dem Nomen *Hund* die DOM bei belebten (maskulinen) Objekten im Polnischen gezeigt. Dass die implikationelle Universalie in Tabelle 2 greift, wird hier anhand des Nomens *Arzt* veranschaulicht (s (19)).

(19)   Alicja widzi *lekarz-a*.
       Alicja sieht   *Arzt*-AKK(=GEN)
       ‚Alicja sieht einen Arzt.‘

Nichtsdestotrotz lassen sich in den Daten dieser Sprachen einzelne Elemente finden, die nicht mit den implikationellen Universalien nach den beiden Skalen zu erklären sind. Einerseits markiert Russisch die Pronomina der 3. Person ungeachtet der (Un-)Belebtheit mit dem Akkusativ, wie das folgende Beispiel deutlich macht.

(20)   On bjot   *jevo*.   (*jevo* kann auf [+ bel] und [− bel] referieren)
       Er schlägt *es*.AKK(=GEN)
       ‚Er schlägt es.‘[21]

Persisch und Hebräisch markieren andererseits ihre direkten Objekte nach der Definitheitsskala ab den definiten NPs. In beiden Sprachen wird jedoch auch das Interrogativpronomen für belebte Objekte markiert, auch wenn dieses nicht als definit gilt. Das folgende Beispiel illustriert die Markierung des persischen Interrogativpronomens *ki*.

(21)   *Ki-rā*   didam?
       Wen-AKK   ich.sah
       ‚Wen sah ich?‘   (Comrie 1979: 13f.)

Aufgrund der wechselseitigen Beeinflussung von Definitheit und Belebtheit schlussfolgert Comrie (1979: 19), dass sie eine *natürliche Klasse* bilden – wenigstens in Bezug auf Kasusmarkierung. Diese Beobachtung lässt sich durch die Daten aus dem Spanischen bestätigen. Die differentielle Objektmarkierung im Spanischen wird von *beiden* betrachteten Skalen zusammen geleitet, dies wird von Aissen (2003: 458) als „*two-dimensional* DOM“ bezeichnet – im Vergleich zu den Fällen von „*one-dimensional* DOM“ (Aissen 2003: 449) im Russischen, Polnischen, Hebräischen und Persischen. Auch wenn in Sprachen mit eindimensionaler DOM einige Elemente aus der jeweils anderen Skala ebenso markiert werden, handelt es sich nicht um eine zweidimensionale DOM, weil nicht die *Skala*, sondern nur *einzelne idiosynkratische Elemente* (vgl. (20) und (21)) von der differentiellen Markierung betroffen sind. Somit ist dieser Fakt ein Phänomen der Peripherie oder der Randgrammatik, denn er „[ist] durch starke grammatische Besonderheiten gekennzeichnet […] [und verfügt] häufig (nicht immer) über sprachtypologische Idiosynkrasien“ (Fries 1987: 81). Die Markierung solcher Elemente ist somit nicht (bzw. nicht im vollen Maße) regelhaft und vorhersag-

---

[21]   Die russischen Personalpronomina für die 3. Person sind im Maskulinum und Neutrum formgleich.

bar und erlaubt keine „starke Generalisierungstendenz" (Fries 2007: 13), wie es für Kernphänomene der Fall ist.

Im Falle des Spanischen werden die Belebtheits- und Definitheitsskala mittels Mehrfachaufteilung[22] miteinander verknüpft wie Tabelle 4 zeigt.

	PRONOMEN	EIGENNAME	DEFINITE NP	INDEFINITE NP
HUMAN	+	+	+	±
BELEBT	+	+	+	±
UNBELEBT	$\emptyset$[23]	±	−	−

Tabelle 4: Belebtheit und Definitheit im heutigen Spanischen (vorläufig)

In dieser Tabelle stellt die Zelle oben links („menschliche und pronominale NP') den Bereich dar, welcher am stärksten zur DOM tendiert. Die Markierung ist also bei einem direkten Objekt in diesem Bereich obligatorisch (s. (22)). Die Zelle unten rechts („unbelebte indefinite NP') bildet dagegen den Bereich ab, welcher am wenigsten zur Markierung neigt. Die Markierung eines direkten Objekts ist also in diesem Bereich ungrammatisch (s. (23)).

(22)   Roberto la   vio *(a) ella.
       Roberto KL.3.SG.AKK sah *(A) sie
       ‚Roberto sah sie.'

(23)   Roberto vió (*a) una   mesa.
       Roberto sah (*A) einen   Tisch
       ‚Roberto sah einen Tisch.'

Anhand von Tabelle 4 wird deutlich, dass im Spanischen nicht nur eine Skala, sondern beide Skalen vonnöten sind, um die DOM zu erklären. Würde man einerseits nur die Belebtheit als verantwortlich für die DOM ansehen,[24] könnte man so nicht den Unterschied zwischen belebten definiten und belebten indefiniten NPs erfassen. Andererseits kann die Definitheitsskala allein ebenso wenig den Unterschied in der Markierung zwischen definiten belebten und definiten unbelebten NPs vorhersagen.

---

[22] Für weitere Details zu den unterschiedlichen Möglichkeiten der Kombination von Skalen siehe Heusinger und Kaiser (2003: 60ff.). Darunter befindet sich auch das von Aissen (2003: 459) verwendete *harmonic alignment* (‚harmonische Ausrichtung'). Für die vorliegende Arbeit folge ich Heusinger und Kaiser (2005: 44ff.) und verwende die *cross classification* (‚Mehrfachaufteilung').

[23] Spanisch besitzt keine betonten Pronomina für unbelebte Entitäten, sondern nur Klitika (vgl. dazu (22)), daher ist eine Aussage in diesem Bereich nicht möglich, was in der Tabelle 4 mit „Ø" markiert wird.

　　(i)   Roberto la   vio *[a ella]/ *[ella].   (für *ella* = *die Flasche*)
　　　　 Roberto KL.3.SG.AKK sah *[A sie] / *[sie]
　　　　 ‚Roberto sah sie'. (*sie* = *die Flasche*)

[24] Eine solche Vermutung findet sich in der Grammatik der *Real Academia Española* (vgl. 1986: 372) zusammen mit einer unsystematischen Auflistung von ungefähr 11 möglichen Ausnahmefällen.

3.2. Topikalität

Zur Illustration der Auswirkung der Topikalität auf die DOM wird hier das Altspanische verwendet. Die Verteilung der Markierung mit *a* bei direkten Objekten war im Altspanischen etwas beschränkter als im heutigen Spanisch (vgl. Tabelle 4 und Tabelle 5). Die optionale Markierung im Altspanischen ließ sich im Bereich der definiten NPs finden. Diese Optionalität hat sich im heutigen Spanisch auf die indefiniten NPs verschoben, wobei sich die obligatorische Markierung bis zu den belebten definiten NPs ausgebreitet hat.

	PRONOMEN	EIGENNAME	DEFINITE NP	INDEFINITE NP
HUMAN	+	+	±	–
BELEBT	+	+	±	–
UNBELEBT	Ø	±	–	–

Tabelle 5: Belebtheit und Definitheit im Altspanischen (vorläufig)

Die folgenden Beispiele[25] aus dem *Cantar de Mío Cid*, dem ältesten narrativen Werk des Altspanischen aus dem 13. Jh., zeigen die Korrelation zwischen dem Auftreten der Markierung in dem optionalen Bereich und besonderer Topikmarkierungsstrategien wie der klitischen Verdopplung und der Topikalisierung (vgl. Laca 2006: 428). Das Beispiel (24) zeigt ein unmarkiertes direktes Objekt in seiner Basisposition, welches fünf Verse später (s. (25)) wieder aufgegriffen wird und mit dem Klitikon *las* verdoppelt wird. Das topikale direkte Objekt im Beispiel (25) wird dann mit *a* markiert.

(24)   Escarniremos   *las*   *fijas*   del canpeador.
        werden.täuschen *die*   *Töchter* des Kämpfers
        ‚Wir werden die Töchter des Kämpfers täuschen.'   (Cid: 2551)

(25)   Assi las$_i$ escarniremos   *a-las fijas*$_i$ del campeador.
        So   KL.3.PL.AKK$_i$ werden.täuschen *A-die Töchter*$_i$ des Kämpfers
        ‚So werden wir die Töchter des Kämpfers täuschen.'   (Cid: 2555)

Das Beispiel (26) zeigt eine Topikalisierung des direkten Objekts. Das direkte Objekt trägt in diesem Fall ebenso die Markierung wie im Beispiel (27), bei dem das direkte Objekt topikalisiert und mit dem Klitikon verdoppelt wird.

(26)   *A-mis*   *fijas*   siruades, que uuestras mugieres son;
        A-meine Töchter dienet,   dass eure   Frauen   sind;
        ‚Dienet meinen Töchtern, denn sie sind eure Frauen.'   (Cid: 2581)

(27)   *A-las sus fijas*$_i$ en-braço las$_i$ prendia;
        A-die seine Töchter$_i$ in-Arm   KL.3.PL.AKK.$_i$ klammerte;
        ‚An seine Töchter klammerte er sich.' (≈ Er umarmte sie.)   (Cid: 275)

Da die Topikalisierung und die klitische Verdopplung als besondere Kennzeichnungen von Topiks in allen romanischen Sprachen zu beobachten sind (vgl. Laca 2006: 428) und sich

---

[25] Die Beispiele stammen aus der transkribierten und editierten Faksimileversion von Riaño Rodríguez und Gutiérrez Aja (2003), hier zitiert als „Cid". Bei den zitierten Beispielen wird immer die Verszeile angegeben. Die Übersetzung ist von mir.

die Korrelation zwischen diesen besonderen syntaktischen Markierungen und dem Auftreten des Markers *a* für direkte Objekte feststellen lässt[26] (vgl. Heusinger und Kaiser 2005:
33ff.), kann man vermuten, dass die Topikalität der entscheidende Faktor im Altspanischen
war, welcher die Optionalität der Markierung aufgelöst hat. Im Vergleich zu der Definitheit
und der Belebtheit stellt die Topikalität kein skalares, sondern nur ein binäres Merkmal dar,
welches zudem nur in dem Bereich der definiten NPs benötigt wird. Somit verändert sich
die Darstellung aus Tabelle 5 durch die Integration der Topikalität, wie in Tabelle 6 dargestellt wird.

	PRONOMEN	EIGENNAME	DEFINITE NP		INDEFINITE NP
			+TOP	−TOP	
HUMAN	+	+	+	−	−
BELEBT	+	+	+	−	−
UNBELEBT	Ø	±	−	−	−

Tabelle 6: Belebtheit, Definitheit und Topikalität im Altspanischen

3.3. Spezifizität

Die Spezifizität ist ein semantisch-pragmatisches Merkmal, welches normalerweise in Verbindung nur mit indefiniten NPs gebracht wird. Eine indefinite NP wird – *vortheoretisch*
gesprochen – spezifisch verwendet, wenn der Sprecher der Äußerung ein Individuum als
Referenten der indefiniten NP im Sinn hat.[27] Nach dieser Definition kann der Satz in (28)
die zwei Fortsetzungen (a) oder (b) annehmen.

(28)   Fries unterrichtet eine Vorlesung, …

    a.   … nämlich die Vorlesung „Textualität".

    b.   … aber ich weiß nicht welche.

Die Fortsetzung (a) impliziert, dass der Sprecher weiß, um welche Vorlesung es sich aus der
Menge der möglichen Vorlesungen handelt, die er mit der indefiniten NP eingeführt hat.
D. h. in diesem Fall ist die indefinite NP spezifisch. Demgegenüber bringt die Fortsetzung
(b) zum Ausdruck, dass der Sprecher nicht weiß, um welche Vorlesung es geht. Mit der
Fortsetzung (b) ist also die unspezifische Lesart gemeint. Mit den definiten NPs kann man
nicht beide Fortsetzungen verwenden, was am folgenden Beispiel (29) deutlich wird.

(29)   Fries unterrichtet die Vorlesung, …

    a.   … nämlich die Vorlesung „Syntax".

    b.# … aber ich weiß nicht welche.

---

[26] Vergleiche dazu auch die diachrone Korpusstudie in Laca (2006) und die Analyse verschiedener
    romanischer Sprachen in Bezug auf DOM und informationsstrukturelle Faktoren in Detges (2005).

[27] In den folgenden Arbeiten werden verschiedene Arten von Spezifizität unterschieden: Farkas
    (2002); Heusinger (2011: 1025ff.); Ionin (2010: 450f.). Die Art von Spezifizität, die mit ‚Referenz'
    gleichgesetzt wird, wird auch *epistemische* Spezifizität genannt.

Die Fortsetzung (b) ist in diesem Fall markiert. Eine definite NP kann i. d. R. nur spezifisch sein, während indefinite NPs die Ambiguität spezifisch/unspezifisch zeigen.[28] Enç (1991: 7) begründet dies mit der *Familiarity* und der *Novelty Condition*. Eine definite NP und alle in der Definitheitsskala über ihr liegenden Kategorien müssen immer *familiar* sein, indem sie bereits im Diskurskontext eingeführt worden sein müssen. Damit sind sie immer spezifisch. Eine indefinite NP muss dagegen *novel* sein. Sie muss einen neuen Diskursreferenten einführen (vgl. auch Heusinger und Kaiser 2003: 44). Der neu eingeführte Referent der indefiniten NP kann jedoch „[…] be a subset of or stand […] in some recoverable relation to a familiar object […]" (Enç 1991: 23f.). Er kann somit entweder spezifisch sein, oder er kann insofern unspezifisch sein, als er keine Verlinkung zu einem anderen im Diskurs bereits bekannten Objekt aufweist. Wir kommen später zu diesem Punkt zurück.

Mit dieser Erkenntnis kann die Definitheitsskala aus Tabelle 3 im Bereich der indefiniten NPs, wie folgt, erweitert werden.

PRON.   >   EN   >   DEF. NP   >   SPEZ. INDEF. NP   >   UNSPEZ. INDEF. NP

Tabelle 7: Definitheitsskala

Die Erweiterung ist z. B. für die Vorhersage der DOM im Türkischen notwendig. Das Türkische verfügt über eine eindimensionale DOM, die lediglich von der Definitheit (bzw. von der Spezifizität) abhängig ist. D. h. alle Elemente ab den spezifischen indefiniten NPs in der Definitheitsskala werden mit einem Akkusativsuffix obligatorisch markiert (vgl. (30) und (31)), die unspezifischen indefiniten NPs bleiben hingegen unmarkiert (vgl. (32) und (33)).

(30)   Zeynep Ali-*yi* / on-*u* / adam-*ɪ*   / o   masa-*yɪ*   gördü.
       Zeiynep Ali-AKK / ihn-AKK / Mann.DEF-AKK/ jenen Tisch-AKK sah
       ‚Zeynep sah Ali / ihn / den Mann / jenen Tisch.'   (Enç 1991: 9)

(31) * Zeynep Ali / on / adam   / o   masa gördü.
       Zeiynep Ali / ihn / Mann.DEF / jenen Tisch sah
       ‚Zeynep sah Ali / ihn / den Mann / jenen Tisch.'   (ebd.)

(32)   Ali bir piyano-*yu*   kiralamak istiyor.
       Ali ein Klavier-AKK mieten   will
       ‚Ali will ein (*bestimmtes*) Klavier mieten.'   (Enç 1991: 4f.)

(33)   Ali bir piyano kiralamak istiyor.
       Ali ein Klavier mieten   will
       ‚Ali will (*irgend*)ein Klavier mieten.'   (ebd.)

So, wie die Spezifizität bisher – vortheoretisch – beschrieben wurde, wird sie mit der Referenz gleichgesetzt. Es lässt sich jedoch zeigen, dass Spezifizität und Referenz Kategorien

---

[28] Es gibt einige NPs, die trotz Definitheit die (b)-Lesarten in (28) und (29) zeigen können. Sie werden *weak definites* genannt (s. (ii) und (iii)). Dieses Phänomen ist nicht Gegenstand des vorliegenden Beitrags, siehe dazu u. a. Bosch (2010) und Carlson et al. (2005).

(ii)   Arvid geht *in die Schule / ins Kino / in den Supermarkt*, aber ich weiß nicht in welche / in welches / in welchen.

(iii) When I come home, I'll read *the newspaper*, but I don't know which one.

unterschiedlicher Natur sind (vgl. u. a. Fodor und Sag 1982: 355f.; Ioup 1977: 239; Lyons 1999: 166). Viele Ansätze zeigen, dass sich die Spezifizität mittels der Skopusambiguität von Quantoren erklären lässt. Dieser Auffassung folgend hat der Satz unter (34) die Lesarten unter (a) und (b) mit den entsprechenden Paraphrasen. In der Lesart (a) hat die indefinite NP *eine Vorlesung* engen Skopus, sie ist also unspezifisch. In der Lesart (b) hat die indefinite NP dagegen weiten Skopus (über den Allquantor) und ist somit spezifisch.

(34)   Alle Studenten besuchen eine Vorlesung.

a. $\forall x$ [STUDENT $(x) \rightarrow \exists y$ [VORLESUNG $(y) \wedge$ BESUCHEN $(x)(y)]]$ [− spez]
≈ Für alle x gilt: Wenn x ein Student ist, dann gibt es (irgend)ein y, sodass y eine Vorlesung ist und x y besucht.

b. $\exists y$ [VORLESUNG $(y) \rightarrow \forall x$ [STUDENT $(x) \wedge$ BESUCHEN $(x)(y)]]$ [+ spez]
≈ Es gibt ein y, wenn y eine Vorlesung ist, dann gilt für alle x: Wenn x ein Student ist, dann besucht x y.

Mit dieser Art der Darstellung kann besser verdeutlicht werden, dass Referenz und Spezifizität zwar verwandte Kategorien sind, jedoch nicht gleichgesetzt werden sollten. Die Beispiele (35) und (36), die der unspezifischen und der spezifischen Paraphrase von (34) entsprechen, weisen darauf hin. Jede Paraphrase bekommt eine nicht-referentielle (a) und eine referentielle (b) Fortsetzung, d. h. einen Satz, in dem der Sprecher eine Entität als Referenten für die indefinite NP ausschließt (a-Sätze) oder voraussetzt (b-Sätze).

(35)   Es trifft für alle Studenten zu, dass sie (*irgend*)eine Vorlesung besucht haben.

a.   Ich weiß aber nicht welche.   [− ref]

b. # Ich besuche sie auch.   [+ ref]

(36)   Es trifft für eine (*bestimmte*) Vorlesung zu, dass alle Studenten sie besuchen.

a.   Ich weiß aber nicht welche.   [− ref]

b.   Ich besuche sie auch.   [+ ref]

Mit diesem Test kann man erkennen, dass die Paraphrase als *unspezifische* indefinite NP (35) erwartungsgemäß nur eine nicht-referentielle Fortsetzung[29] erlaubt, die Lesart (b) ist dagegen markiert. Im Falle der Paraphrase als *spezifischer* indefiniter NP (36) ist der Spezifizität gemäß eine referentielle Fortsetzung (a) möglich, sie erlaubt jedoch – entgegen den Erwartungen – auch eine nicht-referentielle Fortsetzung. Diese spezifische nicht-referentielle Lesart lässt sich wie folgt paraphrasieren: ‚Es gibt eine bestimmte Vorlesung aus der Menge von Vorlesungen und alle Studenten besuchen diese eine Vorlesung; der Sprecher jedoch weiß nicht, welche sie ist. Sie ist also für ihn nicht identifizierbar.'

Die Korrelation zwischen Referenz und (Skopus-)Spezifizität zeigt demnach, dass es keine 1-zu-1-Korrespondenz zwischen beiden gibt. Die Relation zwischen beiden ist mehrdeutig, wobei sich die Spezifizität mit Hilfe des Skopusverhaltens der Quantoren (mehr oder

---

[29] Wenn von ‚nicht-referentieller' Lesart, Paraphrase oder Fortsetzung die Rede ist, dann meine ich das *nur* in Bezug auf die indefinite NP, nicht in Bezug auf den gesamten Satz.

weniger) erklären und modellieren lässt. Es herrscht hier also eine *Ambiguität*, denn die Mehrdeutigkeit lässt sich innerhalb eines (semantischen) Grammatikmodells vorhersagen. Bezüglich der Referenz hat man es eher mit einer *Vagheit* zu tun.[30] Sie ist nicht *allein* in einem Grammatikmodell erklärbar, sondern benötigt zudem außersprachliches, pragmatisches Wissen – die Lokalisierung einer bestimmten Entität in der (sprachlichen) Welt und die Sprecherintention (vgl. Ioup 1977: 240). Das heißt jedoch nicht, dass vage Äußerungen unvorhersagbar oder irregulär seien. Vielmehr bedeutet dies, dass ein zusätzlicher peripherer (weil außersprachlicher) Regelapparat benötigt wird, um die Referenz vorherzusagen.

Zurück zur Erklärung von Spezifizität durch Skopusverhalten: Ein Problem, welches in der Literatur häufig angeführt wird, betrifft Sätze der folgenden Art:

(37)   Anina sucht einen Artikel.

In (37) befindet sich lediglich ein Existenzquantor. Es gibt keine weiteren Quantoren, mit denen eine Skopusambiguität entstehen könnte. Nichtsdestotrotz weist (37) die bekannte Mehrdeutigkeit der indefiniten NP zwischen spezifischer (*nämlich den Artikel von Stefan Müller*) und unspezifischer (*irgendeinen Artikel*) Lesart auf. In diesem Zusammenhang ist ein weiteres Problem in der Literatur zu finden (Hintikka 1986: 333f.). Es betrifft die möglichen Lesarten des folgenden Satzes.

(38)   Every true Englishman adores a certain woman.

Die Verwendung von *a certain* erzwingt eine spezifische Lesart der indefiniten NP.[31] Nach der Erklärung mittels der Skopusambiguität sollte (39) die logische Form für (38) wiedergeben.

(39) $\exists y$ [WOMAN (y) → $\forall x$ [ENGLISHMAN (x) ∧ ADORE $(x)(y)$]]

Die logische Form unter (39) impliziert, dass es eine *einzige* Frau gibt, die *alle* wahren Engländer lieben, z. B. *die Queen*. (38) ist jedoch ebenso wahr, wenn es für jeden einzigen wahren Engländer eine bestimmte Frau gibt, die er liebt, so z. B. *seine Mutti*. Diese letzte Lesart wird jedoch von (39) ausgeschlossen (Hintikka 1986: 333f.). Um dieses Problem zu lösen, werden zwei weitere Spezifizitätsdefinitionen vorgestellt, welche auch für die DOM im Spanischen eine Rolle spielen werden. Dabei handelt es sich um die Definition nach Ioup (1977) und die nach Heusinger (2002).

Im Ansatz von Ioup (1977: 235ff.) wird Spezifizität unabhängig von Skopus und von Referenz behandelt. Sie wird nur mit Hilfe der Existenz definiert. Dabei ist jedoch nicht die ontologische Existenz gemeint. So weist der Satz (40) eine spezifische (a) und eine unspezifische (b) Lesart auf, auch wenn kein Referent für die indefinite NP *ontologisch* ausgemacht werden kann.

---

[30] Bezüglich der Begrifflichkeiten *Mehrdeutigkeit*, *Ambiguität* und *Vagheit* siehe Fries (1980).
[31] Siehe dazu auch Enç (1991: 18) für Evidenz aus dem Türkischen. Im Deutschen erzwingt das Adjektiv *bestimmt* – genauso wie *certain* im Englischen – die spezifische Lesart. Die referentielle Lesart (im hier verwendeten Sinne) wird dagegen durch *gewiss* erzwungen (vgl. Ebert und Geist 2010).

(40)   Alberta believes that a dragon ate her petunias.   (Ioup: 1977: 235ff.)

    a.   Es gibt einen bestimmten Drachen, für den gilt, dass Alberta glaubt, dass er ihre Petunien aufgegessen hat.

    b.   Alberta glaubt, dass ihre Petunien von irgendeinem Drachen aufgegessen wurden.

Demnach ist es nicht von Bedeutung, ob es Drachen überhaupt gibt. Die Ambiguität liegt vielmehr in dem, was Ioup (1977: 236) *individuation* nennt:[32]

> The specific reading of (6) [siehe (40) (Anm. MyP)] ascribes a property to both Alberta and a dragon. It states that a relation of belief to have eaten the petunias holds between the two. The non-specific reading ascribes a property to Alberta. It does not attribute any property to a dragon.

Ioup hebt die substitutionelle und ontologisch neutrale Lesart des Existenzquantors hervor: „[...] for at least one substitution value of x, S is true", und vermeidet die sog. existentielle Lesart: „[...] there exists an x such that S" (ebd.). Demnach ist eine indefinite NP spezifisch, wenn es aus ihrer Denotatsmenge mindestens eine Instanz für die Substitution der Variable gibt. Bezüglich der unspezifischen Lesart ist die Substitution der Variable nicht nötig, die indefinite NP meint in diesem Falle eigentlich ein Set und nicht nur eine einzelne Instanz für die Substitution.[33] Der Satz (37) (hier als (41) wiederholt) wird herangezogen, um die Lesarten zu erläutern, die aus Ioups Definition resultieren.

(41)   Anina sucht einen Artikel.

    a.   Sie sucht nämlich den Artikel von Stefan Müller.

    b.   Aus der Menge von Artikeln für den vorliegenden Sammelband sucht Anina einen.

    c.   Für Anina gilt, dass sie sich in einem Zustand des ‚Artikelsuchens' befindet.

Unter den Bedingungen, die die Paraphrasen (a)–(c) stellen, kann der Satz (41) wahr sein. Die Paraphrase (a) entspricht der hier ‚referentiell' genannten Lesart, auf der anderen Seite sind (b) und (c) nicht-referentiell. Ioups Definition folgend entsprechen (a) und (b) der spezifischen Lesart, denn für beide gibt es mindestens eine Instanz für die Substitution der durch die indefinite NP eingeführten Variablen. Im Vergleich dazu bildet (c) die unspezifische Lesart (nach Ioup), sodass mit der indefiniten NP keine Instanz gemeint ist, sondern vielmehr ein Set. Vorteilhaft an dieser Definition ist, dass ein weiterer Aspekt von indefiniten NPs beschrieben wird, nämlich dass es einen Unterschied zwischen den Paraphrasen (b) und (c) gibt.[34] Es ist jedoch problematisch, die Lesarten (a) und (b) gemeinsam als *spezifisch* zu kategorisieren. Die Unterschiede zwischen (a) und (b) und die in der (b)-Paraphrase noch erhaltene Ambiguität lassen sich besser mit der nächsten Definition erklären, daher wird im

---

[32]   Die Termini *Individuation* und *Singularisierung* fallen ebenso bei Torrego Salcedo (1999: 1783) und Kliffer (1995: 96ff.) in Bezug auf die Spezifizität in Verbindung mit der DOM im Spanischen.

[33]   Typentheoretisch kann man die indefinite spezifische NP als Argument des Typs <e> behandeln, während die indefinite unspezifische NP als *Property* des Typs <e,t> angesehen werden kann.

[34]   Dieser Unterschied wird im folgenden Unterabschnitt von Bedeutung sein.

Folgenden der Terminus *Individuation* gewählt, um auf Ioups Spezifizitätsbegriff zu referieren (vgl. auch Fn. 32).

Im Vergleich zu Ioups Spezifizitätsdefinition erklärt Heusinger (2002: 253) die durch die Spezifizität entstandenen Ambiguitäten mittels der referentiellen Verankerung ('referential anchoring') mit anderen Diskursreferenten, wie das folgende Zitat zeigt:

> [...] specificity indicates that an expression is referentially anchored to another object in the discourse. 'Referentially anchored' means that the referent of the specific NP is functionally dependent on the referent of another expression. (Heusinger 2002: 268)

Eine solche Beschreibung von Spezifizität ähnelt der Beschreibung von Definitheit, nach der eine definite NP anzeigt, dass der von ihr eingeführte Referent mit einem im Diskurs bereits eingeführten Referenten identifiziert werden kann (vgl. Heusinger und Kaiser 2003: 44).[35] Der Unterschied zwischen Spezifizität und Definitheit besteht dabei in der Art der Verankerung. Während sie bei der Spezifizität lokal – d. h. *im Satz* – erfolgen muss, wird die definite NP *im Diskurs* gebunden (vgl. Heusinger 2002: 268f.). Die folgenden Beispiele (42)–(44) (frei nach Heusinger 2002: 269) werden herangezogen, um die Art der referentiellen Verankerung bei der Spezifizität zu erklären.

(42)   Berti   gave   each   student   a (certain)   task$_{Sprecher}$.
        b i_1 j
        b i_2 j
        b i_3 j
        mit $j = f$ (Sprecher)

(43)   Berti   gave   each   student   a (certain)   task$_{Berti}$.
        b i_1 j
        b i_2 j
        b i_3 j
        mit $j = f$ (b)

(44)   Berti   gave   each   student(x)   a (certain)   task$_x$.
        b i_1 $\rightarrow$ j_1
        b i_2 $\rightarrow$ j_2
        b i_3 $\rightarrow$ j_3
        mit $j_n = f$ (i_n)

Wie bereits erwähnt, erzwingt *a certain* die spezifische Lesart der indefiniten NP. Diese Spezifizität kann vom Sprecher abhängig sein, wie (42) zeigt, d. h. die Identifikation des Referenten j ist von der Identifikation des Sprechers abhängig. Die Identifikation von j kann jedoch auch von einem anderen Element im Satz abhängig sein, so z. B. vom Subjekt *Berti*, wie in (43), oder von einem anderen Objekt wie *each student* in (44), sodass der Referent j mit dem entsprechenden Objekt i kovariiert, d. h. *Chris bekam die X-bar-Aufgabe, Sören bekam die Skopusaufgabe, Anne bekam die Ellipsenaufgabe* etc.

---

[35] Im Vergleich zu dieser Position wird in der 'traditionellen' Sicht postuliert, dass eine definite NP einen Referenten bezeichnet, der in der 'realen Welt' identifizierbar ist.

Bei der formalen Modellierung folgt Heusinger hauptsächlich der Darstellung in Kratzer (1998).[36] Demnach kann eine indefinite NP entweder von einem *Existenzquantor* oder von einer *Auswahlfunktion* („choice function') interpretiert werden. Wird die indefinite NP von der Auswahlfunktion interpretiert, erhält sie die spezifische Lesart. Kratzer (1998: 167) beschreibt die Auswahlfunktion wie folgt:

> A choice function is a (often very) partial function from sets of individuals that picks a unique individual from any non-empty set in its domain. For the specific interpretation of *some book*, for example, the context of use has to determine a choice function f as the denotation of *some*. *Some book*, then, denotes the book that f picks from the set of all books.

Heusingers Darstellung von indefiniten NPs erfolgt mit dem indizierten Epsilonoperator. Auf diese Art und Weise werden syntaktische Repräsentation (ε) und semantische Interpretation (f) unterschieden (vgl. Heusinger 2002: 266f.).

(45)　ein Student: $\varepsilon_i x$ [Student(x)]
　　$\| \varepsilon_i x$ [Student(x)] $\| = f_1$ ($\|$Student$\|$)
　　f_1 ($\|$Student$\|$) $\in$ ($\|$Student$\|$)

Der Epsilonoperator wird mit der Entität, von der die Interpretation – mittels Auswahlfunktion – abhängig ist, koindiziert. Demnach lassen sich die in (42)–(44) angegebenen Paraphrasen wie unter (46)–(48) formal darstellen; die Interpretation der indefiniten NP ist jeweils abhängig von dem Element, mit dem der Epsilonoperator koindiziert ist:

(46)　$\forall x$ [STUDENT(x) $\rightarrow$ GIVE (Berti, x, $\varepsilon_{\text{Sprecher}} y$ [TASK(y)])]

(47)　$\forall x$ [STUDENT(x) $\rightarrow$ GIVE (Berti, x, $\varepsilon_{\text{Berti}} y$ [TASK(y)])]

(48)　$\forall x$ [STUDENT(x) $\rightarrow$ GIVE (Berti, x, $\varepsilon_x y$ [TASK(y)])]

Die Lesarten (47) und (48) entsprechen der von Heusinger (2002: 270) genannten *relative specific readings*, da die Identifikation des Referenten der indefiniten spezifischen NP von einem anderen referentiellen Ausdruck im Satz abhängig ist. Wenn die Identifikation des Referenten der spezifischen indefiniten NP aber vom Sprecher abhängt, so wird diese Lesart *absolute specific reading* bezeichnet. Sie entspricht der intuitiven, vortheoretischen Definition von Spezifizität, also dem, was in der vorliegenden Arbeit *referentielle* Lesart genannt wurde.

Um die unspezifische Lesart zu modellieren, wird dagegen auf den Existenzquantor zurückgegriffen. Unter (49) wird der Satz (42) (ohne spezifizitätserzwingenden Zusatz *certain*) mit der entsprechenden (unspezifischen) logischen Form wiedergegeben:

(49)　Berti gave each student a task.
　　$\forall x \exists_i$ [STUDENT(x) $\rightarrow$ GIVE (Berti, x, $\varepsilon_i y$ [TASK(y)])]

Der Spezifizitätsunterschied der indefiniten NP in (46)–(49) wird somit ohne *direkten* Rückgriff auf die Skopuseigenschaften des Existenzquantors erklärt. Vielmehr weisen die spezifischen indefiniten NPs unter (46)–(48) den weitesten Skopus auf, da die Skopuseigen-

---

[36]　Vergleichen Sie auch die Ausführungen in Fodor und Sag (1982) und Hintikka (1986).

schaften des Ankers (*Sprecher*, *Berti* bzw. Allquantor) an die indefinite NP weitergegeben werden, während die unspezifische indefinite NP in (49) engen Skopus in Bezug auf den Allquator hat.

Die mit der Skopusspezifizität verbundenen Probleme unter (37) und (38) (hier als (50) und (51) wiedergegeben) wären mit dieser neuen Repräsentation gelöst.[37]

(50)   Anina sucht einen Artikel.

(51)   Every true Englishman adores a certain woman.

Wie bereits angesprochen, kann der Beispielsatz (50) trotz Abwesenheit eines weiteren Quantors die bekannte Ambiguität aufweisen. Dies lässt sich mit der von Heusinger postulierten Repräsentation von Spezifizität modellieren, da sie nicht von der Relation von Quantoren zueinander, sondern von der referentiellen Verankerung der indefiniten NP mit einer anderen Entität im Satz (z. B. mit *Anina*, mit dem *Sprecher* oder mit einem Existenzquantor) abhängt. Auf der anderen Seite zeigte (51) ein Problem mit der intermediären Skopuslesart, die sich mit der Skopusspezifizität nicht repräsentieren ließ. Dieser Lesart kann jedoch mit der referentiellen Verankerung von *woman* mit *Englishman* (s. (52)) Rechnung getragen werden, wie (52) zeigt.

(52) $\forall x$ [ENGLISHMAN (x) → ADORE $(x, \varepsilon_x y$ [WOMAN(y)])]

Damit wird die Denotatsmenge der Frauen, die ein wahrer Engländer liebt, relativ zu der Menge der wahren Engländer definiert (Verankerung des Epsilonoperators mit x). Die daraus resultierende Paraphrase lautet:

(53)   Für alle x gilt: Wenn x ein wahrer Engländer ist, dann liebt er eine (*für* x *bestimmte*) Frau – z. B. seine eigene Mutter.

Aus der bereits dargelegten Diskussion der verschiedenen Definitionen lassen sich einige Dependenzen entnehmen, die in der folgenden Abbildung 1 dargestellt und für die Analyse der DOM im Spanischen nutzbar gemacht werden sollen.

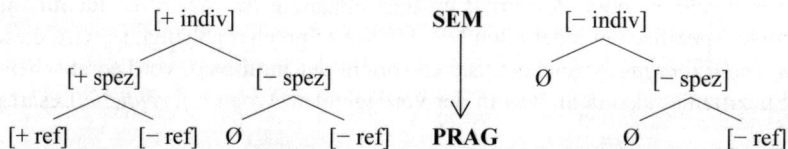

Abbildung 1: Dependenzen – Individuation, Spezifizität und Referenz

Für die Abbildung werden drei Kategorien angenommen: [± indiv], [± spez] und [± ref], die von semantisch zu pragmatisch angeordnet werden. [± indiv] entspringt aus der Spezifizitätsdefinition von Ioup (1977). Das daraus resultierende Merkmal wurde in der vorliegenden

---

[37]   Der Verzicht auf die Interpretation mit Hilfe des Existenzquantors hat den weiteren Vorteil, dass nicht angenommen werden muss, dass einige Quantoren Inselbeschränkungen verletzen (vgl. Kratzer 1998).

Arbeit jedoch nicht Spezifizität, sondern *Individuation*[38] genannt. Dabei handelt es sich um ein rein semantisches Merkmal, dessen Interpretation wie folgt paraphrasiert werden kann:

> [+ indiv]: Für mindestens einen Substitutionswert *x* aus der Denotatsmenge der indefiniten NP ist der Satz wahr.
>
> [− indiv]: Die indefinite NP wird als (quantifiziert restringiertes) Set interpretiert.

Die Ebene der *Spezifizität* [± spez] wird als Link zwischen dem semantischen Kern und der pragmatischen Peripherie angeordnet. Sie offenbart die Abhängigkeit von der Individuation, denn eine indefinite NP kann nur [+ spez] sein, wenn ein Element aus der Denotatsmenge bereitgestellt werden kann, nicht jedoch wenn ein Set gemeint ist. Für die Beschreibung von [± spez] verwende ich die Spezifizitätsdefinition von Heusinger (2002), die sowohl intuitiv als auch formal am geeignetsten ist.

> [+ spez]: Eine indefinite NP ist spezifisch, wenn ihre Interpretation abhängig von einem anderen Element im Satz ist (dargestellt durch die referentielle Verankerung und interpretiert mittels der Auswahlfunktion *f*).
>
> [− spez]: Eine indefinite NP ist unspezifisch, wenn ihre Interpretation nicht von einem anderen Element im Satz abhängig ist.

Die letzte Ebene bildet die *Referenz* [± ref]. Wie oben besprochen, handelt es sich dabei um die vortheoretische Definition von Spezifizität oder auch darum, was von Heusinger (2002: 270) *absolute specific reading* genannt wird. Sie ist ein rein pragmatisches Merkmal, das Bezug auf die außersprachliche Beschaffenheit der Welt nimmt. Die Abhängigkeit der Referenz von der Spezifizität zeigt sich darin, dass nur [+ spez] indefinite NPs auch [+ ref] sein können.

> [+ ref]: Eine indefinite NP ist referentiell, wenn deren Interpretation vom Sprecher des Satzes absolut abhängig ist.
>
> [− ref]: Eine indefinite NP ist nicht-referentiell, wenn die Interpretation nicht vom Sprecher des Satzes abhängig ist.

Die vorgestellte Typologie schafft ein Netzwerk an Merkmalen, mit dessen Hilfe verschiedene Interpretationen von indefiniten NPs beschrieben werden können, und sagt voraus, dass einige Interpretationen nicht möglich sind (mit Ø markierte Stellen in Abbildung 1). Selbstverständlich müssen nicht alle Merkmale in allen Sprachen linguistische Korrelate aufweisen. Mit dieser Typologie können jedoch präzisere semantisch-pragmatische Unterschiede indefiniter NPs in den Sprachen der Welt erfasst werden, wobei sie sicherlich noch an weiteren Daten überprüft werden muss. Um diesen Schritt weiterzugehen, wird im kommenden Abschnitt das Hauptaugenmerk auf die DOM im modernen Spanischen gelegt.

---

[38] Die Wahl dieses Terminus' erfolgt in Anlehnung an Ioups Zitat (s. o.). In einer früheren Arbeit habe ich dieses Merkmal *Substituierbarkeit* genannt (vgl. Machicao y Priemer 2010: 47ff.). Allerdings habe ich von diesem Terminus Abstand genommen, um die Verwechslung mit der *Substituierbarkeit* eines Ausdrucks ohne Veränderung des Referenten zu vermeiden. Für diesen Hinweis danke ich Klaus von Heusinger.

4.   DOM im modernen Spanisch

In Bezug auf das Spanische wurde im Abschnitt 3.1 bereits gezeigt, dass es sich um eine zweidimensionale DOM handelt, die sowohl die Belebtheitsskala als auch die Definitheitsskala für die Vorhersage der Markierung benötigt. In der Entwicklung vom Altspanischen zum modernen Spanisch hat sich die optionale Markierung nun entlang der Definitheitsskala vom Bereich der definiten NPs zum Bereich der indefiniten NPs verschoben (vgl. Tabelle 6 und Tabelle 4, hier als Tabelle 8 wiederholt).

	PRONOMEN	EIGENNAME	DEFINITE NP	INDEFINITE NP
HUMAN	+	+	+	±
BELEBT	+	+	+	±
UNBELEBT	Ø	±	−	−

Tabelle 8: Belebtheit und Definitheit im modernen Spanisch (vorläufig)

Hauptaufgabe dieses Abschnitts wird sein, eine genauere Vorhersage für den (noch) optionalen Bereich der indefiniten NPs zu treffen. Aktuelle Ansätze,[39] die sich mit der DOM im Spanischen befassen, gehen davon aus, dass sich die Auflösung der optionalen Markierung mit Hilfe der Spezifizität erzielen lässt, so wie dies die Topikalität im Altspanischen getan hat (vgl. Abschnitt 3.2). Die folgenden Beispiele ((54) ohne Kasusmarker und (55) mit Kasusmarker) illustrieren diese Argumentation, die durch die Paraphrasen in (56) gestützt werden können.

(54)   Norbert busca *una secretaria.*
        Norbert sucht *eine Sekretärin*
        ‚Norbert sucht eine Sekretärin.'

(55)   Norbert busca *a una secretaria.*
        Norbert sucht *A eine Sekretärin*
        ‚Norbert sucht eine Sekretärin.'

(56) a. Pero *ella* ya   se   fue   a   casa.   [+ ref] ⊃ [+ spez]
          aber *sie*   schon sich ging nach   Hause
          ‚Aber sie ist schon nach Hause gegangen.'

      b. Yo no   sé   *a cuál,*   sólo Norbert la   conoce.   [− ref] & [+ spez]
          ich nicht weiß *A welche,* nur Norbert KL.AKK kennt
          ‚Aber ich weiß nicht welche, nur Norbert kennt sie.'

Die indefinite NP in (54) ist nicht spezifisch. Dementsprechend erlaubt sie keine der Fortsetzungen unter (56). Die Fortsetzung unter (a) ist [+ ref] und, wie in der Abbildung 1 gesehen, impliziert eine [+ ref]-Lesart zugleich eine [+ spez]-Lesart. Die Fortsetzung unter (b) ist dagegen [− ref], sie ist jedoch ‚relativ spezifisch', also [+ spez]. Auf der anderen Seite

---

[39] Siehe dazu Heusinger (2008), Heusinger und Kaiser (2005), Jaeggli (1982) und Torrego Salcedo (1999) um nur einige davon zu nennen. Gegenargumente zu dieser Position werden in Brugè und Brugger (1996), López (2009) und in den späteren Ausführungen dieser Arbeit dargelegt.

erlaubt der Satz unter (55) beide Fortsetzungen, da beide spezifisch sind. Bis dahin scheint die Argumentation stimmig zu sein. Brugè und Brugger (1996: 31f.) geben jedoch einige Beispiele an,[40] in denen die indefinite NP unspezifisch interpretiert werden muss, obwohl sie den *a*-Marker trägt.

(57)   a.   Juan busca *a un   estudiante* que habla   francés.
            Juan sucht *A einen Studenten* der spricht.IND Französisch
            ‚Juan sucht einen Studenten, der Französisch kann.'

       b.   Juan busca *a un   estudiante* que hable   francés.
            Juan sucht *A einen Studenten* der spricht.SUBJ Französisch
            ‚Juan sucht einen Studenten, der nach Möglichkeit Französisch kann.'

Unter (57) erhalten die indefiniten NPs jeweils einen Relativsatz im Indikativ (a) und im Subjunktiv (b). Der indikative Modus des Verbs im Relativsatz der indefiniten NP erzwingt eine spezifische Lesart, während der subjunktive Modus im Relativsatz in (b) die unspezifische erzwingt.[41] Auch wenn die indefinite NP in (57) den *a*-Marker trägt, kann sie unspezifisch interpretiert werden. Dies also spricht dagegen, die Spezifizität als Trigger des *a*-Markers zu betrachten.

Beim Testen der Indikativ/Subjunktiv-Relativsätze mit den unmarkierten indefiniten NPs sieht sich die Vermutung bestätigt, dass die unmarkierte NP nicht spezifisch ist, da sie nicht einen Relativsatz im Indikativ zu sich nehmen kann.

(58)   a. * Juan busca *un   estudiante* que habla   francés.
            Juan sucht *einen Studenten* der spricht.IND Französisch
            ‚Juan sucht einen Studenten, der Französisch kann.'

       b.   Juan busca *un   estudiante* que hable   francés.
            Juan sucht *einen Studenten* der spricht.SUBJ Französisch
            ‚Juan sucht einen Studenten, der nach Möglichkeit Französisch kann.'

Von besonderem Interesse, um die Frage nach dem Trigger des *a*-Markers zu beantworten, sind Konstituentenfragen wie die folgenden:

(59)   a.   *¿A quién* busca Norbert?
            A wen   sucht Norbert?
            ‚Wen sucht Norbert?'

       b. * *¿Quién* busca Norbert?
            Wen   sucht Norbert?
            ‚Wen sucht Norbert?'

Fragewörter und indefinite NPs teilen sehr viele Eigenschaften. So weisen sie z. B. in vielen Sprachen der Welt eine sehr ähnliche (oder sogar die gleiche) Form auf (vgl. Haida 2007:

---

[40] Die von Brugè und Brugger (1996) verwendeten Beispiele gehen auf Jaeggli (1982: 56) zurück, wobei dieser die These vertritt, dass eine NP [+ spez] sein muss (ebd.: 23f.), um den *a*-Marker zu erhalten. Die Definitheit spielt (seines Erachtens) jedoch keine Rolle für die Markierung.

[41] In Heusinger und Kaiser (2003), Rivero (1975), Rivero (1977) und Rojas (1977) findet man eine Diskussion über den Zusammenhang zwischen Verbmodi und Spezifizität im Spanischen.

9ff.). Zudem sind W-Wörter indefinit und stets unspezifisch, da sie Entitäten repräsentieren, nach denen gefragt wird (vgl. López 2009: 3f.). Das spanische Fragewort *quién* als erfragtes Akkusativobjekt trägt immer den *a*-Marker. *Quién* ist auf der einen Seite [− ref] und [− spez], auf der anderen Seite ist es aber [+ indiv], da es sich bei dem erfragten Element um einen möglichen Substituenten des Frageworts (und nicht um ein Set) handelt. Wird diese Erkenntnis mit der Typologie aus der Abbildung 1 zusammengeführt, wird schnell deutlich, dass sich die Optionalität des *a*-Markers im Spanischen eher durch ein semantisch ,höher gestelltes' Merkmal [± indiv] auflösen lässt als durch [± spez].

Im Folgenden werden die Beispiele unter (57) und (58) wiederholt und mit den entsprechenden Lesarten versehen, um darzulegen, welche Lesarten die hier vorgestellte Typologie erfassen kann.

(60)   Juan busca *a un   estudiante* (que habla   francés).   [+ a] & IND
       Juan sucht *A einen Studenten* (der spricht.IND Französisch)
       ,Juan sucht einen Studenten (der Französisch kann).'

   a.   [+ indiv], [+ spez], [+ ref]   (absolut spezifisch)
        SUCHT (Juan, $\varepsilon_{\text{Sprecher}}\, x$ [STUDENT (x)])
        $\approx$ Es gibt ein bestimmtes (vom Sprecher bekanntes) Individuum, für das gilt,
        dass es ein Student ist und dass Juan ihn sucht.

   b.   [+ indiv], [+ spez], [− ref]   (relativ spezifisch)
        SUCHT (Juan, $\varepsilon_{\text{Juan}}\, x$ [STUDENT (x)])
        $\approx$ Es gibt ein bestimmtes (vom Subjekt bekanntes) Individuum, für das gilt, dass
        es ein Student ist und dass Juan ihn sucht.

(61)   Juan busca *a un   estudiante* (que hable   francés).   [+ a] & SUBJ
       Juan sucht *A einen Studenten* (der spricht.SUBJ Französisch)
       ,Juan sucht einen Studenten (der Französisch könnte).'

   a.   [+ indiv], [− spez], [− ref]   (unspezifisch)
        $\exists_i$ [SUCHT (Juan, $\varepsilon_i\, x$ [STUDENT (x)])]
        $\approx$ Es gibt ein Individuum, für das gilt, dass es eine Entität aus der Menge der
        Studenten ist und dass Juan es sucht.

(62)   Juan busca *un   estudiante* (que hable   francés).   [− a] & SUBJ
       Juan sucht *einen Studenten* (der spricht.SUBJ Französisch)
       ,Juan sucht einen Studenten (der Französisch könnte).'

   a.   [− indiv], [− spez], [− ref]   (unspezifisch)
        VERSUCHT (Juan, $\exists y$ [STUDENT (y) $\wedge$ FINDEN (Juan, y)])
        $\approx$ Für Juan trifft zu, dass er etwas sucht, was ein Student ist.

(63) * Juan busca *un   estudiante* (que habla   francés).   [− a] & IND
       Juan sucht *einen Studenten* (der spricht.IND Französisch)
       ,Juan sucht einen Studenten (der Französisch kann).'

Die Lesarten (a) und (b) unter (60) geben die beiden (durch den *a*-Marker und den indikativen Relativsatz erzwungenen) spezifischen Lesarten des Satzes an. Die Lesart (a) entspricht der referentiellen (oder absolut spezifischen) Lesart, während die Lesart (b) der relativ spezifischen Lesart entspricht. Unter (61) lässt der Relativsatz im Subjunktiv in Verbindung mit dem *a*-Marker nur die unspezifische Lesart zu. Wegen der Abwesenheit des *a*-Markers in Verbindung mit dem subjunktiven Relativsatz erlaubt das Beispiel (62) nur eine unspezifische und nicht individuierte Lesart. Mit der hier vorgestellten Typologie aus drei Merkmalen (hier wiederholt als Abbildung 2) lassen sich all diese Lesarten voneinander unterscheiden, und auch ein Satz wie (63) wegen der Verbindung vom Indikativ (d. h. [+ spez]) ohne Verwendung von *a* (d. h. [− indiv]) ausgeschlossen. In der folgenden Abbildung wird ein kurzer Vergleich der Spezifizitätsdefinitionen von Ioup (1977), Heusinger (2002) und der hier erstellten Typologie gezogen.

```
              [+ indiv]                        [− indiv]
             ╱        ╲                            │
        [+ spez]    [− spez]                   [− spez]
        ╱    ╲          │                          │
   [+ ref]  [− ref]  [− ref]                   [− ref]
```

	[+ ref]	[− ref]	[− ref]	[− ref]
Nach Abbildung 1	(60a)	(60b)	(61a)	(62a)
Ioup (1977)	(60a)	(60b) = (61a)		(62a)
Heusinger (2002)	(60a)	(60b)	(61a) = (62a)	

Abbildung 2: Individuation, Spezifizität und Referenz
in Verbindung mit der DOM im Spanischen

Ausschlaggebend, um die DOM im Spanischen besser vorhersagen zu können, ist ein feingliedrigeres Raster, welches die Differenzierung des Bereichs von (61)(a) ([+ indiv, − spez, − ref]) von den anderen Bereichen besser erzielt. Es wurde hier versucht, dieses Raster mittels semantischer und pragmatischer Merkmale zu erstellen. Dabei waren von besonderer Bedeutung die Spezifizitätsdefinitionen von Heusinger und Ioup und deren Diskussion in Bezug auf andere Definitionen. Anhand der Beispiele (60)–(63) und der Abbildung 2 wird dann deutlich, dass die Trennung in [+ spez] und [− spez] nicht ausreichend ist, um die DOM im Spanischen adäquat zu beschreiben. Die Aussage, dass spezifische indefinite NPs mit *a* markiert werden, ist sicherlich nicht falsch – sie wird ja letztendlich vom oben angegebenen Raster impliziert. Es ist jedoch problematisch, dass auch unspezifische indefinite NPs den Marker tragen können (s. (61)(a)). Eine genauere Betrachtung der Behandlung von Spezifizität (hier ‚umgetauft‘ in *Individuation*) nach Ioup ergibt letztlich die genauere Vorhersage, wie sie in der folgenden Tabelle festgehalten wird.

	PRONOMEN	EIGENNAME	DEFINITE NP	INDEFINITE NP	
				+INDIV	−INDIV
HUMAN	+	+	+	+	−
BELEBT	+	+	+	+	−
UNBELEBT	Ø	±	−	−	−

Tabelle 9: Belebtheit, Definitheit und Individuation im Spanischen

5. Schlussbetrachtung

Im vorliegenden Aufsatz wurde zunächst auf das Phänomen der DOM eingegangen und aufgezeigt, durch welche Faktoren sie in unterschiedlichen Sprachen bedingt wird: Belebtheit, Definitheit, Topikalität und Spezifizität. Dafür wurden Beispiele aus dem Russischen, Polnischen, Altspanischen und Türkischen herangezogen. Ein erheblicher Teil dieser Arbeit beschäftigte sich mit dem letzten Faktor – mit der Spezifizität. In früheren Arbeiten wurde versucht, die Optionalität der *a*-Markierung bei den indefiniten NPs im Spanischen mit Hilfe der Spezifizität aufzulösen (vgl. z. B. Jaeggli 1982). Dies gelang nur bis zu einem gewissen Punkt. Ein kleiner Bereich wurde jedoch weiterhin markiert, obwohl es sich um unspezifische Elemente handelte (so z. B. bei den Fragewörtern). Mittels verschiedener Spezifizitätsdefinitionen konnte zunächst geklärt werden,

1. dass Referenz und Spezifizität voneinander zu unterscheiden sind,
2. dass sich Spezifizität nicht immer durch die Skopuseigenschaften von Quantoren erklären lässt und
3. dass eine angemessene Spezifizitätsdefinition nicht nur vom Sprecher, sondern auch von anderen Entitäten im Satz (Subjekt oder Objekt) abhängen kann (vgl. Heusinger 2002).

Diese genauere Betrachtung von Spezifizität und der Vergleich, welche Definitionen welche Lesarten von indefiniten NPs erfassen können, führten zu einer weiteren Kategorie. Sie wurde hier Individuation genannt und entstammte aus der Spezifizitätsdefinition von Ioup (1977). Mit dieser rein semantischen Kategorie konnte eine Typologie von Dependenzen erstellt werden, die eine feinere Unterscheidung von Interpretationen bei indefiniten NPs zulässt. Sicherlich weist nicht jede Sprache eine besondere morphologische oder syntaktische Markierung von Individuation auf. Es ist aber denkbar, dass einige weitere Phänomene in anderen Sprachen mit ihr im Zusammenhang stehen, wie z. B die Verwendung von nackten Singularen, nackten Pluralen,[42] die Inkorporation von NPs oder die bereits angesprochenen *weak definites* (vgl. Fn. 28). In dieser Hinsicht wäre natürlich auch interessant zu überprüfen, welche weiteren Sprachen die Alternation zwischen [+ indiv] und [− indiv] besonders kodieren.

Mit Hilfe der Individuation gelang es hier, die ‚störende Variabilität' der Kasusmarkierung im Spanischen aufzulösen, sodass auf die Spezifizität (wenigstens für die Kasusmarkierung im Spanischen) verzichtet werden konnte und eine genauere Vorhersagbarkeit von [+ a]-Indefinita und [− a]-Indefinita im Spanischen möglich ist. Damit rückt die Kasusmarkierung des Spanischen ein Stück weiter Richtung Kerngrammatik und befreit sich von ihrer ‚Verbannung in die Peripherie (der noch unerklärten Dinge).'

---

[42] Es sei angemerkt, dass nackte Plurale im Spanischen ohne *a* auftreten. Sie werden dementsprechend auch als Set verstanden.

(iv)   Pedro   busca   (*a)   secretarias.
       Pedro   sucht   (*A)   Sekretärinnen
       ‚Pedro sucht Sekretärinnen.'

Literatur

Aissen, Judith. 2003. Differential object marking: Iconicity vs. economy. *Natural Language and Linguistic Theory* 21: 435–483.

Bobaljik, Jonathan und Susan Wurmbrand. 2009. Case in GB/Minimalism. In *The Oxford Handbook of Case*, hg. v. Andrej Malchukov und Andrew Spencer, 44–58. Oxford: Oxford University Press.

Bosch, Peter. 2010. Weak definites and German preposition-determiner contractions. Vortrag bei Workshop on Specificity from theoretical and empirical points of view, 31.08.–02.09.2010, in Stuttgart. http://cogsci.uni-osnabrueck.de/~pbosch/publ.htm (Zugriff: 31.01.2013).

Bossong, Georg. 1982. Historische Sprachwissenschaft und empirische Universalienforschung. *Romanistisches Jahrbuch* 33: 17–51.

Bossong, Georg. 1983. Animacy and markedness in universal grammar. *Glossologia (A Greek Annual for General and Historical Linguistics)* 2: 7–20.

Bossong, Georg. 1985. *Empirische Universalienforschung: Differentielle Objektmarkierung in den neuiranischen Sprachen.* Ars Linguistica 14. Tübingen: Gunter Narr.

Bossong, Georg. 1991. Differential object marking in Romance and beyond. In *New Analyses in Romance Linguistics: Selected papers from the XVIII Linguistic Symposium on Romance Languages.* Urbana-Champaign, 07.–09. April 1988, hg. v. Dieter Wanner und Douglas Kibbee, 143–170. Amsterdam: John Benjamins.

Bresnan, Joan. 1982. Control and complementation. *Linguistic Inquiry* 13: 343–434.

Brugè, Laura und Gerhard Brugger. 1996. On the accusative *a* in Spanish. *Probus: International Journal of Latin and Romance Linguistics* 8: 1–51.

Cagri, Ilhan. 2007. Persian accusative case: A lexicalist approach. Vortrag bei Second International Conference on Iranian Linguistics (ICIL2), 17.–19.08.2007, in Hamburg. www.webzoom.freewebs.com/ilhan/Syntax%2520Papers/-ra%2520Handout.doc (Zugriff: 26.02.2013).

Carlson, Gregory N., Rachel Sussman, Natalie M. Klein und Michael Tanenhaus. 2005. Weak definite noun phrases. Vortrag bei 36th Annual Meeting of the North East Linguistic Society (NELS 36), 28.–30.10.2005, in University of Massachusetts, Amherst. http://www.ling.rochester.edu/people/carlson/carlson.html (Zugriff: 05.02.2013).

Chomsky, Noam. 1993. *Lectures on Government and Binding: The Pisa Lectures.* 7. Aufl. Studies in Generative Grammar 9. Berlin: Mouton de Gruyter. Erstausgabe, 1981.

Chomsky, Noam. 1997. *The Minimalist Program.* 3. Aufl. Current studies in linguistics 28. Cambridge: MIT Press. Erstausgabe, 1995.

Comrie, Bernard. 1979. Definite and animate direct objects: A natural class. *Linguistica Silesiana* 3: 13–21.

Croft, William. 1988. Agreement vs. case marking and direct objects. In *Agreement in Natural Language. Approaches, Theories, Descriptions*, hg. v. Michael Barlow und Charles Ferguson, 159–179. Stanford: Center for the Study of Language and Information (CSLI).

Culicover, Peter und Ray Jackendoff. 2005. *Simpler Syntax.* Oxford linguistics. Oxford: Oxford University Press.

Demonte Barreto, Violeta. 1987. C-command, prepositions, and predication. *Linguistic Inquiry* 18: 147–157.

Detges, Ulrich. 2005. La gramaticalización de los acusativos preposicionales en las lenguas iberorrománicas: Una hipótesis pragmática. In *Variación sintáctica en español: Un reto para las teorías de la sintaxis*, hg. v. Gabriele Knauer und Valeriano Bellosta von Colbe, 155–173. Tübingen: Max Niemeyer.

Ebert, Cornelia und Ljudmila Geist. 2010. Introduction: Indefiniteness crosslinguistically. Vortrag bei DGfS. 32. Jahrestagung der Deutschen Gesellschaft für Sprachwissenschaft, 23.–26.02.2010, in Humboldt-Universität zu Berlin. http://www.ilg.uni-stuttgart.de/forschung/konferenz/indefiniteness/program.html (Zugriff: 29.04.2010).

Enç, Mürvet. 1991. The semantics of specificity. *Linguistic Inquiry* 22: 1–25.

Farkas, Donka. 2002. Specificity distinctions. *Journal of Semantics* 19: 213–243.

Fodor, Janet D. und Ivan Sag. 1982. Referential and quantificational indefinites. *Linguistics and Philosophy* 5: 355–398.

Fries, Norbert. 1980. *Ambiguität und Vagheit: Einführung und kommentierte Bibliographie*. Linguistische Arbeiten 84. Tübingen: Max Niemeyer.

Fries, Norbert. 1987. Zu einer Randgrammatik des Deutschen: Zur Theorie randgrammatischer satzwertiger Konstruktionen. In *Satzmodus zwischen Grammatik und Pragmatik*, hg. v. Jörg Meibauer, 75–95. Tübingen: Max Niemeyer.

Fries, Norbert. 1988. *Präpositionen und Präpositionalphrasen im Deutschen und im Neugriechischen. Aspekte einer kontrastiven Analyse Deutsch – Neugriechisch*. Linguistische Arbeiten 208. Tübingen: Max Niemeyer.

Fries, Norbert. 2007. Schnittstellen, Arbitrarität, Kern und Rand. Vortrag bei Deutsche Grammatik im europäischen Dialog, 20.–22.09.2006, in Krakau. http://krakau2006.anaman.de/ (Zugriff: 29.07.2012).

Haida, Andreas. 2007. The Indefiniteness and Focusing of Wh-Words. Dissertation, Institut für Deutsche Sprache und Linguistik, Humboldt-Universität zu Berlin, Berlin.

Haspelmath, Martin. 2009. Terminology of case. In *The Oxford Handbook of Case*, hg. v. Andrej Malchukov und Andrew Spencer, 505–517. Oxford: Oxford University Press.

Heusinger, Klaus von. 2002. Specificity and definiteness in sentence and discourse structure. *Journal of Semantics* 19: 245–274.

Heusinger, Klaus von. 2008. Verbal semantics and the diachronic development of DOM in Spanish. *Probus: International Journal of Latin and Romance Linguistics* 20: 1–31.

Heusinger, Klaus von. 2011. Specificity. In *Semantics: An International Handbook of Natural Language Meaning*, hg. v. Klaus von Heusinger, Claudia Maienborn und Paul Portner, 996–1025. Berlin: De Gruyter Mouton.

Heusinger, Klaus von und Georg Kaiser. 2003. The interaction of animacy, definiteness, and specificity in Spanish: Arbeitspapier 113. Vortrag bei Semantic and Syntactic Aspects of Specificity in Romance Languages, Oktober 2002, in Konstanz. http://nbn-resolving.de/urn:nbn:de:bsz:352-opus-17209 (Zugriff: 12.02.2009).

Heusinger, Klaus von und Georg Kaiser. 2005. The evolution of differential object marking in Spanish: Arbeitspapier 119. Vortrag bei Specificity and the Evolution / Emergence of Nominal Determination Systems in Romance, in Konstanz. http://nbn-resolving.de/urn:nbn:de:bsz:352-opus-17181 (Zugriff: 12.02.2009).

Hintikka, Jaakko. 1986. The semantics of *a certain*. *Linguistic Inquiry* 17: 331–336.

Ionin, Tania. 2010. Specificity. In *The Routledge Pragmatics Encyclopedia*, hg. v. Louise Cummings, 449–452. London: Routledge.

Ioup, Georgette. 1977. Specificity and the interpretation of quantifiers. *Linguistics and Philosophy* 1: 233–245.

Jaeggli, Osvaldo. 1982. *Topics in Romance Syntax*. Studies in Generative Grammar. Dordrecht: Foris Publications.

Keenan, Edward. 1976. Towards a universal definition of 'Subject'. In *Subject and Topic*, hg. v. Charles Li, 303–333. New York: Academic Press.

Keenan, Edward und Bernard Comrie. 1977. Noun phrase accessibility and universal grammar. *Linguistic Inquiry* 8: 63–99.

Kliffer, Michael. 1995. El 'a' personal, la kínesis y la individuación. In *El complemento directo preposicional*, hg. v. Carmen Pensado, 93–111. Madrid: Visor.

Kratzer, Angelika. 1998. Scope or pseudoscope? Are there wide-scope indefinites? In *Events and Grammar*, hg. v. Susan Rothstein, 163–196. Dordrecht: Kluwer.

Laca, Brenda. 2002. Gramaticalización y variabilidad – propiedades inherentes y factores contextuales en la evolución del acusativo preposicional en español. In *Sprachgeschichte als Varietätengeschichte: Beiträge zur diachronen Varietätenlinguistik des Spanischen und anderer romanischer Sprachen. Anläßlich des 60. Geburtstages von Jens Lüdtke*, hg. v. Andreas Wesch, Waltraud Weidenbusch, Rolf Kailuweit und Brenda Laca, 195–205. Tübingen: Stauffenburg.

Laca, Brenda. 2006. El objeto directo: La marcación preposicional. In *Sintaxis histórica de la lengua española. Primera parte: La frase verbal*, hg. v. Concepción Company Company, 423–475. Mexiko: Universidad Nacional Autónoma de México. Fondo de Cultura Económica.

López, Luis. 2009. The configuration of differential object marking. Vortrag bei Algorithmen und Muster-Strukturen in der Sprache, 27.05.2009, in Freie Universität Berlin.

Lyons, Christopher. 1999. *Definiteness*. Cambridge textbooks in linguistics. Cambridge: Cambridge University Press.

Machicao y Priemer, Antonio. 2010. Die differentielle Objektmarkierung im Spanischen. Magisterarbeit, Philosophische Fakultät II. Institut für deutsche Sprache und Linguistik, Humboldt-Universität zu Berlin, Berlin. http://edoc.hu-berlin.de/docviews/abstract. php?id=40241 (Zugriff: 26.08.2013).

Meyer-Lübke, Wilhelm. 1972. Die Kasus und das Objekt. In *Grammatik der Romanischen Sprachen. Teil III: Romanische Syntax*, hg. v. Wilhelm Meyer-Lübke, 45–59 und 369–426. Hildesheim: Georg Olms Verlag.

Müller, Bodo. 1971. Das morphemmarkierte Satzobjekt der romanischen Sprachen: Der sogenannte präpositionale Akkusativ. *Zeitschrift für Romanische Philologie* 87: 477–519.

Pensado, Carmen. 1995. El complemento directo preposicional: Estado de la cuestión y bibliografía comentada. In *El complemento directo preposicional*, hg. v. Carmen Pensado, 11–59. Madrid: Visor.

Real Academia Española. 1986. *Esbozo de una nueva gramática de la lengua española*. Madrid: Espasa Calpe. Erstausgabe, 1973.

Riaño Rodríguez, Timoteo und María del Carmen Gutiérrez Aja. 2003. *El Cantar de Mío Cid. El manuscrito del Cantar (Edición digital). Transkription der Faksimileversion*. Alicante: Biblioteca Virtual Miguel de Cervantes.

Rivero, María-Luisa. 1975. Referential properties of Spanish noun phrases. *Language* 51: 32–48.

Rivero, María-Luisa. 1977. Specificity and existence: A reply. *Language* 53: 70–85.

Rojas, Nelson. 1977. Referentiality in Spanish noun phrases. *Language* 53: 61–69.

Thomson, Alexander. 1909. Beiträge zur Kasuslehre I. Über den Genitiv-Akkusativ im Slavischen. *Indogermanische Forschungen: Zeitschrift für Indogermanistik und allgemeine Sprachwissenschaft* 24: 293–307.

Thomson, Alexander. 1912. Beiträge zur Kasuslehre IV. Über die Neubildung des Akkusativs. *Indogermanische Forschungen: Zeitschrift für Indogermanistik und allgemeine Sprachwissenschaft* 30: 65–79.

Torrego Salcedo, Esther. 1999. El complemento directo preposicional. In *Gramática Descriptiva de la Lengua Española. Las construcciones sintácticas fundamentales: Relaciones temporales, aspectuales y modales*, hg. v. Ignacio Bosque Muñoz und Violeta Demonte Barreto, 1779–1805. Madrid: Real Academia Española.

Wiese, Bernd. 2011. Optimal specifications: On case marking in Polish. In *Syntax and Morphology Multidimensional*, hg. v. Oliver Teuber und Andreas Nolda, 101–127. Berlin: De Gruyter.

Zubizarreta, Maria Luisa. 1985. The relation between morphophonology and morphosyntax: The case of Romance causatives. *Linguistic Inquiry* 16: 247–289.

German psych-adjectives

Anne Temme

1.   Introduction

The language inventory contains predicates that refer to mental or emotional concepts for the communication of a person's feelings and attitudes. The involved individual is an emotionally or mentally active experiencer, in contrast to the agent of an observable action. These so-called psychological predicates (psych-predicates) have been an important topic in theoretical syntax for several decades (Belletti and Rizzi 1988, Grimshaw 1990, Croft 1993, Pesetsky 1995, Landau 2010, among others). The literature and theory focus on psych-*verbs* almost exclusively. In German, as in many other languages, a group of emotion-related adjectives (psych-adjectives) constitutes a subclass of the psych-predicate class. Consider the following German examples in (1).

(1)   *traurig* 'sad', *wütend* 'angry', *gelangweilt* 'bored', *peinlich* 'embarrassing', *ängstlich* 'anxious', *bewusst* 'aware', *zufrieden* 'pleased', *böse* 'mad', *gleichgültig* 'indifferent, blasé', *verhasst* 'abhorred', *zuwider* 'abhorrent'

Although psych-adjectives are just as semantically coherent as the corresponding class of verbs (i.e., their reference to emotional states), they are generally not part of the main discussion about the grounding structure of psychological predicates. Exceptions are Bennis (2000, 2004) and Landau (2006), who focus on structural properties of different adjective classes, as well as Bouillon (1996), Goy (2000), and Jackendoff (2007), who analyse the lexical-semantic base of emotional adjectives in French, Italian, and English, respectively. Additionally, for psych-adjectives in German there is a short syntactic discussion in Gallmann (1992).

In general, psych-*verbs* are known to have a special status within the grammatical system of a language. They show great structural variety and properties which distinguish them from non-psychological structures. The most prominent observation in the literature is the inconsistent case assignment of experiencer arguments in contrast to regularly nominative-marked agentive arguments. For Italian, Belletti and Rizzi (1988) identified three classes of psychological verbs. Class I and II are transitive verbs with the experiencer marked with either the nominative or the accusative case, illustrated in (2) and (3), respectively. Class III consists of intransitive verbs with a periphrastic dative experiencer, as in (4). In German, the Class III experiencers are morphologically dative marked.

(2)   Class I
       Gianni.   teme   questo.
       Gianni.NOM   fears   this.ACC   (Belletti and Rizzi 1988: 291–292)

(3)   Class II
       Questo   preoccupa   Gianni.
       this.NOM   worries   Gianni.ACC   (ibid.)

(4)   Class III
       A   Gianni   piace   questo.
       to   Gianni.OBL   pleases   this.NOM   (ibid.)

According to the literature, psych-verbs often exhibit additional irregular behaviour compared to what is generally referred to as "canonical" verbs. In languages like German, Italian, or English, psych-verbs license word orders or binding relations that are not possible for
non-psych-verbs (see Landau 2010 for an overview of the psych-effects). The special status
of psych-verbs is well-documented within and across many languages.[1]

In view of the above facts, the main goal of the paper is to present novel insights on
psych-predicates by extending them to psych-adjectives. I will show that the special status
of psych-verbs can to some extent also be attested for psych-adjectives, since they show
similar structural variation and exhibit psych-effects distinguishing them from non-psych-
adjectives.

The paper is organised as follows. In section 2, the term *psych-adjectives* will be introduced for a special class of predicates in German by underlining the parallel behaviour of
psych-adjectives and psych-verbs. In section 3, I discuss the argument structural properties,
especially the status and contribution of the experiencer dative. The data lead to the assumption that the varying experiencer markings of German psych-adjectives can be ascribed to
diverging semantic bases. In section 4, I strengthen this point with the help of supporting
data from inside and outside the German language. The basic idea is that adjectival structures which realise the experiencer as an object build a special definable class of psych-
predicates. In contrast to subject experiencers, such expressions contain an additional evaluative component. Section 5 will conclude.

2.   Adjectives as psych-predicates

At the thematic level, psych-verbs are often defined as experiencer(EXP)-selecting predicates, since their meaning necessarily includes a sentient individual. We can adopt Landau's
(1999) definition for the corresponding adjectives:

---

[1]   One finds, for example, investigations regarding psych-effects for Chinese (Chen 1995), English
      (Pesetsky 1987), Finnish (Pylkkänen 1997), German (Klein and Kutscher 2002), Greek (Anagnos-
      topoulou 1999, Verhoeven 2008, 2009), Hungarian (Rákosi 2006), Italian (Belletti and Rizzi 1988,
      Arad 1998), Korean (Kim and Larson 1989), Yucatec Maya (Verhoeven 2007), and a comparison
      of German, Turkish, Basque, and Estonian by Kutscher (2009), among many other languages and
      authors.

> [...] a predicate is psychological if and only if it follows from the truth of the minimal proposition in which it occurs that some argument of the predicate is an experiencer, i.e. an individual in a certain mental state. (Landau 1999: 1)

The experiencer role is one of the established thematic roles. It refers and is restricted to mentally or emotionally involved individuals being aware of the expressed state or event. Together with the stimulus role (STIM), the assumed counterpart to the experiencer role, there is a relation comparable to the agent-patient-pair.

As was seen in the last section, the involved roles show inhomogeneous case markings. Both participants can be realised as a subject or as an object of a predicate. Thus, parallel to psych-verbs, psych-adjectives exhibit different functional patterns. Compare the structures in (5) and (6).

(5) Der Vater$_{EXP}$ ist dem Lehrer$_{STIM}$ böse.
     the   father.NOM is   the   teacher.DAT   angry
     'The father is angry with the teacher.'

(6) Der Vater$_{STIM}$ ist dem Lehrer$_{EXP}$ wichtig.
     the   father.NOM is   the   teacher.DAT   important
     'The father is important to the teacher.'

The examples show that in the case of adjectives, one can also differentiate between sub-ject- (SE) and object-experiencer (OE) predicates.[2] Thus, either the subject or the object carries the feeling expressed by the adjectival psych-predicate. In contrast to verbs, however-er, adjectives do not allow accusative objects.[3]

Furthermore, the above examples show that German psych-adjectives can occur in com-plex structures with the experiencer or the stimulus as a dative object NP, which makes them relevant to category-specific argument structural observations as well. Languages that cannot realise the object experiencer as a dative NP can alternatively use prepositional phrases to make it explicit (see (7) for English and (8) for Dutch).

(7) He is important/known/serious to him.

(8) Dat is pijnlijk/moeilijk/interessant for Jan.
     'That is embarrassing/difficult/interesting for John.' (Bennis 2000: 28)

Thus, there is evidence for a varying relation between a stimulus and an experiencer role in the adjectival domain. The pattern is also documented for French (Bouillon 1996, Anscom-bre 2004), Italian (Goy 2000), Polish (Rozwadowska and Klimek 2004) and typologically unrelated languages, e.g. Hungarian (Rákosi 2006), Japanese (Căluianu 1996) and Korean (Kim 2008). One expects that the list of languages exhibiting psych-adjectives can be ex-tended. It is relevant to analyse them from various perspectives by identifying their proper-ties both as predicates of the psych-class and as a subcategory of adjectives. In German, it is possible to identify several adjectives belonging to the psych-class; see (9) and (10) for (non-exhaustive) lists of common German SE and OE adjectives. Note that most of the

---

[2] These terms, taken from Landau (2006), are used parallel to the psych-verb distinction.
[3] The missing accusative is generally attributed to the ergativity of adjectives (Haider 1985: 86; Haman 1991).

adjectives that allow a dative NP in German are psych-adjectives. Some exceptions to this generalisation are listed in (11), in which the dative reflects dative-related roles like goal, possessor, benefactive, or the typical object role theme.

(9)   SE adjectives:
        abgeneigt 'be averse', *böse* 'angry', *dankbar* 'thankful', *froh* 'glad', *glücklich* 'happy', *nervös* 'nervous', *optimistisch* 'optimistic', *sauer* 'angry', *stolz* 'proud', *traurig* 'sad', *unsicher* 'uncertain', *verbunden* 'connected', *verfallen* 'addicted', *wütend* 'angry', *zugänglich* 'accessible', *zugetan* 'be attached'

(10)   OE adjectives:
        (un)angenehm '(un)[4]pleasant', *(un)begreiflich* 'believable, comprehensible', *(un)bekannt* 'known', *bewusst* 'aware', *egal* 'doesn't matter', *einerlei* 'doesn't matter', *ernst* 'serious', *fremd* 'alien, strange', *gegenwärtig* 'present', *geheuer* 'fishy', *gleich* 'doesn't matter', *(un)klar* 'clear', *lästig* 'annoying', *lieb* 'beloved', *neu* 'new', *peinlich* 'embarrassing', *recht* 'right', *(un)sympathisch* 'likeable', *unerklärlich* 'unexplainable', *unheimlich* 'eerie', *(un)wohl* 'awkward', *verhasst* 'abhorred', *(un)verständlich* 'understandable', *vertraut* 'familiar', *(un)wichtig* 'important', *willkommen* 'welcome', *zuträglich* 'conducive', *zuwider* 'abhorrent'

(11)   *ähnlich* 'similar', *angeboren* 'innate', *behilflich* 'helpful', *eigen* 'innate, idiosyncratic', *gewachsen* 'be a match for so.', *hörig* 'be a slave to so.', *sicher* 'assured', *unterlegen* 'inferior', *voraus* 'ahead'

Further evidence for the verb-adjective parallelism in the psych-domain can be gained by testing psych-effects for both subclasses, i.e., to find effects that occur especially with psych-predicates. In German, for example, there are special word order conditions for psych-verbs. Although German generally has a scrambling/topicalisation option that allows for a mostly free word order in the middlefield and the free positioning of elements in the prefield, there is a clear difference between the SO and the OS order of a simple SOV sentence in the canonical transitive structure, as illustrated in (12). Compared to the SO order in (12a), the structure exhibiting object fronting in (12b) is non-canonical in that it needs a certain contextual and intonational structure to be licensed (and is therefore marked with #).[5] The subject-experiencer sentences containing Class I psych-verbs show the same word order conditions, as shown in (13). For examples (12) and (13), assume that the sentences are embedded in an all-new conversational context like "What happened?" or "What's going on?".

(12)   a.   Ich glaube, dass die Chefin   den Hausmeister schlägt.
             I   believe that the boss.NOM the janitor.ACC hits
             'I believe that the boss hits the janitor.'

---

[4] The translation holds for all the following examples with the German negation prefix marked by '(un)-'.

[5] A sentence like (12b) is not per se ungrammatical. For example, it can be licensed by a context question like "Who hits the boss?" and a narrow focus intonation on the subject (i).
     (i)   Ich glaube, dass den Hausmeister die CHEfin   schlägt.
            I   believe that the janitor.ACC the boss.NOM hits

b. # Ich glaube, dass den Hausmeister die Chefin schlägt.
   I believe that the janitor.ACC the boss.NOM hits

(13) a. Ich glaube, dass die Chefin den Hausmeister mag.
      I believe that the boss.NOM the janitor.ACC likes
      'I believe that the boss likes the janitor.'

      b. # Ich glaube, dass den Hausmeister die Chefin mag.
         I believe that the janitor.ACC the boss.NOM likes

An exception to the markedness effect are OE sentences. Both orderings provide possible structures without special contextual requirements, as in (14).

(14) a. Ich glaube, dass die Chefin den Hausmeister interessiert.
      I believe that the boss.NOM the janitor.ACC be.interested
      'I believe that the janitor is interested in the boss.'

      b. Ich glaube, dass den Hausmeister die Chefin interessiert.
      I believe that the janitor.ACC the boss.NOM be.interested

The different word order conditions are also observable in adjectival experiencer structures, a fact that supports the idea of a classification parallel to the psych-verbs. Subject-experiencer adjectives, illustrated in (15), trigger the same markedness effect in all-new contexts as the non-psych structures like agent- (16) or possessor-subject (17) adjectives.

Again, the OE sentences show free word order even without contextual licensing of object fronting, as in (18).

(15) a. Ich glaube, dass der Vater$_{EXP}$ dem Lehrer abgeneigt/böse
      I believe that the father.NOM the teacher.DAT averse/angry
      /zugetan ist.
      /attached is
      'I believe that the father is averse to/angry with/attached to the teacher.'

      b. # Ich glaube, dass dem LEHrer der Vater$_{EXP}$ abgeneigt/
         I believe that the teacher.DAT the father.NOM averse/
         böse/zugetan ist.
         angry/attached is

(16) a. Ich glaube, dass der Vater$_{AG}$ dem Lehrer dabei
      I believe that the father.NOM the teacher.DAT in.doing.so
      behilflich ist.
      helpful is
      'I believe that the father helps the teacher in doing that.'

      b. # Ich glaube, dass dem LEHrer der Vater$_{AG}$
         I believe that the teacher.DAT the father.NOM
         dabei behilflich ist.
         in.doing.so helpful is

(17) a. Ich glaube, dass der Vater$_{POSS}$ dem Lehrer   ähnlich ist.
          I   believe that the father.NOM the teacher.DAT similar is
          'I believe that the father resembles the teacher.'

      b. # Ich glaube, dass dem LEHrer   der Vater$_{POSS}$ ähnlich ist.
          I   believe that the   teacher.DAT the father.NOM   similar   is

(18) a. Ich glaube, dass der Lehrer   dem Vater$_{EXP}$ bekannt/
          I   believe that the teacher.NOM   the father.DAT   known/
          willkommen ist.
          welcome   is
          'I believe that the teacher is known/welcome to the teacher.'

      b. Ich glaube, dass dem Vater$_{EXP}$ der Lehrer
          I   believe that the   father.DAT   the teacher.NOM
          bekannt/willkommen ist.
          known/welcome   is

The word order contrast between SE and OE sentences is a characteristic property of psych-predicates in German and it occurs in both verbal as well as adjectival structures.

So far, it has been shown that adjectives from the psych-domain are similar to verbs in that they use different case patterns for the thematic relation of stimulus and experiencer. Additionally, they show a typical word order effect regarding OE structures. Thus, there are good reasons to treat them as a subset of the much-discussed psych-predicates. In the following section, I will discuss the properties of psych-adjectives for the German language.

3.   Exploring German psych-adjectives

In German, adjectives can generally show a valence increase. They range from monadic to triadic and take dative, genitive, and, very rarely, accusative complements.[6] Interestingly, only dative complementation of psych-predicates is productive (Wegener 1998: 73). In the next two subsections, I will take a closer look at the argument structural properties of psych-adjectives and specifically the nature of dative arguments.

---

[6]   The following examples (ii)–(iv) illustrate the possible dative, genitive, and accusative complementation for German adjectives.
   (ii)   Das ist mir   bekannt.
           that is   me.DAT known
           'That is known to me.'
   (iii)   Ich bin dessen   überdrüssig.
           I   am   this.GEN sick
           'I am sick of it.'
   (iv)   Ich bin es   gewohnt.
           I   am   it.ACC   accustomed
           'I am used to it.'

3.1. Argument structure

Psych-predicates express a relation between an experiencer and a stimulus. Thus, one can assume that they are grounding dyadic predicates. "Without an individual capable of experience and without something to be experienced no experience is possible" (Klein and Kutscher 2005: 16; cf. Landau 1999). This assumption is not problematic for psych-verbs, since it is obligatory in most cases to realise both elements "even under strong contextual support", as in (19) (Rákosi 2006: 124).

(19) a. – Do you like the idea of working at weekends?
        – It doesn't really appeal *(to me).

     b. – Did you check your insurance policy before the journey?
        – No, it didn't occur *(to me).   (Rákosi 2006: 124)

In fact, it is possible to assume that both elements are required on a logical-semantic level. As the examples from (20) to (22) illustrate, German OE verbs are more flexible regarding the syntactic optionality.

(20) a. Marias Verhalten nervt/stört ihn.
        'Maria's behaviour bothers/disturbs him.'

     b. Marias Verhalten nervt/stört.
        'Maria's behaviour bothers/disturbs.'

(21) a. Das interessiert/wundert sie nicht.
        'That doesn't interest/surprise them.'

     b. Das interessiert/wundert nicht.
        'That doesn't interest/wonder.'

(22) a. Das gefällt ihnen nicht mehr.
        'That doesn't please them anymore.'

     b. Das gefällt nicht mehr.
        'That doesn't please anymore.'

For OE adjectives, it is an accepted option to realise a sentence without an explicit experiencer, as illustrated in (23). There are comparatively few of them requiring the dative at the syntactic level, as shown in (24).[7]

---

[7] In the case of *fremd, gleich,* and *teuer,* the dative NP is necessary for the desired psych-reading. When they occur without a dative, there is a highly salient non-psych reading due to the different meanings of the adjectives; for an example, see (v).
(v)   Er ist fremd.
       He is alien for *x* (i.e., *x* does not know him).
       He is a stranger (i.e., he is not familiar with an area or neighbourhood).

(23)   Er/Das   ist   (ihr)   …
'He/That   is   (to her) …'
(un)angenehm 'pleasant', *(un)begreiflich* 'unbelievable', *bekannt* 'known', *egal*
'doesn't matter', *einerlei* 'doesn't matter', *ernst* 'serious', *fremd* 'unknown', *klar*
'clear', *lästig* 'annoying', *lieb* 'beloved', *neu* 'new', *peinlich* 'embarrassing', *sympa-
thisch* 'likeable', *unerklärlich* 'unexplainable', *unheimlich* 'eerie', *verhasst* 'abhorred', *verständlich* 'understandable', *wichtig* 'important', …

(24)   Er/Das   ist   *(ihr)   …
'It/That   is   to her …'
bewusst 'aware', *zuwider* 'abhorrent', *fremd* 'unknown', *freund* 'nice', *gleich*
'equal', *teuer* 'dear, beloved'.

Regarding the optionality of arguments, OE verbs seem to be more restricted. In many cases, the versions without an explicit experiencer object are generally imaginable in a special
context, but they are not as common or frequent as the corresponding adjectival structures,
illustrated in (25).[8]

(25)   a.   Marias Verhalten ärgert/empört/bestürzt/verwirrt ihn.
'Maria's behaviour annoys/disgusts/consternates/confuses him.'

b. [?] Marias Verhalten ärgert/empört/bestürzt/verwirrt.
'Maria's behaviour annoys/disgusts/consternates/confuses.'

However, in terms of syntactic valence there is irregular behaviour within the class of
psych-predicates. In both cases the omission of the experiencer results in a common ground-
reading of the sentence. Thus, the expressed feeling is not restricted to a special person or
group of experiencers. The (b)-versions in (20)–(22) and the examples in (25) are general
statements about the property of the subject.

SE adjectives also allow for the omission of the dative NP or the prepositional object representing the stimulus, as (26) and (27) illustrate. As the experiencer in OE structures, the
stimulus remains implicit and is reconstructable from the context.

In verbal SE structures, this omission at the syntactic level is rather unusual, but possible,
as in (28).

(26)   Hans ist (ihr) abgeneigt/böse/dankbar.
'Hans is averse/angry/thankful (to her).'

(27)   Hans ist glücklich/froh/sauer/traurig/wütend (über Marias Verhalten).
'Hans is happy/glad/mad/sad/angry (about Maria's behaviour).'

(28)   a.   Ich staune/verzweifle (über sein neues Hobby).
'I am astonished/saddened by his new hobby.'

---

[8]   The decrease in acceptability or frequency from adjectives to verbs without their experiencer complement is a result of their specific function. Adjectives often denote relative properties for which
the specification (i.e., either omission or insertion) of the source of an opinion can be part of the information. Verbs describe processes or states rather than expressing general evaluations, and thus
the omission of one of their arguments to specify the carrier of an opinion is not self-evident.

b. Ich staune/verzweifle.
   'I am astonished/saddened.' (Kutscher 2009: 54)

In some cases, one could question the existence of an implicit stimulus for SE adjectives. It seems that some of them "can express pure or inherent feelings" (Jackendoff 2007: 224) and can optionally realise a causing stimulus; others need a stimulus at the logical level to form a valid psych-expression. Implication tests can help clarify the situation. Eisenberg (1976), for example, separates *glücklich* 'happy' from other adjectives, because 'being happy' does not imply that there has to be a reason for it. In contrast, 'being angry' needs to be caused by some stimulus that does not necessarily have to be realised in the syntax.

(29) a. Er ist wütend über die Rechnung. → Er ist wütend über etwas. → Er ist wütend.
      'He is angry about the bill. → He is angry about something. → He is angry.'

   b. Er ist wütend. → Er ist wütend über etwas.
      'He is angry → He is angry about something.'

(30) a. Er ist glücklich über seinen Sohn. ↛ Er ist glücklich.
      'He is happy about his son. ↛ He is happy.'

   b. Er ist glücklich. ↛ Er ist glücklich über etwas.
      'He is happy. ↛ He is happy about something.'

The application of implication tests for SE adjectives gives partially vague results, but they indicate an argument-structural variety for the group of subject-experiencer adjectives. Some of the adjectives alternate between 'pure' readings and actual feelings (e.g. 'being sad' is imaginable as pure feeling but generally needs a reason). This impression results from the general possibility of having intrinsic feelings, and second, from an overlap with a group of adjectives denoting mental properties ('a sad man'). If, in general, the selection of an experiencer argument is the central property of psych-predicates, monovalence for subject experiencer adjectives is possible, whereas OE adjectives rely on their experiencer objects. I assume that there is no uniform way to handle all cases.

   In general, testing the optionality of a phrase is one possible way to detect an adjunction process. Thus, the optionality of the dative NP allows one to assume that the datives of psych-adjectives are adjuncts. On the other hand, it is not preferable to put an experiencer dative on a level with temporal or local adjuncts or other free datives, not least because the experiencer is essential for the meaning of a psych-predicate. Hence, I adopt Hole's (2008) optionality test that includes syntactic as well as semantic factors to identify the status of a dative phrase. The test claims that a dative is free (introduced per adjunction) iff the sentence without the dative would not imply there is an individual that is part of the given situation and that could be expressed by a dative phrase. The examples in (31) and (32) illustrate the relevant difference.

(31) Paula gibt einen Lolli.
     'Paula gives a lollipop.'
     Implication: 'There is an *x* that lollipop is given to.' (Hole 2008: 8)

(32)   Paula kocht eine Bouillon.
        'Paula cooks a bouillon.'
        No implication: 'There is an *x* that bouillon is cooked for.'   (ibid.)

In both cases, there is a person expressible by a dative NP, but only the concept of (31) requires an individual at the semantic level. If this test is applied to psych-adjectives, a clear picture arises. Both subject- (33) and object-experiencer (34) sentences imply an individual expressible by a dative phase.

(33)   Marias Verhalten ist unangenehm/egal/bekannt/wichtig.
        'Maria's behaviour is awkward/doesn't matter/is known/is important.'
        Implication: 'There is an *x* that Maria's behaviour is awkward/doesn't matter/is known/is important to.'

(34)   Hans ist abgeneigt/böse/zugetan.
        'Hans is averse/angry/attached.'
        Implication: 'There is an *x* that Hans is averse to/angry with/attached to.'

These results show that the optional datives used in psych-constructions are not free, but part of the predicate's valency.

The facts above lead to the conclusion that the argument structural difference between the psych-adjective subclasses is visible at the semantic level. SE adjectives vary between mono- and bivalence, while OE adjectives are grounding dyadic predicates. Contrary to psych-verbs, most of the adjectives need not realise their objects at the syntactic level. However, in many cases the optionality of an element is not sufficient evidence for an argument/adjunct distinction. Further evidence is the morphological variability of an element. Indeed, there are different potential morphological forms for stimulus or experiencer substitutions. Rákosi (2006: 128) shows that in English, in which no experiencer object NPs are allowed, it is possible to realise the experiencer in two ways, either with a *to*-PP or a *for*-PP.

(35)   This is important to/for me.

(36)   This is interesting to/for me.

Supporting data comes from dative-marking languages like Russian. The dative experiencer NP of modal and evaluative OE predicates can generally be replaced by a *for* (*djila*)-PP (Rákosi 2006: 128). In German, some of the adjectival psych-structures license similar morphological variation. The dative of OE (37) as well as SE adjectives (38) can be replaced by prepositional phrases bearing the individual.

(37)   a.   Das ist mir   unangenehm/peinlich/wichtig.
              that is   me.DAT   awkward/embarrassing/important
              'That is awkward/embarrassing/important to me.'

        b.   Das ist unangenehm/peinlich/wichtig   für mich.
              that is   awkward/embarrassing/important   for me
              'That is awkward/embarrassing/important for me.'

(38) a. Er ist mir   böse.
      he is   me.DAT angry
      'He is angry with me.'

      b. Er ist böse auf mich.
      he is   angry on me.ACC
      'He is angry with me.'

Evidence for the characterisation of the dative experiencer and the dative stimulus as adjuncts is twofold. As the examples above show, the datives are partly optional and morphologically replaceable. But note that, regarding the OE adjectives, there is a difference between the two morphological realisations of the experiencer role. The version with a dative NP expresses a valuation inside the experiencer, while the structures with an experiential *for*-PP are ambiguous between two interpretations: First, the PP can function as a substitution for the dative NP, just as assumed. Second, it can have a benefactive reading, paraphrased as 'for my purposes', which is not possible for the dative NP. It should be assumed that if a phrase can be expressed by other morphological forms and therefore be analysed as an adjunct, it should still maintain its meaning. It is indeed possible to understand a *for*-PP as a localisation of a feeling, too, e.g. with *angenehm* 'comfortable'. But the dative NP versions cannot always appear in the same contexts as the *for*-PP versions, as the contrast in (39) and (40) illustrates.

(39) Du musst ihm$_i$ sagen, dass es wichtig/peinlich für ihn$_i$ ist.
      'You have to tell him that it is important/embarrassing for him.'

(40) # Du musst ihm$_i$ sagen, dass es ihm$_i$ wichtig/peinlich ist.
      'You have to tell him that it is important/embarrassing to him.'

Furthermore, this distinction also explains the difference between *to*-PP and *for*-PP usage in English, as in (35) and (36) above. To what extent these differences in meaning are also detectable in other languages with PP-replaceability needs to be tested.[9]

So far, the possible morphological variation as well as the optionality of the experiencer in adjectival psych-constructions do not constitute a strong enough argument for a characterisation of the dative experiencer as an adjunct. Also notice that the variation is not applicable to all OE adjectives, as in (41).

(41) * Das ist willkommen für mich.
      that is   welcome   for me

In sum, the data indicate that dative experiencers of psych-adjectives should be regarded as facultative arguments. However, there is no convincing reason to assume that they are adjuncts in the classical sense. There is an interesting compromise found in Rákosi (2006). That is, this class of experiencers can be classified as so-called *thematic adjuncts*. They are optional but bear an inherent thematic role. Thus, psych-adjectives "allow an experiencer reading of the dative, but this is only an option and not a necessity. In other words, these

---

[9] For Hungarian, the *for*-replacement is convincing, since the dative is also ambiguous between experiential and benefactive reading (Rákosi 2006: 134). The example in (40) would be acceptable.

predicates are only optionally psychological predicates [...]" (Rákosi 2006: 132). However, there are reasons for rejecting this proposal. The experiential reading of most of the presented adjectives is not optional. Furthermore, there are cases with an obligatory dative, and the data relating to morphological variation, which counts as a typical property of thematic adjuncts, was not fully convincing. Nevertheless, the assumption of a special status for the established classes 'argument' and 'adjunct' captures the facts that have been seen so far. Syntactic optionality and semantic regularity of the experiencer dative constitute a critical case for the argument-adjunct distinction. If the conditions for thematic adjuncts are changed for German psych-adjectives, this is a worthwhile analysis.

Again, the class of subject-experiencer adjectives does not permit a uniform answer. The evidence for morphological variation is partly more convincing, since there are no relevant meaning differences between the NP and the PP version of the stimulus realisation, shown in (42)–(43). Another difference is that there is no uniform PP head for the insertion or replacement of a stimulus NP. Contrary to the *for*-PP for experiencer dative substitution, there are several stimulus-introducing prepositions in German, e.g. *auf* 'with', *von* 'of', *über* 'about', *wegen* 'because of', *durch* 'through, by', even for just one predicate, as in (42).

(42)   Er ist böse mit mir / wegen mir / auf mich.
         'He is angry with me / because of me / at me.'

(43)   a.   Er   ist   der Sache   nicht   abgeneigt.
              he   is   the cause   not   averse
              'He is not averse to the cause.'

         b.   Er ist nicht abgeneigt von der Sache.
              'He is not averse to the cause.'

As already mentioned, some of the SE adjectives need to have a stimulus as their semantic argument, whereas concepts like 'being happy' make sense without any causing stimulus. This distinction may be manifested in different kinds of PP heads. The following examples in (44)–(47) reveal differences between the PP options.

(44)   a.   Karl ist   trotz   des Kaffees müde.
              Karl is   despite   the coffee tired
              'Karl is tired in spite of the coffee.'

         b. * Karls Müdigkeit trotz des Kaffees
              'Karl's tiredness in spite of the coffee'   (Eisenberg 1976: 142)

(45)   a.   Karl ist krank von der Zugluft.
              'Karl is sick because of draft.'

         b. * Karls Krankheit von der Zugluft
              'Karl's sickness because of draft'   (ibid.)

(46)   a.   Karl ist traurig über Paul.
              'Karl is sad about Paul.'

         b.   Karls Trauer (Traurigkeit) über Paul
              'Karl's sadness about Paul'   (ibid.)

(47) a. Karl ist neidisch auf dich.
          'Karl is envious of you.'

      b. Karls Neid auf dich
          'Karl's enviousness of you'   (ibid.)

In contrast to (44) and (45), the nominalisation process in (46) and (47) is grammatical with respect to the PPs. This indicates that, in these cases, the PP has the status of an argument (Eisenberg 1976: 142). Therefore, the stimulus in adjectival SE structures can have either argument or adjunct status.

To sum up: the implication test shows that experiencer and stimulus objects are implied and therefore obligatory at the semantic level – with the exception of SE adjectives denoting pure feelings. The variability test reveals that the substitution of the dative experiencer with a *for*-PP is not a clear alternative, since it leads to an extension of meaning outside the experiencer domain. The stimulus dative of SE adjectives is replaceable in various ways, but an additional nominalisation test indicates a difference between the possible PPs.

I conclude that the argument structure of psych-adjectives is not uniform. There are monadic and dyadic structures, adjectives allowing a PP complement or an obligatory or optional dative NP. Since one can refer to pure feelings and mental states, for some of the adjectives the experiencer is the only obligatory element on a conceptual level. There might always be a causing stimulus, but its surface argument structural relevance is not able to be determined at this point. On the other hand, most of the adjectives describe a relation between an experiencer and a stimulus, akin to the corresponding psych-verbs. However, the data also show that the assumption of the bivalence of psych-adjectives is less certain than for verbs.

The variation in the class of psych-adjectives leads to a solution at the lexical level, but notice that a subclass of OE adjectives reveals a more homogeneous pattern. The dative occurs especially with psych-adjectives and is still productive, optional, and often replaceable by a *for*-PP. In the next section, I will take a closer look at the role of OE adjectives and their datives.

3.2. The dative-experiencer

The choice of case depends on various factors, especially in terms of the dative as the "case of incoherence" (Willems 1997: 203). The dative is frequently discussed because of its ability to mark numerous thematic roles (goal, benefactive, source, experiencer; elaborated in Wegener 1985, Schöfer 1992). Wegener (1985) discusses the different uses of the dative in order to define its central characteristics. She assumes that, generally, the dative is animate and directly involved, and that it acts independently in the relevant situation.

In the case of psych-adjectives, the dative case is primarily used for experiencer encoding and only occasionally for stimulus encoding. The experiencer dative is inherently animate, since it indicates emotional or mental processes. The stimulus dative of SE adjectives can also refer to inanimate objects (48).

(48) Hans ist   dem   Vorschlag (gegenüber) nicht abgeneigt.
      Hans is   the   proposal (towards)   not   averse
      'Hans is not averse to the proposal.'

Inanimate objects are not possible for OE adjectives, which require a potential carrier of an emotion that is fully involved in the situation. The contrast between (49) and (50) points out that the experiencer has to be aware of the situation, which does not hold for an individual realised as a stimulus dative.

(49) * Er ist Maria₁ wichtig, aber sie₁ weiß nichts davon.
     'He is important to Maria, but she doesn't know it.'

(50)   Er ist Maria₁ böse, aber sie₁ weiß nichts davon.
     'He is angry with Maria, but she doesn't know it.'

In German, the characterisation and classification of a dative always includes the consideration of dative classes, i.e., groups of datives with similar structural behaviour and specific semantic functions. The examples in (51)–(54) list the common dative classes.

(51)   *Dativus Commodi*: advantage
     Hans wäscht ihr   das Auto.
     Hans washes her.DAT the car
     'Hans washes the car for her.'

(52)   *Dativus Ethicus*: solicitousness
     Maria wird mir   doch nicht zu spät kommen.
     Maria will me.DAT PART not   too late come
     'I hope that Maria will not be late.'

(53)   *Dativus Iudicantis*: judgment/opinion
     Das ist mir   zu schwer.
     that is me.DAT too heavy
     'That is too heavy for me.'

(54)   Dative of possession:
     Hans tritt ihr   auf den Fuß.
     Hans steps her.DAT on the   foot
     'Hans steps on her foot.'

The stimulus datives of SE-adjectives do not fit in any of these groups, which suggests a rather idiosyncratic usage. The experiencer datives seem to play a special role, since their meaning is close to the *Dativus Iudicantis* (DIu), the dative of judgment in (53). In both cases, the individual expressed by the dative is a carrier of a mental attitude. Compare (55) with (56).

(55)   Marias Verhalten ist ihm   zu blöd.
     Maria's behaviour is him.DAT too stupid
     'Maria's behaviour is too stupid to him.'

(56)   Marias Verhalten ist ihm   unangenehm.
     Maria's behaviour is him.DAT awkward
     'Maria's behaviour is awkward to him.'

German DIu occurs in adjectival or adverbial structures. Furthermore, the DIu, as exemplified in (57) and (58), is licensed by adding *zu* 'too' or *genug* 'enough' to the predicate. The grading particles introduce "a condition for a limit (both upper and lower) regarding the dimension specified in the governing adjective" (Bierwisch 1989: 194). Without them, the structures become ungrammatical, as the examples (57b) and (58b) illustrate.

(57) a. Der Mantel ist mir   nicht groß genug.
           the   coat   is   me.DAT not   big   enough
           'The coat is not big enough for me.'

      b. * Der Mantel ist mir   nicht groß.
           the   coat   is   me.DAT not   big
           'The coat is not big for me.'

(58) a. Der Mantel ist mir   zu groß.
           the   coat   is   me.DAT too big
           'The coat is too big for me.'

      b. * Der Mantel ist mir   groß.
           the   coat   is   me.DAT big
           'The coat is big for me.'

According to Wegener (1985), the replacement of the dative with *für*-PPs is another characteristic of German DIu, as in (59).

(59) a. Der Mantel ist *mir* zu groß.

      b. Der Mantel ist zu groß *für mich.*
        'The coat is too big for me.'

As has been shown in the previous subsection, this morphological substitution is also an option for the dative of many OE adjectives. However, the *for*-substitution of experiencers allows a possible change of meaning and is therefore not an exact substitute for the experiencer dative.

    Although their interpretation is quite similar, the illustrated properties of the DIu distinguish both the judgment and experiencer dative class. But are these differences convincing arguments against a possible unification of experiencer datives and DIus?

    Note that the observed ambiguity emerging from the *for*-PP replacement also arises for the DIu. The PP version allows for an interpretation of the individual as a mere reference point without any mandatory evaluation inside the individual, illustrated in (60).

(60) Der Mantel ist zu groß für ihn (= für seine Körpergröße).
     'The coat is too big for him (= for his size).'

Moreover, Schöfer (1992) points out that the structures with a PP are not necessarily subject to the animacy condition, as in (61).

(61) a. * Der Teppich ist dem Zimmer   zu groß.
           the   carpet   is   the   room.DAT too big
           'The carpet is too big for (= to) the room.'

b.   Der Teppich ist zu groß für das Zimmer.
       'The carpet is too big for the room.'

These facts show that the PP-replacement is not a sufficient alternative for OE datives and the DIu.

Further important evidence for the connection between both classes is that experiencer and DIu contexts are restricted to animate entities, as in (62).

(62)   a. * Marias   Verhalten ist dem Anlass   zu locker.
                Maria's behaviour is   the   occasion.DAT too casual

          b.   Marias   Verhalten ist zu locker für den Anlass.
                Maria's behaviour is   too casual for the occasion.ACC
                'Maria's behaviour is too casual for the occasion.'

The structural similarities of the DIu and experiencer datives are both their ability to appear in adjectival predicative constructions and the optionality of the dative NP in DIu and OE structures, as in (63) and (64), respectively.

(63)   Der Mantel ist zu groß.
         'The coat is too big.'

(64)   Der Stoff ist angenehm.
         'The material is comfortable.'

The comparison of OE adjectival and DIu structures reveals that they have a lot in common. However, if one looks closer at the DIu structures, some differences can be found. The awareness condition for experiencer datives, for example, does not hold for DIu contexts. Compare (65) to (66).

(65) * Der Mantel ist ihr$_i$ unangenehm, aber sie$_i$ weiß es nicht.
        'The coat is uncomfortable for (= to) her, but she doesn't know it.'

(66)   a.   Der Mantel ist ihr$_i$ zu groß, aber sie$_i$ weiß es nicht.
               'The coat is too big for her, but she doesn't know it.'

          b.   Du musst ihr$_i$ sagen, dass ihr$_i$ der Mantel zu groß ist.
               'You have to tell her that the coat is too big for her.'

Obviously, there are two possible readings in the case of DIu. Thus, the meaning change with *for*-phrases is also possible for the DIu-structures. Either the dative individual judges the situation while the speaker merely communicates it, or there is someone from outside the sentence domain, i.e., the speaker himself, who judges the situation without the dative individual being aware of it. In order to disambiguate a DIu structure, one can insert an explicit evaluator, as in (67). Here it can also be shown that the awareness condition is obligatory for the reading in which the dative represents the evaluator, as in (68), but not in the case of an external evaluator, as in (69).

(67)   a.   Der Mantel ist der Frau zu groß.   Evaluator: speaker, woman
            'The coat is too big for the woman.'

       b.   Sie$_i$ findet, dass ihr$_i$ der Mantel zu groß ist.   Evaluator: woman
            'She thinks that the coat is too big for her.'

       c.   Ich finde, dass ihr der Mantel zu groß ist.   Evaluator: speaker
            'I think that the coat is too big for her.'

(68) * Sie$_i$ findet, dass ihr$_i$ der Mantel zu groß ist, aber sie$_i$ weiß es nicht.
       'She thinks that the coat is too big for her, but she doesn't know it.'

(69)   Ich finde, dass ihr$_i$ der Mantel zu groß ist, aber sie$_i$ weiß es nicht.
       'I think that the coat is too big for her, but she doesn't know it.'

A judgment from outside is not possible for adjectival OE structures, illustrated in (70). A speaker can only reflect the meaning or feeling of the individual expressed by the dative NP.

(70) * Ich finde, dass der Mantel der Frau angenehm ist.
       'I think (= in my opinion) the coat is comfortable to the woman.'

However, both the awareness condition and the ambiguity effect in DIu structures depend on the predicate itself. Compare (71) with (66) above. If a subjective predicate is inserted, one finds the same conditions as for OE adjectives.

(71) * Der Kuchen ist ihr zu süß, aber sie weiß es nicht.
       'The cake is too sweet for her (= in her opinion), but she doesn't know it.'

(72) * Ich finde, dass ihr der Kuchen zu süß ist.
       'I think the cake is too sweet for her (= in her opinion).'

Thus, the ambiguous reference of the DIu is missing in some cases, whereas the dative of OE adjectives is generally restricted to the interpretation of an internal evaluation.

At this point, I assume that the characterisation of the DIu has to be revised. One would expect that the DIu, as the dative of judgment or opinion, solely encodes an evaluating individual. The cases in which this individual is a mere reference point without evaluation should not be classified as DIu. If only "judging datives" are included, the parallelism between the DIu and experiencer datives is much more obvious.

In sum, one can assume that the adjectival OE constructions can be seen as an instance of DIu. The most striking difference between OE datives and DIu is the obligatoriness of grading particles. As is known, the particles are not necessary for OE structures. A possible structural solution for this disparity is the adoption of a degree phrase (DegP) proposed by Krivokapić (2006) for both dative structures. For the OE structures without the particle, she assumes an empty head.[10]

---

[10] Krivokapić (2006) is analysing dative arguments in Serbian, in which one can also find corresponding OE adjectives (vi).
   (vi)   Ona   je   Marku   lepa.
          she   is   Marko.DAT pretty
          'She is pretty to/for Marco.'   (Krivokapić 2006: 301)

The comparison of dative experiencers and the DIu largely reveals a lot of similarities. At first sight, the animacy condition, *for*-phrase replacement and the obligatoriness of a grading particle may separate these dative types. However, I argue that the differences only hold for one reading of DIu structures, when the dative does not refer to a judging individual but to an external judging observer. DIu usages in the narrow sense, in which the dative refers to someone expressing a certain mental attitude, are very similar to experiencer datives. With respect to the similarities, the adjectival OE structures are closely related to the DIu pattern. The question regarding how exactly both classes are connected remains open for further research. At this point, it is important to note the resemblance between the adjectival OE structures under examination and the established German DIu as evidence for the evaluative function of the dative experiencer associated with psych-adjectives. These observations give interesting insights into the grounding semantic structure of OE versus SE structures, which will be strengthened in the next section.

4.   Experiencer vs. evaluator

Regarding psych-predicates, the central question is the following: why are there different markings for the experiencer, the individual carrying the feelings, expressed by the predicate? It has been shown that the same question should arise for a special class of adjectives. OE adjectives constitute an interesting case, since they generate a productive pattern and behave consistently compared to SE adjectives. Considering the data in the last section, one can form a concept of the nature of adjectival OE structures. The similarities to the DIu suggest that, additional to the encoding of emotional or mental processes, predication with OE adjectives also contains a process of opinion formation. Roughly speaking, in contrast to SE adjectives, there is an additional evaluative component in the semantics of OE adjectives, which is probably responsible for the different psych-structures in the adjectival domain.

One observation supporting this view is the parallel structural behaviour between OE adjectives and evaluative adjectives (EA). If one assumes that OE adjectives contain a relevant evaluative component, it is thus of interest to compare them to EA, which have already been widely discussed in the literature (see Stowell 1991, Landau 2006, Kertz 2006, Jackendoff 2007). For some examples, see (73).

(73)   rude, mean, clever, smart, nice, kind, silly, imprudent, impolite, generous, courteous, cruel, mad, mischievous, considerate, humane, pretentious, humble, modest, charming, sadistic, masochistic, intelligent, stupid, dumb, idiotic, noble, cowardly, cunning, farsighted, skillful, selfish, crazy, foolish   (Landau 2006: 3)

Interestingly, evaluative adjectives alternate systematically between two syntactic frames. Their subject can either refer to an individual who possesses the expressed property or to an event which is somehow related to an individual, as in (74). This alternation is also observable with most of the OE adjectives (see Bennis 2000, Landau 2006), illustrated in (75). Furthermore, EA (76) as well as OE adjectives (77) allow sentential themes to occur as their subject.

(74) a. John is mean/stupid/funny/nice (…).

      b. That is mean/stupid/funny/nice (…).

(75) a. Hans ist mir angenehm/bekannt/egal/peinlich/nicht geheuer/wichtig (...).
        'Hans is pleasant/is known/doesn't matter/is embarrassing/is fishy/is important
        (…) to me.'

      b. Das ist mir angenehm/bekannt/egal/peinlich/nicht geheuer/wichtig (...).
        'That is pleasant/is known/doesn't matter/is embarrassing/is fishy/is important
        (…) to me.'

(76) It is mean/stupid/funny/nice (…) to do that.

(77) Es ist mir angenehm/egal/peinlich/nicht geheuer/wichtig (…), das zu tun.
      'It is pleasant/doesn't matter/is embarrassing/is fishy/is important (…) to do that.'

However, SE adjectives do not allow these structures, as the examples in (78) illustrate. There seem to be some SE adjectives exhibiting both individuals and events as its subject, as shown in (79). Note that in these cases, the predicate is an instance of EA rather than SE adjectives. Thus, for some SE adjectives there are two different argument structures, one encoding the experiential and one encoding the evaluative usage. As experiencer-adjectives, they are consistent with the SE class, i.e., they do not allow eventive subjects. Note that for two-place SE adjectives, the realisation of a dative NP is not possible in the case of the evaluative reading, as in (80).

(78) a. Hans ist abgeneigt/dankbar/froh/glücklich/nervös/unsicher/wütend/zugetan.
        'Hans is averse/thankful/glad/happy/nervous/unsure/angry/attached.'

      b. * Das ist abgeneigt/dankbar/froh/glücklich/nervös/unsicher/wütend/zugetan.
        'It is averse/thankful/glad/happy/nervous/unsure/angry/attached.'

      c. * Es ist abgeneigt/dankbar/froh/glücklich/nervös/unsicher/wütend/zugetan, das zu
        tun.
        'It is averse/thankful/glad/happy/nervous/unsure/angry/attached to do that.'

(79) a. Hans ist böse/traurig.
        'Hans is mad/sad.'

      b. Das ist böse/traurig.
        'It is mean/sad.'

(80) a. Hans ist mir böse.
        'To me, Hans is mad.'

      b. * Das ist mir böse.
        'It is angry to me.'

There are also differences between EA and OE adjectives. With few exceptions, psych-adjectives are not able to realise the subject individual as a PP adjunct, as in (81).[11] This is a general option for so-called mental property adjectives (MP-adjectives), a special class of evaluative predicates, illustrated in (82). "MP adjectives cannot attribute a property to an action without simultaneously attributing this property to the agent of the action" (Stowell 1991: 111). This is not the case with most of the psych-adjectives, since an event or action can be sad, comfortable, serious, or important without the implication of a personal attribute.

(81)   * Das ist angenehm/bekannt/egal/nicht geheuer/wichtig/willkommen von Hans.
         'It is pleasant/is known/doesn't matter/is fishy/is important/is welcome of Hans.'

(82)   Das ist gemein/dumm/höflich von Hans.
         'It is mean/stupid/polite of Hans.'

A further difference is that OE adjectives can obviously realise the evaluating individual in the form of a dative NP, as in (83), whereas EAs do not have this option, as shown in (84). For EA, there is the option to externalise an evaluator with paraphrases like 'I/They think that…' or 'In my/their opinion …'.

(83)   Der Mann ist mir lästig/sympathisch/unheimlich.
         'The man is annoying/likeable/eerie for (= to) me.'

(84)   * Der Mann ist mir dumm/sadistisch/verrückt.
         'The man is stupid/sadistic/crazy to me.'

Despite these differences, it can be stated that OE adjectives are closer to evaluative predicates than SE-adjectives, since they show relevant structural similarities to the class of evaluative adjectives. The assumption that OE structures are part of the big class of evaluative structures leads to the question why some of the EAs seem to allow the realisation of the evaluator as a dative NP and others do not (reconsider (83) and (84)). I assume that OE adjectives generate a subclass of evaluative structures. Their lexical specification enables them to realise a judging dative individual.

   Interestingly, it seems that the insertion of the dative in adjectival structures is a more flexible pattern than expected. In German, there are also less frequent but clearly understandable OE structures derived from otherwise frequent evaluative structures, as illustrated in (85)–(88). Due to this productive pattern, there is no clear-cut line between the different adjective classes.

(85)   Das Leben ist *mir* widerwärtig u[nd] der Tod ist *mir* grauenhaft.[12]
         'Life is disgusting *to me* and death is gruesome *to me*.'

---

[11]   According to Landau (2006), it is possible to realise the individual as an *of*-PP in an EA as well an OE structure, as in (vii)–(viii).
   (vii)   a.   John was very generous.
             b.   That tribute was very generous (of John).   (Landau 2006: 1)
   (viii) a.   John was appalling/amusing.
             b.   That was appalling/amusing (of John).   (Landau 2006: 40)
[12]   DWDS corpus; Klemperer, Victor [Tagebuch/'diaries'] 1932, p. 287.

(86) Und doch: Dieses neue Christentum ohne das Sakrale ist *mir* ärgerlich.[13]
'And yet: this new Christianity without the sacral (element) is annoying *to me.*'

(87) Ob die Menschen Vernunft haben, ist *mir* entsetzlich problematisch; (...).[14]
'Whether the people are reasonable, is incredibly problematic *to me.*'

(88) Ob bei einem solchen Angebot die Barriere gegen private Eugenik halten wird, das ist *mir* zweifelhaft.[15]
'Whether the barrier against private eugenics can be stable with an offer like this is questionable to me.'

The examples show that the flexibility is interesting evidence for the productivity and the regularity of the adjectival experiencer dative pattern. There are a lot of adjectives showing this potential. However, since this kind of dative is not possible for the EAs in general, evaluation is not a sufficient component. One needs to assume additional semantic conditions to license experiencer datives. I propose that OE adjectives are lexically specified as experiencer [exp] as well as evaluative predicates [val], just as Schöfer (1992) assumes for the cases of *Dativus Iudicantis* in German. With the existence of a dative experiencer, one or more individuals are identified who carry the expressed feeling and attitudes. SE adjectives do not carry an evaluator feature. Additionally, the predication with OE adjectives is more complex than in adjectival SE structures or non-psych structures. In SE structures, the central predication affects the subject, whereas in OE structures the predication is two-dimensional. First, there is an assignment of properties to a subject individual or an event ('be pleasant', 'be likeable') as in SE structures. But second, adjectival OE-predication contains an evaluation by an individual encoded by the dative ('to find sth. pleasant/likeable'). In German, word order variation regulates the prominence of one or the other intended part of predication, as shown in (89).

(89) a. Hans$_{EXP}$ ist Marias Verhalten egal.

b. Marias Verhalten ist Hans$_{EXP}$ egal.
'Maria's behaviour doesn't matter to Hans.'

Finally, the last supporting pieces of evidence for the assumption of specific features for adjectival OE structures are from a typological perspective regarding psych-adjectives. For Hungarian, for example, Rákosi (2006) classifies the largest group of OE adjectives as "evaluative predicates". For Korean OE adjectives, Kim (2008: 3311) assumes that "the dative case is predictable from the lexical conceptual structure of the psych-adjectives". In Japanese, adjectives that express an experiencer-stimulus relation also occur with two different case patterns: the double nominative pattern (NOM/TOP-NOM-pattern) and the dative experiencer pattern. According to Căluianu (1996), the two structures have differing semantic bases. The sentence in (90) represents the sensation pattern, while (91) stands for the evaluation pattern.

---

[13] DIE ZEIT, 12.10.1973, no. 42.
[14] DIE ZEIT, 07.04.1967, no. 14.
[15] DIE ZEIT, 16.01.1998, no. 4.

(90)   Watashi-wa hiyake   shite   kao-ga   atsui.
       I-TOP   get   sunburnt face-NOM hot
       'My face feels hot from the sunburn.'   (Căluianu 1996: 28)

(91)   Watashi-ni-wa kono su:pu-ga   atsui.
       I-DAT-TOP   this soup-NOM   hot
       'This soup feels hot.'   (Căluianu 1996: 32)

The dative experiencer in (91) "is not merely a passive receptor of sensations" (Căluianu 1996: 33). It also passes through an evaluation process. As a consequence, the two experiencers take on different semantic roles; thus, the structures are case-marked differently. Notice that in these cases, the separation problem of adjectival classes emerges much stronger, since it is the same adjective which shows both case patterns.

The data so far indicates that the realisation of experiencers as objects instead of subjects has a certain function. The assumption is as follows: if a language exhibits more than one adjectival psych-structure, there is a semantic difference between them. In German, and apparently in other languages, there is an additional evaluative component. Whether this characterisation can be extended over more languages has yet to be proved. The parallel interpretation of German and Japanese psych-adjectives brings up an interesting perspective. One can hypothesise that this kind of difference commonly appears in the domain of psych-adjectives. Further typological research will bring about a more detailed picture.

5.   Conclusion

This paper constitutes a first appraisal regarding psychological adjectives. There are three main results. First, it was shown that the subject/object-experiencer distinction occurring with psych-verbs is also possible for adjectives from the psych-domain. The parallel word order conditions of psych-verbs and psych-adjectives in German support this idea. Second, the main argument structural properties were documented and thereby left open to future lexical-categorical and typological comparison. The data reveal differences between the realisations of an experiencer as a subject or an object. Object-experiencers seem to stick out from the group, in that their dative argument resembles the *Dativus Iudicantis* in relevant points. That gives rise to a characterisation of the OE structures as an instance of judgment. As a final result, this finding was supported by the comparison to the class of evaluative adjectives as well as to external data from Japanese, where similar differences with psych-adjectives were found. Thus, it has been argued that the assumption of an evaluative component for OE adjectives is well supported. OE adjectives are predicates of subjective evaluation, whereas SE adjectives primarily refer to the emotional state of an individual.

The extension of the class of psych-predicates reveals an interesting regular pattern. OE adjectives allow for the realisation of the evaluator/experiencer of the expressed feeling as a dative NP. The only productive case of adjectival complementation appears to be optional and semantically homogeneous. Note that the extension is also applicable to nouns. German psych-nouns in copular constructions seem to allow the same dative insertion, as shown in (92).

(92)   Es ist mir eine Ehre/eine Freude/ein Leichtes.
        'It's an honour/a pleasure/easy to me.'

Based on the dative, one finds many other adjective-related structures which carry the potential of encoding an evaluating individual in the same way.

(93)   Das scheint mir ungewöhnlich/unpassend/machbar zu sein.
        'It seems extraordinary/inappropriate/feasible to me.'

(94)   Das kommt mir ungewöhnlich/unpassend/komisch vor.
        'It appears to be extraordinary/inappropriate/feasible to me.'

In general, psych-predicates do not seem to follow the grammatical rules which cover the core repertoire of predicate structures. At first sight, this behaviour suggests that they build exceptional structures which are most likely regulated in the lexicon, but given the relevance of cognitive concepts in general and the cross-linguistic validation of the so-called psych-effects, there is good reason to negotiate the "exceptional" status of psych-predicates. The type of effects they show often depends on language-specific factors; however, the existence of effects reflects a core property of psych-predicates.

Additionally, the case of psych-adjectives alludes to several key issues in linguistics: case marking, linking, semantic roles, subjectivity, evaluation, emotional encoding, just to name a few. Moreover and most importantly, it is not an individual language effect. That is why the present paper built on the suggestion of identifying regular properties of (alleged) irregular non-directional patterns, just as Fries (2007) pointed out as a tendency in linguistic research. An exhaustive analysis of a phenomenon which concentrates on its core properties can give more insight into central linguistic questions, since it may uncover connections that might otherwise be overlooked.

References

Anagnostopoulou, Elena. 1999. On experiencers. In *Studies in Greek Syntax,* ed. by Artemis Alexiadou, Geoffrey Horrocks, and Melita Stavrou, 67–93. Studies in Natural Language and Linguistic Theory 43. Dordrecht: Kluwer Academic Publishers.

Anscombre, Jean-Claude. 2004. From psych-nouns to psych-adjectives in French: Some semantics insights. *Journal of Cognitive Science* 5: 51–71.

Arad, Maya. 1998. Psych-notes. *UCL Working Papers in Linguistics* 10: 203–223.

Belletti, Adriana and Luigi Rizzi. 1988. Psych-verbs and Θ-theory. *Natural Language and Linguistic Theory* 6: 291–352.

Bennis, Hans. 2000. Adjectives and argument structure. In *Lexical Specification and Lexical Insertion,* ed. by Peter Coopmans, Martin Everaert, and Jane Grimshaw, 27–69. Philadelphia: John Benjamins.

Bennis, Hans. 2004. Unergative adjectives and psych-verbs. In *The Unaccusativity Puzzle: Explorations of the Syntax-Lexicon Interface*, ed. by Artemis Alexiadou, Elena Anagnostopoulou, and Martin Everaert, 84–137. Oxford: Oxford University Press.

Bierwisch, Manfred. 1989. The semantics of gradation. In *Dimensional Adjectives: Grammatical Structure and Conceptual Interpretation*, ed. by Manfred Bierwisch and Ewald Lang, 71–261. Berlin: Springer Verlag.

Bouillon, Pierrette. 1996. Mental state adjectives. The perspective of generative lexicon. In *Proceedings of the 16th International Conference on Computational Linguistics (COLING-96)*, 143–148. Copenhagen.

Căluianu, Daniela. 1996. Case patterns with subjective adjectives. *Tsukuba Working Papers in Linguistics* 3: 27–40.

Chen, Dong-Dong. 1995. UTAH: Chinese psych verbs and beyond. In *Proceedings of the 6th North American Conference on Chinese Linguistics,* ed. by José Camacho and Lina Choueiri, 15–29. Los Angeles: GSIL, University of Southern California.

Croft, William. 1993. Case marking and the semantics of mental verbs. In *Semantics and the Lexicon*, ed. by James Pustejovsky, 55–72. Dordrecht: Kluwer Academic Publishers.

Eisenberg, Peter. 1976. *Oberflächenstruktur und logische Struktur. Untersuchung zur Syntax und Semantik des deutschen Prädikatadjektivs.* Tübingen: Niemeyer.

Fries, Norbert. 2007. Schnittstellen, Arbitrarität, Kern und Rand. In *Deutsche Grammatik im europäischen Dialog: Beiträge zum Kongress Krakau 2006*, ed. by Norbert Fries and Christiane Fries. http://www2.rz.hu-berlin.de/linguistik/institut/syntax/krakau2006/beitraege/fries.pdf (last access: 27.06.13).

Gallmann, Peter. 1992. Dativanhebung? *Groninger Arbeiten zur Germanistischen Linguistik (GAGL)* 35: 92–122.

Goy, Anna. 2000. Lexical semantics of emotional adjectives. In *Linguistics in Cognitive Science: Proceedings of Student Conference in Linguistics 10*, ed. by Michele Feist, Stephen Fix, Jennifer Hay, and Julia Moore, 49–60. MIT Working Papers in Linguistics 37. Cambridge, MA: MIT Press.

Grimshaw, Jane. 1990. *Argument Structure*. Cambridge, MA: MIT Press.

Haider, Hubert. 1985. The Case of German. In *Studies in German Grammar*, ed. by Jindrich Toman, 23–64. Studies in Generative Grammar 21. Dordrecht: Foris Publications Holland.

Haman, Cornelia. 1991. Adjectives. In *Semantik/Semantics: An International Handbook of Contemporary Research*, ed. by Arnim von Stechow and Dieter Wunderlich, 657–674. Berlin: de Gruyter.

Hole, Daniel. 2008. Dativ, Bindung, Diathese. Habilitation thesis. Humboldt-Universität zu Berlin. http://www.ilg.uni-stuttgart.de/mitarbeiter/hole/HabilHolemitTitel.pdf (last access: 10.07.13).

Jackendoff, Ray. 2007. *Language, Consciousness, Culture: Essays on Mental Structure.* Cambridge, MA: MIT Press.

Kertz, Laura. 2006. Evaluative adjectives: An adjunct control analysis. In *Proceedings of the 25th West Coast Conference on Formal Linguistics*, ed. by Donald Baumer, David Montero, and Michael Scanlon, 229–235. Somerville, MA: Cascadilla Proceedings Project.

Kim, Ilkyu. 2008. On the nature of dative case in Korean dative experiencer constructions. In *Current Issues in Unity and Diversity of Languages: Collection of the Papers Selected from the CIL 18, Held at Korea University in Seoul, on July 21–26, 2008*, ed. by the Linguistic Society of Korea, 3310–3329. Seoul: Korea University.

Kim, Young-joo and Richard Larson. 1989. Scope interpretation and the syntax of psych-verbs. *Linguistic Inquiry* 20: 681–688.

Klein, Katharina and Silvia Kutscher. 2005. Lexical economy and case selection of psych-verbs in German. Script, Ruhr-Universität Bochum. http://www.linguistics.ruhr-uni-bochum.de/~klein/papers/LexEconPsych.pdf (last access: 10.07.13).

Krivokapić, Jelena. 2006. Putting things into perspective. The function of the dative in adjectival constructions in Serbian. In *Datives and Other Cases: Between Argument Structure and Event Structure,* ed. by Daniel Hole, André Meinunger, and Werner Abraham, 301–329. Amsterdam: Benjamins.

Kutscher, Silvia. 2009. *Kausalität und Argumentrealisierung: Zur Konstruktionsvarianz bei Psychverben in europäischen Sprachen.* Linguistische Arbeiten 528. Tübingen: Niemeyer.

Landau, Idan. 1999. Psych-adjectives and semantic selection. *The Linguistic Review* 16: 333–358.

Landau, Idan. 2006. Ways of being rude. Script, Ben Gurion University. http://www.bgu.ac.il/~idanl/files/Rude%20Adjectives%20July06.pdf (last access: 10.07.13).

Landau, Idan. 2010. *The Locative Syntax of Experiencers.* Cambridge, MA: MIT Press.

Pesetsky, David. 1987. Binding problems with experiencer verbs. *Linguistic Inquiry* 18: 126–140.

Pesetzky, David. 1995. *Zero Syntax: Experiencers and Cascades.* Cambridge, MA: MIT Press.

Pylkkänen, Liina. 1997. Stage and individual-level psych verbs in Finnish. Paper presented at Workshop on Events as Grammatical Objects, Cornell University, Ithaca.

Rákosi, György. 2006. Dative experiencer predicates in Hungarian. Dissertation, Universiteit Utrecht. http://igitur-archive.library.uu.nl/dissertations/2006-1122-200507/full.pdf (last access: 10.07.13).

Rozwadowska, Bożena and Dorota Klimek. 2004. From psych adjectives to psych verbs. *Poznań Studies in Contemporary Linguistics* 39: 59–72.

Schöfer, Göran. 1992. Semantische Funktionen des Dativs. Vorschlag einer Alternative zur Diskussion um den homogenen/heterogenen Dativ der deutschen Gegenwartssprache. Dissertation. Münster: Nodus Publikationen.

Stowell, Tim. 1991. The alignment of arguments in adjective phrases. *Syntax and Semantics* 25: 105–135.

Verhoeven, Elisabeth. 2007. *Experiential Constructions in Yucatec Maya: A Typologically Based Analysis of a Functional Domain in a Mayan Language.* SLCS 87. Amsterdam: Benjamins.

Verhoeven, Elisabeth. 2008. Grammaticalization in constructions: Clitic doubling with experiencers in Modern Greek. In *Studies on Grammaticalization*, ed. by Elisabeth Verhoeven, 251–281. Berlin: de Gruyter.

Verhoeven, Elisabeth. 2009: Subjects, agents, experiencers, and animates in competition: Modern Greek argument order. *Linguistische Berichte* 219: 355–376.

Willems, Klaas. 1997. *Kasus, grammatische Bedeutung und kognitive Linguistik: Ein Beitrag zur allgemeinen Sprachwissenschaft.* Tübingen: Narr.

Wegener, Heide. 1985. *Der Dativ im heutigen Deutsch.* Studien zur Deutschen Grammatik 28. Tübingen: Narr.

Wegener, Heide. 1998. Die Kasus des EXP. In *Die Kasus im Deutschen: Form und Inhalt,* ed. by Marcel Vuillaume, 71–83. Tübingen: Stauffenburg.

Result states, target states, and aspectual perfectivity[*]

Athina Sioupi

1. Introduction

1.1. The concept of core and periphery

In the earliest work in generative grammar, one of the central claims as detailed in Chomsky (1981) was the concept of „core" and „peripheral" grammar. The core properties of grammar are those which are determined by the principles and parameters of Universal Grammar (UG), i.e. the regularities of language, while the „peripheral" properties include exceptions or idiosyncratic features of the language „phenomena that result from historical accident, dialect mixture, personal idiosyncracies, and the like" (Chomsky and Lasnik 1993) (see also Jackendoff and Pinker 2005). In the Minimalist Program (Chomsky 1995), there is only a rough distinction between the core and the periphery „for working purposes (and nothing more than that)" (Chomsky 1995: 19). Chomsky defines core and periphery as follows:

> [...] the core consists of what we tentatively assume to be pure instantiations of UG and the periphery consists of marked exceptions (irregular verbs, etc.).
>
> (Chomsky 1995: 19–20)

Although Chomsky (1980) himself does not concentrate on logic and formal semantics, and in Chomsky (1993) he assumes a single point in the derivation of syntactic structure that serves as the interface level with conceptual structure (i.e. a system of mind that is responsible for the understanding of sentences in context), there are theories that encode lexical meaning in relation to syntactic structures, i.e. Generative Semantics, accounts that try to establish a connection between semantics and syntax, such as Montague Grammar, or others that propose a relation between one and only one syntactic configuration and one and only one thematic role, such as Baker's (1988) Uniformity of Theta Assignment Hypothesis (UTAH) in the Government and Binding. But, as it is well-known, there does not exist a

[*] This paper is based on the talk given at the 9th International Conference on Greek Linguistics held in Chicago in October 2009. I thank the participants of the conference for comments, and Anastasia Giannakidou and Melita Stavrou for helpful discussions on these topics. I also thank Jannis Veloudis for comments on earlier and later versions of this paper which led to significant improvements. Special thanks are due to Anna McNay for correcting my English. All remaining errors are my responsibility. Για τον Νόρμπερτ, με ευγνωμοσύνη.

one-to-one correspondence between syntactic categories and conceptual categories (cf. Jackendoff 1997).[1]

1.2. Lexical aspect

Semantic-conceptual categories study the distribution of perfectivity; lexical aspect is one such category in the literature. My focus is on particular lexical aspect which is analysed in terms of binary semantic features such as: stative/dynamic, durative/punctual and telic/atelic.[2] These three features have been used by many scholars, in order to account for the Vendlerian aspectual types; Vendler's classification has undergone alternations, since it has been proven that it is not sufficient to distinguish all lexical aspect types. Especially his verb class *achievements* appears to be problematic as it is not homogeneous and includes transitive (*win the race*), intransitive (*arrive*) and ditransitive verbs (*give him a ball*). Related to achievements, Vendler's model cannot explain for example, why some achievements in perfective aspect in Greek can be modified by adverbials while others cannot, as the following examples (1a, b) illustrate:

(1)   a.   Anikse   tin porta / eliose   ton pago   entelos/telios.
             opened.3.SG.PFV the door / melted.3.SG.PFV the ice   completely
             'S/he opened the door / melted the ice completely.'

        b. * Kerdise   ton agona entelos/telios.[3]
             won.3.SG.PFV   the race   completely

In this paper, I will attempt to show, first that morphological aspect has an effect on the availability of different readings. Perfective aspect in Greek is eventive and salient about the result state; it is the verb type as well as discourse context that contribute to assign the correct aspectual interpretation to the sentence (see also Holton et al. 1997: 21, Giannakidou 2003, Koutoupi-Kitis and Tsangalidis 2005, Tsimpli et al. 2008 for Greek L1 and L2). Second, I will investigate the hypothesis that target state and result state are different states, depending on the nature of the verbal expression and the particular core event it expresses (Moens and Steedman 1988: 17). I will demonstrate that in Greek, as in English, Vendler's aspectual class *achievements* can be split into *reversible,* namely verbs that result in a reversible result state, i.e. target state, and *irreversible achievements*, namely those that result in a permanent, i.e. irreversible result state (cf. Kratzer 2000, Croft 2012 inter alia). In other words, I will propose that the asymmetry between (1a) and (1b) is due to different types of achievements. Third, I will present a semantic analysis of perfective aspect in Greek.

The structure of the paper is as follows. I begin with a brief overview of viewpoint (grammatical) aspect in Greek, concentrating on the contrast between perfective and imper-

---

[1]   See Fries (2007) for the assumption that phenomena with a strong generalisation tendency belong to the core, while phenomena with a weak generalisation tendency belong to the periphery.

[2]   Telicity is also known as *bounded*, having a *culmination* (van Hout 1997, 1998, Rothstein 2001) or endpoint, *quantized* (cf. Krifka 1989, 1992, 1998) or *measuring out* (Tenny 1987, 1994, Levin and Rappaport Hovav 1995).

[3]   Abbreviations used in the interlinear glosses: 3.SG = third person singular, 1.SG = first person singular, IMP = imperfective aspect, PFV = perfective aspect.

fective aspect (section 2). In section 3, I continue with a review of Vendler's classification on a par with classifications along different lines from the traditional Vendler-classification. Following Parsons (1990) and Kratzer (2000), I support the distinction between result states and target states and I argue that the result interpretation depends on the nature of the verbal expression in relation to the event. Carrying out some diagnostics, I show that some telic events, i.e. achievements in perfective aspect can be reversible, i.e. they can denote a target state, while others are irreversible and refer only to a result state. In the final section, I outline the aspectual categories as presented in Sioupi (2014) and I propose an account for the semantics of Greek perfective aspect. Section 4 summarises the findings.

2. Setting the scene: perfectivity and imperfectivity in Greek

Although this study provides the semantics of perfective aspect in Greek in the form of a time interval semantics, there is no question whether aspect belongs to the core or to the periphery, since every verb in the Greek verb system is inflected for tense and aspect. In other words, all verb forms are marked morphologically as either imperfective or perfective in all tenses, i.e. when a verb selects a form marked for one aspect, the other form is excluded. Most Greek verbs have both perfective and imperfective stems (with exceptions). In (2) the perfective and imperfective forms of the verb *liono* ('I melt') are given in order to show how aspect interacts with tense:

(2)

ASPECT → TENSE/MOOD ↓	IMPERFECTIVE	PERFECTIVE
NON-PAST	lion-o 'I melt' (Present) and 'I am melting' (Present)	lios-o dependent[4]
PAST	e-lion-a 'I was melting' and 'I used to melt' (Imperfect)	e-lios-a 'I melted' (Simple past)

The stem *lion-* is marked for imperfective aspect, while *lios-* for perfective. The prefix *e-* attaches to the verbal stem and marks the past (imperfect or simple past), while the ending suffix (*-o*, *-a*) indicates the person and the number (singular or plural).

The perfective is used when the action is seen as a completed whole, and the imperfective when the action is viewed as continuous/progressive or as habitual (cf. Holton et al. 1997, also Mozer 1993, 1994, Giannakidou 2003, 2009, Horrocks and Stavrou 2003, 2007[5] inter alia). Next, I look at the perfective and imperfective aspect mentioned in this section.

---

[4]   The verb form which combines perfective aspect and non past 'lioso' is called dependent since it cannot function as a tense on its own.

[5]   Horrocks and Stavrou (2003, 2007) use the term (non-)delimitedness as the semantic counterpart of the morphological opposition between perfective and imperfective and (non-)terminative for the

2.1. The perfective aspect

The perfective aspect in Greek presents the eventuality as a single and complete event (Holton et al. 1997, Iatridou et al. 2003 inter alia).[6] The perfective and imperfective aspects interact with the system of tenses; each verb is based on a stem which is marked either as perfective (*eliosa* 'I melted') or as imperfective aspect (*eliona* 'I was melting'). The present tense can only appear with the imperfective aspect *liono* ('melt').

2.2. The imperfective aspect

Greek, as opposed to English, does not have different forms to express the subdivisions of the imperfective aspect, namely of the progressive ('be + ... ing') and the habitual ('used to + Infinitive')[7] as indicated in (3, 4, 5) (cf. Holton et al. 1997, Moser 1994: 42, Giannakidou 2002, 2003, 2009, Koutoupi-Kitis and Tsangalidis 2005, Horrocks and Stavrou 2007).

The imperfective aspect in Greek presents the situation either as ongoing, hence as a single but continuous event or as a habitual repeated one, as the following example from Holton et al. (1997: 217) shows:

(3)   Den grafi sti mitera tou poly sixna.
       'He does not write to his mother very frequently.'   (progressive or habitual)

Graf- corresponds to the imperfective aspect and the adverb *sixna* ('frequently') leads to habitual interpretation.

The sentence in imperfective past acts as a background within the action expressed by the perfective past that took place (Holton et al. 1997: 218), as illustrated in (4):

(4)   Tin ora pou xtipise to tilefono egrafa ena gramma sto Niko.
       'When the phone rang, I was writing a letter to Nikos.'
                                                   (Holton et al. 1997: 218, example 1)

It can also present a continuous situation:

(5)   O   Petros   duleve   oli tin Kirjaki.
       the Peter   worked.3.SG.IMP   all the Sunday
       'Peter worked/was working all day on Sunday.'
                                 (Koutoupi-Kitis and Tsangalidis 2005: 146, example 6)

Adverbials like *sixna* ('frequently') and *kathe evdomada* ('every week') point to the generic/habitual interpretation of the imperfective; adverbials like *tora* ('now') and *afti ti stigmi*

---

distinction between telic and atelic. Terminativity refers to the lexical aspectual character (Aktionsart) of verbs. When a verb denotes an activity that is understood as having a natural end-point it is described as terminative (e.g. *go*, as in *went to the station*). Iatridou et al. (2003) call the feature that appears with perfective morphology *bounded* and with imperfective morphology *unbounded*.

[6]   See also Smith (1997: 61) for English.

[7]   The same form in English ('used to + Infinitive') is used also for states that are essential for a long period in the past. In these cases, the meanings are no longer regarded as states that do not hold any more, as the example from Comrie (1976: 27–28) illustrates: *The Temple of Diana used to stand at Ephesus* ('O naos tis Artemidos vriskotan stin Efeso').

('at this moment') point to a continuous/progressive interpretation of the imperfective.[8] The imperfective aspect is not the main focus of this study; it is mentioned here only insofar as it will be used for the understanding of aspectual system in Greek throughout the paper.

In what follows I discuss the verb classes as found in the recent literature (section 3.1), then, I examine the reading of perfective aspect of achievements carrying out some diagnostics (section 3.2) and I present my account (section 3.3).

3. Analysis

3.1. Events

Most studies of aspect assume Vendler's (1957/1967) four verb classes: states (*hate, know, believe*), activities (*run, walk, sleep*), achievements (*win, recognise, break*) and accomplishments (*build a house, eat a sandwich, drive a car*). Recall from section 1.2 that Vendler describes these classes in terms of a small set of features such as dynamicity/stativity, duration/punctuality and telicity/atelicity, determined at the VP level (cf. Dowty 1979, Krifka 1992, 1998, Verkuyl 1989 inter alia). Although this classification is too simplistic and has been criticised (cf. Levin 2006, Rappaport Hovav 2008, Croft 2012, Sioupi 2012 inter alia), it is useful for getting an idea of lexical aspect, i.e. of the aspectual classes and the relations between them. One of the most important aspectual notions introduced is dynamicity/stativity, i.e. whether a verb involves change or not. According to this notion there are events that involve change, such as activities, accomplishments and achievements, and events that do not involve change, such as states (cf. Dowty 1979, Verkuyl 1989, Filip 1993/99; see also Rothstein 2004, 2007 for the assumption that only accomplishments and achievements dispose of the feature [+ change]).

Since many predicates do not fit to these categories, there have been attempts by some researchers to change the traditional four-way Vendler classification. Moens and Steedman (1998) refer to activities (*run, swim, walk*) as *extended verbs without culmination and without consequent state*, defining a consequent state as "a transition to a new state of the world" (Moens and Steedman 1998: 16), while Engelberg (2000) defines them as *durative verbs without result state*. Accomplishments (*build a house, eat an apple*) are classified in the category called *extended, culminated processes verbs with consequent state* by Moens and Steedman (1998), or *durative with result state* by Engelberg (2000) and *durative result verbs* by Levin (2009). Achievements (*recognize, win the race, spot*) are *atomic verbs with culmination and consequent state* according to Moens and Steedman (1998). In this verb class, the culmination introduces a transition from one state to another. Engelberg (2000) refers to this category as *punctual with result state*, while Levin (2007) uses the term *result verbs*. Verbs such as *hiccup, tap* and *wink*, known as semelfactives, are typical of what Moens and Steedman call *atomic point verbs without consequent state*, whilst Engelberg (2000) and Levin (2006) refer to them as *punctual without result state*. All these categories describe events and are distinguished from states.

---

[8] Giannakidou (2009) mentions that there is also the generic meaning of the progressive. This reading is beyond the scope of this paper.

Here I would like to suggest an explanation for the data in (1a) and (1b) with respect to perfective aspect and result/target state information. I begin by reviewing briefly the notion of 'resultant state' and 'target state', found in Parsons (1990):

Resultant state:

> for every event *e* that culminates, there is a corresponding state that holds forever after. This is "the state of *e*'s having culminated", which I call the "Resultant state of e," or "e's R-state". If Mary eats lunch, then there is a state that holds forever after: the state of Mary's having eaten lunch.   (Parsons 1990: 234)

A target state à la Parsons is some set of properties that must hold of the patient at the end of the event and immediately beyond (Beavers 2008 and p.c., Rappaport 2008, for Greek Mavromanolaki 2001, Anagnostopoulou 2003, Sioupi 2012).

Target state:

> if I throw a ball onto the roof, the target state of this event is the ball's being on the roof, a state that may or may not last for a long time. What I am calling the Resultant-state is different; it is the state of my having thrown the ball onto the roof, and it is a state that cannot cease holding at some later time.   (Parsons 1990: 235)

In other words, a target state holds for states that are reversible, while a result state holds for states that hold forever after, i.e. that are irreversible (cf. Croft 2012).

Parsons (1990), Kamp and Reyle (1993), and Giorgi and Pianesi (1998), define a result state for both eventualities, atelic and telic. Kratzer (1994) argues that only telic events have a natural result state (target state) associated with them (cf. Engelberg 2007 for German, Levin 2006 inter alia). Kratzer (1998) and von Stechow (1999, 2001) introduce the idea of resultative aspect; in their account resultative and perfect cannot co-occur. In Pancheva (2003) resultative is treated as a viewpoint aspect, on a par with perfective, imperfective and neutral.[9]

> [...] this viewpoint aspect not only asserts that the telic event (e.g. *lose my glasses*) culminates but also, crucially, that the result state after culmination of the event (*my glasses be lost*) holds at a time that includes the endpoint of the reference time.
>   (Pancheva 2003: 288)

Pancheva (2003) argues that resultative necessarily selects a telic Aktionsart. To illustrate the case, an accomplishment event such as *build a sandcastle* comes to an end when the result state, namely the state in which the whole sandcastle exists, is reached. The same holds for an event such as *write a letter* or an achievement such as *lose my glasses*; the first comes to a natural endpoint when the letter is finished and this natural endpoint is the result state, while the latter "causes a state of the glasses being lost" (Pancheva 2003: 279). Such result states are lexically specified, that is, they are built into the meaning of verbs. In contrast, an activity (*run*) (atelic) does not have an inherent result state, that is, an event of running may stop, because of the tiredness of the agent; in other words, *run* results in the

---

[9]   Smith (1991/1997) characterises as neutral aspect the grammatical aspect that allows reference only to the beginning and the internal temporal structure, i.e. it does not assert the end point of a telic event.

state of the agent's tiredness but this state is independent of the lexical meaning of the verb. The same holds for an activity such as *building sandcastles*; it results in a state which is not inherently, lexically determined, according to Pancheva (2003) (cf. Giannakidou 2003 for the assumption that result states are not part of the meaning of the perfect itself).

Along with Kratzer (1998, 2000) and Pancheva (2003), I argue that only telic events have a result state (target state). Since accomplishments constitute non-homogeneous eventualities exhibiting a result state, I focus on achievements in order to account for the contrast between (1a) and (1b). In the next section I apply a variety of criteria as a means to show that there is no uniform reading of perfective aspect to all telic verbs, in particular to achievements. It will emerge that the different reading of perfective aspect is determined by a variety of factors, including lexical and nonlexical. In particular, we see in examples (6, 7a,b, 8a–c) that, although all these verbs below appear in perfective aspect they have different interpretations.

3.2. Diagnostics for perfective aspect

Recall from section 1.2 that the Vendlerian category *achievements* does not form a homogeneous class; I adopt the distinction between *reversible* and *irreversible achievements* as used in works such as Croft (2012): the former result in reversible result states, in particular target states, while the latter introduce permanent, that is irreversible result states. In what follows I show, proposing a variety of diagnostics, that the subclass of achievements in Greek, change of state verbs (COS) (*open*, *close*) (Rappaport Hovav and Levin, 2002; Kennedy and Levin, 2008; Beavers, 2006, 2008b inter alia), as well as degree achievements (DAs) (*cool, warm, dry*) (e.g. Dowty 1979, Abusch 1986, Hay et al. 1999), can also be split into these two types. In other words, I show that these categories describe events that can have not only a natural endpoint and a result state that follows, i.e. are permanent, irreversible result states, but also a reversible result state, available when modified by adverbials or when they are complements of *miazo* ('look') or *parameno* ('remain'). I also present criteria for postulating achievements as events that do not result in reversible but only in irreversible result states.

3.2.1. Degree modifier *entelos/telios* ('completely')

The first diagnostic is the use of degree modifiers such as *entelos/telios* ('completely') with COS verbs *anigo* ('open') and *liono* ('melt'): the verbs in the first conjunct of (6) denote that the door is in the state resulting from an opening / a melting / a defrosting event and can combine with the degree modifier *entelos/telios* ('completely'), as illustrated in (6):

(6)　　Anikse　　　　　tin porta / eliose　　　　　ton　pago ala oxi　entelos/telios.
　　　　opened.3.SG.PFV　the door / melted.3.SG.PFV　the　ice　but not　completely
　　　　'S/he opened the door / melted the ice but not completely.'

This diagnostic shows that these verbs describe states that are reversible, i.e. they exhibit a target state. If they were irreversible, the negation that we insert in the second conjunct of (6) would result to a contradiction.

The same behaviour is displayed with DAs (*cool, warm, dry*), a term introduced by Dowty (1979) (see also Abusch 1986). According to Dowty, these verbs also denote also a change of state and pattern with achievements but they can show the properties of activities and accomplishments as well (cf. Rappaport 2008); they may be telic or atelic and they are durative in contrast to COS verbs which can be either punctual or durative (Hay et al. 1999, Kennedy and Levin 2008, Tenny 1992, 1994). DAs can combine with the degree modifier *entelos/telios* ('completely') which shows that they can yield a target state interpretation, as in (7a, b):

(7) a. I   supa   kriose/zestathike   ala   oxi   entelos/telios.
         the soup cooled/warmed.3.SG.PFV but   not   completely
         'The soup cooled/warmed but not completely.'

     b. Ta   ruxa   stegnosan   ala   oxi   entelos/telios.
         the clothes   dried.3.SG.PFV but   not   completely
         'The clothes dried but not completely.'

By the same test with other punctual COS verbs the degree modifier *entelos/telios* ('completely') leads to ungrammaticality, as illustrated in (8a–c):

(8) a. * Anatinakse   to   ktirio   ala   oxi   entelos/telios.
          exploded.3.SG.PFV the building but   not   completely

     b. * Kerdise   ton agona ala   oxi   entelos.
          won.3.SG.PFV the   race   but   not   completely

     c. * Espase   to   vazo ala   oxi   entelos/telios.
          broke.3.SG.PFV the vase but   not   completely

The contrast between (6, 7a,b) and (8a–c) can be accounted for proposing, following Croft (2012), that in Greek, like in English, there are two types of COS verbs: (a) those that result in reversible result states, such as (6, 7a, b), and (b) those that result in permanent, hence irreversible result state such as (8a–c). The degree modifier *entelos/telios* ('completely') is not compatible with punctual COS verbs (8a–c), since there is no way to measure a punctual event. Another term for reversible result states, as already mentioned above, is the term *target state*; throughout the rest of this paper I will use the term *target state*.

3.2.2. Compatibility of *akoma* ('still') with adjectival passive

The second diagnostic is the compatibility of *still* with the corresponding adjective or adjectival passive. Kratzer (2000) argues that *immer noch / still* modifies a reversible state, i.e. a target state and is compatible with adjectival passives related only to verbs which lexicalise a reversible state. Kratzer (2000) uses the diagnostic with the adverbial *immer noch / still* in order to argue that in German the state or adjectival passive *Zustandspassiv* ('state passive') is not homogeneous and she proposes two different subclasses: the target state and the resultant state passives (the term is borrowed from Parsons 1990) (cf. 9a, b and 10a, b):

Target state passives:

(9) a. Der Deckel ist immer noch abgeschraubt.
         The lid   is   still   screwed off.

b. Das Gebäude ist immer noch geräumt.
The building is still evacuated.

Resultant state passives:

(10) a. Der Briefkasten ist (*immer noch) geleert.
The mail box is (*still) emptied.

b. Die Wäsche ist (*immer noch) getrocknet.
The laundry is (*still) dried.

(from Kratzer 2000: 1, examples (1) d, e, (2) b, c respectively)

Condoravdi (2011) for English points out that only one type of participles is acceptable with *immer noch / still* (cf. 11–15). The following examples with result states predications in adjectival participles illustrate the case:

(11) The window is still opened.
→ Window still open

(12) The meeting is still postponed.
→ Still no meeting

(13) The office is (*still) emptied.

(14) The lake is (*still) dried.

(15) The theorem is (*still) proven.

(Condoravdi 2011, ex. 8–12)

In order to account for the (in)compatibility of the adverbial *akoma* ('still') with adjectival participles, we have to take under consideration that Greek has a periphrastic construction which is relevant with adjectival passives in German and English, as illustrated in (16a, b). This periphrastic construction (cf. 16a, b) is formed with the auxiliary 'be' and a participle; the auxiliary inflects for person, number and tense, while the participle agrees with the subject in case, gender and number (for adjectival passives in Greek see Veloudis 1990, Anagnostopoulou 2003, Samioti 2013).

In Greek, as in German, participles can also be categorised into two subclasses, target and result states and exhibit similar behaviour as pointed out by Anagnostopoulou (2003) and Alexiadou and Anagnostopoulou (2008): target state participles are compatible with the adverbial *akoma* ('still'), while resultant state participles do not form grammatical sentences when combined with *akoma* ('still') (cf. 16a, b):

(16) a. Ta pedhia ine akoma krimena.
The children are still hidden.

b. To theorima ine (*akoma) apodedigmeno.
The theorem is (still) proven.

(Anagnostopoulou 2003: 15, examples 52a, 53a respectively)

The participles with *-menos* are understood as resulting from prior events; however, there is another class of participles in Greek, the ones with *-tos* that are interpreted as denoting a characteristic state, as examples (40a, b) from Anangostopoulou (2003: 12) show, here repeated as (17a, b) (cf. Markantonatou et al. 1997, Georgala 2001, Kordoni 2002, Alexiadou and Anagnostopoulou 2008) (compare example 6):

(17) a. I   porta   ine   akoma   anixti/klisti.
          the   door   is   still   open/closed
          'The door is open/closed.'

      b. I   porta   ine   akoma   anigmeni/klismeni.
          the   door   is   still   opened/closed
          'The door is opened/closed.'

In (17a) there is no implication of an opening/closing event, as Anagnostopoulou (2003: 12) argues, while (17b) indicates that the door is open or closed as a result of an opening/closing of the door.

If we apply the same diagnostic to the same verb class, we notice that target states participles with -*menos* form grammatical sentences with the modifier *akoma* ('still') (cf. 17a, b, 18a), while the modification with result state participles with -*menos* (18b–d) yield to ungrammaticality (cf. 18a in comparison to 6 vs. 18b–d in comparison to 8a–c):

(18) a. O   pagos   ine   akoma   liomenos.
          the   ice   is   still   melt
          'The ice is melted.'   (target state)

      b.* To   ktirio   ine   akoma   anatinagmeno.
          the   building is   still   exploded   (result state)

      c.* O   agonas   ine   akoma   kerdizmenos.
          the   game   is   still   won   (result state)

      d.* To   vazo   ine   akoma   spasmeno.
          the   vase   is   still   broken   (result state)

Recall, that we have proposed that Greek COS verbs, i.e. achievements are divided into two classes, reversible result states verbs, i.e. target state verbs, and irreversible result state verbs. The adverbial *akoma* ('still') modifies reversible result states and is compatible only with target states; irreversible result states do not tolerate *akoma* ('still'). In other words, the change the building undergoes as a result of an explosion is that of "becoming exploded", hence an irreversible result state, which cannot be modified by the adverbial *akoma* ('still'). The same holds for (18c, d).

3.2.3. Compatibility with the durational adverbial *ja* X *ora* ('for X time')

The third diagnostic is the compatibility with the durational adverbial *ja* X *ora* ('for X time'). Verbs that can form target state participles exhibit target states that are compatible with *for*-adverbials, while verbs that do not form target state participles do not have target states that allow modification by *for*-adverbials, as shown in Kratzer (2000) for German (see also Anagnostopoulou 2003):

(19) Wir werden das Boot für ein paar Stunden aufpumpen.
     we will the boat for a few hours up-pump
     'We will inflate the boat for a few hours.'
     Implies: the boat will remain inflated for a few hours.

(20) * Wir werden den Briefkasten für drei Tage leeren.
     we will the mailbox for three days empty
     'We will empty the mailbox for three days.'

                            (from Kratzer 2000, examples 10b, 11b respectively)

Kratzer (2000) assumes that when the modifier *für* X *Zeit* ('for X time') forms grammatical sentences then the reading is that a claim is made about the length of the target state.

Engelberg (2000: 83) and Zybatow (2004), among others, point out that the modifier *für* X *Zeit* ('for X time') refers to the result state, which must be reversible, that is, to the state after the event. The requirement is that it can only appear when the agent takes part in the event and controls the event until the end of the result state, as the example from Engelberg (2000: 82) illustrates: *die Arbeiter besetzten die Fabrik für eine Stunde* ("The workers occupied.3PL.PFV the factory for an hour") (cf. Sioupi 2012 and the examples cited therein). Engelberg (2000) proposes, like Kratzer (2000), that the modifier *für* X *Zeit* ('for X time') has another temporal interpretation; it needn't only indicate the length of the result state, but also the length of time during which the existence of the result state serves the fulfilment of a specific goal. (19) does not imply that the boat will be deflated after few hours and (20) cannot be modified by *für* X *Zeit* ('for X time'). These two interpretations have to be separated, according to Engelberg.

Greek behaves exactly the same. In Greek, verbs that are compatible with the durational time adverbial *ja* X *ora* ('for X time') have, in addition to the reading in which the adverbial modifies the amount of time for which the action denoted by the verb took place, a reading in which it modifies the amount of time the target state lasted (cf. Parsons 1990, Rappaport 2008, for Greek Mavromanolaki 2001, 2002, Iatridou et al. 2003, Anagnostopoulou 2003, Giannakidou 2003, 2009, Sioupi 2009a, 2012).

When COS verbs (21a) and DAs (21b) are combined with the durational adverbial *ja* X *ora* ('for X time'), the event concentrates on the transitory result state, i.e. on the target state. According to Croft (2012) DAs (*directed activities* in his term)

> [...] involve a continuous (or at least incremental) change, but without a transition to a
> result state representing a completed action.   (Croft 2012: 60)

The adverbial *ja* X *ora* ('for X time') in (21a, b) describes the duration of this change, i.e. of the target state characterised by the verb. In (21a) the interpretation is that the refrigerator remained defrosted, and in (21b) that the soup remained warm, a transitory state that does not hold forever after. By contrast, (21c) is ungrammatical according to Anagnostopoulou (2003) (s. footnote 10):

(21) a. Ksepagose to psigio ja dio ores.
          defrosted.3.SG.PFV the refrigerator for two hours
          'S/he defrosted the refrigerator for two hours.' (target state)
                             (from Sioupi 2012: 216, example 8b)

    b.   Zestane   ti   supa ja   dio lepta.
         warmed.3.SG.PFV   the soup for two minutes
         'S/he warmed the soup for two minutes.'   (target state)

    c. * Stegnosa   ta   ruxa   ja   dio ores.[10]
         dried.1.SG.PFV the clothes for two hours
         'I dried the clothes for two hours.'

                                       (from Anagnostopoulou 2003: 16, example 58b)

With a target state meaning, failing the *ja* X *ora* ('for *X* time') test has to be a matter of meaning. DAs are associated with a gradual change; in recent works the gradual change is treated as a scale associated with the verbal meaning (Hay et al. 1999, Kennedy and Levin 2008).

    This diagnostic seems not to work with all types of achievements. Punctual COS verbs (22a–d) as well as DAs (21c) when combined with the adverbial *ja* X *ora* ('for *X* time') do not form grammatical sentences:

(22)   a. * Espase   to   vazo ja   dio lepta.
         broke.3.SG.PFV the vase for two hours
         'S/he broke the vase for two hours.'   (result state)

    b. * Anatinakse   to   ktirio ja   dio lepta.
         exploded.3.SG.PFV the building for two minutes
         'S/he exploded the building for two minutes.'   (result state)

    c. * Apedikse   to   theorima ja   deka xronia.
         proved.3.SG.PFV the theorem for ten   years
         'S/he proved the theorem for ten years.'   (result state)
                                       (from Anagnostopoulou 2003: 16, example 58a)

    d. * Kerdise   ton agona ja   dio lepta.
         won.3.SG.PFV the game for two minutes
         'S/he won the game for two minutes.'

(22a–d) result in permanent result states and, therefore, the combination with the adverbial *ja* X *ora* ('for *X* time') leads to ungrammaticality.

3.2.4. Modification of *sxedon* ('almost')

The fourth diagnostic is the modification of *sxedon* ('almost').

---

[10] As Jannis Veloudis (p.c.) has pointed out, (21c) is grammatical in the following context: *stegnosa ta ruxa ja dio ores meta ta mazepsa giati erxotan vroxi* (= I let the washing dry.PFV for two hours, then I picked.PFV them up, because a thunderstorm was coming). The sentence appears even more acceptable if the adverb *mono* ('only') is added: *stegnosa ta ruxa mono ja dio ores meta ta mazepsa giati erxotan vroxi* (= I let the washing dry.PFV only for two hours, then I picked.PFV them up, because a thunderstorm was coming).

A telic predicate modified by *almost* is ambiguous between a reading in which the described event is claimed to have occurred but not quite been completed, and one in which it is asserted not to have occurred at all. (Dowty 1979, Hay et al. 1999: 128)

The *almost* diagnostic with COS verbs (23a) and DAs (23b) modifies events that have been completed and it is compatible only with target states (cf. 21c and 23; also footnote 10):

(23) a. To psigio   sxedon ksepagose.
           the refrigerator almost defrosted.3.SG.PFV
           'The refrigerator defrosted.'   (target state)
           Implies: the refrigerator is almost defrosted.

      b. Ta ruxa   sxedon stegnosan.
           the clothes almost dried.3.SG.PFV
           'The clothes almost dried.'   (target state)
           Implies: the clothes are almost dry.

The same adverbial with the punctual verb of COS *spazo* ('break') as well as with achievements implies that the event has not occurred (24a–d):

(24) a. [?] To vazo sxedon   espase.
          .the vase   almost broke.3.SG.PFV
           'The vase almost broke.'   (result state)
           Implies: The vase did not break.

      b. To theorima sxedon apodixthike.
           the theorem almost proved.3.SG.PFV
           'The theorem was almost proved.'   (result state)
           Implies: the theorem was not proved.

      c. O agonas sxedon kerdithike.
           the game   almost won.3.SG.PFV
           'The game was almost won.'   (result state)
           Implies: the game was not won.

(24b, c) result in irreversible result states; the judgements of the native speakers are not uniform in what concerns the verb *spazo* ('break') in (24a).

3.2.5. Acceptability of *ksana* ('again')

The fifth diagnostic is the acceptability of *ksana* ('again') with COS verbs and with DAs.

Adverbs like *again* display ambiguity (Dowty 1979, von Stechow 1996, Rappaport Hovav 2008). Rappaport argues that in a case of a sentence with a verb like *open* such as *I opened the door again*

> [...] there is a reading in which the door had been open and I cause the door to be in this state once more (though we do not know if it had been opened by anyone before). The other reading is of course one in which there were two events of door-opening [...].
> (Rappaport Hovav 2008: 33)

In other words the presupposition of *again* targets a result state predication associated with the verb. According to Condoravdi (2011) the following sentence is compatible with the reading the cave is open, then it is closed, then it is opened as a result of our opening it (cf. 25):

(25)   We open the entrance to the cave again.

This reading is not to be found in a sentence like (26). This sentence can only mean that the satellite has left the earth only once.

(26)   The satellite entered the earth again.

Accomplishments (known as incremental theme verbs) such as *read* and *scan* are not ambiguous, as the following examples show:

(27)   a.   I read the book again.   (not ambiguous)

       b.   I scanned the book again.   (not ambiguous)
                        (Rappaport Hovav 2008: 33, examples 42a, b respectively)

The same verb classes in Greek exhibit the same behaviour, as shown in example (28a) with COS verbs, in (28b) with DAs, and in (28c) with an incremental theme verb:

(28)   a.   Anikse   / eklise   tin   porta   ksana.   (ambiguous)
            opened.3.SG.PFV   / close.3.SG.PFV   the   door   again
            'S/he open/ closed the door again.'

       b.   Zestane   ti   supa   ksana.   (ambiguous)
            warmed.3.SG.PFV   the   soup   again
            'S/he warmed the soup again.'

       c.   Diavase   to   vivlio   ksana.   (not ambiguous)
            read.3.SG.PFV   the   book   again
            'S/he read the book again.'

3.2.6. Modification by degree modifier *poli* ('very')

The sixth criterion is the modification by the degree modifier *poli* ('very'): resultant state participles are never gradable and never permit the degree modifier *very* (Kratzer 2000: 14). In Greek it seems that resultant state participles are related to verbs that disallow modification by the degree modifier *very*, while target state participles can be modified by the degree modifier *very*. This contrast is illustrated in (29a, b):

(29)   a. * To theorima   ine   poli   apodedigmeno.
          the theorem   is   very   proven   (resultant state)

       b. * To ktirio   ine   poli   anatinagmeno.
          the building   is   very   exploded   (resultant state)

c. [?] To vazo ine poli spasmeno.[11]
    the vase is very broken   (resultant state)

d. I porta ine poli anigmeni.
    the door is very opened
    'The door is very open.'   (target state)

e. I supa ine poli zestameni.
    the soup is very warmed
    'The soup is very warm.'   (target state)

According to Croft (2012: 58) there are four kinds of states: transitory states (*the door is open*), permanent states that are split into acquired (*the window is shattered*) and inherent states (*she is French*), and point states (*the sun is at its zenith*). Point states are also permanent states.

> Transitory states have a start and may have an end, represented by the end of the transitory state before the end of time dimension. Permanent states hold for the (remaining) lifetime of the entity. [...]Acquired permanent states are true of the entity for its entire lifetime once the state has been acquired.   (Croft 2012: 58)

Examples (29a–c) are (acquired) permanent states, while (29d, e) denote a transitory stage-level state. Under that condition, (29a–c) are ruled out.

Note that it is not the case, that all resultant state participles (permanent acquired states in Croft's terminology) disallow modification by the degree modifier *poli* ('very'), as the following examples illustrate:

f. I poli ine poli katestrameni.
    the town is very distroyed
    'The town is heavily damaged.'   (resultant state)

g. To ktirio ine poli vomvardismeno.
    the building is very bombed
    'The building is heavily bombed.'   (resultant state)

It seems that Croft's and Kratzer's assumption about resultant state participles (permanent acquired states) cannot apply, at least in Greek, since the degree modifier *poli* ('very') is licit with some resultant states participles, with the implication that something can (or cannot) be repaired (cf. 29c, f, g; also footnote 11). Further research is needed in order to determine the resultant state participles that can be modified by *poli* ('very').

3.2.7. Compatibility with the verb *parameno* ('remain')

The seventh criterion is the compatibility with the verb *parameno* ('remain').

Not all participles based on COS verbs (30a) and on DAs (30b) are compatible with *parameno* ('remain'), as the following examples show (30a, b vs. 30b–d):

---

[11] Thanks to Jannis Veloudis for bringing to my attention that this sentence is grammatical when interpreted as follows: *to vazo ine poli spasmeno, den epidexete apokatastasi* (= the vase is broken at various points along its length, it cannot be repaired).

(30)   a.   I   porta   paremine   anigmeni.
            the   door   remained.3.SG   opened
            'The door remained opened.'   (target state)
                                              (Anagnostopoulou 2003: 23, ex. 75)

       b.   O   uranos paremine   skotiniasmenos.
            the   sky   remained.3.SG   cloudy
            'The sky remained cloudy.'   (target state)

       c. * To vazo paremine   spasmeno.
            the vase   remained.3.SG   broken.   (result state)

       d. * O   agonas paremine   kerdismenos.
            the   race   remained.3.SG   won   (result state)

It seems that only verbs that have target states can form target participles that can occur as
complements of the verb *parameni* ('remain').

3.2.8. Summary of the diagnostics

To summarise, I have argued that what is responsible for result interpretation is lexical aspect and not the perfective aspect in Greek. There are other factors that contribute to the
choice of one or another of the perfective aspect interpretations, such as adverbials. I have
shown that different adverbials trigger different perfective aspect readings. The target state
reading is possible on a par with a result state interpretation when perfective telic events, i.e.
COS verbs as well as DAs that are reversible are modified by an appropriate adverbial.
Some adverbials that allow this reading are (3.2.1) *entelos/telios* ('completely'), (3.2.2)
akoma ('still'), (3.2.3) *ja X ora* ('for *X* time'), (3.2.4) *sxedon* ('almost'), (3.2.5) *ksana*
('again'), (3.2.6) the degree modifier *poli* ('very'), and (3.2.7) participles that occur as complements of the verb *parameno* ('remain'). I also have shown that not all achievements but
only reversible achievements are licit with the adverbials discussed above, since they can
exhibit properties of activities, achievements and accomplishments.
   In the next section, I will present the semantic analysis.

3.3.   The semantics of perfective aspect

Now that we have identified that perfective aspect is salient to the result, and that the result
interpretation depends on the aspectual makeup of the verb as well as on other factors, let us
turn to the semantics of the perfective aspect.
   In previous work (Sioupi 2014), I suggested that all eventualities are characterised by a
final endpoint, either natural (accomplishments, achievements) or arbitrary (activities,
states). I also argued that there is no distinction between eventualities such as activi-
ties/processes (*run, swim, walk*) on the one hand and accomplishments (*build a house, eat
an apple*) and achievements (*recognise, win the race, spot*) on the other (Vendler's terminology) (Moens and Steedman 1988, Kamp and Reyle 1994, Giannakidou 2003, 2009 for
Greek, and Engelberg 2000 for German); they are all events of time that have a culmination
(final) point (cf. Sioupi 2014). I assumed that an activity/process such as *run* can be viewed
as having a final endpoint which is not natural but arbitrary. For example, sentences like

Anna runs typify an event of running which may end due to the tiredness of the agent. In other words activities may terminate or stop, but they do not finish (cf. Smith 1991/1997). Activities/processes are homogeneous situations (divisive in Krifka's terminology) according to the subinterval property (Bennett and Partee 1972, see also Dowty 1989, Krifka 1992, 1998)[12], i.e. parts of a process are processes of the same nature. In contrast, neither the class of accomplishments nor the one of achievements are homogeneous. An utterance such as *Anna builds a house* is viewed as a state of affairs that takes time, i.e. it is durative and has a final natural endpoint associated with it. As Smith (1991/1997) argues not all accomplishments are completed; this final endpoint may never be reached and a house may never exist, since Anna may change her mind. A sentence like *Anna wins the race* describes a punctual or instantaneous event with a natural endpoint, i.e. an achievement. Verbs such as *hiccup*, *tap* and *wink* are punctual without result state. These events are also known as semelfactives. States are stable situations; they do not "take time" (Smith 1997: 32); they are homogeneous with no internal structure, i.e. they exhibit the subinterval property and hold for all subintervals of an interval. Following Smith (1991/1997) I proposed in Sioupi (2014) that states may have initial and final arbitrary endpoints but these depend on the situation itself (cf. Veloudis 2010: 21 for the assumption that the endpoints of states are not defined). In a situation like *Anna is rich* there is neither initial nor final endpoint, since it is not known whether Anna is born rich or if she became rich.[13]

For the semantic analysis I assume the framework of event semantics with ontological domains structured by the mereological part-whole relation (Bach 1986, Krifka 1998 inter alia).[14] I introduce the maximal operator on time of the predicate[15] following Krifka (p.c.). In my analysis all predicates are analysed as having a maximal time; the existence of the final (natural or arbitrary) endpoint is not of importance. Perfective verbs that introduce this maximal operator into the logical representation of a sentence pick out the maximal amount of time. Let us use the notation *t* for time, *max t* for the maximal time of the predicate, and $<$ for precede.

The semantics with a verb of COS is given in (31a), where $max(t,P)$ stands for the maximal time of the predicate (31a'):

(31)   a.   I   Anna   anikse   to   parathiro.
           the   Anna   opened.3.SG.PFV   the   window
           'Anna opened the window.'

     a'. $\exists t\ [t < now \land max(t, \lambda t'\ [\text{open-the-window }(A,t')])]$

         $max(t,P)$ applies iff :
$\begin{cases} - \ t \text{ is an interval} \\ - \ P(t) \\ - \ \neg\exists t'[t \sqsubset t' \land t' \text{ is an interval} \land P(t')] \end{cases}$

---

[12]   According to Dowty (1979), the subinterval property holds of an interval iff the eventuality that holds at that interval holds of every subinterval of that interval.

[13]   Thanks to Manfred Krifka for bringing this example to my attention.

[14]   For an extended discussion on perfective and imperfective aspect in Greek, see Sioupi (2014).

[15]   Filip (2008) introduces the term "maximalization operator on events" which applies to a partially ordered set of events; telicity is understood as maximalization operation on events intersects.

(31a') represents the reading which says that for a time t that took part before now, t is the maximal time of the predicate *open-the-window*, during which Anna opened the window. For the maximal time of a predicate apply the following requirements: (a) t is an interval, (b) P applies to t, and (c) it is not the case that for at least t', t is a real part of t' and t' is an interval and P applies to t'.

The representation of perfective aspect has been elaborated to capture all dynamic verb classes: activities, accomplishments, achievements with result or target state. For an achievement given in (32a):

(32)   a.   I   Anna   kerdise   ton   agona.
            the   Anna   won.3.SG.PFV   the   race
            'Anna won the race.'

The interpretation will be as in (31) and the same requirements apply:

   a'. $\exists t\ [t < now \land max(t, \lambda t'\ [\text{win-the-race}\ (A,t')])]$.

   $max(t,P)$ applies iff : $\begin{cases} - & t \text{ is an interval} \\ - & P(t) \\ - & \neg\exists t'[t \sqsubset t' \land t' \text{ is an interval} \land P(t')]. \end{cases}$

(32a') asserts that for a time t that took part before now t is the maximal time of the predicate *win-the-race*. For the maximal time of the predicate apply the same requirements: (a) t is an interval, (b) P applies to t, and (c) it is not the case that for at least t', t is a real part of t' and t' is an interval and P applies to t'.

4.   Conclusion

In this paper I have argued that the result interpretation of perfective aspect depends on the nature of the verbal expression in relation to the event and not on perfective aspect itself. I have split achievements, in particular COS verbs and DAs, into reversible, that is, into those that refer to target state and into irreversible, namely into those that introduce irreversible result state. By means of diagnostics such as degree modifiers *entelos/telios* ('completely'), *akoma* ('still'), the adverbial *ja X ora* ('for *X* time'), *sxedon* ('almost'), *ksana* ('again'), *poli* ('very'), and participles that appear as complements of *parameno* ('remain'), I have tried to show that some COS verbs, as well as some DAs do not only denote an irreversible result state, but also a reversible result state, namely a target state, which is available when they are modified by these adverbials, while others exhibit only an irreversible result state reading.

I further proposed a semantic analysis of perfective aspect in Modern Greek. In particular, hypothesising that perfective aspect in Greek relies on maximal time, the semantic analysis I proposed emphasises that perfective aspect in Greek, a language in which most verbs are systematically realised as morphologically perfective, is not resultative.

This analysis left a number of questions pending. Notably, in addition to adverbials, other factors contributing to eventive interpretation, such as general knowledge and pragmatic principles of interpretation, all left out of my analysis, should also be assessed.

Another question worth investigating is which verb classes yield the eventive and/or the result reading. This issue gives rise to the following question: does a verb have a basic aspectual class? As is well-known, the inherent lexical semantic properties of a verb and its verb class may shift category. For example, besides the activity reading (cf. 33a), verbs that are classified as activities can also have an accomplishment reading both when used with a modifier and even when in isolation in appropriate contexts (cf. 33b); in the latter case the perfective aspect exhibits a result interpretation (cf. 33b):

(33) a. Etrekse.
         ran.3.SG.PFV
         'S/he ran.'   (in the sense of an unspecified distance)

      b. Etrekse   sto   spiti   tu   filu   tis.
         ran.3.SG.PFV in-the   house   the   friend her
         'S/he ran to her friends place.'

These verbs cannot be categorised as activities once and for all. As Croft (2012: 67) points out, each verb has an aspectual potential for possible aspectual types or for the construals it allows.

Further examination of criteria that are not inherent to the domain of eventualities but to verbal predicates would be fruitful. To illustrate the point, consider incremental theme verbs[16], which may appear with a bare plural argument (i.e. a plural NP without a determiner), as illustrated in (34a). For an accomplishment such as (34b) that occurs with a DP *ena kastro* ('a castle'), there is a result state, i.e. the state of the existence of a castle, while, for an activity such as (34a) that appears bare *kastra* ('castles'), there is no analogous result state, since the sandcastles may not exist (cf. Pancheva 2003 for perfect interpretations in English):

(34) a. Extise   kastra   apo   amo.
         build.3.SG.PFV castles of   sand
         'S/he has built sandcastles.'

      b. Extise   ena   kastro   apo   amo.
         build.3.SG.PFV a   castle   of   sand
         'S/he has built a sandcastle.'

References

Abusch, Dorit. 1986. Verbs of change, causation and time. CSLI Report 86–50. Stanford, CA: Stanford University.

Alexiadou, Artemis and Elena Anagnostopoulou. 2008. Structuring participles. In *Proceedings of the 26th West Coast Conference on Formal Linguistics*, ed. by Charles B. Chang and Hannah J. Haynie, 33–41. Somerville, MA: Cascadilla Proceedings Project.

---

[16] The term incremental theme is introduced by Dowty (1991) and refers to the gradual change (see also Krifka 1992 and section 3.2).

Anagnostopoulou, Elena. 2003. Participles and voice. In *Perfect Explorations*, ed. by Artemis Alexiadou, Monika Rathert, and Arnim von Stechow, 1–36. Berlin: de Gruyter.

Bach, Emmon. 1986: The algebra of events. *Linguistics and Philosophy* 9: 5–16.

Baker, Mark. 1988: *Incorporation: A Theory of Grammatical Function Changing*. Chicago: University of Chicago Press.

Beavers, John. 2006. The aspectual behaviour of ditransitives in English. Paper given at the Linguistic Society of America 80th Annual Meeting, Albuquerque, NM.

Beavers, John. 2008. Scalar complexity and the structure of events. In *Event structure in Linguistic Form and Interpretation*, ed. by Johannes Dölling, Tatiana Heyde-Zybatow, and Martin Schäfer, 245–265. Berlin: de Gruyter.

Bennett, Michael and Barbara Partee. 1972. *Toward the Logic of Tense and Aspect in English*. Santa Monica, California: System Development Corporation.

Chomsky, Noam. 1980. *Rules and Representations*. New York: Columbia University Press.

Chomsky, Noam. 1981. *Lectures on Government and Binding*. Dordrecht: Foris

Chomsy, Noam. 1986. *Knowledge of Language*. New York: Praeger.

Chomsky, Noam. 1993. A minimalist program for linguistic theory. In *The View From Building 20: Essays in Linguistics in Honor of Sylvain Bromberge*, ed. by Kenneth Hale and Samuel Jay Keyser. Cambridge, Mass.: MIT Press. Reprinted in 1993 *The Minimalist Program*, 167–218. Cambridge, Mass.: MIT Press.

Chomsky, Noam. 1995. Categories and transformations. In *The Minimalist Program*, 219–394, Cambridge, Mass.: MIT Press.

Chomsky, Noam and Howard Lasnik. 1993. The theory of principles and parameters. In *Syntax: An International Handbook of Contemporary Research*, ed. by Joachim Jacobs, Arnim von Stechow, Wolfgang Sternefeld, and Theo Vennemann. Berlin: de Gruyter. Reprinted in 1993 *The Minimalist Program*, 13–127. Cambridge MA: MIT Press.

Comrie, Bernard. 1976. *Aspect. An Introduction to the Study of Verbal Aspect and Related Problems*. Cambridge: Cambridge University Press.

Condoravdi, Anna. 2011. Result state predications: Slides of talk presented at the Workshop on Aspect and Modality in Lexical Semantics, University of Stuttgart, September 2011.

Croft, William. 2012. *Verbs: Aspect and Causal Structure*. Oxford: Oxford University Press.

Declerck, Renaat. 1979. Aspect and the bounded/unbounded (telic/atelic) distinction. *Linguistics* 17: 761–94.

Dowty, David. 1979. *Word Meaning and Montague Grammar*. Dordrecht: Kluwer.

Dowty, David. 1989. On the semantic content of the notion of 'thematic role'. In *Properties, Types, and Meaning II*, ed. by Gennaro Chierchia, Barbara H. Partee, and Raymond Turner, 69–129. Dordrecht: Kluwer.

Dowty, David. 1991. Thematic proto-roles and argument selection. *Language* 67: 547–619.

Engelberg, Stefan. 2000. *Verben, Ereignisse und das Lexikon*. Tübingen: Niemeyer.

Filip, Hana. 1993. Aspect, situation types and nominal reference. Ph.D. thesis, University of California at Berkeley.

Filip, Hana. 1999. *Aspect, Eventuality Types and Nominal Reference*. New York: Garland.

Filip, Hana. 2008. Events and maximalization: a case of perfectivity and telicity. In *Theoretical and Crosslinguistic Approaches to the Semantics of Aspect*, ed. by Susan Rothstein, 217–256. Linguistik Aktuell 110. Amsterdam: John Benjamins.

Fries, Norbert. 2007. Schnittstellen, Arbitrarität, Kern und Rand. In *Deutsche Grammatik im europäischen Dialog. Beiträge zum Kongress Krakau 2006*, ed. by Antoni Dębski and Norbert Fries, Kraków/Berlin. Online: http://krakau2006.anaman.de (15.05.2013).

Georgala, Efi. 2001. The translational correspondence between the Modern Greek formations ending in *-tos* and *-menos* and their equivalent form in German. Ms, Institute of Natural Language Processing of the University of Stuttgart.

Giannakidou, Anastasia. 2003. A puzzle about until and the present perfect. In *Perfect Explorations,* ed. by Artemis Alexiadou, Monika Rachert, and Arnim von Stechow, 101–133. Berlin: de Gruyter.

Giannakidou, Anastasia. 2009. The dependency of the subjunctive revisited: temporal semantics and polarity. *Lingua* 119: 1883–1908.

Giorgi, Alessandra and Fabio Pianesi. 1998: *Tense and Aspect: From Semantics to Morphosyntax.* Oxford: Oxford University Press.

Hay, Jennifer, Chris Kennedy, and Beth Levin. 1999. Scalar structure underlies telicity in "degree achievements". In *SALT IX*, ed. by Tanya Matthews and Devon Strolovitch, 127–144, Ithaca: CLC Publicatons.

Holton, David, Peter Mackridge, and Irene Philippaki-Warburton. 1997. *Greek: A comprehensive Grammar of the Modern Language.* London: Routledge.

Horrocks, Geoffrey and Melita Stavrou. 2003. Actions and their results in Greek and English: the complementarity of morphologically encoded (viewpoint) aspect and syntactic resultative predication. *Journal of Semantics* 20: 297–327.

Horrocks, Geoffrey and Melita Stavrou. 2007. Grammaticalized aspect and spatio-temporal culmination. *Lingua* 117: 605–644.

Jackendoff, Ray. 1990. *Semantic Structures.* Cambridge, Mass.: MIT Press.

Jackendoff, Ray. 1997. *The Architecture of the Language Faculty.* Linguistic Inquire Monographs 28. Cambridge, Mass.: MIT Press.

Jackendoff, Ray and Steven Pinker. 2005. The nature of the language faculty and its implications for evolution of language (Reply to Fitch, Hauser, and Chomsky). *Cognition* 97: 211–225.

Iatridou, Sabine, Elena Anagnostopoulou, and Roumyana Izvorski. 2003. Observations about the form and meaning of the perfect. In *Perfect Explorations*, ed. by Artemis Alexiadou, Monika Rathert, and Arnim von Stechow, 153–203. Berlin: de Gruyter.

Kamp, Hans and Uwe Reyle. 1993. *From Discourse to Logic.* Dordrecht: Kluwer.

Kennedy, Chris and Beth Levin. 2008. Measure of change: the adjectival core of degree achievements. In *Adjectives and Adverbs: Syntax, Semantics and Discourse*, ed. by Louise McNally and Chris Kennedy, 156–182. Oxford: Oxford University Press.

Kordoni, Vaia. 2002. Participle-adjective formation in Modern Greek. LFG Meeting, Athens, Greece, July 2002.

Koutoupi-Kitis, Eliza and Anastasios Tsangalidis. 2005. Expressivity as an option of tense-aspect in language: the case of Modern Greek imperfective past. In *Trends of Linguistics: Reviewing Linguistic Thought. Converging Trends for the 21st Century*, ed. by Sophia Marmaridou, Kiki Nikiforidou, and Eleni Antonopoulou, 143–162. Berlin: de Gruyter.

Kratzer, Angelika. 1994. The event argument and the semantics of voice. Ms., University of Massachusetts, Amherst.

Kratzer, Angelika. 1998. More structural analogies between pronouns and tenses. In *Proceedings from SALT VIII*, ed. by Devon Strolovitch and Aaron Lawson, 92–110. Ithaca: Cornell University.

Kratzer, Angelika. 2000. Building statives. In *Proceedings of the Annual Meeting of the Berkeley Linguistics Society* 26: 385–399. Berkeley Linguistics Society.

Krifka, Manfred. 1989. Nominalreferenz, Zeitkonstitution, Aspekt, Aktion: Eine semantische Erklärung ihrer Interaktion. In *Tempus-Aspekt-Modus. Die lexikalischen und grammatischen Formen in den germanischen Sprachen*, ed. by Werner Abraham and Theo Janssen, 227–258. Tübingen: Niemeyer.

Krifka, Manfred. 1992. Thematic relation as links between nominal reference and temporal constitution. In *Lexical Matters*, ed. by Ivan Sag and Anna Szabolcsi, 29–53. Stanford, CA: Stanford University.

Krifka, Manfred, Francis J. Pelletier, Greg Carlson, Alice ter Meulen, Gennaro Chierchia, and Godehard Link. 1995. *Genericity: An Introduction*, ed. by Greg Carlson and Francis J. Pelletier, 1–124. Chicago: Chicago University Press.

Krifka, Manfred. 1998. The origins of telicity. In *Events and Grammar*, ed. by Susan Rothstein, 197–235. Dordrecht: Kluwer.

Levin, Beth. 1993. *English Verb Classes and Alternations*. Chicago: The University of Chicago Press.

Levin, Beth. 2006. Lexical semantics and argument realization IV: revisiting aspect as a determinant of argument realization. Talk given at DGfS/GLOW Summer School, University of Stuttgart, August 2006.

Levin, Beth. 2009. Lexical semantics of verbs IV: aspectual approaches to lexical semantic representation. Course LSA 116 taught at University of Berkeley, July 2009.

Levin, Beth and Malka Rappaport Hovav. 1995. *Unaccusativity at the Syntax-Lexical Semantics Interface*. Cambridge, Mass.: MIT Press.

Levin, Beth and Malka Rappaport Hovav. 1998. Building on verb meaning. In *The Projection of Arguments. Lexical and Compositional Factors*, ed. by Miriam Butt and Wilhelm Geuder, 97–134. Stanford CA: CSLI Publications.

Markantonatou, Stella, Anastasios Kaliakostas, Vassiliki Bouboureka, Evangelia Kordoni, and Voula Stavrakaki. 1997. Mia (leksiki) simasiologiki perigrafi ton rimatikos epitheton se -tos (A (lexical) semantic description of the verbal adjectives in -tos). *Studies in Greek Linguistics* 17: 187–201.

Mavromanolaki, Georgia. 2001. Rimata alagis katastasis kai kritiria anetiatikotitas. (Verbs of change of state and unaccusativity criteria). Hand-out presented at the 22nd Meeting on Greek Linguistics of the Department of Linguistics of Aristotle University of Thessaloniki.

Mavromanokali, Georgia. 2002. Unaccusative verbs, transitivity alternations and aspect. Master thesis, University of Crete.

Moens, Marc. 1987. Tense, aspect and temporal reference. Ph.D. thesis, University of Edinburgh.

Moens, Marc and Mark Steedman. 1988. Temporal ontology and temporal reference. *Computational Linguistics* 14: 15–28.

Moser, Amalia. 1993. The interaction of lexical and grammatical aspect in Modern Greek. In *Themes in Greek Linguistics*, ed. by Irene Philippaki-Warburton, Kiki Nicolaidis, and Maria Sifianou, 137–143. Amsterdam: John Benjamins.

Moser, Amalia. 1994. *Poion kai apopsis tou rimatos* (Aktionsart and Aspects of Verbs). Parousia Monograph Series 30. Athens: National and Kapodistrian University of Athens.

Pancheva, Roumyana. 2003. The aspectual makeup of the perfect participle and the interpretations of the perfect. In *Perfect Explorations*, ed. by Artemis Alexiadou, Monika Rathert, and Arnim von Stechow, 276–306. Berlin: de Gruyter.

Parsons, Terence. 1990. *Events in the Semantics of English*. Cambridge, Mass.: MIT Press.

Rappaport Hovav, Malka. 2008. Lexicalized meaning and the internal temporal structure of events. In *Theoretical and Crosslinguistic Approaches to the Semantics of Aspect*, ed. by Susan Rothstein, 13–42. Amsterdam: John Benjamins.

Rappaport Hovav, Malka and Beth Levin. 2002. Change of state verbs: implications for theories of argument projection. In *Proceedings of the 28th Annual Meeting of the Berkeley Linguistics Society*, 269–280. A slightly revised version appears in *The Syntax of Aspect*, ed. by Nomi Erteschik-Shir and Tova Rapoport, 274–286. Oxford: Oxford University Press.

Rothstein, Susan. 2004. *Structuring Events: A Study in the Semantics of Lexical Aspect*. Oxford: Blackwell.

Rothstein, Susan. 2007. Two puzzles for a theory of lexical aspect: the case of semelfactives and degree adverbials. In *Event structure in Linguistic Form and Interpretation*, ed. by Johannes Dölling, Tatiana Heyde-Zybatow, and Martin Schäfer, 175–198. Berlin: de Gruyter.

Samioti, Panagiota. 2013. Stativity and Ability: Is There a Connection? Talk given at the 21st International Symposium on Theoretical & Applied Linguistics, University of Thessaloniki, 5–7 April 2013.

Sioupi, Athina. 2009. O epirimatikos prosdiorismos diarkias *se* X *ora* (Adverbial modification test: *in* X *time*). In *Studies in Greek Linguistics: Proceedings of the 29th Annual Meeting of the Department of Linguistics of the Aristotle University of Thessaloniki*, ed. by Melita Stavrou-Sifaki, Despoina Papadopoulou, and Maria Theodoropoulou, 221–235. Thessaloniki: INS.

Sioupi, Athina. 2012. A cross-linguistic investigation of the combinational possibilities of the 'for X time' adverbial with different aspectual verb classes. *Languages in Contrast* 2: 211–231.

Sioupi, Athina. 2014. *Aspektdistinktionen im Vergleich*. Tübingen: Narr.

Smith, Carlota. 1991/1997. *The Parameter of Aspect*. Dordrecht: Kluwer.

Stechow, Arnim von. 1996. The different reading of *wieder* 'again': A structural account. *Journal of Semantics* 13: 87–138.

Stechow, Arnim von. 1999. Eine erweiterte Extended-Now Theory für perfekt und futur. *Zeitschrift für Literaturwissenschaft und Linguistik* 113: 86–118.

Stechow, Arnim von. 2001. *The Janus Face of Aspect*. Ms, University of Tübingen.

Swart, Henriette de. 1998. Aspect shift and coercion. *Natural Language and Linguistic Theory* 16: 347–385.

Tenny, Carol L. 1992. The aspectual interface hypothesis. In *Lexical Matters*, ed. by Ivan Sag and Anna Szabolcsi, 1–27. Stanford, CA: Stanford University.

Tenny, Carol L. 1994. *Aspectual Roles and the Syntax-Semantic Interface.* Studies in Linguistics and Philosophy 52. Dordrecht: Kluwer.

Tsimpli, Ianthi, Despina Papadopoulou, Kalliopi Katsika, Maria Mastropavlou, and Agapi Mylonaki. 2009. Production of motion verbs: Evidence from L1 and L2 Greek. In *Proceedings of the 8th International Conference on Greek Linguistics*, 532–534. School of English, Aristotle University of Thessaloniki.

Veloudis, Jannis. 1990. O metaglossikos xaraktiras tou parakimenou. Parakimenos B' (The metalinguistic character of the perfect. Perfect B'). *Studies in Greek Linguistics: Proceedings of the 11th Annual Meeting of the Department of Linguistics*, 195–214. Faculty of Philosophy, Aristotle University of Thessaloniki. 26–28th April 1990. Thessaloniki: Kiriakidi.

Veloudis, Jannis. 2010. *Apo ti simasiologia tis Ellinikis Glossas. Opsis tis ('epistimikis tropikotitas')* (Of the semantics of Greek language. Aspects of 'epistemic modality'). Thessaloniki: INS.

Vendler, Zeno. 1957/1967. Verbs and times. In *Linguistics in Philosophy*, ed. by Zeno Vendler, 97–121. Ithaca, NY: Cornell University Press.

Verkuyl, Henk. 1972. *On the Compositional Nature of the Aspect.* Dordrecht: Reidel.

Verkuyl, Henk. 1989. Aspectual classes and aspectual composition. *Linguistics and Philosophy* 12: 39–94.

Verkuyl, Henk. 1993. *A Theory of Aspectuality: The Interaction between Temporal and Atemporal Structure.* Cambridge Studies in Linguistics 64. Cambridge: Cambridge University Press.

Zybatow, Tatjana. 2004. Experimentelle Untersuchungen zur Verbklasse der Achievements. *Linguistische Arbeitsberichte* 81: 1–21.

Syntactic constraints and production preferences for optional plural marking in Yucatec Maya[*]

Lindsay K. Butler, Jürgen Bohnemeyer & T. Florian Jaeger

1. Introduction

One of the goals of linguistic theory is to examine the range of variation among languages in consideration of proposed universal tendencies. For some, this goal is limited to the grammatical structure of languages. Grammar, in turn, is seen as categorical – a structure is either grammatical or not. This view has nothing to say about alternations, cases in which a language provides multiple forms to encode synonymous or near-synonymous meanings. However, as others have pointed out, speakers' preference in alternations are not random – just like categorical properties of languages, speakers' preferences in alternations exhibit systematic patterns (Bresnan 2006, Bresnan, Cueni, Nikitina, and Baayen 2007).

For example, in English, ditransitive structures can be realized in two ways – either as preposition datives (*He gave a book to her*) or as double object structures (*He gave her a book*). While the exact same speaker might describe the same ditransitive event with either structure, the choice between the two structures is not random. Multiple factors, including, among others, the grammatical complexity and accessibility of the theme and recipient expressions, affect speakers' preferences for one or the other structure (Bock and Warren 1985, Bresnan et al. 2007; for similar studies of other alternations, see also Arnold, Wasow, Losongco, and Ginstrom 2000, Jaeger 2010, Jaeger and Wasow 2006, Lohse, Hawkins, and Wasow 2004, Wasow 1997).

---

[*] Psycholinguistic fieldwork takes a team. The authors would like to express their gratitude to the following people without whom this contribution would not have been possible: Samuel Canul Yah and José Cano Sosaya (both at UNO, Valladolid) for transcription and annotation of Yucatec recordings; the teaching and administrative staff at the fieldsite (UNO, Valladolid) Carlos Pérez (Director), Marta Beatriz Poot Nahuat, Ángel Viriglio Salazar, Michal Brody, and Betsy Kraft for their kindness, generosity, and support (incl. providing recording rooms and technical support); HLP Lab manager Andrew Watts for technical support and experiment scripting; Katrina Furth, Carlos Gomez Gallo, and Ashlee Shinn for help with running participants; Maureen Gillespie for being our window into the world of agreement production; and, finally, the editors of this volume for helping us to improve this paper. The work presented in this paper was partially funded by a Dissertation Improvement Grant from SBSRI, Univ. of Arizona to LKB, the Wilmot Award to TFJ, and NSF grant BCS-0844472 to JB and TFJ. Any opinions, findings, and conclusions or recommendations expressed in this material are those of the author(s) and do not necessarily reflect the views of the National Science Foundation.

Several of these factors have been found to affect speakers' preferences in alternations across languages (e.g., Branigan, Pickering, and Tanaka 2008, Bresnan and Hay 2007, Ferreira and Yoshita 2003, Hawkins 2007; for a recent overview, see Jaeger and Norcliffe 2009), suggesting that such preferences stem from production mechanisms that are universal. This assumption is shared by much of modern psycholinguistics, which seeks to understand those mechanisms (for discussion, see Hawkins 2007, Jaeger and Norcliffe 2009). Furthermore, the same factors that have been found to affect gradient preferences in alternations seem to underlie categorical grammatical constraints in other languages (see, e.g., optional and differential case-marking, Aissen 2003, Fry 2003, Kurumada and Jaeger 2013, Lee 2006; or grammatical alignment systems, such as voice, Bock and Warren 1985, Branigan et al. 2008, Bresnan, Dingare, and Manning 2001). This has been taken to suggest that production preferences can become grammaticalised, thereby shaping languages over time (e.g., Bates and MacWhinney 1982, Hawkins 1994, 2004, MacDonald 2013; *inter alia*).

In short, speakers' behavior in alternations seems to be non-deterministic, but systematic. Furthermore, this behavior seems to be systematically related to categorical grammatical constraints. While this points to an intriguing relation between production preferences and grammar (one that has, as a matter of fact, long been noted by functional linguists), its study has been held back by several challenges. While researchers in linguistics have studied a broad range of languages, the majority of cross-linguistic data collection has been non-quantitative, relying heavily on acceptability judgments elicited from a handful – or often just one – native speaker(s). Quantitative psycholinguistics studies, on the other, have been limited to a very small and typologically non-representative sample of languages (Jaeger and Norcliffe 2009).[1]

Here, we seek to contribute to the narrowing of this gap between linguistics and psycholinguistics by investigating a morphosyntactic alternation from both the linguistic and psycholinguistic perspective. We investigate plural marking in Yucatec Maya, an indigenous language spoken in the Yucatan Peninsula of Mexico.

While plural number is a near-universal cognitive and semantic category[2], its morphosyntactic realization (henceforth *plural marking*) shows vast cross-linguistic variation. We first review evidence that Yucatec constitutes an important, previously undocumented link in the typology of plural marking system (Butler 2012).

In the remainder of the paper, we then focus on one particularly interesting property of the Yucatec plural marking system (shared with other languages) – plural marking in Yucatec seems to be optional: speakers of Yucatec can but do not have to morphologically mark plurality.[3] Similarly, covariant plural marking between the verb and the nominals that express its semantic arguments seems to be optional as well. If confirmed, plural marking in

---

[1] For notable exceptions to this general trend, see, for example, MacWhinney and Bates (1978), Hawkins (1994, 2004, 2007), Bresnan et al. (2001, 2007), Branigan et al. (2008).

[2] Few languages do not mark plural at least optionally on either nouns or verbs, and such languages tend to express other number subcategories, such as duals. An example is the Tangkic language Kayardild of Queensland (Dryer 2011, Evans 1995). Kutenai, an isolate of Montana, Idaho, and British Columbia, does not express any number distinctions in the 3rd person, although it has separate plural forms for speech act participant pronouns (Matthew Dryer, p.c.).

[3] Here we use the term 'optional' merely to indicate that plural marking in Yucatec is not obligatorily triggered by semantic plurality. We return to this point below.

Yucatec would constitute an example of an optional functional category (i.e., a functional category, in this case number, that is present in the language but only ever optionally realized). It would also make plural marking in Yucatec an alternation. Although optional functional categories are widely attested in the languages of the world, few studies to date have examined in detail the semantic and pragmatic conditions that govern the production of such categories. One exception is the phenomenon of 'optional object marking', in which the case marking of a direct object varies according to such conditions (cf. Fry 2003, Kurumada and Jaeger 2013, Lee 2006; *inter alia*). In an attempt to understand what drives speakers' preferences in such an alternation, we present two sentence production experiments with adult native speakers of Yucatec. As we discuss below, the data from these experiments inform linguistic accounts of plural marking in Yucatec (e.g., Lucy 1992) as well as psycholinguistic accounts of agreement production (e.g., Bock and Miller 1991). Relevant to linguistic theory, we investigate (i) the extent to which plural marking on Yucatec nouns is sensitive to animacy (Lucy 1992), (ii) the extent to which different cues to plurality trade off with one another (motivated in part by the suggestion that plural markers and numeral classifiers may overlap in their semantic contributions; cf. Borer 2005 and references therein), and (iii) where in the continuum between morphosyntactic agreement and anaphoricity (Austin and Bresnan 1996, Bresnan and Mchombo 1987, Jelinek 1984, Nichols 1986, Van Valin 1977, 1985, in press; *inter alia*).

Relevant to psycholinguistic accounts of agreement production, we provide evidence that speakers' preferences in the production of optional plural marking resemble effects found in the literature on agreement errors (Bock and Eberhard 1993, Bock and Miller 1981, Hartsuiker, Schriefers, Bock, and Kikstra 2003, Vigliocco, Butterworth, and Semenza 1995), thereby providing a window into agreement processes that does not exclusively rely on error data. Finally, Yucatec is a head-marking polysynthetic language and hence typologically different from any language for which the production of plural marking and number agreement has previously been studied. To the extent that the processes underlying the production of optional plural marking in Yucatec resemble those observed in the production of obligatory plural marking in languages such as English, this further highlights the cross-linguistic systematicity of these processes (Bresnan et al. 2001, 2007, Bresnan and Hay 2007, Wasow 2002).

2. The morphosyntax of plural marking in Yucatec Maya

We first review the typology of plural marking proposed by Wiltschko (2008). This typology aims to predict where in nominal projections morphosyntactic plural marking can be realized. Then we introduce the basic properties of the Yucatec plural marking system (Bricker 1981, Bohnemeyer 2002) and outline an analysis of this system within Wiltschko's typology (Butler 2012).

2.1. The syntax of plural marking (Wiltschko 2008)

Wiltschko (2008) proposed a syntactic typology of plural marking according to which languages can vary by two parameters: (i) how the plural attaches (or 'merges' in Wiltschko's

Minimalist terminology) – specifically, whether the plural marker is a head or an adjunct – and (ii) where the plural attaches.

2.1.1. How the plural attaches

According to Wiltschko (2008), the first dimension along which languages vary is how the plural marker attaches: as a head or an adjunct. A plural morpheme that merges as the head of a phrase has the ability to change the label of the constituent to which it attaches, as illustrated in (1) (adapted from Wiltschko 2008). This is the analysis Wiltschko proposes for languages with obligatory, inflectional plural marking, like English or Spanish.

(1)   *x*: PLURAL

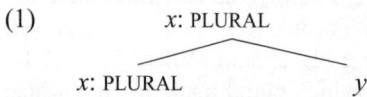

A plural morpheme that attaches (or 'adjoins') as an adjunct, however, lacks this category-changing potential that a head shows. This is illustrated in (2) (adapted from Wiltschko 2008), where the plural marker adjoins to a constituent of category *y* (for further discussion, see Hornstein and Nunes 2008, Sato 2010).

(2)   *y*

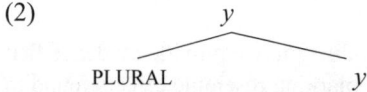

Wiltschko (2008) provides two diagnostics for a plural that attaches as an adjunct, that it is optional and that it does not trigger agreement. In English, plural marking is obligatory, as is number agreement. In Halkomelem (Salishan; Canada), however, plural marking is optional (Wiltschko 2008). In (3a) and (3b), a noun phrase with the numeral 'three' does not require plural marking. Similarly, number agreement is optional, as illustrated in (4a) through (4d).[4]

(3)   a.   te   lhíxw   swíweles
             DET   three   boy

       b.   te   lhíxw   swóweles
             DET   three   boy.PL
             'the three boys'   (Wiltschko 2008: 642)

(4)   a.   T'ilém   ye   s-í:wí:qe.
             sing   DET.PL   man.PL
             'The men are singing.'

       b.   T'ilém   te   s-í:wí:qe.
             sing   DET   man.PL
             'The men are singing.'

---

[4]   The abbreviations we use in this paper are: A3 – third person set A cross-reference marker, AG – agentive, AN – animate, B3 – third person set B cross-reference marker, CL – classifier, CL2/10 – class 2/10 noun class marker; CMP – completive, D2 – distal deictic particle, DEF – definite, DET – determiner, FEM – feminine, INDIC – indicative, INSTR – instrumental, PAST – past tense, PL – plural, PROG – progressive, PFV – perfective, SG – singular.

   c.   T'ílém ye   swíyeqe.
        sing   DET.PL   man
        'The men are singing.'

   d.   T'ílém te   swíyeqe.
        sing   DET   man
        'The man is singing.'   (Wiltschko 2008: 643)

Wiltschko concludes that plural marking and number agreement are not obligatory, and this is evidence that the plural marker in Halkomelem is an adjunct.

2.1.2. Where the plural attaches

The second dimension along which the syntax of plural marking can vary is where the plural attaches (Wiltschko 2008). Since the advent of the DP hypothesis (Abney 1987, also Brame 1982, Szabolczi 1983, 1987), which holds that the noun phrase is dominated by a determiner phrase (DP), a number of other functional projections have been proposed between the DP and the noun, or root of the nominal phrase. Wiltschko considers the determiner projection (or DP), the number projection (abbreviated NumP or #P), the categorizing nominal projection (nP) and the root as potential sites for a plural to merge along the spine of the DP (see the tree diagram in (5) below).

(5)   determiner

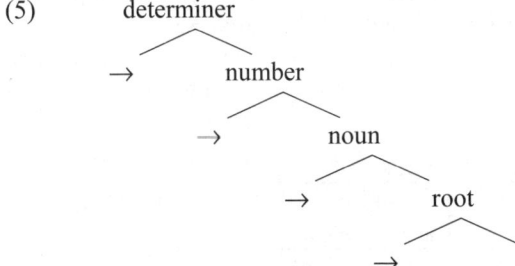

2.2. Plural marking in Yucatec Maya

Next, we introduce the basic properties of plural marking in Yucatec Maya and the basics of the person and number cross-reference marking paradigm in Yucatec Maya based on Bricker (1981), Lucy (1992) and Bohnemeyer (2002).

2.2.1. The plural morpheme in Yucatec Maya

In Yucatec Maya, the nominal plural marker is the morpheme *-o'ob*. The morpheme *-o'ob* is homophonous with the third person plural cross-reference marker (discussed in Section 2.2.2). The use of *-o'ob* is not required for the noun phrase to refer to a nonsingleton set of individuals, as in (6). If the plural morpheme is used on a noun phrase, then it must refer to a nonsingleton set, as in (7).

(6)   le   x-ch'úupal-o'
       DEF   FEM-girl-D2[5]
       'the girl' / 'the girls'

(7)   le   x-ch'úupal-o'ob-o'
       DEF   FEM-girl-PL-D2
       'the girls' / NOT: 'the girl'

In the next section, we discuss the person and number cross-reference paradigm in Yucatec Maya. In Section 2.3, we discuss further properties of the DP-adjoined nominal plural marker along with evidence from a field-based experiment with speakers of Yucatec Maya (Butler 2012).

2.2.2. Yucatec Maya person and number cross-reference paradigm

Yucatec is a head-marking language. The syntactic argument positions of verbs, nouns, prepositions, etc., are saturated by two paradigms of bound pronominal markers, customarily labeled 'Set A' and 'Set B' in Mayan studies. Yucatec exhibits split or 'mixed' morphological ergativity (Bohnemeyer 2004 and references therein).[6] Set A markers (corresponding to the ergative set in Mayan languages without a split) express possessors, the actor argument of transitive verbs, and the single argument of intransitive verbs in the imperfective aspect and other aspect-mood categories. This paradigm involves a set of clitics that precede the lexical verb, but follow the initial aspect-mood marker. The plural Set A markers are discontinuous morphemes involving a suffix on the right edge of the verb. The suffixal component of the third person plural Set A marker is homophonous with the nominal plural and its use is optional.

PERSON	SINGULAR	PLURAL
First	in	k...-o'on
Second	a(w)	a(w)...-e'ex
Third	u(y)	u(y)...(-o'ob)

Table 1: 'Set A' cross-reference markers

The Set B markers are all suffixes. They express the undergoer argument of transitive verbs, the single argument of nonverbal predicates, and that of intransitive verbs in the perfective aspect and in subjunctive mood.

---

[5]   D2 is an abbreviation commonly used by scholars of Yucatec to refer to the phrase-final distal deictic particle. Yucatec Maya has four phrase-final particles. In these examples, we use the distal deictic particle, D2, and preserve the glossing convention.

[6]   Kaufman (1990) introduces the term 'mixed ergativity' to capture the property of the single argument of intransitive verbs being marked like the undergoer argument of transitive verbs (using a 'Set B' or absolutive pronominal marker) in some contexts and like the actor argument in others (using a 'Set A' or ergative/possessor pronominal marker). The conditioning factor may be the syntactic environment and/or verb morphology depending on the language. While such splits are widespread across the Mayan language family, they are typologically rare. More commonly, splits either occur in transitive clauses or, if they occur in intransitive clauses, are driven by lexical-semantic and pragmatic factors rather than by morphosyntactic ones (cf. Dixon 1994).

PERSON	SINGULAR	PLURAL
First	-en	-o'on
Second	-ech	-e'ex
Third	-Ø/-ij	-o'ob

Table 2: 'Set B' cross-reference markers

In transitive clauses, Set A marks the agent/actor argument, while Set B indicates the undergoer/theme/patient argument. In such sentences, the homophony between the plural Set B markers and the suffixal element of the discontinuous morpheme of the Set A marker causes ambiguity. This is illustrated in (8). Additionally, since the third person Set A marker can be used to mark possessors, its homophony with the nominal plural marker can cause the ambiguity illustrated in (9).

(8)   T-u   bis-aj-o'ob.
      PFV-A3   carry-CMP-A3.PL/B3.PL
      'S/he took them.' / 'They took it.' / 'They took them.'   (Lucy 1992: 53)

(9)   u   péek-o'ob
      A3   dog-A3.PL/B3.PL/PL
      'his dogs' / 'their dog' / 'their dogs'   (Lucy 1992: 47)

In the remainder of the paper, we refer to the nominal plural suffix -o'ob as the plural morpheme and to the plural cross-reference markers as the (Set A or Set B) third person plural cross-reference markers.

2.3. DP-adjoined plural in Yucatec Maya (Butler 2012)

Next, we briefly summarize evidence that the nominal plural marker in Yucatec is an adjunct (as in Halkomelem) that adjoins to the DP (unlike in Halkomelem). The first of these properties makes Yucatec a suitable test case for our current purpose – to study the factors that drive speakers' preferences between producing or not producing a plural marker when it is optional. For further discussion, we refer to Butler (2012).

2.3.1. Adjunction of the plural in Yucatec

The first piece of support for the proposal that the plural morpheme -o'ob in Yucatec Maya is not a syntactic head but rather an adjunct is that its use is optional (cf. examples (6) and (7) above). The second piece of evidence is that it does not trigger obligatory number agreement. Wiltschko (2008) and Butler (2012) argue that the occurrence of covariant plural forms on heads and their dependent DPs does not imply that there is a syntactic agreement operation triggering the covariation. This may well be a general feature of purely head-marking languages such as Yucatec, although it does not need to be restricted to such languages. In head-marking (or 'pronominal argument') languages, arguments are 'cross-referenced' on their heads by bound 3rd-person pronouns. However, rather than to express agreement between the head and the DP, the cross-reference markers *are* the syntactic arguments, and the coindexed DPs are syntactically optional. The question of the nature of the syntactic relation between the cross-reference (or 'pronominal argument') markers and the coindexed optional DPs has always been a key concern of the research on head-marking (cf. Nichols 1986, Van Valin 1977, 1985, in press, Jelinek 1984, Bresnan and Mchombo 1987, Austin and Bresnan 1996, *inter alia*). One proposal suggests that the cross-reference markers may have a dualistic nature in some languages, saturating the argument positions of the head in case no coindexed DP is present, but serving to express agreement in the presence of a coindexed DP (Bresnan and Mchombo 1987). It is not immediately obvious whether this analysis applies to Yucatec, at least not under a categorical interpretation. Consider (10):

(10) Táan u   k'aay(-o'ob)   (le x-ch'úupal(-o'ob)-o').
      PROG A3   sing(-PL)   DEF FEM-girl(-PL)-D2
      '(S)he/it/they/the girls are singing.'

The DP *le xch'úupal(o'ob)* 'the girl(s)' is cross-referenced on the verb by the 3rd-person clitic pronoun *u* of the Set A paradigm, which is optionally augmented by the plural suffix *-o'ob* in case it refers to a nonsingleton set. If the DP is omitted, the sentence is understood to refer to a previously introduced discourse referent, which may be either singular or plural in the absence of the *-o'ob* suffix, but must be understood to be plural in its presence. If the DP is present, the referent of the Set A pronoun must satisfy the semantic predicate expressed by the nominal head (in (10), it must be one or more individuals describable as (a) 'girl(s)') and the uniqueness presupposition introduced by the definite article *le*. However, contrary to what a Bresnan-and-Mchombo-style analysis predicts if taken categorically, it is not the case that plural marking on the head of the DP obligatorily co-occurs with the plural suffix *-o'ob* on the verb.[7] Nor is it the case that plural marking on the verb is required in case the sentence is understood to reference to multiple girls, as illustrated in (6)–(7) above. Thus, effectively, reference to a nonsingleton set can be marked on the verb, the cross-referenced DP, or both, but it does not need to be marked on either. The results of the two experiments described below confirm this. However, they also show a strong tendency for covarying nominal and verbal plural marking, and specifically for nominal plural marking to be more likely to co-occur with plural marking on the verb than vice versa. At least as a preference, this pattern is in line with Bresnan and Mchombo's analysis.[8]

---

[7] The example Bresnan and Mchombo (1987: 744) cite to illustrate agreement between the subject and the corresponding noun class marker on the verb is the following:
(i)   Njûchi   zi-ná-lúm-a   a-lenje.
       CL9/10.bee   CL10-PAST-bite-INDIC   CL2-hunter
       'The bees bit the hunters.'
Here, the subject marker *zi-* indicates the plural of the noun class of the subject *njûchi* 'bee' (Class 10). However, it is unclear whether the subject and the subject marker on the verb necessarily agree in number – Bresnan and Mchombo do not discuss this. Interestingly, it so happens that *njûchi* is in fact also the corresponding singular form (Class 9). Nouns of this class do not express number morphologically, thus effectively assigning the subject marker a disambiguating role.

[8] In addition, there is no DP-internal agreement of any kind in Yucatec. That is to say, it is not the case that DP dependents agree with the nominal head in this language. The nominal plural suffix *-o'ob* does not spread to any dependents. There is a distributive plural suffix *-tak* on adjectives, which is again optional and which can, but does not need to, co-occur with the *-o'ob* suffix on the head.

In sum, Yucatec exhibits both optional plural marking on nouns and optional plural cross-reference marking on the verb. It shares these properties with Halkomelem. As we show next, Yucatec differs from Halkomelem, however, in terms of *where* in the syntactic tree Yucatec plural marking attaches.

2.3.2. The plural in Yucatec is adjoined to the determiner (not the root, noun, or number)

Whereas Halkomelem plural markers attach to the root of the categorizing noun projection and therefore can appear inside of compounds and derivational morphology (Wiltschko 2008), the DP-adjunction analysis predicts that the plural marker combines higher in Yucatec and therefore does not show this distribution. This is not surprising, since inflectional processes across languages overwhelmingly apply outside (with reference to the root) of word formation processes. In other words, Halkomelem behaves differently from Yucatec in this respect, allowing plural marking inside of compounds and other word formation processes. To illustrate the case in Yucatec, see (11) and (12) in which plural marking cannot occur inside of a compound or inside the instrumental suffix used along with an agentive prefix to create the word for a tool such as a shovel.

(11) le   pol-ch'oom-o'ob-o'   *le   pol-o'ob-ch'oom-o'
      DEF   head-village-PL-D2   DEF   head-PL-village-D2
      'governors'

(12) x-muk-ub-o'ob   *x-muk-o'ob-ub
      AG-bury-INSTR-PL   AG-bury-PL-INSTR
      'shovels'

(Bricker et al. 1998: 365)

Another piece of evidence in support of the DP-adjoined hypothesis for Yucatec Maya comes from the properties of plural marking with conjoined nouns. The syntax of coordination arguably involves a structure that is headed by a phrase of the same category as the conjuncts (Jackendoff 1977, Chomsky 1981, Gazdar et al. 1985, Sag et al. 1985). Thus, two coordinated DPs are daughters of another higher DP. The DP-adjoined plural hypothesis predicts that a coordinated DP with plural morphology after the second noun is ambiguous as to whether it refers to the plurality of the second noun or to the coordination as a whole.

Butler (2012) tested this and other predictions in a translation experiment with Yucatec-Spanish bilinguals. In this experiment, participants heard Spanish sentences with conjoined nouns and a verb in the intransitive form without an object and translated them into Yucatec (for procedural details, see Butler 2012 and Experiment 1 below). Participants heard sentences in one of the four conditions shown in Table 3 (Latin-square design).

CONDITION	NOUN 1 (N1)	NOUN 2 (N2)	VERB
Singular-Singular (Sg-Sg)	*La muchacha y* The girl.SG and	*la mujer* the woman.SG	*están cocinando* are.PL cooking
Singular-Plural (Sg-Pl)	*La muchacha y* The girl.SG and	*las mujeres* the women.PL	*están cocinando* are.PL cooking
Plural-Singular (Pl-Sg)	*Las muchachas y* The girls.PL and	*la mujer* the woman.SG	*están cocinando* are.PL cooking
Plural-Plural (Pl-Pl)	*Las muchachas y* The girls.PL and	*las mujeres* the women.PL	*están cocinando* are.PL cooking

Table 3: The four conditions of the experiment reported in Butler (2012)

As predicted by the DP-adjoined plural hypothesis, speakers in the Pl-Sg condition produced plural marking on the first noun, second noun, or both. As a matter of fact, speakers were more likely to produce plural marking on the second noun than on the first noun. In a substantial number of cases in the Pl-Sg condition (about 15 %) speakers even produced plural marking *only* on the second noun, despite the fact that only the first noun was semantically plural. This is shown in Figure 1, which summarizes the results of the translation experiment reported in Butler (2012). As also shown in Figure 1, plurality of only the second conjunct did not lead to the inverse pattern: plural marking on the second noun represented a very small minority of responses in the Pl-Sg condition. Finally, the results of Butler (2012) clearly confirm the optionality of plural marking in Yucatec Maya: even when both conjuncts were plural, speakers did not produce a plural marker on either noun in nearly 25 % of all cases.

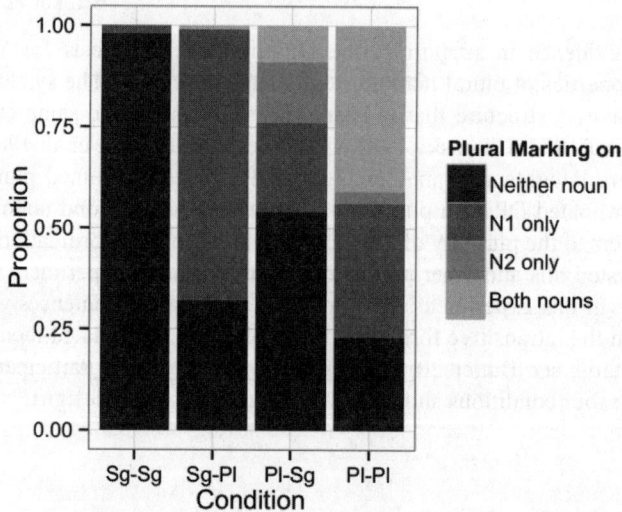

Figure 1: Plural marking on first and second noun by condition (based on Butler 2012)

In summary, nominal plural marking in Yucatec differs from both English and Halkomelem, constituting a third type of system, predicted by Wiltschko's typology: in Yucatec, the nominal plural marker is an adjunct to the DP. This is illustrated in Table 4, which summarizes five diagnostic properties of plural systems proposed by Wiltschko (2008, see also Butler 2012 for further diagnostics).

DIAGNOSTIC	ENGLISH	HALKOMELEM	YUCATEC MAYA
obligatory plural marking	yes	no	no
obligatory agreement	yes	no	no
plural inside compounds	no	yes	no
plural inside derivational morphology	no	yes	no
Acategorial	no	yes	no

Table 4: Properties of plural marking in English, Halkomelem, and Yucatec Maya

3. Overview

The lack of obligatory plural marking makes Yucatec a suitable candidate to study the factors that influence speakers' preferences in such systems. What determines whether a speaker does or does not produce nominal plural marking? What determines whether plural marking on the noun leads to covariant plural marking on the verb? And, what is the nature of the relation between plural marking on the noun and verb? In the remainder of this paper, we present two sentence production experiments that address these questions.

Given the highly parallel nature of the two experiments, we present their design and methodological details for both experiments and then discuss their results jointly. Both experiments elicited simple intransitive sentence (DP + verb), cross animacy and three number conditions. In Experiment 1, the three number conditions were singleton set (singular condition, e.g., *the boy*), set of two ('two' condition, e.g., *two boys*), set of unspecified cardinality (plural condition, e.g., *the boys*). Similarly, in Experiment 2, the number conditions were singleton set (one condition), set of two ('two' condition), and set of many (many condition, e.g., *seven chickens / the chickens / many/several chickens*).

The rationale behind the animacy manipulation was simply to test the claim the plural marking on Yucatec nouns is more likely for human nouns compared to animal nouns (Lucy 1992).

The rationale behind the selection of the three number conditions was fourfold. First, the rate of plural marking in the plural/many conditions allows us to further assess whether plural marking is truly optional. Second, the presence of the singular/one condition provides a baseline, allowing us to assess whether speakers understand our task. Third, by comparing the rate of nominal plural marking in the 'two' and the plural/many conditions, we can assess whether speakers' preferences to produce plural marking are partly determined by trading off cues to plurality. Specifically, most speakers use Yucatec numerals only for sets of small cardinalities, so that numerals were more frequent in the 'two' condition, compared to the plural/many condition (we confirmed that this was indeed the case). This allows us to test whether the presence of a numeral, which constitutes a cue to plurality, caused speakers to be less likely to produce plural marking on the noun. Fourth, by investigating the covariation between nominal and verbal plural marking, we can begin to understand the nature of this relation better. For example, is the relation one of strict co-occurrence, with plural marking always occurring on either both the noun and the verb or neither? If not, to what extent is the semantics of the noun determining plural marking on the verb even in the absence of plural marking on the noun? The answer to these questions will help to determine the status of the covariation between nominal and verbal plural marking in Yucatec.

Finally, we turn to our rationale for presenting two studies. One reason is simply that replication is particularly important when investigating production in lesser studied languages. Second, each methodology comes with its own tradeoffs. The two experiments we present employ different tasks (Experiment 1: translation; Experiment 2: picture description). The translation task provides a high degree of experimental control over the stimuli and is relatively natural for highly bilingual speakers, like those in our experiments. In addition, our participants are not as experienced with psycholinguistic experiments and testing paradigms in general as are Psychology 101 students in the U.S., for example, who make up the majority of test subjects in psychology experiments (Henrich, Heine, and Norenzayan 2010). There are, however, potential drawbacks of the translation method. Even for highly proficient bilinguals, translation experiments are more likely to require conscious effort, which might interfere with the automatic processes underlying sentence production in the absence of translation.

Furthermore, it is possible that cross-linguistic priming from the source language to the target language interferes with the effects of interest. Specifically, for the current question, it is worth noting that plural marking in Spanish (the source language for Experiment 1) is obligatory, so that its presences in the source stimuli might prime additional plural marking in the translations. We return to this point below.

4.   Methods

Experiment 1 was a timed translation task from Spanish to Yucatec. Participants heard intransitive sentences with subjects that were simple noun phrases in the singular or plural or contained the numeral 'two'. The participants translated these sentences under moderate time pressure. Experiment 2 was a picture description task. Participants were shown pictures and were told to describe them in one sentence under moderate time pressure.

4.1. Participants

30 bilingual Yucatec Maya-Spanish speakers between the ages of 18 and 42 participated in Experiment 1. 27 participants between the ages of 19 and 26 participated in Experiment 2. Both experiments were carried out at La Universidad del Oriente in Valladolid, Yucatan, Mexico. Participants were compensated 25 Mexican pesos (just over two U.S. dollars) for their participation, which lasted no longer than 30 minutes.

4.2. Materials

For Experiment 1, the Spanish stimuli were created with the synthesized male Latin American Spanish voice of Alberto from AT&T Labs Natural Voices® text-to-speech project. There were 30 item and 32 filler sentences. Of the 30 items, 16 employed human referents and 14 employed animal referents. Half of the fillers were transitive sentences in which the object varied in number. The other half of the fillers were sentences with predicate adjectives. The items and fillers were arranged in a Latin Squares design into three pseudo-randomized lists. Table 5 provides example items for each of the three conditions, listing both the Spanish stimulus and potential responses in Yucatec Maya.

CONDITION	SPANISH STIMULUS	POTENTIAL YUCATEC RESPONSE
Singular	*El muchacho* DEF boy *está jugando.* be.3SG play.PROG 'The boy is playing.'	*Le xibpal-o'* DEF male.child-D2 *táan u bàaxal.* PROG A3 play 'The boy is playing.'
'Two'	*Dos muchachos* two boy.PL *están jugando.* be.3PL play.PROG 'Two boys are playing.'	*Ka'a-túul xibpal(-o'ob)* two-CL.AN male.child(-PL) *táan u bàaxal(-o'ob).* PROG A3 play(-PL) 'Two boys are playing.'
Plural	*Los muchachos* DEF.PL boy.PL *están jugando.* be.3PL play.PROG 'The boys are playing.'	*Le xibpal(-o'ob)-o'* DEF male.child(-PL)-D2 *táan u bàaxal(-o'o'b).* PROG A3 play(-PL) 'The boys are playing.'

Table 5: The three conditions of Experiment 1 and potential responses

For Experiment 2, all of the stimulus pictures were clipart style, simple but clear drawings of people and animals in black and white or grayscale. There were 24 items and 48 fillers. Since, as mentioned above, some accounts hold that agent animacy affects plural marking in Yucatec, half of the items employed human referents and half employed animal referents. Table 6 gives example items of each type in all their conditions.

CONDITION	ONE	TWO	MANY (SEVEN)
Human			
Animal			

Table 6: Example stimuli in the three conditions of Experiment 2

The fillers depicted transitive actions with one, two, three, or seven objects (e.g., a man eating two sandwiches). The items were counterbalanced for the direction in which the characters were facing (left, right, or forward). Three lists were arranged into a Latin Squares design and randomized with the fillers into three lists.

4.3. Procedure

For both experiments, participants were seated at a table in front of a laptop, wearing a Siemens headset with a unidirectional microphone. The experiment was delivered with the Experiment Builder software (Longhurst 2006). The participants were given oral instructions from the experimenter and written instructions on screen in Spanish, and then completed four practice trials before the experimental trials began.

For Experiment 1, each trial consisted of stimulus presentation and the recording of the translation. During stimulus presentation, the screen displayed a cartoon picture of an ear. The Spanish stimulus sentence was presented auditorily. Participants heard the sentence at least once, but had the option of listening to two further repetitions. They could advance to recording by pressing the spacebar anytime after the first instance of the sentence. During recording, the screen displayed a cartoon picture of a mouth.

For Experiment 2, each trial consisted of the presentation of a picture and the recording of the response. In both experiments, trials were timed. A time bar appeared at the bottom of the screen and participants had 15 seconds to produce their spoken translation. Participants could press the spacebar to advance to the next trial at any moment.

4.4. Coding and exclusions

The same transcription, annotation, and exclusion criteria were used for both experiments. Responses were transcribed and coded by two native speakers of Yucatec Maya and by the first author. We coded for plural marking on the first noun, the second noun, and the verb.

Responses were excluded if they were uncodable and if they were incorrect translations. Responses were considered uncodable if they were partly or completely unintelligible, if there was no response, or if the response was a Spanish sentence (i.e., no translation took place). Responses were considered incorrect if they were missing a constituent or the numeral, or if they included additional constituents that might influence the use of the plural. For example, if a response did not include a verb or a noun, it was excluded for constituency. If a response was translated as a transitive verb with an object or as a reflexive verb form, it was excluded, because these additional constituents might affect the use of plural marking on the verb.

Responses with constituents that were borrowed from Spanish were included if they had Yucatec morphology (e.g., the Yucatec definite determiner, the distal deictic marker, the plural marker, or verbal morphology), because additional tests did not reveal a significant effect of Spanish borrowings on plural marking.

Experiment 1 yielded 900 critical responses. After exclusion of uncodable cases (76 cases, 8.4 % of total) and incorrect translations (120 cases, 13.3 %), 704 responses were left for the analyses reported below (78.2 % of total). Experiment 2 yielded 648 critical responses, of which we excluded 54 (8 %) because they were uncodable, and 38 (6 %) because they were incorrect or incomplete descriptions. This left 556 responses for the analyses reported below (86 % of total).

5.   Results and Discussion

Next, we present the results in separate sections, addressing the questions raised in Section 3.

5.1.   Is plural marking in Yucatec optional?

Both experiments clearly confirmed that Yucatec plural marking is optional both on nouns and verbs. This is illustrated in Figure 2, which shows the rate of nominal and verbal plural marking for Experiments 1 and 2, respectively. Neither nominal nor verbal plural marking was obligatorily present in the plural/many condition. The higher proportion of plural marking is found in Experiment 1 (a point to which we return below), but even in Experiment 1, plural marking is only observed in about 90 % of all cases in the plural condition. This is unlikely to be due to errors, as the rate of both nominal and verbal plural marking in the singular/one condition is less than 2 % in both experiments.

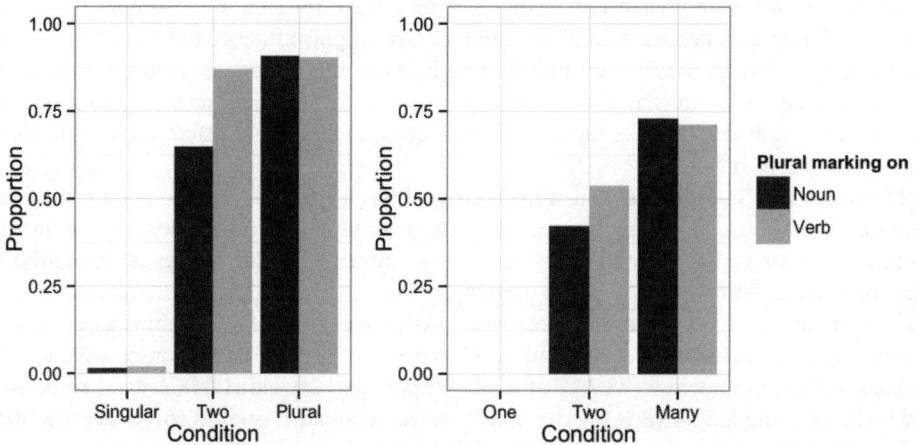

Figure 2: Proportion of plural marking on the noun and verb as a function of the experimental condition in Experiment 1 (left panel) and Experiment 2 (right panel)

This does not mean that plural marking was *random*. In both experiments, the rate of nominal plural marking depended on the experimental condition (Experiment 1: $\chi^2(2) = 411.1$, $p < .0001$; Experiment 2: $\chi^2(2) = 215.9$, $p < .0001$). The same held for verbal plural marking (Experiment 1: $\chi^2(2) = 498.1$, $p < .0001$; Experiment 2: $\chi^2(2) = 217.2$, $p < .0001$). Plural marking was clearly systematic in that it was more common in the plural/many condition, compared to the singular/one condition (nominal plural marking – Experiment 1: $\chi^2(1) = 388.0$, $p < .0001$; Experiment 2: $\chi^2(1) = 216.2$, $p < .0001$; verbal plural marking – Experiment 1: $\chi^2(1) = 380.8$, $p < .001$; Experiment 2: $\chi^2(1) = 208.6$, $p < .0001$).

Interestingly, the rate of nominal plural marking in the 'two' condition fell between those in the singular and the plural/many condition. Nominal plural marking was more frequent in the 'two' condition, compared to the singular/one condition (Experiment 1: $\chi^2(1) = 212.6$, $p < .0001$; Experiment 2: $\chi^2(1) = 101.5$, $p < .0001$), but less frequent than in the plural condition (Experiment 1: $\chi^2(1) = 44.1$, $p < .0001$; Experiment 2: $\chi^2(1) = 33.5$, $p < .0001$). In terms of verbal plural marking, the 'two' conditions paired more closely with the plural/many condition: verbal plural marking was more frequent in the 'two' than in the singular/one condition (Experiment 1: $\chi^2(1) = 340.0$, $p < .0001$; Experiment 2: $\chi^2(1) = 139.7$, $p < .0001$); the comparison between the 'two' and the plural/many condition did, however, only reach significance for Experiment 2 (Experiment 1: $\chi^2(1) = 1.0$, $p > .3$; Experiment 2: $\chi^2(1) = 11.0$, $p < .0001$). We return to this point below. For now, we note that both experiments found that both nominal and verbal plural marking are optional in Yucatec.

5.2. Is nominal plural marking in Yucatec sensitive to animacy?

Some accounts of Yucatec plural marking hold that animacy is a significant factor in the use of plural marking (Lucy 1992). According to this account, speakers are more likely to produce plural marking on human nouns compared to animal nouns. This prediction was not confirmed by either of our experiments.

To test whether our results might be driven by or at least depend on animacy, we compared the proportion of nominal plural marking across these two sets of items. We found no evidence for an effect of animacy on plural marking: the proportion of plural marking for human and animal agents differed neither on nouns nor on verbs (nominal plural marking – Experiment 1: $\chi^2(1) = 1.6$, $p > .2$; Experiment 2: $\chi^2(1) = .1$, $p > .9$; verbal plural marking – Experiment 1: $\chi^2(1) = 0.003$, $p > .9$; Experiment 2: $\chi^2(1) = .1$, $p > .9$). This lack of an effect is also observed if the analysis was restricted to only responses from the plural condition, for which the effect would be expected to be strongest (all $ps > .3$).

Thus, the current data do not provide evidence for Lucy's claim. In defense of Lucy's claim, it is possible that the contrast between human and animal referents is not sufficiently strong, but then an effect of animacy would be observed if human referents were compared to inanimate referents.

An alternative explanation for the correlations between animacy and plural marking that led to Lucy's proposal is that they are due to indirect effects of animacy on constituent order. In Butler et al. (in preparation), we examine constituent order variation in transitive clauses with a video description task. More animate agents (humans > animals > inanimates) led to significantly more Agent-Verb-Patient orders, while more animate patient led to more Patient-Verb-Agent orders. So, animacy is a factor in word order variation.

In addition, in an experiment not reported here, we examined the use of plural marking on verb-initial versus verb-final clauses (see Butler, Jaeger, and Bohnemeyer 2011). We found that verb-initial clauses were significantly less likely to be marked with the plural cross-reference marker compared to agent-initial clauses. This suggests an intriguing link between animacy and plural marking in Yucatec: human agents are more likely to be clause-initial in Yucatec, thereby being more likely to receive plural marking. This would cause agent animacy to correlate with plural marking in Yucatec discourse, without a direct effect of animacy on plural marking. Put differently, this might be taken to suggest that the relationship between plural marking and animacy is mediated by constituent order.

5.3. Do cues to plurality trade off?

If nominal plural marking is not determined by animacy, are there other factors that affect speakers' preferences in the production of nominal plural marking? One possibility is that speakers are more likely to produce a plural marker on the noun, when the noun's plurality is not as easily contextually inferable. Indeed, a number of similar systems have been argued to exist in various languages. For example, speakers of languages with optional case marking (e.g., Korean or Japanese) have been found to be less likely to produce case marking if the properties of the referents make the grammatical function assignment intended by the speaker more easily inferable (Kurumada and Jaeger 2013, see also Fry 2003, Lee 2006). Similarly, speakers of English are less likely to produce optional function words (e.g., complementizer or relativizer *that*) in lexical contexts in which the structures are more expected (e.g., Jaeger 2010, Wasow et al. 2011). For example, Jaeger (2010) finds that complementizer *that* is less likely to be produced in conversational American English when a complement clause is expected given the matrix verb's subcategorization bias. Such a tradeoff between information redundancy and linguistic form has been argued to be a general feature of language production (Jaeger 2006, 2010; see also *whiz*-deletion, Jaeger 2011;

argument omission, Resnik 1996; referential expression choice, Tily and Piantadosi 2009; phonetic reduction, e.g., Aylett and Turk 2004, Gahl and Garnsey 2004, Kuperman and Bresnan 2012).

Here, we test whether a similar preference affects nominal plural marking in Yucatec. Several patterns in our data speak to this question. First, if plural marking is affected by speakers trading off cues to plurality, we would expect less nominal plural marking in the 'two' condition compared to the plural/many condition, because DPs in the 'two' condition contained two additional cues to plurality, the numeral *two*. This contrasts with the plural condition, in which only the plural marker, if present, encodes plurality. As mentioned above, this pattern was indeed observed: speakers produced nominal plural marking in the 'two' condition significantly less often than in the plural condition (see Figure 2).

There is, however, an alternative explanation for this difference in nominal plural marking between the 'two' and plural/many condition. It might be that this difference is the consequence of conceptual factors. For example, it is possible that plural marking is sensitive to the perceived 'degree' of plurality (e.g., the set size of the referents) and that the plural condition was perceived to imply a larger degree of plurality than the 'two' condition.

One way to tease these two accounts apart is to compare whether descriptions of the *same* event differ in their rate of nominal plural marking depending on whether the description contains a numeral. In Experiment 2, speakers described pictures in the 'two' condition sometimes with a numeral (e.g., *two chickens*) and sometimes without (e.g., *chickens*). As reported above, we excluded the latter cases from the main analysis. Here, we relax the exclusion criteria in order to analyze the rate of co-occurrence for numerals and nominal plural marking. We re-analyzed all codable responses from the 'two' condition without missing constituents (for the definition of 'codable', see Section 4.4). Contrary to what would be expected under the tradeoff hypothesis, the presence of a numeral did not affect the rate of nominal plural marking in Experiment 2 ($p > .7$).

5.4. Do nominal and verbal plural marking covary in Yucatec?

As we mentioned above, the nature of the syntactic relation between the cross-reference markers and the coindexed argument DPs in head-marking languages has received considerable attention (e.g., Nichols 1986, Van Valin 1977, 1985, in press, Jelinek 1984, Bresnan and Mchombo 1987, Austin and Bresnan 1996). There is broad agreement that for most, if not all, head-marking languages this relation cannot be reduced to the same operation that causes agreement in languages like English. However, it has been suggested that cross-reference markers may have a dualistic nature in some languages, saturating the argument positions of the head in case no coindexed DP is present, but serving to express agreement in the presence of a coindexed DP (e.g., Bresnan and Mchombo 1987, Jaeger and Gerassimova 2002).

Here, we approach this question for Yucatec by investigating the factors that mediate the covariation between nominal and verbal plural marking in our experiments. First, we test whether plural-marking on the noun and verb covaried at all. Figure 3 shows the proportion of four possible distributions of plural markers (plural marking only on the noun, only on the verb, on both, or neither) for Experiments 1 and 2, respectively.

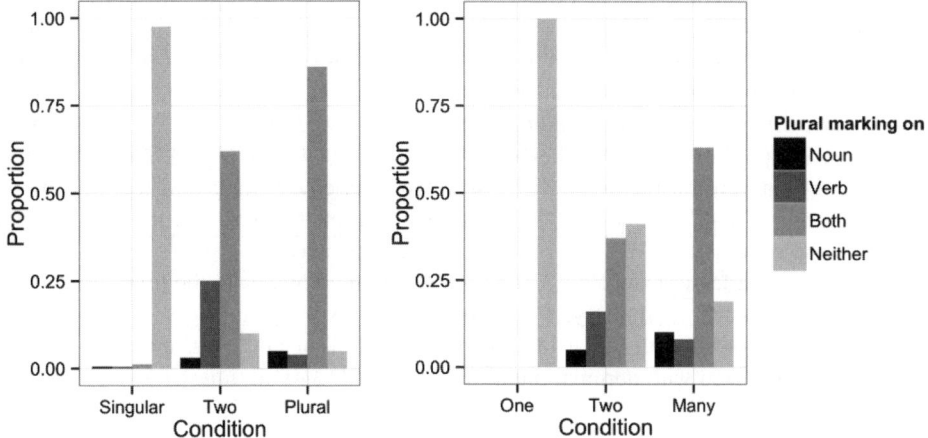

Figure 3: Distribution of covarying plural marking as a function of the condition
in Experiment 1 (left panel) and Experiment 2 (right panel)

Overall, participants in both experiments preferred to mark plural on either both the noun and the verb or neither (Experiment 1: Spearman rank $R^2 = 0.58$, $p < .0001$; Experiment 2: $R^2 = .54$, $p < .0001$). This effect seems to be carried by nominal plural marking triggering verbal plural marking, rather than vice versa. In Experiment 1, 343 out of 362 cases with plural marking on the noun also contained plural marking on the verb (94.8 %). The proportion of cases with plural marking on the verb that also contained plural marking on the noun was smaller (83.7 %). The same asymmetry in the extent to which plural marking on the noun seems to 'trigger' verbal plural marking versus the opposite was also observed for Experiment 2 (though to a lesser extent, 87.4 % vs. 80.4 %). We return to this point below.

To test whether there are any morphosyntactic effects on the covariation of nominal and verbal plural marking, we compared the rate of plural marking on the verb depending on the presence of nominal plural marking. Since the singular/one condition unsurprisingly contains too few cases with nominal plural marking (cf. Figure 2), we restrict this comparison to the 'two' and the plural/many conditions. Turning first to the 'two' condition, in Experiment 1, the rate of verbal plural marking was significantly higher for cases with nominal plural marking (95.0 %) compared to cases without nominal plural marking (72.4 %, Fisher's Exact $p < .001$).[9] The same held in Experiment 2 (88.3 % vs. 28.6 %, Fisher's Exact $p < .001$). A similar picture held in the plural/many condition of Experiment 1 (95.0 % vs. 45.5 %, Fisher's Exact $p < .001$) and Experiment 2 (86.9 % vs. 29.2 %, Fisher's Exact $p < .001$).

These data suggest that there are at least some morphosyntactic effects on the covariation of nominal and verbal plural marking in Yucatec. At the same time, there is evidence that

---

[9]   Fisher Exact tests are used here since some of the expected cell counts were low, which can make the χ^2-test unreliable. The results reported here do, however, also hold, if χ^2-tests are used instead.

the covariation between nominal and verbal plural marking cannot be exclusively due to morphosyntactic agreement. First, despite the high degree of covariation, plural marking *can* occur independently on the noun and the verb. Second, and perhaps more importantly, the pattern of plural marking in the 'two' condition points to the presence of additional effects. As mentioned above, nominal plural marking was associated with verbal plural marking more often than vice versa both in Experiment 1 and in Experiment 2. This asymmetry is carried predominantly by the 'two' condition. In the 'two' condition of Experiment 1, plural marking on the noun was associated with covarying plural marking on the verb in 133 out of 140 cases (95.0 %). Plural marking on the verb occurred with plural marking on the noun in only 70.7 % of all cases. The same asymmetry is observed in Experiment 2 (though to a lesser extent, 88.3 % vs. 69.4 %). In comparison, the plural/many condition exhibits no such asymmetry. For example, for Experiment 1, cases with nominal plural marking occurred with verbal plural marking 95 % of all times; cases with verbal plural marking occurred with nominal plural marking 95.4 % of all times (for Experiment 2: 86.9 % vs. 89 %).

5.5. Is optional plural marking in Yucatec subject to cross-linguistic priming?

Finally, we turn to the extent to which the processes underlying the covariation between optional plural marking on nouns and verbs in Yucatec resemble those underlying the production of obligatory number agreement in languages like English.

The evidence discussed in the previous section already provides evidence for some parallels. We found that verbal plural marking is more likely in the presence of nominal plural marking, even when semantic plurality is held constant. This suggests that optional plural marking in Yucatec is at least partly affected by morphosyntactic processes (such as agreement operations or morphosyntactic priming). For example, Haskell, Thornton, and MacDonald (2010) found that participants produced more plural agreement errors in NP-PP productions when primed on collective noun phrases with prepositional phrase modifiers and plural agreement. The tendency to repeat recently processed linguistic structure (in this case, the agreement morphology) is not specific to agreement errors. Priming has been documented under various names for pronunciation (Giles, Coupland, and Coupland 1991, Kim et al. 2011, Pardo 2006), lexical processing (Branigan et al. 2011, Garrod and Anderson 1987), and syntactic production (Bock 1986, Pickering and Garrod 2004).

The data from Experiments 1 and 2 afford to test one further potential parallel between optional covariation in Yucatec plural marking and obligatory agreement in other languages. While both experiments showed the same qualitative pattern for the use of plural marking (see Figures 2 and 3 above), the effects were stronger in Experiment 2. This might be due to the absence of interfering effects caused by the translation task in Experiment 1. Most crucial for the current purpose, however, is the relative proportion of plural marking in Experiments 1 and 2. If the optional plural marking system in Yucatec is subject to the same effects that have been observed to cause agreement attraction in English and similar languages, we would expect cross-linguistic priming from Spanish to Yucatec to cause higher rates of plural marking in Experiment 1 compared to Experiment 2. This is indeed observed.

In the 'two' condition, speakers in Experiment 1 produced plural marking for 64.8 % of nouns and 87.0 % of the verbs, whereas speakers in Experiment 2 produced plural marking for 42.3 % of nouns and 53.8 % of the verbs. This difference was significant for both nominal plural marking ($\chi^2(1) = 19.3$, $p < .0001$) and verbal plural marking ($\chi^2(1) = 52.2$, $p < .0001$). Similarly, for the plural condition, speakers in Experiment 1 produced plural marking for 90.8 % of nouns and 90.4 % of the verbs, whereas speakers in Experiment 2 produced plural marking for 73.0 % of nouns and 71.3 % of the verbs (all $ps < .0001$). That is, plural marking was considerably more likely when speakers were translating stimuli that contained plural marking (Experiment 1) compared to when speakers described pictures (Experiment 2), suggesting that optional plural marking in Yucatec is subject to cross-linguistic priming.

6.   Concluding Remarks

The results of our experiments have consequences for accounts of Yucatec plural marking and for hypotheses about the universal structure of plural marking systems more generally. We review these consequences below. Following that, we briefly discuss two more general implications of our results – one of relevance to linguistic theory and one of relevance to psycholinguistic work on agreement production.

6.1.   Morphosyntax of Yucatec and Mayan

The experiments presented here contribute to the surprisingly small body of research on number marking and agreement in Mayan languages (England 2011). The pattern of plural marking observed in our experiments is best captured by the following assumptions (thereby providing support for them). First, in the presence of semantic plurality, nominal plural marking is optional (as predicted by the DP-adjoined hypothesis proposed in Butler 2012). Second, plural marking on the verb is also optional (in the presence of semantic plurality). Third, its covariation with nominal plural marking is not due to agreement, but rather due to either (a) a mixture of anaphoric and agreement processes or (b) a process that is neither typical agreement nor insensitive to morphosyntactic effects.

Additionally, the results of our experiments speak to the claims that the use of plural marking in Yucatec is determined by an animacy hierarchy (human > animal > inanimate, Lucy 1992). We found no evidence for a direct effect of animacy on plural marking. Rather the correlations between animacy and plural marking observed by Lucy (1992) are likely to be indirect effects, mediated through the effect of animacy on word order and the effect of word on the rate of covariant plural marking.

6.2.   The typology of plural marking

Beyond Yucatec, our data speak to the typology of plural marking, as discussed in Section 2.2.1. Wiltschko's typology (2008) predicts that there are languages in which both nominal plural marking and covariant plural marking on the verb is optional. For Wiltschko, the optional nominal plural markers are adjuncts (i.e., they adjoin to the head). The account outlined by Wiltschko further predicts that such optional plural marking is possible at various syntactic projections, ranging (at least) from the root to the determiner phrase. Wiltschko (2008) presented evidence that plural marking in Halkomelem adjoins to the root (see Section 2.1.2). Butler (2012) proposes that plural marking in Yucatec *adjoins* to the DP, making it optional. This proposal is supported by both elicitation data (Butler 2012) and production experiments (our experiments and those reported in Butler 2012). Examples of further types of plural marking systems – for example, quantifier-adjoined plurals and number phrase-adjoined plurals – are discussed in Butler (2012).

6.3. Optional functional categories

The existence of optional plural-marking is also of interest to linguistic theory beyond the typology of plural marking. Specifically, our experiments constitute perhaps the first investigation not just of the production of optional plural marking in any language, but of the production of *any* optional functional category in any language. There has been surprisingly little sustained research on the phenomenon of optional functional categories to date. For example, although the notion of optional tense marking is frequently invoked in the literature on the tense-aspect-mood systems of pidgin and creole languages (cf., e.g., Singler 1990), no in-depth case study has been presented to our knowledge. Optional functional categories have properties that seem puzzling and challenging to contemporary linguistic theory. The traditional view of functional categories that present-day linguistics has inherited is that of paradigms of markers out of which the selection of exactly one member is required by a morphosyntactic rule or construction. How this concept extends to optional categories is profoundly unclear. In this chapter, we have argued that optional functional categories have the production properties of syntactic alternations. It is our hope that this new view may contribute to the unraveling of the theoretical mysteries posed by optional functional categories. At the very least, it should suggest a new way of studying such categories.

6.4. A window into the processes underlying agreement production

Finally, optional plural marking in Yucatec Maya offers a lens into number marking and agreement processes without recourse to agreement errors. On the one hand, psycholinguistic research has gained much from studying the language production system at its limits, i.e., at points when it breaks down. Research on speech errors (e.g., phonological errors) and grammatical errors (incl. agreement errors) have informed theories of language production since the dawn of modern psycholinguistics (e.g., Bock and Miller 1991, Dell 1986, Dell and Reich 1981). On the other hand, it has often been pointed out that studying a system at its limits is not *necessarily* reflective of its general dynamics (Levelt, Roelofs, and Meyer 1999). The ability to study speakers' preferences in optional plural marking languages allows psycholinguists to address this concern.

Here, we have taken a modest step in this direction by establishing that Yucatec provides such an optional environment and that speakers' preferences in optional plural marking indeed seem to reflect similar processes as are observed in English agreement errors. Quantitative behavioral research on language production in lesser-studied languages comes with its own unique set of challenges, but, as we hope to have demonstrated, it also holds the promise to inform both linguistic and psycholinguistic theories.

References

Abney, Steven P. 1987. The English Noun Phrase in its Sentential Aspect. Ph.D. dissertation, Massachusetts Institute of Technology.

Aissen, Judith. 2003. Differential object marking: Iconicity vs. economy. *Natural Language and Linguistic Theory* 21: 435–483.

Arnold, Jennifer E., Thomas Wasow, Anthony Losongco, and Ryan Ginstrom. 2000. Heaviness vs. newness: The effects of structural complexity and discourse status on constituent ordering. *Language* 76: 28–55.

Austin, Peter K. and Joan Bresnan. 1996. Non-configurationality in Australian Aboriginal languages. *Natural Language and Linguistic Theory* 14: 215–268.

Aylett, Matthew P. and Alice Turk. 2004. The smooth signal redundancy hypothesis: A functional explanation for relationships between redundancy, prosodic prominence, and duration in spontaneous speech. *Language and Speech* 47: 31–56.

Bates, Elizabeth and Brian MacWhinney. 1982. Functionalist approaches to grammar. In *Language Acquisition: The State of the Art*, ed. by Eric Wanner and Lila R. Gleitman, 173–218. Cambridge: Cambridge University Press.

Bock, J. Kathryn. 1986. Syntactic persistence in language production. *Cognitive Psychology* 18: 355–387.

Bock, J. Kathryn and Kathleen M. Eberhard. 1993. Meaning, sound and syntax in English number agreement. *Language and Cognitive Processes* 8: 57–99.

Bock, J. Kathryn and Carol A. Miller. 1991. Broken agreement. *Cognitive Psychology* 23: 45–93.

Bock, J. Kathryn and Richard Warren. 1985. Conceptual accessibility and syntactic structure in sentence formulation. *Cognition* 21: 47–67.

Bohnemeyer, Jürgen. 2004. Split intransitivity, linking, and lexical representation: The case of Yucatec Maya. *Linguistics* 42: 67–107.

Bohnemeyer, Jürgen. 2002. *The Grammar of Time Reference in Yucatec Maya*. Muenchen: Lincom Europa.

Brame, Michael K. 1982. The head-selector theory of lexical specification in the nonexistence of coarse categories. *Linguistic Analysis* 10: 321–326.

Branigan, Holly P., Martin J. Pickering, and Mikihiro Tanaka. 2008. Contributions of animacy to grammatical function assignment and word order during production. *Lingua* 118: 172–189.

Branigan, Holly P., Martin J. Pickering, et al. 2011. The role of beliefs in lexical alignment: Evidence from dialogs with humans and computers. *Cognition* 121: 41–57.

Bresnan, Joan. 2006. Is syntactic knowledge probabilistic? In *Roots: Linguistics in Search of its Evidential Base*, ed. by Sam Featherston and Wolfgang Sternefeld, 75–97. Berlin: Mouton de Gruyter.

Bresnan, Joan, Anna Cueni, Tatiana Nikitina, and Harald Baayen. 2007. Predicting the dative alternation. In *Cognitive Foundations of Interpretation*, ed. by Gerlof Bouma, Irene Krämer, and Joost Zwarts, 69–94. Amsterdam: Royal Netherlands Academy of Science.

Bresnan, Joan, Shipra Dingare, and Christopher D. Manning. 2001. Soft constraints mirror hard constraints: Voice and person in English and Lummi. In *Proceedings of the Lexical Functional Grammar Conference 2001 (LFG'01)*, ed. by Miriam Butt and Tracy Holloway King. Stanford: CSLI Publications.

Bresnan, Joan and Jennifer Hay. 2007. Gradient grammar: An effect of animacy of the syntax of give in New Zealand and American English. *Lingua* 118: 245–259.

Bresnan, Joan and Sam Mchombo. 1987. Topic, pronoun, and agreement in Chichewa. *Language* 63: 741–782.

Bricker, Victoria R. 1981. The source of the ergative split in Yucatec Maya. *Journal of Mayan Linguistics* 2: 83–127.

Butler, Lindsay K. 2012. Crosslinguistic and experimental evidence for non-number plurals. *Linguistic Variation* 12: 27–56.

Butler, Lindsay K., T. Florian Jaeger, and Jürgen Bohnemeyer. 2011. Psycholinguistics and under-represented languages: Number in Yucatec Maya sentence production. Poster presented at the *29th West Coast Conference on Formal Linguistics (WCCFL)*, University of Arizona, Tucson.

Butler, Lindsay K., T. Florian Jaeger, and Jürgen Bohnemeyer. In preparation. *Animacy effects on sentence production: Ease of retrieval or topicality?*

Chomsky, Noam. 1981. *Lectures on Government and Binding*. Dordrecht: Foris.

Dell, Gary S. 1986. A spreading-activation theory of retrieval in sentence production. *Psychological Review* 93: 283–321.

Dell, Gary S. and Peter A. Reich. 1981. Stages in sentence production: An analysis of speech error data. *Journal of Verbal Learning and Verbal Behavior* 20: 611–629.

Dixon, Robert M. W. 1994. *Ergativity*. Cambridge: Cambridge University Press.

Dryer, Matthew S. 2011. Coding of nominal plurality. In *The World Atlas of Language Structures Online*, ed. by Matthew S. Dryer and Martin Haspelmath. Munich: Max Planck Digital Library, chapter 33. http://wals.info/chapter/33 (last access 2013-01-27).

England, Nora. 2011. Plurality agreement in some Eastern Mayan languages. *International Journal of American Linguistics* 77: 397–412.

Evans, Nicholas. 1995. *A Grammar of Kayardild: With Historical-Comparative Notes on Tangkic*. Berlin: Mouton de Gruyter.

Ferreira, Victor S. and Hiromi Yoshita. 2003. Given-new ordering effects on the production of scrambled sentences in Japanese. *Journal of Psycholinguistic Research* 32: 669–692.

Fry, John. 2003. *Ellipsis and Wa-Marking in Japanese Conversation*. New York: Routledge.

Gazdar, Gerald, Ewan H. Klein, Geoffrey K. Pullum, and Ivan A. Sag. 1985. *Generalized Phrase Structure Grammar*. Oxford: Basil Blackwell.

Gahl, Susanne and Susan M. Garnsey. 2004. Knowledge of grammar, knowledge of usage: Syntactic probabilities affect pronunciation variation. *Language* 80: 748–775.

Garrod, Simon and Anne Anderson. 1987. Saying what you mean in dialogue: A study in conceptual and semantic co-ordination. *Cognition* 27: 181–218.

Giles, Howard, Joustine Coupland, and Nikolas Coupland. 1991. Accommodation theory: Communication, context, and consequences. In *Contexts of Accommodation*, ed. by Howard Giles, Joustine Coupland, and Nikolas Coupland, 1–68. Cambridge: Cambridge University Press.

Hartsuiker, Robert J., Herbert J. Schriefers, Kathryn Bock, and Gerdien M. Kikstra. 2003. Morphophonological influences on the construction of subject-verb agreement. *Memory & Cognition* 31: 1316–1326.

Haskell, Todd R., Robert Thornton, and Maryellen C. MacDonald. 2010. Experience and grammatical agreement: Statistical learning shapes number agreement production. *Cognition* 114: 151–164.

Hawkins, John A. 1994. *A Performance Theory of Order and Constituency*. Cambridge: Cambridge University Press.

Hawkins, John A. 2004. *Efficiency and Complexity in Grammar*. Oxford: Oxford University Press.

Hawkins, John A. 2007. Processing typology and why psychologists need to know about it. *New Ideas in Psychology* 25: 87–107.

Henrich, Joseph, Steven J. Heine, and Ara Norenzayan. 2010. The weirdest people in the world? *Behavioral and Brain Sciences* 33: 61–83.

Hornstein, Norbert and Jairo Nunes. 2008. Adjunction, labeling and bare phrase structure. *Biolinguistics* 2: 57–86.

Jackendoff, Ray. 1977. *X' Syntax: A Study of Phrase Structure*. Cambridge: MIT Press.

Jaeger, T. Florian. 2006. Redundancy and Syntactic Reduction in Spontaneous Speech. Ph.D. dissertation, Stanford University.

Jaeger, T. Florian. 2010. Redundancy and reduction: Speakers manage syntactic information density. *Cognitive Psychology* 61: 23–62.

Jaeger, T. Florian. 2011. Corpus-based research on language production: Information density and reducible subject relatives. In *Language from a Cognitive Perspective: Grammar, Usage, and Processing. Studies in honor of Tom Wasow*, ed. by Emily M. Bender and Jennifer E. Arnold, 161–197. Stanford: CSLI Publications.

Jaeger, T. Florian and Veronica Gerassimova. 2002. Bulgarian word order and the role of the direct object clitic in LFG. In *Proceedings of the LFG02 Conference*, ed. by Miriam Butt and Tracy Holloway King. Stanford: CSLI Publications.

Jaeger, T. Florian and Elizabeth Norcliffe. 2009. The cross-linguistic study of sentence production: State of the art and a call for action. *Linguistics and Language Compass* 3: 866–887.

Jaeger, T. Florian and Thomas Wasow. 2006. Processing as a source of accessibility effects on variation. In *Proceedings of the 31st Annual Meeting of the Berkeley Linguistic Society*, ed. by Rebecca T. Cover and Yuni Kim, 169–180. Ann Arbor: Sheridan Books.

Jelinek, Eloise. 1984. Empty categories, case, and configurationality. *Natural Language and Linguistic Theory* 2: 9–76.

Kaufman, Terence. 1990. Algunos rasgos estructurales de los idiomas mayances (Some structural traits of the Mayan languages). In *Lecturas sobre la lingüística maya* (Readings in Mayan linguistics), ed. by Nora C. England and Stephen R. Elliot, 59–114. La Antigua: Centro de Investigaciones Regionales de Mesoamérica.

Kim, Midam, William S. Horton, and Ann R. Bradlow. 2011. Phonetic convergence in spontaneous conversations as a function of interlocutor language distance. *Journal of Laboratory Phonology* 2: 125–156.

Kuperman, Victor and Joan Bresnan. 2012. The effects of construction probability on word durations during spontaneous incremental sentence production. *Journal of Memory and Language* 66: 588–611.

Kurumada, Chigusa and T. Florian Jaeger. 2013. Communicatively efficient language production and case-marker omission in Japanese. In *Proceedings of the 35th Annual Meeting of the Cognitive Science Society (CogSci13)*, ed. by Markus Knauff, Michael Pauen, Natalie Sebanz, and Ipke Wachsmuth, 858–863. Austin: Cognitive Science Society.

Lee, Hanjung. 2006. Parallel optimization in case systems: Evidence from case ellipsis in Korean. *Journal of East Asian Linguistics* 15: 69–96.

Levelt, Willem J. M., Ardi Roelofs, and Antje S. Meyer. 1999. A theory of lexical access in speech production. *Behavioral and Brain Sciences* 22: 1–38.

Lohse, Barbara, John A. Hawkins, and Thomas Wasow. 2004. Processing domains in English verb-particle construction. *Language* 80: 238–261.

Longhurst, Edward. 2006. ExBuilder (Computer program). Rochester: University of Rochester.

Lucy, John A. 1992. *Grammatical Categories and Cognition: A Case Study of the Linguistic Relativity Hypothesis*. Cambridge: Cambridge University Press.

MacDonald, Maryellen C. 2013. How language production shapes language form and comprehension. *Frontiers in Psychology* 4.

Nichols, Johanna. 1986. Head-marking and dependent-marking grammar. *Language* 66: 56–119.

Pardo, Jennifer S. 2006. On phonetic convergence during conversational interaction. *The Journal of the Acoustical Society of America* 119: 2382–2393.

Pickering, Martin J. and Simon Garrod. 2004. Toward a mechanistic psychology of dialogue. *Behavioral and Brain Sciences* 27: 169–226.

Resnik, Philip. 1996. Selectional constraints: An information-theoretic model and its computational realization. *Cognition* 61: 127–159.

Sag, Ivan A., Gerald Gazdar, Thomas Wasow, and Steven Weisler. 1985. Coordination and how to distinguish categories. *Natural Language and Linguistic Theory* 3: 117–171.

Sato, Yosuke. 2010. One-replacement and the label-less theory of adjuncts. *Canadian Journal of Linguistics* 55: 416–423.

Singler, John V. 1990. *Pidgin and Creole Tense/Mood/Aspect Systems*. Amsterdam: John Benjamins.

Szabolcsi, Anna. 1983. The possessor that ran away from home. *The Linguistic Review* 3: 89–102.

Szabolcsi, Anna. 1987. Functional categories in the noun phrase. In *Approaches to Hungarian*, ed. by István Kenesei, 167–190. Szeged: JATE.

Tily, Harry and Steven Piantadosi. 2009. Refer efficiently: Use less informative expressions for more predictable meanings. In *Proceedings of the Workshop on the Production of Referring Expressions: Bridging the Gap between Computational and Empirical Approaches to Reference*. Amsterdam, The Netherlands.

Van Valin, Robert D. 1977. Aspects of Lakhota Syntax. Ph.D. dissertation, University of California, Berkeley.

Van Valin, Robert D. 1985. Case-marking and the structure of the Lakhota clause. In *Grammar Inside and Outside the Clause*, ed. by Johanna Nichols and Anthony Woodbury, 363–413. Cambridge: Cambridge University Press.

Van Valin, Robert D. In press. Head-marking languages and linguistics theory. In *A Festschrift for Johanna Nichols*, ed. by Balthasar Bickel, Lenore Grenoble, and David Peterson. Amsterdam: John Benjamins.

Vigliocco, Gabriella, Brian Butterworth, and Carlo Semenza. 1995. Constructing subject-verb agreement in speech: The role of semantic and morphological factors. *Journal of Memory and Language* 43: 186–215.

Wasow, Thomas. 1997. End-weight from the speaker's perspective. *Journal of Psycholinguistics Research* 26: 347–362.

Wasow, Thomas, T. Florian Jaeger, and David M. Orr. 2011. Lexical variation in relativizer frequency. In *Expecting the Unexpected: Exceptions in Grammar*, ed. by Horst Simon and Heike Wiese, 175–195. Berlin: Walter de Gruyter.

Wiltschko, Martina. 2008. The syntax of non-inflectional plural marking. *Natural Language and Linguistic Theory* 26: 639–694.

Computations in the mental lexicon:
Noun classes and the mass/count distinction

Heike Wiese & Maria M. Piñango

1.   Introduction

Typical examples for the nominal mass/count distinction are pairs like *gold* versus *brace-lets*. These nouns differ with respect to syntactic and conceptual features: morpho-syntactically, mass nouns like *gold* do not pluralise (**golds*, on the relevant reading), and conceptually, they refer to substances. By contrast, nouns of the COUNT category morpho-syntactically get plural marking and conceptually refer to objects. As can be seen in the case of *gold* and *bracelets*, syntactic and conceptual distinctions are in a one-to-one correspond-ence (− plural, − object vs. + plural, + object), which yields two large nominal classes. However, there is a third kind of noun that does not fit this pattern: nouns like *jewellery*, which conceptually refer to objects, but morphosyntactically behave like *mass* nouns. We take the existence of these nouns to be an indicator of a three-fold rather than a two-fold structuring of the lexico-conceptual domain generally referred to as "mass/count". In what follows, we will use the term COLLECTIVE to refer to this kind of nouns.[1]

Collectives are relatively infrequent in languages such as English, German, or Spanish, where they constitute an exception to the overall pattern of conceptual and syntactic correla-tions in the mass/count domain. From this perspective, one could think that collectives simply represent *peripheral* mismatches that can be ignored when considering the architec-ture of the interface between the grammatical and the conceptual systems. However, a clos-er look from a cross-linguistic perspective changes this picture.[2] In languages like Mandarin or Japanese, sometimes called 'classifier languages', object-denoting nouns are usually collectives, not plural nouns, and the same is true for some Indo-European languages, most notably Persian (Fārsi), cf. the examples in (1) and (2) from Mandarin and Fārsi, respective-ly:

---

[1]   In calling these nouns COLLECTIVES, we follow Bunt (1985). We use the term to refer to those and only those nouns that refer to objects, but fail to pluralise (see also Wierzbicka 1985 for a similar observation). This term, therefore, does not include nouns like *forest* that are sometimes also re-ferred to as 'collectives', which can pluralise in the intended reading, and which refer to individuals in their singular form, thus behaving like regular count nouns: even though a forest is made up of numerous trees, etc., the phrase *a forest* refers to a single instance of the concept 'forest', while *forests* refers to a plurality of such instances. The term "collectives" also does not include so-called 'plural mass entities' such as *comics* (Gillon 1992) and pluralia tantum like *goggles* that appear on-ly in their plural form, even though they might refer to singular objects.

[2]   Cf. Wiese (2012) for a detailed cross-linguistic discussion of collectives.

(1)   wǒmen yǔ   shū
       we   have book
       'We have {a book/books}.'[3]

(2)   a.   mehmān dāštam
            guest   had.1SG
            'I had {a guest/guests}.'

       b.   sīb   xaridam
            apple bought.1SG
            'I bought {an apple/apples}.'

The use of bare nouns without number marking for singular and plural reference alike that can be seen here is the default behaviour of object-referring nouns in these languages. Hence, here the described "mismatch" is the norm rather than the exception. Our central question is: Does this cross-linguistic difference reflect two different linguistic architectures, one for languages such as Persian or Mandarin where collectives are part of core grammar, and one for languages such as English or Spanish where they constitute a more peripheral phenomenon? Or does the principal availability of collectives in natural languages point to a general three-fold partition of the mass/count domain, independently of the default distribution of nouns in a particular language? We address this question by examining the processing properties of these nouns in a cross-linguistic study involving also Spanish and Persian, as examples of the two kinds of languages just described.[4]

To forecast, our results indicate that, cross-linguistically, collectives are accessed as a distinct class by the language processor; that is, processing-wise, collectives behave similarly in languages where they are central to the grammar (e.g., Persian) and in languages where they are not (e.g., German, Spanish, and English). The existence of collectives therefore supports a three-fold partition of the mass/count domain that brings together core and peripheral distributions, a partition that does not rely on a one-to-one correlation of syntactic and conceptual distinctions. Instead, it combines them independently. Hence, in languages where the syntactic-conceptual collective "mismatch" is infrequent, this infrequency does not confer a non-systematic status to the phenomenon. Rather, such peripheral phenomena are revealing of fundamental properties of the language system, in this case, of the principles that map syntactic and conceptual distinctions onto each other.

Previous psychological research on the mass/count domain has shown that both kinds of information, syntactic and conceptual, are active during language implementation (e.g., Taft and Forster 1975; Gillon et al. 1999; Warrington and Crutch 2005; Vigliocco 2005), that they undergo different developmental paths (e.g., Pinker 1989; Soja et al. 1991), that they are supported by different cortical regions (e.g., Goodglass and Kaplan 1968), and that they are differentially vulnerable in degenerative diseases such as Alzheimer's (e.g., Semenza 2005; Taler, Jarema, and Saumier 2005; Taler and Jarema 2005). The general observation

---

[3]   Cf. Chan (1961: 4).

[4]   We concentrate on these two languages in this paper, as suitable instances of the two different language types in the mass/count domain that we briefly sketched here. For additional evidence from the processing of collectives in English and German cf. Wiese and Piñango (2001), Wiese (2003).

that this diverse body of research provides is thus that the mind/brain makes a systematic distinction between conceptual and syntactic properties and that these kinds of information are observable in all environments (i.e., representational, processing, and neurological) where linguistic distinctions play a role.

Our study builds on this research by investigating the different options of mass/count distinctions as a manifestation of the different ways the conceptual and morphosyntactic systems map onto each other. We hypothesise that this distinction is not just a possible way of representing the syntactic and conceptual information necessary to account for the differences between count, mass, and collective nominal, but a fundamental distinction which is part of the infrastructure of the mind/brain (i.e., psychologically real).

We test our hypothesis through real-time language comprehension. Our evidence suggests that the three-fold distinction plays a role in the way nominals get processed, that is, that the mind/brain is not only sensitive to conceptual and syntactic differences, but also to differences in the way the systems involved map onto each other. In turn, this observation is consistent with models of language where the syntactic and conceptual systems are mediated by an interface mechanism that brings together information from both systems and thus enables the observed many-to-many mapping. In contrast, it is not consistent with models of language where morphosyntax alone predicts the conceptual structure of meaning.

In what follows, we first define the syntactic and conceptual features involved in the proposed classification and discuss their distinction and their correlation in the mass/count domain (Section 2). On this basis, we present experimental evidence from Spanish and Persian that indicates that these three nominal classes are also psycholinguistically distinct (Section 3). The final section discusses the implications of these results for accounts of the interface between the syntactic and the conceptual system (Section 4).

2. Syntactic and conceptual features involved in the nominal mass/count distinction

Drawing on results from the typological literature, we describe the syntactic distinction with the feature [± transnumeral] and the conceptual distinction with the feature [± homogeneous]. In this section, we summarise the definition for these features, sketch the different ways in which they are correlated in natural languages, and discuss evidence that shows that these two kinds of features are independent and attributable to different levels of representation (i.e., they can be dissociated in the representation of linguistic items).

2.1. Syntactic and conceptual distinctions

2.1.1. Syntactic distinction: [± transnumeral]

The term TRANSNUMERAL goes back to Greenberg (1974).[5] One can think of transnumeral nominals as nominals that 'transcend' number marking: they do not undergo systematic

---

[5] In the literature, one also finds some other terms, cf. for instance Corbett (2000), who mentions 'transnumeral', but chooses the term 'general number'.

pluralisation and do not have to mark the distinction ONE vs. MANY in grammar. Accordingly, we define nouns as transnumeral if they do NOT require plural marking for reference to more than one instance of the nominal concept (i.e., *gold*, *jewellery*), and as NON-TRANSNUMERAL if they DO require plural marking when denoting more than one instance of the nominal concept (*bracelets*).

That plural marking is not obligatory for transnumeral nouns means either that it is ungrammatical, as in English *gold/jewellery* vs. **golds/*jewelleries* (under the relevant reading), or that it is syntactically optional. Syntactically optional plural marking can be found in Persian, a language with overall transnumeral nouns, where plural marking can then be used for emphasis (cf. Hincha 1961, Windfuhr 1979). This can be illustrated by a situation where a speaker wants to express the proposition that she had visitors the day before, using the English noun guest or its Persian counterpart *mehmān*, respectively. In this case, English forces the speaker to specify whether it was one (in which cases she would say *I had a guest*) or more than one (*I had guests*). Persian, by contrast, takes a more lenient approach and allows the speaker to leave that open: Persian *mehmān dāštam* (lit. 'guest had-1SG') can mean 'I had a guest' as well as 'I had guests' (cf. (2a) above). Pluralisation is here not required to indicate a number > 1; rather, it can be used in order to emphasise a large amount, such that *mehmānhā dāštam* (lit. 'guest-PL had-1SG') 'I had many guests/plenty of guests.'[6,7]

This can also be seen in the fact that this TRANSNUMERAL plural in Persian can also occur – without a change in reading – with mass nouns that refer to substances, like *āb* ('water'), such that *ābhā* (lit. 'water-PL') means 'plenty of water'. This kind of number marking is hence quite distinct from a syntactically driven plural as in English. It does not indicate a number > 1, but is syntactically optional and is used to emphasise the large (numerical or non-numerical) amount of the referent.

The feature [± transnumeral] captures the distribution of nouns in cardinal counting constructions and their occurrence in bare form. As shown below in (3a), plural nouns can occur in two-term cardinal constructions, whereas transnumeral nouns are preceded by a numeral classifier or a measure noun.[8] (3b) illustrates the observation that transnumeral nouns

---

[6]   Data and interpretation from Hincha (1961: 168) and Windfuhr (1979: 32). Transnumeral number marking is more likely to be used for nouns with a high position on the animacy hierarchy (cf. Smith-Stark 1974, Corbett 2000). Cf. Wiese (1997) on semantic representations for transnumeral number markers.

[7]   Plural marking in languages like Persian with overall transnumeral nouns is disallowed in counting constructions, a fact that underlines the transnumeral nature of those number markers. In these constructions, the individuation is achieved via a numeral classifier which need not be phonologically overt, cf. (i) (*nafar*, lit. 'person'):

(i)   šeš {(nafar) mehmān / *mehmānhā}
       six CL   guest   / guest-PL
       'six guests'

A similar phenomenon can be found in some dialects of English, where classifiers like *head* can be implicit, yielding constructions like *three cattle* alongside *three head of cattle* (cf. Wiese and Maling 2005 for a detailed discussion of implicit classifiers).

[8]   For cross-linguistic overviews of classifiers cf. Aikhenvald (2000), Grinevald (2000).

can occur in bare form in argument position, whereas non-transnumeral nouns have to be combined with an article or a plural marker.[9]

(3)　a.　six pieces of jewellery [+ tn] / six ounces of gold [+ tn] / six bracelets [− tn]

　　　b.　She bought jewellery [+ tn] / gold [+ tn] / *bracelet [− tn] / a bracelet [− tn] / bracelets [− tn]

We take these properties of transnumerality to indicate its syntactic nature. As Vigliocco et al. (1999) have shown, this syntactic mass/count distinction is observable at the neurological level in cases of anomia. Patients with this syndrome exhibit problems accessing the phonological form of a lexical item, yet show sensitivity to its (non-)transnumerality.

Note that the fact that transnumeral nouns can occur in bare form in argument position, while non-transnumeral nouns cannot, has implications for the status of bare nouns from the two classes. A bare transnumeral noun like *jewellery* or *gold* can constitute a full referential noun phrase, while a bare non-transnumeral noun like *bracelet* does not have the full range of referential noun phrases, as illustrated in (3b): *bracelet* by itself is restricted to the predicate level.[10] This relates to Fries' (1997) work on hierarchies of grammatical number.[11] Only in combination with number markers or an article can a non-transnumeral noun constitute a full referential noun phrase. Hence, the non-transnumeral counterpart of an indefinite NP like *jewellery* or *gold* is not *bracelet*, but *a bracelet* or *bracelets*.

This distinction has important implications for investigations of real-time processing in the mass/count domain. If one compares reaction times for elements of the two classes (transnumeral vs. non-transnumeral), the items to be compared with transnumeral nouns like *jewellery* and *gold* should not be bare singular count nouns like *bracelet*, but rather number-marked instances like *bracelets*. Otherwise, one would be comparing a full referential NP (*jewellery, gold*) with a bare noun on the predicate level (*bracelet*), which would not be syntactically equivalent and hence might require different processing work.[12]

---

[9]　Strictly speaking, the distinction applies to nominals, that is, to expansions of nouns. This is because in plural languages like English, the same noun can often expand to both a [+ tn] or a [- tn] nominal, depending on the context, and correlated with a change in meaning – a central case in point being mass/count coercions, as in *two coffees*, where *coffee* becomes a count noun, that is, non-transnumeral (cf. section 2.2 below on mass/count coercions; Wiese and Maling 2005; Wiese 2012 for a cross-linguistic analysis; Piñango et al. 1999, 2006; Katsika et al. 2012 for a processing perspective on coercions). On the lexical level, though, a noun is usually marked for a preference for [+ tn] or [- tn] as a default.

[10]　This does not mean to say that bare singular count nouns as syntactic complements of lexical heads are not possible in Spanish or German. In fact, they exist and quite productively (e.g., *comprar casa/carro* (lit. 'buy house/car'), *tener bebe* (lit. 'have baby')). Importantly though, and supporting our analysis, the semantic status of those complements is systematically non-referential, and ungrammaticality follows when a referential complement is required or preferred (e.g., [??]*pagar multa* (lit. 'pay fine'), *alimentar (a) hijo* (lit. 'feed son'), *enterrar (a) familiar* (lit. 'bury relative')). (We are grateful to two of our reviewers for bringing this issue to our attention.)

[11]　Fries (1997: Ch3) notes that such nouns in German are marked for number at the syntactic level.

[12]　We take this to be the basis for results reported by Gillon et al. (1999), who in a series of lexical decision experiments find that bare mass nouns (= transnumeral nouns) yield longer reaction times than bare singular count nouns. Gillon et al. account for this by postulating a syntactic feature

In the present study, we take into account this possibility and compare reaction times of plural count nouns like *bracelets*, rather than singular count nouns like *bracelet*, to transnumeral nouns like *gold* and *jewellery*. In what follows, we reserve the term plural nouns for nouns that undergo obligatory, syntactically driven plural marking, that is, for NON-TRANSNUMERAL nouns (e.g., *bracelet(s)*).

2.1.2. Conceptual distinction: [± homogeneous]

The counterpart of the syntactic transnumeral/non-transnumeral (plural) distinction at the conceptual level is a distinction of their referents as substances or objects. It is encoded in the feature [± homogeneous]. Evidence for the psychological reality of this feature is reported by Soja et al. (1991), who show that the conceptual distinction between objects and substances, which we capture by the [± homogeneous] feature, is represented before and independently of the acquisition of the syntactic mass/count distinction, as captured by the [± transnumeral] feature. When interpreted as a 'substance', the referent of a noun is conceptualised as a homogeneous entity (e.g., the referent of *gold*). Following Prasada (1996), we take the conceptual representation of a substance as one whose structure is considered arbitrary, i.e., it is internally homogeneous and does not consist of 'discrete parts' (Bunt 1985: 45). That is, the internal organisation of substances such as gold does not matter: one can cut a piece of gold into two at random and will still have gold, namely two pieces of gold.

In contrast to this, a referent that is interpreted as an OBJECT [− homogeneous] is conceptualised as an individual entity (e.g., *a bracelet*), or one that consists of individual entities (e.g., *bracelets*). Its structure is considered non-arbitrary (i.e., non-homogeneous), which means for instance that we cannot arbitrarily cut up a bracelet and expect to have two bracelets as a result, and we can also not divide a set of bracelets at random and be certain to have bracelets in both groups (i.e., we might also have random bracelet fragments). Or, to follow an example from the philosophical literature on this topic, we can arbitrarily divide the referent of *water* and the parts we get will still be water,[13] while the referent of *cows* cannot be divided like this: here, the minimal parts are individual cows, not, say, half a cow and two hooves of another cow. For objects, the internal organisation matters in the sense that

---

[mass, M] for mass nouns that adds to the processing load of mass nouns as compared to count nouns. We take the postulation of this feature to be problematic in two respects: (1) it is not syntactically motivated, (2) it has clear conceptual roots, which remain unexplained under this syntactic-feature system. We therefore interpret their results not as evidence for such an additional syntactic feature, but rather as an effect of a difference in syntactic processing load between bare singular count nouns and bare mass nouns. Bare singular count nouns behave syntactically as predicates, which require further expansion to occur in argument position, while bare mass nouns behave as full referential NPs that occur in argument positions. Consequently, for an experiment that employs those two kinds of elements, one would predict that bare mass nouns would take longer to process since they can represent full NPs, while bare singular count nouns are at a lower syntactic level.

[13] As long, that is, as we stay above the molecular level (cf. Quine 1960: §19, 20). Following Prasada (1996), we account for this above by talking about the *conceptualisation* of referents as homogeneous entities, rather than their ontology (cf. also Bunt 1985). In this way, our view of meaning is couched centrally in a conceptual perspective (in contrast to the "physicalist" or so-called "ordinary" perspectives (as discussed by Jackendoff 2012)).

we have to regard the WHOLE object and not any of its subcomponents, and this holds independently of whether objects are denoted by plural nouns (i.e., syntactically [- transnumeral] nouns) or collectives (i.e., syntactically [+ transnumeral] nouns).

This is in accordance with accounts such as Gillon's (1999), who emphasises that nouns like *cattle* do not provide a full divisibility of their referents, and Bunt's (2006), who notes that collectives and plural nouns do not differ at the level of meaning. Similarly, Rothstein (2010) characterises both noun classes as "naturally atomic" and models collectives like *furniture* or *footwear* to denote "sets of inherently individuable entities" (2010: 354). Crucially, such sets are individually modifiable (Schwarzschild 2006, see also Mihatsch 2007 and Grimm and Levin 2011 for a lexico-conceptual view of these conceptual objects).[14] Developmental support for this characterisation comes from findings from a study with English- vs. Mandarin-speaking toddlers by Li et al. (2009), who showed that children's conceptual distinction of sets of one vs. many does not depend on syntactic plural marking in a language.

2.2. Correlation of the syntactic and conceptual distinctions

While the syntactic distinction relates to the syntactic number marking of nouns, the conceptual distinction relates to the representation of the nominals' referents. The two kinds of distinctions can be gathered into a three-fold correlation in the nominal mass/count domain:[15]

1. MASS NOUNS are transnumeral nouns that refer to substances:
   [+ transnumeral, + homogeneous];
2. COLLECTIVES are transnumeral nouns that refer to objects:
   [+ transnumeral, − homogeneous];
3. PLURAL NOUNS are non-transnumeral nouns that refer to objects:
   [− transnumeral, − homogeneous]

We propose here that this correspondence of syntactic and conceptual features takes place at an interface level which we refer to as SEMANTIC STRUCTURE, and that the resulting mapping constitutes a SEMANTIC REPRESENTATION. Such semantic representations are part of the grammatical system and account for the way in which meaning is structured linguistically; we can think of them as the shape in which conceptual representations enter grammar. As such, they mediate conceptual and syntactic distinctions.

For the nominal mass/count domain, semantic representations integrate the conceptual distinction between objects and substances (that is, the [± homogeneous] distinction) on the basis of the presence or absence of internal structure: a semantic representation for a noun

---

[14] For an opposing view, see Chierchia (1998: 347), who assumes that collectives and mass nouns are lexically pluralised and claims that "The extension of nouns like *water* is analogous to the one of nouns like *furniture*, the only difference being that what counts as a minimal portion of water is somewhat vague and may vary from context to context." Cf. Wiese (2012) for a discussion.

[15] In principle, a fourth combination is feasible, namely that of [− transnumeral, + homogeneous] nouns, i.e., non-transnumeral nouns that refer to substances. To our knowledge, this is an option that is not realised across the languages of the world. The absence of this class can be motivated at the level of semantic representations (see section 2.2 below and fn. 19).

that refers to an object involves an internal structure that identifies individual elements and thus determines what counts as a minimal instance of the nominal concept; a semantic representation for a noun that refers to a substance does not have such a structure.

E.g., the semantic representation of nouns like *bracelets* or *jewellery* determines what counts as a minimal instance, namely a whole bracelet, ring, etc., and not, e.g., a single piece of a chain or half a ring. This is why both nouns, *bracelets* and *jewellery*, can appear in COUNTING CONSTRUCTIONS, that is, constructions that tell us 'How many?' and refer to the cardinality of a set (e.g., 'four bracelets' or 'four pieces of jewellery'). In contrast to that, the semantic representation of *gold* does not identify individual elements, and accordingly, *gold* can only appear in MEASURE CONSTRUCTIONS, that is, constructions that tell us 'How much?' and do not refer to cardinality, but to properties like weight or volume (e.g., 'four pounds of gold', 'four litres of water').

Hence, we also find two nominal classes, MASS NOUNS and COLLECTIVES, in languages that do not have syntactic plural marking and where nouns are generally transnumeral; these nominal classes are distinguished by their semantic representations, a distinction that is reflected, e.g., by their distribution in counting vs. measure constructions.[16]

Corresponding to the syntactic side, the distinction of transnumeral and non-transnumeral/'plural' nouns is reflected by semantic representations that allow DIRECT access to individual elements in the representation, as is the case for bracelets versus those that do not, e.g., *jewellery*. This is achieved via an individuation function in the semantic representation of a plural noun, which causes a shift from a whole set to its individual elements.[17] Because of this, a plural noun like *bracelets* can occur in a two-term counting construction like *six bracelets*, whereas a collective like *jewellery* requires a numeral classifier in these contexts, e.g., *piece* in *six pieces of jewellery* (cf. (3a) above). This classifier does not add any lexical content, but provides the individuation function that is needed for counting constructions.

The introduction of sets (to account for internal structure) and individuation functions (to account for the access to individual elements) in the semantic representation distinguishes our three nominal classes in the following manner (the epsilon operator, ε, is used for the representation of indefinite terms; 'V' stands for an individuation function; $|V(u)|$ is the cardinality of an individuated set 'u', cf. Wiese 1997):

(4)   a.   mass nouns, e.g., *gold*:

        $\varepsilon x\,(\mathrm{GOLD}(x))$

        [no internal structure, no individuation]

    b.   collectives, e.g., *jewellery*:

        $\varepsilon u\,x\,(x \in u \rightarrow \mathrm{RING/BRACELET/\ldots}(x))$

        [internal structure, but no individuation]

---

[16] Cf. also Cheng and Sybesma (1998) and Cheng (2012) on the distinction of numeral classifiers and measure terms ("massifiers") in the respective numeral constructions, and Li et al. (2008) on a developmental study supporting the distinction of the two noun classes in Mandarin.

[17] On individuation functions in semantic representations see, for instance, Krifka (1995).

c. plural nouns, e.g., *bracelets*:
$\varepsilon u \,\exists V\, (\forall x\, (x \in u \to \text{BRACELET}(x)) \land |V(u)| > 1)$
[internal structure, individuation]

This is just one possible semantic account of nouns and number marking, and our discussion does not rely on its particular details.[18] What is important, is that one needs two distinctions to account for the nominal semantics: (1) between semantic representations that provide an internal structure (i.e., representations of nouns referring to objects) and those that do not (i.e., representations of nouns referring to substances), and (2) between representations that contain an individuation function (i.e., representations of plural nouns) and those that do not (i.e., representations of non-plural nouns). In our example, the semantic representations for *jewellery* and *bracelets* provide an internal structure: unlike that for *gold*, they identify a set '*u*' whose elements fall under the nominal concept (BRACELET etc. in our example). Of these two representations, only that of bracelets, the plural noun, contains an individuation function ('*V*') that provides access to individual elements and thus supports the semantic quantification ('> 1') that the pluralisation involves.[19]

In languages like English that have a systematic, syntactically driven plural (short: 'plural languages'), the default correlation of syntactic and conceptual features is '[+ transnumeral] ↔ [+ homogeneous]', i.e., transnumeral nouns tend to refer to substances, and object-referring nouns tend to be non-transnumeral, making collectives an exception. As a seminal study by Brown (1957) showed, this default correlation can be used for the interpretation of novel words in first language acquisition by three-year olds already, to the effect that in English, a novel word with COUNT syntax (i.e., a non-transnumeral noun) is taken to refer to an object rather than to a substance, while a word with MASS syntax (hence, a transnumeral noun) is interpreted as denoting a substance, rather than an object. In the same spirit, collectives, i.e., transnumeral nouns that refer to objects and deviate from the default correlation, tend to be overgeneralised and treated as plural nouns in English (cf. Bloom 1994). In general, early noun vocabularies in English seem to be characterised by a dominance of object-referring nouns that show non-transnumeral behaviour (cf. Samuelson and Smith 1999).

In adult grammar, the correlation of '[+ transnumeral] ↔ [+ homogeneous]' in plural languages supports alternations where a syntactic shift from transnumeral and non-

---

[18] Cf. Link (1991) for an overview of the semantics of nominal number. See also Bartsch (1973), Link (1983), Chierchia (1985), Gillon (1992), Verkuyl and van der Does (1992), Eschenbach (1993), Krifka (1995).

[19] The distinction introduced by the individuation function in semantic representations allows us to account for the absence of the fourth class in the nominal mass/count distinction, namely the class of non-transnumeral ('plural') nouns that refer to substances ([+ homogeneous]) (see fn. 15 above). At the level of the mediating semantic representation, such nouns would not have an internal structure that identifies elements (hence, their reference to substances), but would contain an individuation function that provides direct access to individual elements (hence, their non-transnumerality). However, if there are no elements to begin with (given the lack of internal structure), this individuation would run empty: it would provide direct access to elements that do not exist, making such a class pathological from the point of view of the semantic representation. Accordingly, a combination of [− transnumeral] and [+ homogeneous] runs into problems at the semantic level that organises the correlation of such syntactic and conceptual features.

transnumeral behaviour can indicate a conceptual shift from substance to object, and vice versa. (5) gives two examples. In (5a), *chickens* is a plural noun that refers to objects, while *chicken* is a transnumeral noun and refers to a substance, namely chicken meat. In (5b), we have a shift in the opposite direction, where *beer* is a transnumeral noun denoting a substance, while *beers* is a plural noun and refers to (abstract) objects, namely sorts of beer.

(5) a. There is *chicken* in the soup. / There are *chickens* in the yard.

     b. She drinks *beer*. / The best *beers* are from Bavaria.

Note, though, that such a default correlation is not a necessary condition for mass/count alternations. In languages like Persian with predominantly transnumeral nouns (short: 'transnumeral languages'), where the correlation '[+ transnumeral] ↔ [+ homogeneous]' does not hold, the same kind of conceptual shift can take place WITHOUT A CORRESPONDING SYNTACTIC SHIFT. (6) gives an example from Kurdish (*Sorānī*), a transnumeral language that is similar to Persian with respect to the nominal mass/count domain.[20] In both cases, *masī* 'fish' is a transnumeral noun, but in the first case, it refers to an object or objects (English *a fish* or *fishes*), while in the second case, it refers to the corresponding substance (*fish*). The conceptual alternation is here not accompanied by a syntactic alternation, and hence the interpretation shift from OBJECT to SUBSTANCE in the second example is not supported by a syntactic change, but only by the (linguistic and/or extralinguistic) context.

(6) *masī*-m bīnī.   / xordn-aka bē   *masī*-a.
     fish-1SG saw   / food-DEF without fish-is
     'I saw {a fish / fishes}.' / 'The food is without fish.'

This conceptual alternation in the absence of a syntactic shift underlines the independence of the two kinds of features, conceptual [± homogeneous] and syntactic [± transnumeral], that are underlying the three-fold mass/count distinction, and thus supports a semantic level that organises the different ways in which they can be correlated. Here, we propose that the described three-way dissociation that results from the correspondence between the syntactic and conceptual representation via semantic structure is psychologically real; i.e., we propose that such an architecture is part and parcel of the language system not only in the form of representation, but also in the form of its real-time implementation in language processing. The implications of that proposal are the focus of the next section.

2.3. The psychological reality of the dissociation between syntactic and conceptual distinctions

Barner and Snedeker (2005, 2006) report evidence on the interpretation of mass and count nouns that further supports a dissociation of syntactic and conceptual distinctions. In their study, quantity judgments were elicited for the three classes of nouns we discussed: (1) mass nouns: transnumeral nouns referring to substances, e.g., *gold* or *toothpaste* (called 'substance-mass nouns' in Barner and Snedeker 2005), (2) collectives: transnumeral nouns referring to objects, e.g., *jewellery* or *silverware* ('object-mass nouns' in Barner and Snedeker 2005), and (3) plural nouns: non-transnumeral nouns referring to objects, e.g.,

---

[20] We thank Sarkaut Zandi and Najm Zhia for the discussion of Kurdish data.

bracelets or *shoes* (count nouns). Subjects had to compare two scenes at a time, one showing one large instance of the nominal concepts, e.g., a large mound of toothpaste, a large piece of silverware (e.g., a large fork), or a large shoe, and one showing several small instances, e.g., several small mounds of toothpaste, several small forks, or several small shoes, respectively. While the small instances constituted larger sets, the large instances made up the bigger overall amount, cf. Figure 1 (taken from Barner and Snedeker 2005).

(*Who has more silverware?*)   (*Who has more shoes?*)   (*Who has more toothpaste?*)

Figure 1: Conceptual distinctions – collectives and plurals vs. mass nouns
[= Fig. 1 from Barner and Snedeker 2005 (reproduced with permission)]

In each case, subjects were asked 'Who has more … (toothpaste/silverware/shoes)?' Children and adult subjects alike chose the higher number of instances for plural nouns such as *shoes* (e.g., they chose three small shoes rather than one large shoe) as well as for transnumeral nouns such as *silverware* (e.g., they chose three small forks rather than one large one), but they chose the larger overall amount for transnumeral nouns like *toothpaste* (e.g., they chose one large mound of toothpaste rather than three small ones). Hence, collectives like *silverware* patterned with plural nouns like *shoes*, not with mass nouns like *toothpaste*, indicating that like plural nouns, collectives refer to objects, not substances, although they behave like mass nouns syntactically (**silverwares*). In the same vein, Inagaki and Barner (2009) showed that in Japanese, where nouns are generally transnumeral, speakers also base their quantity judgments on the overall amount for mass nouns, but on the numerical quantity (= the higher number of instances) for collectives. These results hence highlight the dissociation between conceptual and syntactic mass/count properties. They show a conceptual distinction of nominal referents that is crucially not correlated with the syntactic mass/count distinction in a one-to-one manner, but one that can go 'diagonally', as it were, as in the case of collective nouns like *silverware* or *jewellery* that do not pluralise, but have referents that are conceptualised as objects, rather than substances.

In what follows, we describe two experiments investigating the psychological reality of these three hypothesised classes. In particular, we ask whether there is evidence for a distinction of COLLECTIVES [+ transnumeral, − homogeneous] from both PLURAL [− transnumeral, − homogeneous] and MASS [+ transnumeral, + homogeneous] nouns in real-time language comprehension.

3.   Study on a three-fold mass/count distinction from a comprehension perspective

Based on the definitions introduced above, we distinguish three classes of nouns: MASS nouns, COLLECTIVES, and PLURAL nouns, and investigate whether the system that gives rise to them is part of the linguistic parser. We specifically ask whether collectives can be isolated from mass nouns and plurals. The 'collective class' arises from the CONVERGENCE of syntactic and conceptual features in semantic representation: collectives fall in one class with mass nouns SYNTACTICALLY (both are [+ transnumeral], do not pluralise), and in one class with plural nouns with respect to general CONCEPTUAL features (both are [− homogeneous], refer to objects). In order to target this class in language processing, we make use of priming: the observation of a priming effect for collectives in the presence of another collective, but not with either of the other two classes, would mean that the three-fold partition of the mass/count domain proposed here, the three different ways to integrate syntactic and conceptual features, and the system that supports it, are accessed as comprehension unfolds. We present the specifics of this investigation directly below.

3.1.   Semantic priming

In line with the general definition, we take the PRIMING effect to refer to the phenomenon whereby exposure to a particular item (THE PRIME) facilitates the access to another item (THE TARGET). The explanation of this phenomenon thus rests on the assumption that such a facilitation occurs as a result of an underlying factor or factors that are shared by the two items. Accordingly, the speed (i.e., the reaction time) at which a given linguistic task (e.g., lexical decision or naming) is carried out is taken to be an indicator of the degree to which the hypothesised factor is active in the mind of the comprehender.

Priming patterns evident from previous research in the processing of meaning suggest the activation of networks based on general conceptual similarity, as in pairs like *moon – sun* or *cup – plate* (used by de Mornay Davies 1998), and conceptual association, as in restaurant – *wine* or *broom – floor* (used by Moss et al. 1995).[21] As the examples for related pairs illustrate, the stimuli used in these studies identify similar or associated REFERENTS: they are related not only at a linguistic level of meaning, but also at a general-conceptual level.

In contrast to that, our study invokes features from a more subtle level of GRAMMATICAL SEMANTICS that integrate conceptual representations into the grammatical system and organise their correlation with syntactic distinctions. The focus on a semantic feature like collectivity hence distinguishes our study from previous experiments that investigated the processing of meaning in real-time: the probes in our study were related not by a general cognitive similarity of their referents, but according to the organisation of their semantic representations as described above, that is, according to the way conceptual features (namely,

---

[21] Cf. also McRae and Bosvert (1998), Perea and Gotor (1997), Williams (1996). Research on this kind of priming goes back to Meyer and Schvaneveldt (1971) and Collins and Loftus (1975), based on early work by Quillian (1967) who investigated the activation of features via spreading activation in semantic memory. For an overview, see Neely (1991).

reference to substances vs. objects) are integrated into the grammatical system and mapped onto syntactic features (namely, transnumeral vs. plural behaviour).

Our hypothesis predicts that if these mappings constitute an organising principle of the linguistic system, they should have an impact on real-time lexical retrieval for prime-target pairs consisting of two collectives, e.g., *furniture* and *jewellery*, compared to pairs consisting of a collective noun and a member of the other two classes, plural nouns (e.g., *furniture – bracelets*) and mass nouns (e.g., *furniture – gold*).

In order to test this prediction, we carried out experiments in two different languages that differ with respect to the distribution of the three mass/count classes: Spanish and Persian. While in Spanish, collectives present a marked case, in Persian object-denoting nouns are collectives as a rule. This cross-linguistic approach enabled us to investigate the psychological reality of semantic collectivity as a general trait of the language system, rather than as a special characteristic of the specific nouns that form the class of collectives in a particular language.

In both experiments, we used the priming paradigm of a unimodal, visual lexical decision task for words in a list. While this paradigm is context-free and hence offers a less natural setting for language processing, it allowed us to zero-in on the experimental question without the complexities of further linguistic context that might create experimental artefacts through potential additional priming effects.

3.2. Experiment 1: Processing of collectivity in Spanish

Experimental targets were selected on the basis of a lexical decision pre-test with targets and fillers only that was conducted in order to make sure that the collective, plural, and mass noun items we were going to use as targets did not differ in their basic reaction time, without their respective primes. This way, the pre-test ensured that differences between reaction times that might arise in the experiments would in fact be due to the semantic priming we wanted to investigate. This was particularly crucial in this case because the frequency database for Latin-American Spanish is mostly restricted to literature-based corpora and therefore inadequate as an indicator of overall everyday spoken-language frequency, which we are taking to be a baseline indicator of speed of lexical retrieval.

3.2.1. Pre-test

The pre-test involved the participation of 30 native Spanish speakers from the Central University of Venezuela, Caracas. Approximately half of the items presented were words and half non-words created according to the phonotactics of Spanish (e.g., *tamiso*). The word items contained both fillers and items selected from the three semantic classes constructed in the form of triads: Coll (e.g., *platanal* 'plantain-tree set'), Mass (e.g., *jarabe* 'syrup'), and Plu (e.g., *carteras* 'purses'), each matching its triad counterparts in terms of number of letters, phonemes, and syllables. In accordance with the features involved in the mass/count distinction that we described above, we used the following diagnostics to distinguish collective stimuli from both plural and mass stimuli: (1) collective stimuli have no obligatory plural marking, i.e., they can appear in argument position as a bare NP without number markers (in contrast to plural stimuli); (2) collective stimuli refer to objects, that is, to countable entities, where it is clear what counts as a minimal instance of the nominal concept (in contrast to mass stimuli).

Non-word items were created to match the range of length (in terms of number of letters and syllables) of the three conditions.

Reaction times were collected in both the pre-test and the main experiment using Tempo (Motta, Rizzo, Swinney and Piñango 2000–2004), a program specially created to implement cross- and unimodal experimental designs, and to register responses at the millisecond-level of resolution. Responses were registered using a response box, designed according to the software specifications.

Data points were included using the following criteria: (1) only triplets with targets that had been answered to correctly (had received a 'yes'-answer) could be included for analysis; (2) the answer had to be 'yes' to all members of a given target set, if not, the whole set was eliminated; (3) only subjects with fewer than 25 % errors in the experimental items could be included in the database. Finally, (4) out of the datasets included, mean and standard deviations were calculated, and for each condition (for each subject) the only data points included were those within +/− 2 standard deviations from the mean. Statistical analysis on the reaction times revealed a strong difference between the Coll on the one hand, and Mass and Plu conditions on the other hand ($p \ll 0.001$). We attributed this to the fact that, by and large and due to the other constraints imposed, most of the collective items chosen were less common or belonged to a more specialised vocabulary and therefore elicited higher reaction times overall. Consequently, from this original set of items, a finer item selection was made, matching conditions based on reaction time, which entailed a significant reduction in the number of items per condition: this process yielded twelve triads after items were matched by syllable number and reaction time. The mean reaction times for lexical decisions on probes from this selected set of the three different categories were (standard deviations in brackets): $mean_{Coll}$: 687.27 ms (68.60), $mean_{Mass}$: 697.86 ms (64.50), $mean_{Plu}$: 677.29 ms (81.36). Statistical analysis confirmed that, as intended, there was no significant difference among the items chosen for the list study: Coll vs. Mass: $t(11) = -0.057, p = 0.287$, Coll vs. Plu: $t(11) = 0.435$, $p = 0.335$. This test thus corroborated the adequacy of the matching stimuli to be used in the experimental contrast.

3.2.2. Methods

3.2.2.1. Subjects

The decreased number of items per condition tested resulted in an increase in subjects. So, whereas originally only 30 subjects were planned for testing, now testing was carried out for this second part with 40 subjects. All subjects were native Spanish speakers recruited out of the student body of the Universidad Central de Venezuela in Caracas (ages 18 to 25). All reported normal or corrected-to-normal vision and hearing and none reported neurological problems.

3.2.2.2. Materials[22]

Two scripts were created, one practice and one experimental. The experimental scripts contained 36 experimental pairs, 74 non-experimental filler words (36 of which were the string *palabra*, 'word'), and 108 non-words, for a total of 254 items. Three conditions were created in the form of triads: Coll-Coll (related condition), Coll-Mass (unrelated), and Coll-Plu (unrelated). Figure 2 summarises the planned comparisons for a triad of experimental targets:

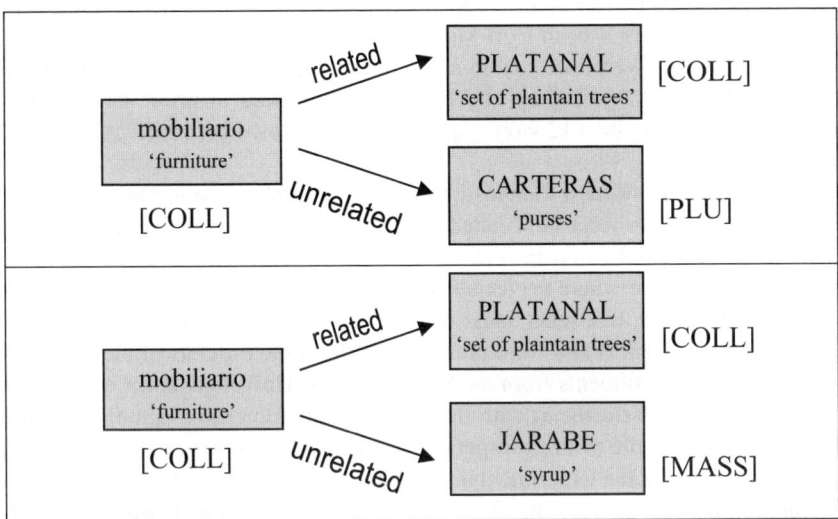

Figure 2: Illustration for planned comparisons in Study 1 (English translations for the Spanish stimuli used as examples: *mobiliario* 'furniture', *platanal* 'set of plantain trees', *carteras* 'purses', *jarabe* 'syrup')

(7a) through (7c) give semantic representations for the examples of collective, plural, and mass nouns in Figure 2:

(7)   a.   COLL: *platanal*: $\varepsilon u \; \forall x \; (x \in u \rightarrow \text{PLANTAIN\_TREE}(x))$
                   mobiliario: $\varepsilon u \; \forall x \; (x \in u \rightarrow \text{TABLE/CHAIR/}...(x))$

   b.   PLU: *carteras*: $\varepsilon u \; \exists V \; (\forall x \; (x \in u \rightarrow \text{PURSE}(x)) \wedge |V(u)| > 1)$

   c.   MASS: *jarabe*: $\varepsilon x \; (\text{SYRUP}(x))$

Three scripts were constructed containing three different orderings of the prime-target combinations. In order to ensure that whatever facilitating effect to be obtained were in fact due to the distinction under investigation, items from the different mass/count classes were matched in terms of reaction time in a neutral context, as tested in the pre-test, as well as for

---

[22] We thank Fraibet Aveledo and Cristina Diago at the Universidad Central de Venezuela for their assistance in all aspects of the implementation of this section of the project.

length and frequency,[23] and experimental targets and primes were matched in such a way that they were not related phonologically, graphemically, or morphologically.[24] This was done by observing the following restrictions: (a) members of a pair never started with the same letter, (b) members of a pair never started with the same phoneme, (c) members of a pair never shared any syllables, and (d) members of a pair never shared any morphemes. In addition, probes were chosen in such a way that on average, related pairs shared at most as many phonemes and letters as unrelated pairs (mean number of shared phonemes in Coll-Coll pairs = 1.53, in Coll-Mass pairs = 2.41, in Coll-Plu pairs = 3.1; mean number of shared letters in Coll-Coll pairs = 1.6, in Coll-Mass pairs = 2.4, in Coll-Plu pairs = 2.9). In addition, primes and targets were matched in a way that avoided priming by frequent linguistic co-occurrence. This was ensured by checking co-occurrences of prime-target pairs in the same sentence and/or less than 12 words apart using the Brown corpus (ICAME, Hofland et al. 1999).

Since the features we wanted to investigate are on a subtle semantic level, we also made sure that our related pairs were not related by a general conceptual similarity compared to the unrelated experimental pairs. In order to test this, we carried out an additional experiment with a questionnaire where subjects had to rate the pairs of nouns used in the priming experiment for the conceptual relatedness of their referents, on a five-point scale from 'not related' to 'closely related'. Pairs were presented in the same order as in the priming experiment. Subjects were 25 students from the Simon Bolivar University and Central University of Venezuela (Caracas, Venezuela) with the same demographics and age distribution as the subjects participating in the priming experiment. Means were taken per pair, over subjects. Ratings for similarity for the experimental sets were generally very low, with overall means below 2, and similar results for the three experimental conditions (Coll-Coll: 1.79, Coll-Mass: 1.18, Coll-Plu: 1.65). A correlation analysis revealed no significant effect between means in either the three cases (Coll-Coll vs. Coll-Mass vs. Coll-Plu) ($r = -0.30$; $p > .05$) or the distinction of related and unrelated pairs (Coll-Coll vs. Coll-Mass + Coll-Plu) ($r = -0.31$; $p > .05$). Note that these low ratings were obtained even though subjects were encouraged to find similarities between nominal referents. This result thus supports our conclusion that whatever process is reflected in the observed priming effect, it is not connected to general conceptual relatedness or plausibility factors.

3.2.2.3. Procedure

Stimuli were presented visually in a unimodal fashion in a single-item list. Subjects were asked to perform a lexical decision on each item. Each item was presented on the screen for 400 ms, and there was an interval of 500 ms between items. Each subject saw the experimental pairings of all three conditions, hence each prime was seen for three times. There were two breaks, one after the practice section, and one in the middle of the experimental

---

[23] Cf. Balota and Chumbley (1984), Forster and Chambers (1973), Rubenstein and Pollack (1963) on frequency effects in lexical decision tasks.

[24] Cf. Evett and Humphreys (1981), Sereno (1991) on graphemic priming; Baum (1997), Meyer, Schvaneveldt, and Ruddy (1974) on phonological priming; Murrel and Morton (1974), Henderson, Wallis, and Knight (1984) on morphological priming.

section. Including the practice section, each testing session was carried out in about 25 minutes.

3.2.3. Results and discussion

Data points were included using the same criteria as in the pre-test. In addition, only subjects with less than 10 % errors in the non-word condition could be included in the database. This last constraint was implemented in order to identify subjects who for whatever reason systematically chose 'yes' as the answer without actually processing the letter-strings presented. Out of the 40 subjects tested, 34 met these strict criteria for inclusion. The mean reaction times for lexical decisions on targets in the three different conditions were: Coll-Coll = 700.23 (122.48) ms, Coll-Plu = 736 (143) ms, Coll-Mass = 743.63 (160.14) ms. Planned comparisons indicate a facilitation effect (priming) for the Collective condition (Coll-Coll): Coll-Coll vs. Coll-Plu: $t(33) = 1.91$, $p = 0.03$; Coll-Coll vs. Coll-Mass: $t(33) = 2.47$, $p = 0.009$.

Our prediction was hence borne out by the results. The recognition of collectives was facilitated by the presence of other collectives, in contrast to plural targets, which shared only syntactic features with the primes, and to mass targets, which shared only conceptual features with the primes.

Is this a general phenomenon, or is it restricted to languages like Spanish where most object-denoting nouns are plurals, and hence collectives do not form a particularly salient class? In order to investigate this, our second experiment tested whether priming for collectives could also be observed in a language such as Persian that does not have a grammatical class of plural nouns, i.e., in a language where nouns are generally transnumeral and hence semantically non-individuated, and accordingly object-denoting nouns are collectives as a rule, not as an exception.

3.3. Experiment 2: Processing of collectivity in Persian

For Persian, no frequency data was available. We therefore compared reaction times for the same target with related and unrelated primes, rather than comparing reaction times for related and unrelated targets with the same prime as in the Spanish experiment. Subjects hence saw each experimental target in two conditions. This ensured that external factors like word frequency would not play a role in differences in reaction time.

3.3.1. Methods

3.3.1.1. Subjects

39 native, Iran-born speakers of Persian who live in Berlin. All had normal or corrected-to-normal hearing and vision, with no reported history of neurological disease.

3.3.1.2. Materials

Two scripts were created, one practice, and one experimental. The practice script contained 54 pairs. None of the words used in the practice script were used in the experimental script. The final experimental script consisted of 288 pairs, of which were 84 experimental prime-target-pairs and 204 filler-pairs. As in the Spanish experiment, the first element of each pair was always a word, half of the second elements were words and half of those elements were non-words.

Since Persian does not have a grammatical class of plural nouns, we employed collective and mass noun stimuli only. Two primes were always matched with the same target. This resulted in a Related condition ('Coll-Coll') where both prime and target are collectives, and a Control condition ('Mass-Coll') where primes were mass nouns and targets were collectives. Since targets were the same for related and unrelated conditions, no pre-test for targets was necessary.

Given the absence of experimental conditions with plural nouns, we were able to include a second set of conditions for mass noun targets, in addition to the ones for collective targets. This yielded a secondary Related condition ('Mass-Mass') where both prime and target were mass nouns, together with a Control condition ('Coll-Mass') counterpart where primes were collectives, and targets were mass nouns. Figure 3 gives an overview of the planned comparisons for both pairs of conditions:

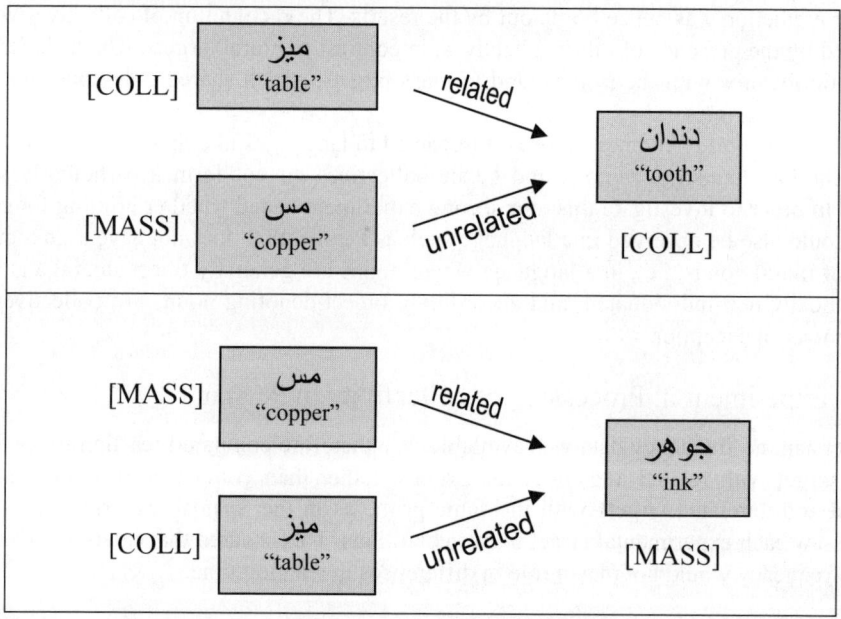

Figure 3: Illustration for prime target combinations in Study 2 (Latin transcript and English translations for the Persian stimuli used as examples: "ميز": *mīz* 'table', "مس": *mes* 'copper', "دندان": *dandān* 'tooth', "جوهر" *ğūhar* 'ink')

(8a) and (8b) give semantic representations for stimuli used as examples in Figure 3 (the stimuli are given in Arabic script, as used in the experiment; in brackets, we provide the words in Latin script, together with a translation):

(8)   a.   COLL: ميز   (*mīz* 'table')   ɛu ∀x (x ∈ u → TABLE(x))
              دندان   (*dandān* 'tooth')   ɛu ∀x (x ∈ u → TOOTH(x))

b. MASS: مس (*mes* 'copper') εx (COPPER(x))

جوهر (*ğūhar* 'ink') εx (INK(x))

Primes were selected in the form of 21 duos containing each a collective and a mass noun that were matched for length. These primes were paired with 21 targets also organised in duos of collectives and mass nouns. The targets were combined with the prime duo such that each prime and each target appeared in two different combinations, namely with a collective and a mass noun target or prime, respectively.

The order of pairs presented was counter-balanced in order to control for the possibility that the same target might be recognised faster the second time, independently of the prime that precedes it. The order of related vs. unrelated primes for the same target was also counter-balanced (similar to the constraints for Experiment 1).

Coll and Mass items formed pairs matched for length and frequency, and primes and targets were matched in a way that avoided phonological, graphemic, or morphological priming. This was done by observing the same restrictions as in Experiment 1, and, again, by choosing probes in such a way that on average, related pairs shared as most as many letters as unrelated pairs (mean number of shared letters in Coll-Coll pairs = 0.52 < mean number of shared letters in Coll-Mass pairs = 0.81; mean number of shared letters in Mass-Mass pairs = 0.29 < mean number of shared letters in Mass-Coll pairs = 0.67), and as most as many phonemes as unrelated pairs (mean number of shared phonemes in Coll-Coll pairs = 0.62 < mean number of shared phonemes in Coll-Mass pairs = 0.95; mean number of shared phonemes in Mass-Mass pairs = 0.48 < mean number of shared phonemes in Mass-Coll pairs = 0.81). Since no text corpus for Persian was available, we could not check possible linguistic co-occurrences of probes in pairs. The very low numbers for co-occurrences in the Spanish case, though, suggested that linguistic co-occurrence would not be a serious confounding factor in the domain of mass/count nouns that we investigate. Given the absence of plural nouns in the Persian experiment, related and unrelated pairs differed with respect to the conceptual feature [± homogeneous]; accordingly, no test for conceptual similarity ratings was conducted.

3.3.1.3. Procedure

Items were presented in pairs, and subjects were asked to perform a lexical decision on the second element of each pair. An advantage of this set-up, compared to the one used for Spanish, is that it avoids the potential disruption that an intermediate task may cause (which could, in turn, decrease the probability of semantic facilitation for the corresponding target). However, presenting probes in pairs of primes and targets means that the pairing is made cognitively salient by the task itself. In the present study, though, this was not a serious concern, given that related prime-target pairs like *furniture – jewellery* do not share any salient conceptual features, but are related only via abstract grammatical semantic features (as opposed to pairs like *moon – sun*, as used in previous studies on semantic priming).

Each probe was shown for 400 ms. After each pair, the program waited up to 2000 ms for a response to the target, then showed an empty screen for 1200 ms before the next probe was presented. Each subject saw the experimental pairings of all four conditions, i.e., each prime was seen twice (and two different targets were paired with each prime, as illustrated in Figure 3 above). Including the practice section, each testing session took about 20 minutes.

3.3.2. Results and discussion

Means were taken for reaction times for responses to the two classes of experimental targets for each subject. Using the same criteria for the inclusion of data points as in the previous experiments, we compared reaction times for targets in each set of related vs. control condition, that is, we compared Coll-Coll with Mass-Coll, and Mass-Mass with Coll-Mass. The mean reaction times for lexical decisions on targets in the 2 x 2 different conditions were: Coll-Coll = 718.52 (85.85) ms,   Mass-Coll = 731.09 (98.03) ms,   Mass-Mass = 753.45 (123.58) ms, Coll-Mass = 794.39 (110.96) ms.

As can be seen, in Persian we found again an advantage for targets that appeared in the related condition: Collective targets were recognised faster after collective primes (Coll-Coll) than after mass primes (Mass-Coll), and mass targets were recognised faster after mass primes (Mass-Mass) than after collective primes (Coll-Mass). Planned comparisons between the respective related and non-related conditions yielded significant differences in both cases: Coll-Coll vs. Mass-Coll: $t(38) = -1.67$, $p = 0.05$; Mass-Mass vs. Coll-Mass: $t(38) = -3.44$, $p = 0.00$. These results further support our hypothesis on the relevance of the mass/count distinction discussed above: In Persian, the activation of collectives can facilitate the recognition of other collectives compared to mass nouns, while the activation of mass nouns can speed up the recognition of other mass nouns compared to collectives. Hence, the differentiation of nouns as collectives vs. mass nouns can also be observed in the absence of plural nouns, that is, in a language where collectives occur systematically and regularly, rather than forming a less salient and more marked class than plural nouns.

Hence, the Persian study allowed us to expand our results from Spanish, providing evidence for the processing of a distinct class of collectives in the mass/count domain, in this case in a language where collectives present the unmarked case for object-denoting nouns. This suggests that the advantage we observed for collectives in Experiment 1 is not due to idiosyncratic properties of these nouns in a predominantly plural language such as Spanish, but to the psychological validity of the proposed semantic features, that is, of the specific integration of syntactic and conceptual distinctions that characterises collectives and distinguishes them as a separate class in the nominal mass/count domain.

4.   General discussion

In this paper, we have presented evidence for the accessibility during real-time language comprehension of the composite of features that constitute COLLECTIVITY: a combination of syntactic [+ transnumeral] and conceptual [− homogeneous] that identifies nouns like *jewellery* and *furniture* that behave syntactically like mass nouns, i.e., they do not pluralise [+ transnumeral], but refer to objects rather than substances [− homogeneous]. We take this evidence to support a finer grained, three-fold distinction that is observed at the level of semantic representations, the representational level where conceptual features get mapped onto syntactic ones. This three-fold distinction is based, in turn, on three different ways to correlate syntactic and meaning structures, linking [± transnumeral], the feature that distinguishes nouns that do not undergo obligatory number marking from those that systematically pluralise, and [± homogeneous], the feature that distinguishes nouns that refer to substances (that is, homogeneous entities) from those that refer to objects (that is, non-homogeneous entities that have relevant minimal parts). Against this background, we identified three classes of nouns:

1. COLLECTIVE NOUNS like *jewellery* are syntactically transnumeral and refer to objects (i.e., they are conceptually non-homogeneous). They have a semantic representation that provides an internal structure that determines what counts as a minimal instance of the nominal concept (in this case, e.g., an individual bracelet or ring, etc., but not just, say, half a ring), but is non-individuated (that is, it does not contain an individuation function).
2. MASS NOUNS like *gold* are syntactically transnumeral and refer to substances (i.e., they are conceptually homogeneous). They have a semantic representation that is non-individuated and without an internal structure.
3. PLURAL NOUNS like *bracelets* are syntactically non-transnumeral and refer to objects (i.e., conceptually non-homogeneous). They have a semantic representation that provides the relevant internal structure to determine what counts as a minimal instance of the nominal concept, e.g., an individual bracelet, and contains an individuation function.

Comparing access to elements of these different noun classes in real-time language comprehension, we found priming for collectivity, that is, facilitation of recognition for targets in pairs consisting of two collective nouns compared to those consisting of a collective noun and a noun from the other two classes.

From a methodological point of view, these results corroborate previous observations that priming effects can result not only from strategic, conscious processes, but can also result from subconscious automatic ones: Whereas general conceptual similarity (e.g., *moon – sun*) is immediately obvious and might hence be noticed by subjects – which would potentially give rise to controlled conscious processes –, similarities of the kind we investigated here, which rely on non-trivial feature detection, are only apparent on a more abstract level and are not necessarily consciously detected by subjects. Crucially, the three-fold classification we propose draws on the way the conceptual and syntactic systems are organised internally and with respect to one another: in the form of an interface level.

The notion of such an interface level as a mediating component, which we called the level of GRAMMATICAL SEMANTICS here, can be captured within the framework of a Tripartite Parallel Architecture (TPA) of the human language faculty as developed in Jackendoff (1997, 2002). This framework identifies three mental modules, which are autonomous derivational systems, for the generation of phonetic-phonological structures (PHON), syntactic structures (SYN), and semantic-conceptual structures (CS). PHON, SYN, and CS are connected by homomorphisms that access interface level representations. Consequently, in an elaboration of the standard TPA-model, we identify a distinct subsystem of (grammatical) semantics, SEM, as the linguistic interface level of the conceptual component CS (cf. Wiese 2003, 2004). Such an approach combines the power of the TPA-model with a distinction of (a) general conceptual representations, and (b) lexico-semantic representations that are part of the linguistic system.[25] As an interface system, SEM can be regarded as a 'gateway to

---

[25] For such a distinction cf. for instance Pinker (1989), Bierwisch and Schreuder (1992).

language' for CS. It is a mediating level that links up representations and relations from CS proper with those from the lexical and syntactic systems of a language.

From a dynamic implementation perspective (i.e., online processing), a similar distinction between language-specific semantic representations and general conceptual representations has been made within the revised version of Levelt's model of language production (Levelt, Roelofs and Meyer 1999). In contrast to the early version of this model (Levelt 1989), Levelt et al. (1999) introduce 'lexical concepts' that mediate between conceptual and grammatical representations. These lexical concepts capture language-specific configurations of meaning as evident, for instance, in English expressions like *mare* versus *female elephant*: For *mare*, Levelt et al. (1999) assume a lexical concept MARE that combines the conceptual representations of 'female' and 'horse'; in contrast to that, the representations of 'female' and 'elephant' enter English as FEMALE ELEPHANT, i.e., no comparable unified lexical concept is available here. Under the account sketched above, linguistic configurations of meaning like MARE vs. FEMALE ELEPHANT can be identified as elements of the semantic level SEM. We can hence combine representational and processing perspectives by relating representations as captured by LEXICAL CONCEPTS to a system of grammatical semantics within a linguistic architecture.

The three-fold distinction of nominal mass/count classes we found provides further support for the reality of features combined in such a grammatical semantic system (see also Grimm and Levin 2011 for recent corpus-based evidence consistent with this view). It supports a model that identifies an interface that accounts for the way conceptual representations are integrated into the grammatical system of a language and correlated with syntactic features during language comprehension: Our findings suggest that the distinctions we drew, for the nominal mass/count domain and the architecture that ultimately supports them, pertain not only to a model of how language can be represented, but also of how it is actually put to use.

By doing so, our results demonstrate the benefits of attending to phenomena even when they are peripheral in a particular language, such as collectives in Spanish. The cross-linguistic approach we took highlights the significance of this class in language representation and language processing, not only in a classifier language like Persian where they constitute the core class of object-denoting nouns, but also in a plural language like Spanish, where they play only a marginal role. In both languages alike, collectives, with their characteristic combination of conceptual and syntactic features, have a psychological reality in language comprehension as a separate class in the nominal mass/count domain.

References

Aikhenvald, Alexandra Y. 2000. *Classifiers: A Typology of Noun Categorization Devices*. Oxford: Oxford University Press.

Balota, David A. and James I. Chumbley. 1984. Are lexical decisions a good measure of lexical access? The role of word frequency in the neglected decision stage. *Journal of Experimental Psychology: Human Perception and Performance* 10: 340–357.

Barner, David and Jesse Snedeker. 2005. Quantity judgements and individuation: Evidence that mass counts. *Cognition* 97: 41–66.

Bartsch, Renate. 1973. The semantics and syntax of number and numbers. In *Syntax and Semantics Vol. 2*, ed. by John P. Kimball, 51–93. New York: Seminar Press.

Baum, Shari R. 1997. Phonological, semantic and mediated priming in aphasia. *Brain and Language* 60: 347–359.

Bierwisch, Manfred and Robert Schreuder. 1992. From concepts to lexical items. *Cognition* 42: 23–60.

Bloom, Paul. 1994. Syntax-semantics mappings as an explanation for some transitions in language development. In *Other children, other languages: Theoretical issues in language development*, ed. by Yonata Levy, 41–75. Hillsdale, NJ: Erlbaum.

Brown, Roger W. 1957. Linguistic determinism and the parts of speech. *Journal of Abnormal and Social Psychology* 55: 1–5.

Bunt, Harry C. 1985. *Mass Terms and Model-Theoretical Semantics*. Cambridge Studies in Linguistics 42. Cambridge: Cambridge University Press.

Bunt, Harry C. 2006. Mass expressions. In *Encyclopedia of Language & Linguistics*, ed. by Keith Brown, 530–534. Oxford: Elsevier.

Chan, Shau Wing. 1961. *Elementary Chinese*. 2nd edition. Stanford: Stanford University Press.

Cheng, Lisa L.-S. 2012. Counting and classifiers. In *Count and Mass Across Languages*, ed. by Diane Massam, 199–219. Oxford Studies in Theoretical Linguistics 42. Oxford: Oxford University Press.

Cheng, Lisa L.-S. and Rint Sybesma. 1998. Yi-wan tagn, yi-ge tang: Classifiers and massifiers. *The Tsing Hua Journal of Chinese Studies* 28: 385–412.

Chierchia, Gennaro. 1985. Formal semantics and the grammar of predication. *Linguistic Inquiry* 16: 417–443.

Chierchia, Gennaro. 1998. Reference to kinds across languages. *Natural Language Semantics* 6: 339–405.

Collins, Allan M. and Elizabeth F. Loftus. 1975. A spreading of activation theory of semantic processing. *Psychological Review* 82: 407–428.

Corbett, Greville G. 2000. *Number*. Cambridge: Cambridge University Press.

de Mornay Davies, Paul. 1998. Automatic semantic priming: The contribution of lexical and semantic level processes. *European Journal of Cognitive Psychology* 10: 389–412.

Eschenbach, Carola. 1993. Semantics of number. *Journal of Semantics* 10: 1–31.

Evett, Lindsay J. and Glyn W. Humphreys. 1981. The use of abstract graphemic information in lexical access. *Quarterly Journal of Experimental Psychology Section A: Human Experimental Psychology* 33: 325–350.

Forster, Kenneth I. and Susan M. Chambers. 1973. Lexical access and naming time. *Journal of Verbal Learning and Verbal Behavior* 12: 627–635.

Fries, Norbert. 1997. *Die hierarchische Organisation grammatischer Kategorien*. Sprachtheorie und germanistische Linguistik 7. Debrecen: Institut für Germanistik, Lajos-Kossuth-Universität.

Gillon, Brendan. 1992. Towards a common semantics for English count and mass nouns. *Linguistics and Philosophy* 15: 597–639.

Gillon, Brendan S. 1999. The lexical semantics of English count and mass nouns. In *The Breadth and Depth of Semantic Lexicons*, ed. by Evelyne Viegas, 19–37. Dordrecht: Kluwer Academic Publishers.

Gillon, Brendan, Eva Kehayia, and Vanessa Taler. 1999. The mass/count distinction: Evidence from on-line psycholinguistic performance. *Brain and Language* 68: 205–211.

Goodglass, Harold and Edith Kaplan. 1968. *The Assessment of Aphasia and Related Disorders*. Philadelphia: Leah Febiger.

Greenberg, Joseph H. 1974. Numeral classifiers and substantival number: Problems in the genesis of a linguistic type. In *Proceedings of the 11th International Congress of Linguistics Bologna–Florence, Aug. 28–Sept. 2, 1972*, ed. by Luigi Heilmann, 17–37. Bologna: Mulino.

Grimm, Scott and Beth Levin. 2011. Furniture and other functional aggregates: More and less countable than mass nouns. Paper presented at Sinn und Bedeutung 16, University of Utrecht, Utrecht, September 6–8. http://www.stanford.edu/~sgrimm/talks/.

Grinevald, Colette. 2000. A morphosyntactic typology of classifiers. In *Systems of Nominal Classification*, ed. by Gunter Senft, 50–92. Cambridge: Cambridge University Press.

Henderson, Leslie, Julie Wallis, and Denise Knight. 1984. Morphemic structure and lexical access. In *Attention and Performance X: Control of Language Processes*, ed. by Herman Bouma and Don G. Bouwhuis, 211–227. Hillsdale, NJ: Erlbaum.

Hincha, Georg. 1961. Beiträge zu einer Morphemlehre des Neupersischen. *Der Islam. Zeitschrift für Geschichte und Kultur des Islamischen Orients* 37: 136–201.

Hofland, Knut, Anne Lindebjerg, and Jorn Thunestvedt. 1999. ICAME collection of English language corpora. 2nd. edition. Bergen: Norwegian Computing Centre for the Humanities, HIT Centre, University of Bergen.

Inagaki, Shunji and David Barner. 2009. Countability in absence of count syntax: Evidence from Japanese quantity judgments. In *Studies in Language Sciences 8: Papers from the Eighth Annual Conference of the Japanese Society for Language Sciences*, ed. by Makiko Hirakawa, Shunji Inagaki, Yahiro Hirakawa, Hidetosi Sirai, Setsuko Arita, Hiromi Morikawa, Mineharu Nakayama, and Jessika Tsubakita, 111–127. Tokyo: Kurosio.

Jackendoff, Ray S. 1997. *The Architecture of the Language Faculty*. Cambridge, MA: MIT Press.

Jackendoff, Ray S. 2002. Foundations of language. *Journal of Experimental Psychology* 102: 963–968.

Jackendoff, Ray S. 2012. *A User's Guide to Thought and Meaning*. Oxford: Oxford University Press.

Katsika, Argyro, David Braze, Ashwini Deo, and Maria M. Piñango. 2012. Complement coercion: Distinguishing between type-shifting and pragmatic inferencing. *Mental Lexicon* 7: 58–76.

Krifka, Manfred. 1995. A theory of common nouns. In *The Generic Book*, ed. by Gregory N. Carlson and Francis J. Pelletier, 398–411. Chicago: University Press.

Levelt, Willem J. M. 1989. *Speaking: From Intention to Articulation*. Cambridge, MA: MIT Press.

Levelt, Willem J. M., Ardi Roelofs, and Antje S. Meyer. 1999. A theory of lexical access in speech production. *Behavioral and Brain Sciences* 22: 1–75.

Li, Peggy, David Barner, and Becky H. Huang. 2008. Classifiers as count syntax: Individuation and measurement in the acquisition of Mandarin Chinese. *Language Learning and Development* 4: 249–290.

Li, Peggy, Tamiko Ogura, David Barner, Shu-Ju Yang, and Susan Carey. 2009. Does the conceptual distinction between singular and plural sets depend on language? *Developmental Psychology* 45: 1644–1653.

Link, Godehard. 1983. The logical analysis of plurals and mass terms: A lattice-theoretical approach. In *Meaning, Use, and Interpretation of Language*, ed. by Rainer Bäuerle et al., 302–323. Berlin: de Gruyter.

Link, Godehard. 1991. Plural. In *Semantik/Semantics*, ed. by Armin von Stechow and Dieter Wunderlich, 418–440. Handbücher zur Sprach- und Kommunikationswissenschaft 6. Berlin: de Gruyter.

McRae, Ken and Stephen Boisvert. 1998. Automatic semantic similarity priming. *Journal of Experimental Psychology: Learning, Memory, and Cognition* 24: 558–572.

Meyer, David E. and Roger W. Schvaneveldt. 1971. Facilitation in recognizing pairs of words: Evidence of a dependence between retrieval operations. *Journal of Experimental Psychology* 90: 227–234.

Meyer, David E., Roger W. Schvaneveldt, and Margaret G. Ruddy. 1974. Functions of graphemic and phonemic codes in visual word recognition. *Memory and Cognition* 2: 309–321.

Mihatsch, Wiltrud. 2007. Taxonomic and meronymic superordinates with nominal coding. In *Ontolinguistics: How Ontological Status Shapes the Linguistic Coding of Concepts*, ed. by Andrea C. Schalley and Dietmar Zaefferer, 359–377. Berlin: Mouton de Gruyter.

Moss, Helen E., Ruth Ostrin Kramer, and Lorraine K. Tyler. 1995. Accessing different types of lexical semantic information: Evidence from priming. *Journal of Experimental Psychology: Learning, Memory, and Cognition* 21: 863–883.

Motta, Giovanni, Francesco Rizzo, David Swinney, and Maria M. Piñango. 2000–2004. TEMPO: A software for measuring real-time language comprehension. Brandeis University, UC-San Diego, and Yale University.

Murrel, Graham A. and John Morton. 1974. Word recognition and morphemic structure. *Journal of Experimental Psychology* 102: 963–968.

Neely, James H. 1991. Semantic priming effects in visual word recognition: A selective review of current findings and theories. In *Basic Processes in Reading: Visual Word Recognition*, ed. by Derek Besner and Glyn W. Humphreys, 264–336. Hillsdale, NJ: Erlbaum.

Nicol, Janet, Janet D. Fodor, and David Swinney. 1994. Using cross-modal lexical decision tasks to investigate sentence processing. *Journal of Experimental Psychology: Learning, Memory, and Cognition* 20: 1229–1238.

Perea, Manuel and Arcadio Gotor. 1997. Associative and semantic priming effects occur at very short stimulus-onset asynchronies in lexical decision and naming. *Cognition* 62: 223–240.

Piñango, Maria M., Edgar Zurif, and Ray Jackendoff. 1999. Real-time processing implications of aspectual coercion at the syntax-semantics interface. *Journal of Psycholinguistic Research* 28: 394–414.

Piñango, Maria M., Edgar Zurif, Aaron Winnick, and Rashad Ullah. 2006. The time-course of semantic compositionality: The case of aspectual coercion. *Journal of Psycholinguistic Research* 35: 233–244.

Pinker, Steven. 1989. *Learnability and Cognition: The Acquisition of Argument Structure.* Cambridge, MA: MIT Press.

Prasada, Sandeep. 1996. Quantification, arbitrariness of structure, and the count-mass noun distinction. In *Proceedings of the 20th Annual Boston University Conference on Language Development, I–II,* ed. by Andy Stringfellow, Dalia Cahana-Amitay, Elizabeth Hughes, and Andrea Zukowski, 600–609. Somerville, MA: Cascadilla.

Quillian, M. Ross. 1967. Word concepts: A theory and simulation of some basic semantic capabilities. *Behavioral Science* 12: 410–430.

Quine, Willard van Orman. 1960. *Word and Object.* New York: MIT Press.

Rothstein, Susan. 2010. Counting and the mass/count distinction. *Journal of Semantics* 27: 343–397.

Rubenstein, Herbert and Irwin Pollack. 1963. Word predictability and intelligibility. *Journal of Verbal Learning and Verbal Behavior* 18: 757–767.

Samuelson, Larissa K. and Linda B. Smith. 1999. Early noun vocabularies: Do ontology, category structure and syntax correspond? *Cognition* 73: 1–33.

Schwarzschild, Roger. 2006. The role of dimensions in the syntax of noun phrases. *Syntax* 9: 67–110.

Semenza, Carlo. 2005. The (neuro)-psychology of mass and count nouns. *Brain and Language* 95: 88–89.

Sereno, Joan A. 1991. Graphemic, associative and syntactic priming effects at a brief stimulus onset asynchrony in lexical decision and naming. *Journal of Experimental Psychology: Learning, Memory, and Cognition* 17: 459–477.

Smith-Stark, Thomas C.. 1974. The plurality split. In *Papers from the Tenth Regional Meeting of the Chicago Linguistic Society,* ed. by Michael W. La Galy, Robert A. Fox, and Anthony Bruck, 657–671. Chicago: University of Chicago.

Soja, Nancy N., Susan Carey, and Elizabeth S. Spelke. 1991. Ontological categories guide young children's inductions of word meaning: Object terms and substance terms. *Cognition* 38: 179–211.

Taft, Marcus and Kenneth I. Forster. 1975. Lexical storage and retrieval of prefixed words. *Journal of Verbal Learning and Verbal Behaviour* 14: 638–647.

Taler, Vanessa, Gonia Jarema, and Daniel Saumier. 2005. Semantic and syntactic aspects of the mass/count distinction: A case study of semantic dementia. *Brain and Cognition* 57: 222–225.

Verkuyl, Henk J. and Jaap van der Does. 1992. *The Semantics of Plural Noun Phrases.* ITLI Prepublication Series, LP-91-07. Amsterdam: University of Amsterdam, Institute for Language, Logic and Information.

Vigliocco, Gabriela, David P. Vinson, Randi C. Martin, and Merrill F. Garrett. 1999. Is 'count' and 'mass' information available when the noun is not? An investigation of Tip of the tongue states and anomia. In *Journal of Memory and Language* 40: 534–558.

Vigliocco, Gabriela, Peter Garrard, David Vinson, and Elaine Carroll. 2005. Dissociating semantics and English count-mass: Evidence from semantic dementia and progressive non-fluent aphasia. *Brain and Language* 95: 96–97.

Warrington, Elizabeth and Sebastian Crutch. 2005. The semantic organisation of mass nouns and the representational locus of the mass/count distinction. *Brain and Language* 95: 90–91.

Wierzbicka, Anna. 1985. *Lexicography and Conceptual Analysis*. Ann Arbor, MI: Karoma.

Wiese, Heike. 1997. Semantics of nouns and nominal number. In *ZAS Papers in Linguistics* 8: 136–163.

Wiese, Heike. 2003. Sprachliche Arbitrarität als Schnittstellenphänomen. Habilitation thesis, Humboldt-Universität Berlin.

Wiese, Heike. 2004. Semantics as a gateway to language. In *Mediating between Concepts and Language*, ed. by Holden Härtl and Heike Tappe. Trends in Linguistics 152. Berlin, New York: de Gruyter. 197–222.

Wiese, Heike. 2012. Collectives in the intersection of mass and count nouns: A cross-linguistic account. In *Count and Mass Across Languages*, ed. by Diane Massam, 54–74. Oxford Studies in Theoretical Linguistics 42. Oxford: Oxford University Press.

Wiese, Heike and Joan Maling. 2005. Beers, kaffi, and Schnaps – different grammatical options for 'restaurant talk' coercions in three Germanic languages. *Journal of Germanic Linguistics* 17: 1–38.

Wiese, Heike and Maria M. Piñango. 2001. Mass and count in language and cognition: Some evidence from language comprehension. In *Proceedings of the 23rd Annual Conference of the Cognitive Science Society*, ed. by Johanna D. Moore and Keith Stenning, 1244. Mahwah, NJ: Erlbaum.

Williams, John N. 1996. Is automatic priming semantic? *European Journal of Cognitive Psychology* 8: 113–161.

Windfuhr, Gernot. 1979. *Persian Grammar*. The Hague: Mouton.

Notes on prepositional systematicity in German and Spanish*

Tomás Jiménez Juliá & Irene Doval Reixa

1. Introduction

In grammar, the 'core/periphery' opposition can be understood in relation to the syntagmatic arrangement of units or in relation to the language system itself. In the former case, the core comprises the set of defining elements of a given structure: e.g. a verb and its governed complements form the core of the verb phrase. The periphery, on the other hand, will be those elements that can be lost without affecting the unit structure: in the previous example, this would include non-governed complements. In a different sense, from the perspective of the system, the 'core/periphery' opposition allows elements that are essential for its operation to be distinguished from other more dispensable ones. In the latter distinction, however, there are levels of consideration: in a very broad sense, the core may even be confused with the common or (depending on the theoretical framework used) the 'universal'. Consequently, all languages have nouns and verbs, but not all have articles or relative particles. Thus, one could identify the 'core' of the grammar with the universal components of language, and the 'periphery' with the idiosyncratic components of some of them. In this sense, adpositions, whether prepositions or not, would be classified as peripheral elements of languages as they are not present in all of them.[1]

Nonetheless, this identification would be of scant use for explaining how languages work and would disrupt the true hierarchy of components within a language. Speaking in terms of grammar, and not language in general, the core comprises all that needed for the language to function in accordance with its grammatical idiosyncrasy, with all those features whose use may change or disappear without altering the language's grammatical conditions relegated to the periphery. Or, by way of example, if in a non-tonal language the inherent phonological features form the core of its phonological system, and the non-distinctive, expressive,

---

* The present work forms part of the *Estudo contrastivo da expresión das relacións lóxicas en alemán e castelán* project, funded by the Directorate General for Research, Department of Economy and Industry, Government of Galicia (INCITE09 244 133PR).
[1] The notions of core and periphery have even been mentioned with regard to linguistic disciplines themselves: what Saussure (1913) called Internal Linguistics would be those disciplines which describe how language works as a symbolic code, and would account for the core of linguistic study, while External Linguistics would refer to those dealing with aspects of the use or consideration of language by speakers (e.g., semiotics of non-linguistic codes or sociology of language). Rojo (1986) talks in terms of 'core' and 'non-core' disciplines, respectively.

prosodic factors its periphery,[2] in the field of grammar, the core would comprise the units systematised by a language for the complete, proper expression of content deemed relevant, while the periphery would comprise elements such as idioms or non-distinctive expressive resources (interjections, non-grammatically conditioned order, etc.), among others.

In this regard, the contrastive study of the role of adpositions (exclusively prepositions in Spanish) is illustrative of the place that a relational expression system may have in two languages which, in all other aspects, are genetically close. Indeed, both sets of adpositions, German and Spanish, are basic resources for expressing relational values (initially and basically locative) but, at the same time, they exhibit highly significant differences in inventory and, above all, systematicity. While German has a true prepositional system parallel to other forms of grammatical expression with the same or similar content (adverbs and preverbs), Spanish has lost all the systematicity possessed by Latin prepositions and, for both historical and typological reasons, has been transformed into a relatively heterogeneous inventory. This sheds light on the central, 'core' location of adpositions in German grammar, as opposed to the shift to a less central area undergone by Spanish prepositions with regard to their Latin predecessors. We shall now go on to show the differences in adposition systematicity in both languages and the reasons underlying them, and thus justify the consideration of the different places they occupy in relation to coreness in each grammatical system.

2. Systematicity in Latin prepositions

Latin developed a system of nominal adpositions, almost exclusively prepositional, which was highly systematic, in both the semantic oppositions they express and in the correspondence with the two types of unit they are semantically and genetically related to: adverbs, from which the majority of Latin prepositions originate, and prefixes, fundamentally verbal, that prepositions (along with adverbs themselves) give rise to.[3]

Obviously, the classical Latin prepositional system was not set in stone; like every prepositional system, it was subject to both changes of inventory and variations in the value of its units, variations which gave rise to the deep transformation it underwent in the Romance languages. To illustrate the field of semantic oppositions for Latin prepositions, it will be

---

[2] In Spanish, for example, where quantity has no distinctive value, lengthening the tonic vowel is a purely expressive feature: ['niðo] and ['ni:ðo] mean the same, even though the speakers' attitude is different in each case. In Spanish, vowel quantity is an irrelevant or 'peripheral' feature.

[3] The grammaticalisation process for propositions and their relationship with adverbs and prefixes was similar in the different ancient Indo-European languages. In Sanskrit, for example, adpositions (almost entirely postpositions) were initially few in number (ancient Hindu had none), hence they were created from adverbs as needed to strengthen cases.

On the other hand, some of these prepositions, as well as certain adverbs, were employed as prefixes for verbal compositions. Thus, for example, the verb *gam* 'go' joined with the preposition *sám* 'together' to give the verb *samgam* 'go together' (Cf. MacDonell 1927: 166). The situation in ancient Greek was similar. There were unstressed prepositions alongside adverbs, some of which were candidates for transformation into verbal prefixes (Cf. Adrados 1992: 716f.). As in Sanskrit, Homeric adpositions were postpositions, and in this case were still stressed.

helpful to resort to diagrams enabling us to view their fundamental features.[4] As we have just mentioned, it is important to bear in mind that this scenario does not necessarily correspond to one single chronological state of the language, but is very useful for our purposes, focussed on highlighting the systematicity of Latin in this field.

It is a known fact that prepositional systems arise from the need to show locative relationships, and only then does their use extend to show other types of temporal or notional relationships (material, cause, contingency, etc.). Consequently, Latin prepositions are habitually classified according to the type of locative value they denote; i.e., how they respond to the questions *unde?* 'from where', *quo?* 'to where', *qua?* 'by which way' and *ubi?* 'in what place'. The basic Latin prepositions, those which respond initially to these questions, were the following:

1. *unde?*   *de* / *ex* / *ab*
2. *quo?*   (*ob*) / *in* / *ad* (+ *versus*)
3. *qua?*   *per*
4. *ubi?*   *in* (*ad* + verbs of rest)

Developed from these basic prepositions was a set of specifications which basically affected the *ubi* preposition; i.e. those which correspond to stative situations, but also the *quo* prepositions, insofar as practically the entire rich inventory of *ubi* prepositions was similarly *quo*, changing the case of its ending, and used with verbs of motion. Thus, the *quo* opposition between *in* and *ad* which we see in (1a) and (1b) corresponds to the 'interior/proximity' opposition in Table 4. Among the *quo* prepositions, only *versus* lacks *ubi* uses.

(1)   a.   Corinthum atque *in* Atticam terram rediit.   (Liv. 31)[5]

  b.   […] non *ad* praetorem sed Romam deferri oportere.   (Cic. *Verr.* 2.1)

In the case of the *qua* content, the characteristic preposition was *per*:

(2)   […] *per* hortum amicam transibo meam.   (Plaut. *Stich.* III, 1)

In the case of the *ubi/quo* prepositions, these oppositions were highly systematic, insofar as they attempted to cover the relevant locative content using prepositions, without leaving excessive gaps to be covered with other expressive means, unlike what the Romance languages, and particularly Spanish, would subsequently do. Tables 1 and 2, *unde* and *ubi/quo* prepositions, respectively, give us an initial quantitative idea of the principal prepositions used in classical Latin, with a brief reference to their value along with an example from classical authors.

---

[4]   For different aspects of the value of Latin prepositions, we draw on that addressed in Stolz and Schmalz (1928: §§ 89–136); Riemann (1942: § 81); Ernout and Thomas (1953: §§ 136–144); Kühner and Stegmann (1962: I 3, II); Bassols (1956: I §§ 219–272); Rubio (1966: I, 165–187); Alvar and Pottier (1983); Brea (1985).

[5]   Latin references are quoted from Glare (1982).

PREPOSITION	DESCRIPTION OF VALUE	EXAMPLE
de	simple moving away (from something) (further on, downwards movement)	Ut *de* finibus suis … exirent (Caes. *Gal.* I, 2) Nam breuior clara caeli *de* parte uidetur (Cic. *Arat.* 360)
ex	moving away from the interior of something	exactos *ex* urbe reges (Liv., VI, 37)
ab	moving away from the outside of something	*ab* Thermopulis atque ex Asia [...] tumultus [...] disieci (Cato *Orat* 51)

Table 1: *unde* 'from where' prepositions

These basic possibilities (origin from the inside, origin from the outside), covered explicitly with a general form, *de*, which could express either of the two values, are illustrated graphically in the diagram below:

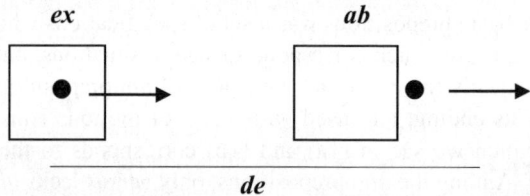

Figure 1: *unde* prepositions

The same can be said of the *quo* content, which in its three most specific values is shown in Figure 2, or with the value of the preposition *qua* (*per*), shown in Figure 3.

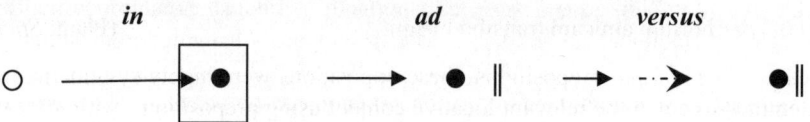

Figure 2: *quo* prepositions

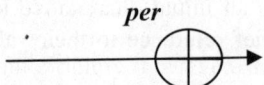

Figure 3: *qua* prepositions

Finally, the *ubi* prepositions (or *quo* with verbs of motion and change of case) exhibit the greatest variety; not only is the richness of Latin situational locative nuances evident, but also the systematicity and, to a certain extent, the exhaustiveness of its inventory. These prepositions can be subdivided into groups based on locative identification criteria. For practical purposes, we have divided them into six subgroups, with their corresponding criteria, which are specified in the table below:

General Prep.	Specific Preposition			Description of Value	Example
in	intra			within a place	Suos *intra* castra continuit (Caes. *Gal.* 5)
	extra			outside of a closed place	*extra* castra congrediemur (Cic. *Phil.* 12)
	inter			in the interior of discontinuous units	*inter* bina castra (Caes. *Gal.* 8)
ad	super/supra⁶			atop/above	*super* nubes superuiuia caelicolarum (Juv. 13–42)
	sub/infra			under	qui *sub* terra erepsisti (Pl. *Aul.* 628)
	ante	pro		in front of (with one's back to the reference)	ex statione *pro* Castris erant (Caes. *Gal.* 4)
		contra		in front of (facing the reference)	quae (regiones) sunt *contra* Gallias (Caes. *Gal.* 4)
		prae		in front of (alongside the exterior)	*prae* cornua, *prae* litteras (Petr. 39,12)
	post			behind	ipsi *post* collem occulto loco consederunt (Liv. 41)
	cis/citra			on the near side	quad ostis *cis* Euphratem fuit (Cic. 7. 2.)
	trans/ultra			on the far side	
	iuxta	propter		close to, with an indicative value	fanum eiusest in agro *propter* ipsam viam (Cic. *Verr.* 4)
		praeter		close to, as a transitory point of contact	Mustela murem abstulit *praeter* pedes (Plaut. *St.* 3.2.7)
	circa/circum			around	Galba […] caput […] *circum* castra portarunt (Suet. *Galb.* 20)
	apud			alongside (especially with people)	illa signa […] non esse *apud* Verrem (Cic. *Verr.* 2)
	cum			relationship between beings: closeness in space > company	*cum* exercitu suo profectus (Liv. 21)
	sine			relationship between living beings: distance in space > privation	*Sine* aduersario dicunt (Quint. *Inst.* 5.13.36)

Table 2: *ubi* 'in what place' prepositions

---

6   *Super/supra* and *sub* can be seen as specifications of *in* if they refer to closed spaces, or of *ad* if no spatial limits are defined.

The scheme corresponding to these values is shown in:

(a) A closed space is supposed:

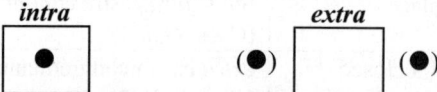

(b) A closed space is not supposed:

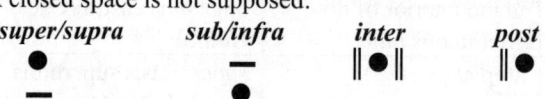

(c) Presupposes guidance in relation to the reference:

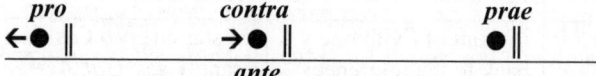

(d) The point for which it is described plays an active role in identifying the situation:

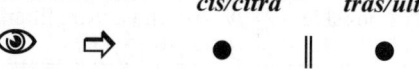

(e) The 'proximity' parameter is included in the identification:

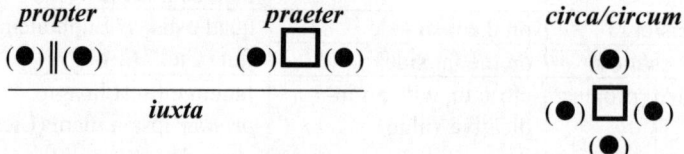

(f) The reference to persons parameter is included:

Figure 4: *ubi*/*quo* prepositions

The classifications and graphical illustrations above are intended to illustrate the enormous systematicity of Latin prepositions with two purposes in mind: on one hand, to show the relative similarity with modern German, both systems being highly 'systematic'; and, on the other, to contrast both with modern Spanish, with its consequent separation from its most immediate origin, for reasons of both a historical and typological nature.

The systematicity evident in the internal oppositions of Latin prepositions corresponds with that in the relationship between prepositions and the units from which they principally originate (adverbs) and to which they give rise (prefixes). In Latin, the transformation from adverbial modifier to preposition is highly harmonious and systematic since, from a semantic perspective, prepositions are still specialised adverbs in specific casual contexts, with a tendency towards integration (as prefixes) when the use of the syntagma is generalised and lexicalised, and with the need to do so when the content is applied to verbs, given the strictly nominal nature of Latin prepositions.

Unlike what will happen in the Romance languages, Latin prepositions lack the function of identifying the syntagmatic function of the unit they join with; instead they specify the semantic function: unlike the generic *eo Romam*, the preposition could specify whether we are referring to *ad Romam* or *in Romam*.

From a grammatical perspective, the difference between adverb and prepositions will focus on the latter's specialisation as nominal markers and, accordingly, on its association with specific cases (accusative or ablative), as opposed to general and basic adverbial use of adverbs. Prefixes, of a predominantly prepositional but also adverbial nature, will adhere to both verbs and nominal units, but, like adverbs, their fundamental field of action is in verbs. By way of an outline:

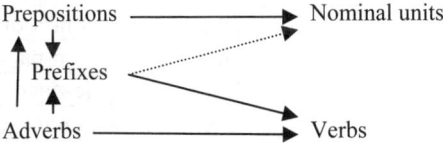

In short, it is the positional fixing of adverbs before nominal units which will in certain contexts transform them into prepositions, and their use to modify the meaning of verbs will entail integrating these units as prefixes which, naturally, will be conserved in the deverbal nouns.

In Latin, the categories of adverb, preposition and prefix are enormously permeable: all prepositions have a more or less viable use as prefixes, and, except for those which have already undergone considerable *attrition* (Lehmann 1985: 307), resulting from their specialisation (*a, ad, cum, de, ex, ob, per, pro, sub,* and *trans*), and whose value as adverbs has been replaced by other forms, all are attested in classical Latin as adverbs. This can be illustrated with the form *contra* in its adverbial (3) and prepositional (with accusative) (4) uses and as a prefix (5):

(3) quod totum *contra* est (Cic. Fin, 4.40) ('that which is totally the contrary', 'which is totally against')

(4) quamuis subito … quamque rem *contra* speculum ponas (Lucr. 4.1566) ('in unforeseen circumstances … anything you put in front of the mirror')

(5) adversarii non audebant *contra*dicere (Cic. Version 2.59) ('the enemies did not dare to contradict')

It is true that, as Adrados notes (1992: 716), prepositions and prefixes do not always have an assimilable sense (neither do cases with and without preposition). This can be expected from the moment at which the maintenance of the original unit subsequent to a grammaticalisation has more meaning if, in addition to the grammatical one, there is some type of semantic difference between the two forms. Nonetheless, the important thing is the complete co-existence of adverbial, prepositional and homophonous preverbial forms in Latin. The general idea that can be drawn is that there is a *continuum* between these three modes of verbal (or nominal) characterisation, based on two parameters: (a) the requirement to a greater or lesser degree for the integration of the semantic modification introduced by them into the lexical form on which they act, and (b) the lexical form itself on which they act:

prepositions are purely nominal marks; verbal modification implies either freedom from the modifier, in the case of the adverbs, or an integration of the latter into the lexical structure of the verbs, in the case of prefixes. These correspondences are shown in Table 3:

ADVERB	PREPOSITION	PREFIX[7]	EXAMPLE OF A PREFIX
	a, ab, abs[8]	a-, ab-, abs-	ab-eo, abs-terreo
	ad	ad-	ad-duco …
ante	ante	ante-	ante-pono
	apud	—	
circum/circa	circum	circum-	circum-duco
citra/citro	cis/citra	cis-	cis-montanus (adj.)
contra	contra	contra-	contra-dico
	cum	cum-	com-patior
	de	de-	de-duco
	ex	e/ex-	e-mitto, ex-eo
extra	extra	extra-	extra-ordinarius (adj.)
	in	in-	in-duco
infra	infra	infra-	infra-foranus (adj.)
inter	inter	inter-	inter-dico
intra	intra	intra-	intra-muranus (adj.)
iuxta/iuxtim	iuxta	iuxta-	iuxta-positio (subst.)
	ob	ob-	ob-ambulo
	per	per-	per-mitto
post	post	post-	post-fero
prae	prae	prae-	prae-cipio
	pro	pro-	pro-duco
prope	prope	prope-	prope-modum (adv.)
propter	propter	propter-	propter-ea (adv.)
retro	retro	retro-	retro-eo
	sine	—	
	sub	sub-	sub-duco
subter	subter	subter-	subter-fluo
super	super	super-	super-duco
supra	supra	supra-	supra-scando
	trans	trans-/tra-	trans-mitto, tra-duco
ultra	ultra	ultra-	ultra-mundanus (adj.)

Table 3: Correspondences between adverbs, prepositions, and prefixes in Latin

---

[7]   We do not include all the variants in the prefixes owing to phonetic modifications, such as *au-fero, af-fero, dif-fluo*, etc.

[8]   The prepositions *ab, de, ex, in, per, pro* entail prior grammaticalisation in the Latin stage. This is also true for *ante* and *super*, although in these cases the use of the adverbial form is retained. For details on formations *vid.* Bassols (1956: § 220).

3.   The 'anarchy' of Spanish prepositions

As opposed to the situation in Latin, an analysis of the situation in Spanish reveals that to a great extent, this systematicity has disappeared. As Table 4 shows, of the 31 most common prepositional forms in Latin, 29 were regularly used as prefixes (93.6 %), and 18 as adverbs (58 %). In this sense, Spanish is going to be affected by the breakdown of a large part of the Latin systems and the renovation of many of its structural units. Some Latin prepositions did indeed survive in the Romance languages, but without the systematicity and exhaustiveness of uses in Latin. Thus, the use of prefixes coinciding with prepositional forms falls to 53 %, since of the 17 most prototypical prepositions[9] (of which only 10 (58.8 %) derive from Latin prepositions), only 9 are used as prefixes; these correspond with the original Latin prepositions, except *sine*, which was not a prefix in Latin, either. A graphical representation of this disproportion in quantitative terms is given in Table 4, and Table 5 shows the aforementioned specific correspondences in modern Spanish.

	NO. OF PREPOSITIONS CONSIDERED	CORRESPONDENCE WITH PREFIXES	CORRESPONDENCE WITH ADVERBS
LATIN	31	29 (93 %)	18 (58 %)
SPANISH	17	10 (53 %)	0 (0 %)

Table 4: Percentages in the correspondence of prepositions with prefixes and adverbs

LATIN ROOTS		SPANISH		
PREP.	PREFIX	PREP.[10]	PREFIX	SEMANTIC RELATIONSHIP PREP.-PREFIX
ad	ad-	a	a-sustar, a-pechugar, a-segurar	With no identifiable relationship
ante	ante-	ante	ante-poner, ante-sala	Same meaning
—	—	bajo	—	—
cum	cum-	con	con-tratar, com-poner	Same meaning
contra	contra-	contra	contra-decir, contra-poner	Similar meaning
de	de-	de	de-caer, de-ducir, de-formar	Partially different
—	—	desde	—	—
in	in-	en	im-portar, i-rrumpir/ en-latar, em-brutecer	Vaguely similar
inter	inter-	entre	entre-sacar, entre-tener	Similar meaning
		hacia	—	—

---

[9]   I.e. the oldest, either from Latin or primitive Romance creations, prior to the twelfth century.

[10]   The origins of prepositions are diverse. Some were taken directly from Latin, e.g. *a < ad, ante < ante*, others have a Romance origin (*hacia < faze a, para < por + a*) or result from the merging of two Latin prepositions (*por < per + pro*).

—	—	hasta	—	
—	—	para	—	
—	—	por	—[11]	
secundum		según	—	
sine	—	sin	—[12]	
super	super	sobre	sobre-cargo, super-intendente	Similar meaning
trans	trans-	tras	tras-pasar, trans-mitir	Derived meanings[13]

Table 5: Correspondences between adverbs, prepositions, and prefixes in Spanish

Most striking is the existence of 14 prepositions, from the aforesaid 31 (45.2 %), which come directly into Spanish from Latin as prefixes (see Table 6) without being kept as prepositions; i.e., breaking the harmony seen in Latin. On the other hand, like the Romance languages in general, Spanish is full of new prepositions constructed on the basis of vastly different origins: combinations of Latin prepositions (*desde, para, por*), grammaticalisation of other forms (*bajo, como, cuando, donde, durante, excepto, mediante, salvo, según*, etc.), from constructions (*hacia*), or from other languages (*hasta*). None of them has any correspondence with either prefixes or adverbs; moreover, the vast majority of them have no locative meanings.

| | LATIN | | SPANISH |
ADVERB	PREPOSITION	PREFIX	(exclusively) PREFIX[14]
circa/circum	circa/circum	circum-	circun-valar, circun-dar
	cis	cis-	cis-montano, cis-andino
	ex	ex-	ex-traer, ex-tender
extra	extra	extra-	extra-limitarse, extra-polar
infra	infra	infra-	infra-valorar, (infra-humano)
intra	intra	intra-	intra-muros, intra-venoso
iuxta	iuxta	iuxta-	yuxta-poner
	per	per-	per-vivir, per-jurar, per-donar
post	post	post-	pos-poner, (post-velar)
prae	prae	prae-	pre-fijar, pre-decir, pre-juzgar
	pro	pro-	pro-crear, pro-mover, pro-ferir
	sub	sub-	so-asar, son-reir, sub-rayar,
supra	supra	supra-	(supra-rrenal; supra-nacional)
ultra	ultra	ultra-	(ultra-mar, ultra-violeta)

Table 6: Certain Latin prepositions with exclusively affixal correspondence in Spanish

---

[11] Except in the noun *porvenir*, the result of a lexicalisation but never used as a verbal prefix.

[12] Except in lexicalisations such as *sinsabor* or *sinvergüenza*.

[13] The form *tras*, and its locative meaning, equivalent to 'detrás'.

[14] Some prefixes had already formed in Latin, such as *circum-* (learned prefix) and *ex-*. Others, such as *cis-* or *intra-*, are scarcely productive, the latter being purely nominal. The prefix *yuxta-* is only represented in Spanish by the aforesaid verb, which is learned.

There is also a good number of Latin prepositions which have left no trace, either as prepositions or as prefixes (*adversus, apud, citra, erga, juxtim, penes, pone, praeter, prope, secus*, and *versus*), clearly showing the breakdown of the system during its passage to Romance.

And if there is an imbalance between prepositions and prefixes in Spanish, in the case of correspondence between prepositions and adverbs, Latin systematicity has broken down completely. Not only do many Latin forms go on directly to form prefixes without being kept as prepositions or, much less so, as adverbs, but in modern Spanish there is no preposition with a homophonous adverbial form, which clearly shows the extent of their independence in relation to their Latin ancestors, evinced by the emphatic 0 % in Table 4.

4.   The systematicity of adpositions in German

In terms of its internal structure, German has well-specified locative prepositions relative to the four axes already seen in Latin (*unde, quo, qua*, and *ubi*), as well as an inventory and oppositions perfectly comparable with the latter. More specifically, taking the 19 primary adpositions with locative value as a reference, their parallelism with the Latin oppositions is clear, although the axes selected within each group do not coincide fully. It should be stressed that, as in Latin, the inventories of *ubi* and *quo* prepositions coincide to a great extent, being used with the dative case to indicate *ubi* content and with the accusative to indicate *quo* content, the so-called *Wechselpräpositionen*. Only *bei* lacks *quo* values, while *zu* and *nach* are used exclusively with this value.

PREPOSITION	DESCRIPTION OF VALUE	EXAMPLE
von	General origin	Er kommt soeben *von* der Bank.
aus	Origin from inside of something	Die Mutter holte einen Kasten *aus* dem Schrank.
ab	Starting point of a trajectory	Wir fliegen *ab* allen deutschen Flughäfen.

Table 7: *unde* 'from where' prepositions

PREPOSITION[15]	DESCRIPTION OF VALUE	EXAMPLE
zu	General direction	Wie kommt man *zum* Bahnhof?
nach	Towards the inside of something[16]	Der Zug fährt *nach* Köln.
bis	End point of a trajectory	Der Zug fährt nur *bis* Köln.

Table 8: Exclusively *quo* 'to where' prepositions

---

[15]   Here we omit the *ubi* uses of *zu* (*zu Hause, zu Lande, zu Wasser*), residual in modern German and which attest its ancient locative value of situation. The preposition *nach* is only used before geographic names without a determiner, cardinal points or adverbs (*nach Frankreich, nach Süden, nach oben*). Also, *bis* is only used before nouns without a determiner; before an NP with a determiner it combines with other prepositions: *bis in, bis zu, bis nach*, etc.

[16]   The preposition *nach*, except in the idiomatic phrase nach Hause '[to] home, homeward', is used locally exclusively with geographic place names without article and points of the compass. In all other cases the preposition *in* is used.

PREPOSITION	DESCRIPTION OF VALUE[17]	EXAMPLE
durch	Trajectory within or through a place	Nicht ein Geräusch dringt *durch* die Wände. Wir waten *durch* den Bach stromaufwärts.
über	Trajectory from one side to the other	Der Zug fährt *über* eine Brücke. Der Hund springt *über* einen Bach.

Table 9: *qua* 'by which way' prepositions

GENERAL VALUE	PREPOSI-TIONS	SPECIFIC VALUE	EXAMPLE[18]
Interior/ Exterior[19]	in	The notion of being inside or surround-ed by some-thing	Das Besteck ist *in* der Schublade. Er legt das Besteck *in* die Schublade.
	um	Notion of surrounding something	Alle Leute saßen *um* den Baum herum. Gehen Sie dahinten *um* die Ecke.
Horizontal axis	hinter	Rearmost part	Sie blieb *hinter* dem Mann stehen. Er sprang *hinter* den Kiosk.
	vor	Foremost part	Das Auto steht *vor* dem Haus. Sie fährt das Auto *vor* das Haus.
	neben	Lateral part	Am Fenster, *neben* ihm, las ein Herr die Zeitung. Er stellt den Karton *neben* eine Tonne.
Vertical axis	über	Upper part [− contact]	Die Lampe hängt *über* dem Tisch. Der Himmel *über* dem Feld ist blau.
	auf	Upper part [+ contact]	Alles liegt *auf* dem Bett. Er setzte sich *auf* einen Stuhl.
	unter	Lower part [± contact]	Die Flasche steht *unter* dem Tisch. Sie stellt das Glas *unter* den Tisch.
	an	Vertical proximity [± contact]	Sie treffen sich *am* Kiosk. Eine Frau kam *an* den Schalter.

---

[17] For a more accurate distinction between the uses of *durch* and *über*, see Krause and Doval (2011: 78).

[18] The examples illustrate both uses of the preposition, the *ubi* and the *quo*.

[19] For more details on this semantic description, *vid.* Krause and Doval (2011: 52ff.).

Proximity	bei[20]	Notion of being in somebody's setting	Er arbeitet *bei* der Post. *Bei* uns in Spanien ist es anders. Völkerschlacht *bei* Leipzig 1813
Two references	zwischen	Between two references	Es lag *zwischen* dem Kiosk und einer Säule.

Table 10: *ubi* 'in what place' and *quo* 'to where' prepositions with dative and accusative, respectively

The graphical representation of the value of these positions also shows close parallels with that seen for Latin. Thus, the *unde* oppositions have two forms most frequently used with the specific value (origin from the inside (*aus*) and from the outside (*ab*), respectively, and another more general one (*von*), which makes them similar to the Latin *ex*, *ab*, and *de*):

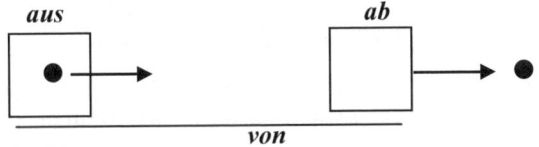

Figure 5: *unde* prepositions

A similar scheme is found, with two more specific forms and one more general one, in the exclusively *quo*, or directional prepositions. It is significant that both *zu* and *nach* are used with directional value in the dative. The exclusively *quo* use thereof prevents any confusion.

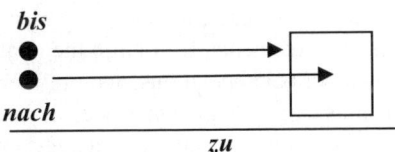

Figure 6: Exclusively *quo* prepositions

With regard to the *qua* or 'by which way' content, there are two possible options in German, *durch* and *über*:

Figure 7: *qua* prepositions

Finally, the oppositions used with the *ubi* or *quo* sense can be illustrated with the following diagram, adapted from that of Fries (2003):

---

[20] As we have indicated above, *bei* + dative lacks *quo* uses.

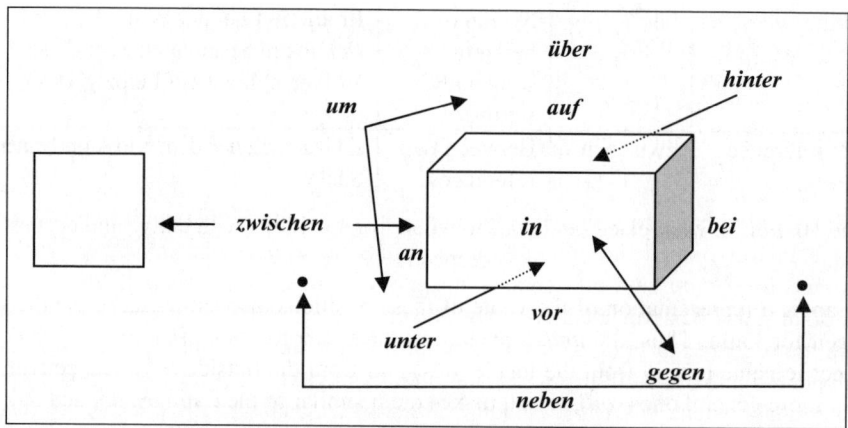

Figure 8: *ubi* and *quo* prepositions

Although a more detailed comparative analysis would show that in Latin certain aspects are more specified and structured, in German the fundamental locative content with respect to a reference is perfectly covered by using specific prepositions. In this regard, the precision of locative references means that there are no generic prepositions like the Spanish *en*, which, depending on the context, is equivalent to any of the German locatives (static or dynamic), such as *in*, *auf*, *an*, *bei*, or even *über*.

If, as we have just seen, the cross-linking of German prepositions has a systematicity and exhaustiveness comparable to that of Latin, the same applies to the use of one single form for different categories, although, in this case, with the important difference that said systematicity covers a greater number of elements. If in Latin the relationship between units was limited to the transfer between adverbs, prepositions, and prefixes, in German the number of grammatically differentiated units is much greater since, in addition to these three units, pronominal, interrogative and directional adverbs are created on the basis of prepositions preceded by the demonstrative *da-*, by the interrogative *wo-* or by the deictic directional adverbs *hin-/her-*. Even the typology of the prefixes is greater, since while Latin and Romance prefixes exhibit uniform syntagmatic behaviour, given that they constitute an immovable part of the structure of the word they are attached to, German preverbal units can be inseparable (with a behaviour similar to that of Latin and the Romance languages) or separable.

More specifically, the differential aspects of German can be considered to focus on the following two factors:

1. The existence of types of units foreign to Latin and Romance languages genetically related and created regularly through the association of locative forms. These forms basically belong to two qualitatively different types:
   a. Stressed forms independent of adverbial character created through the association of the demonstrative *da* (pronominal adverbs), of the interrogative *wo* (interrogative adverbs), or the directional locatives *hin/her* (directional adverbs) and preposition.

   b. Preverbs of a 'semi-analytic' nature (separable particles)[21], similarly non-existent in Latin and the Romance languages, and exponents of a step in the grammaticalisa-tion processes that never took place in them.
2. Closely linked to 1. is German's considerable flexibility in the use of different units to create prefixed units, once again far superior to that of Latin and the Romance languages.

Before dealing with (1–2), it should be pointed out that the different types of units which are homophonous or related through combination respond to different degrees of grammaticalisation in the expression of a certain initially locative content. The adverb, as a lexical unit and, thus, usable in different contexts, may be considered the starting point or unit with the minimum degree of grammaticalisation. On the contrary, the inseparable preverb (prefix) supposes the maximum degree, having undergone not only a total setting of its lexical and positional content, but also the phonic and attrition characteristic of the most advanced phases of grammaticalisation (cf. Lehmann 1985, Hopper 1991). In between, we find analytical forms (prepositions) and those we could call 'semi-analytic', separable particles, forms which are alien to the majority of Indo-European languages, as even the use of forms placed after the complementation is common in English (cf. *make your mind up!*), these forms never act as prefixes in non-personal forms; i.e., we cannot speak of the verb **upmind*. Table 11 summarises the place of the fundamental forms alluded to in the grammaticalisation scale, showing the logical, seamless process of verbal characterisation in German.

DEGREE OF GRAMMATICALISATION

(–) ───►(+)

FREE FORMS: ADVERBS	BOUND FORMS: PREPOSITIONS AND PREVERBS (PARTICLES, PREFIXES)		
Er kam *schnell*. Ich stehe *früh* auf. Du bist *immer* müde. Sie haben es sehr *gut* gemacht.	ANALYTICAL: PREPOSITIONS	FORMING PART OF THE VERB (PREVERBS)	
	auf ihn (verlassen) *ins* Kino (gehen)	SEPARABLE PARTICLES	INSEPARABLE PREFIXES (SYNTHETIC)
	die Fahrt *an* den Rhein	*da*bleiben *los*lassen *statt*finden *an*kommen	*wieder*holen *unter*schreiben *be*zahlen *er*ziehen

Table 11: Units with a verb-modifying or -characterizing function

The diversity of related forms, including pronominal and directional adverbs, is shown in Table 12. Now, for practical reasons, we start with the most common prepositions and with locative value, to gauge to what extent they have categorically different homophonous forms, and to what extent they have been used for the formation of new adverbial units.

---

[21] Here we adhere to the terminology which, although not the only one, is the most widely used in the current German literature, where the term 'preverb' comprises prefix and particle, cf. Zifonun (1999: 227), Zeller (2001b), Stiebels and Wunderlich (1994), and Barz (2005).

PREPOSITIONS	ADVERBS[22]	PRONOMINAL/ INTERROGATIVE ADVERBS da(r)-/wo(r)-	DIRECTIONAL ADVERBS hin-/her-	PREVERBS — PARTICLES — PREPOSITIONS	PREVERBS — DIRECTIONAL ADVERBS	INSEPARABLE PARTICLES (PREFIXES)
ab	Der Knopf ist *ab*.	—	herab, hinab	abfahren	herabsetzen, hinabsehen	—
an	Das Licht ist *an*.	daran, woran	heran, hinan	anfüllen	heranwachsen, hinangehen	—
auf	Bist du schon *auf*?	darauf, worauf	herauf, hinauf	aufmachen	hinaufklettern	—
aus	Die Party ist *aus*.	daraus, woraus	heraus, hinaus	aussteigen	herauskommen, hinauswerfen	—
bei		dabei, wobei	herbei; —	beibringen	herbeiführen	—
bis		—	—	—	—	—
durch	Heute machen wir *durch* bis morgen.	dadurch, wodurch	(hin)durch, —	durchfahren	hindurchgehen	durchfahren, durchsuchen
gegen		dagegen, wogegen	hingegen, —	gegensteuern	—	—
hinter		dahinter, wohinter	hinterher	hinterbringen	hinterherrennen	hinterbringen, hinterlassen

---

[22] There are also other adverbial uses in set binomial formulae with a locative, temporal, or notional value such as *ab und an*, *ab und zu*, *auf und ab*, etc.

PREPOSITIONS	ADVERBS	PRONOMINAL/INTERROGATIVE ADVERBS da(r)-/wo(r)-	DIRECTIONAL ADVERBS hin-/her-	PREVERBS PARTICLES PREPOSITIONS	PREVERBS PARTICLES DIRECTIONAL ADVERBS	INSEPARABLE PARTICLES (PREFIXES)
in	—	darin, worin	herein, hinein	eintreten	hereinfliegen, hineinfahren	—
nach	Meine Uhr geht 10 Minuten *nach*.	danach, wonach	hernach, —	nachdenken	—	—
neben	—	daneben, —	—		—	—
über	Sie bleiben den Winter *über* hier.	darüber, worüber	herüber, hinüber	übergehen	—	überwachen
um	Die Zeit ist *um*.	darum, worum	herum	umgehen	herumreisen	umgehen
unter	—	darunter, worunter	herunter, hinunter	untergehen	herunterblicken, hinunterschlucken	untersuchen
von	—	davon, wovon	—		—	—
vor	Die Uhr geht schon wieder *vor*!	davor, wovor	hervor, —	vorgehen	hervortreten	—
zu	Der Topf soll *zu* sein.	dazu, wozu	herzu, hinzu	zumachen	hinzufügen	—
zwischen	—	dazwischen	—	zwischenschalten	—	—

Table 12: Forms homophonous with prepositions

Table 12 shows the productivity of the unit creation mechanism in German. As can be seen, even forms created as directional adverbs can very often be incorporated in the inventory of (separable) adverbs (*herauskommen, hinangehen*), without this resource being limited to directional adverbs. Thus we find complex forms comprising two prepositions, such as *voraussagen* and *vorbeigehen*.

A cursory analysis of the quantitative data reveals highly significant results on the permeability and systematicity of the locative expression associated to the verb in German.

Of the 19 prepositions taken as a reference, over half (57.9 %) continue to behave as adverbs. This may seem somewhat low for ensuring the high systematicity of the whole, but it should be taken into account that the adverbial uses of these values are ensured by the creation of referential adverbial forms with *da-*, interrogatives with *wo-*, and directional deictics with *hin-/her-*. The number of 'pronominal' adverbs with *da-* is very high (89.5 %), which includes all prepositions except for *ab* and *bis*. That of directional adverbs, logically more conditioned by their semantics, is lower, but also significant (78 %); the only prepositions not to form directional adverbs are *bis*, *von*, *neben*, and *zwischen*. Adding the forms which have either adverbs with *da-*, *wo-*, or with *hin-/her-*, which are complementary depending on the semantic value of each form, we find that 94.7 % of the forms (18 out of 19) have a correspondence created with adverb-preposition association mechanisms. The only preposition with no adverbial representation is *bis*, which exhibits peculiar behaviour, both locatively and grammatically, as it is the only preposition which habitually heads other prepositional phrases; i.e., which plays a role similar to that of free forms, including adverbs, which may explain the lack of a need to create an adverb '*bis*' when the preposition itself exhibits 'adverbial behaviour'.

Looking now at the more grammaticalised forms, those which have been converted into bound forms, we note that a large proportion, 16 out of 19 (84.2 %), are converted into separable verbs. To a certain extent, this separability ensures the conservation of content parallel or close to that of the adverbial or prepositional forms. Even the high percentage of preverbs formed through directional adverbs (*herabsetzen, herauskommen, hineinfahren*, etc.) is still significant, 8 out of 17 cases (42.1 %.).

The final salient issue is the nature of prefixes or inseparable units. Inseparable prefixes (*be-, ent-, er-, ge-*, and *ver-*) are older, extreme units of grammaticalisation, which has meant that their semantic value has become so blurred that they have lost all synchronically recognisable contact with other forms that have free or analytic uses. There are, however, certain inseparable forms which have a degree of correspondence with separable forms and with prepositions. These are *durch-, über-, um-*, and *unter-*, duly unstressed and converted into forms grammatically similar to the inseparable prefixes above. Nonetheless, these inseparable units, prepositional homonyms, are always used simultaneously as separable preverbs (*Partikeln*), ('*übersetzen/über'setzen*'), with the corresponding semantic change in the verb, so that one has to consider this to be a lexical extension resource, making use of the possible interpretation of an adverb. This step, however, is limited (21 %), and only appears with the aforementioned four forms. Table 13 shows the corresponding percentages:

			CASES	PERCENTAGE
PREPOSITION			19	
ADVERB			10	57.9 %
PRONOMINAL / INTERROGATIVE ADVERB			17	89.5 %
DIRECTIONAL ADVERB			12	63.2 %
PRONOMINAL AND/OR DIRECTIONAL ADVERB			18	94.7 %
PREVERBS	PARTICLES (SEPARABLE P.)	(= PREPOSITION)	16	84.2 %
		(= DIRECTIONAL AND/OR PRONOMINAL ADVERBS)	8	42.1 %
	PREFIXES (INSEPARABLE P.)		4	21 %

Table 13: Percentage

We have placed this constraint on primary prepositions with local value for practical purposes. Extending the sample to prepositions with a value other than local (*außer, für, ohne, statt, trotz, während*, etc.) would reduce the percentage of systematic correspondences, but would not alter the fundamentals of the category transfer in any way.

A second observation which evinces the difference between the idiosyncrasy of Latin or the Romance languages and German is the diversity of categories convertible into prefixes and the versatility of behaviours in the latter's grammatical units. Indeed, 'conversion', as it is referred to in morphology, is a typically Germanic feature, according to which, a unit placed in an appropriate setting will behave as required therein: a noun preceding another noun will behave to a great extent like adjectives do in this context (*breakfast time, Frühstücks-zeit*), and an adjective modifying a verb will become an adverb (*feeling good*). Unlike English, German also exploits this recourse in the field of derivation, integrating units into morphological categories, such as that of separable preverbs. To simplify the description, we refer to Table 14, which tentatively shows the degree of grammaticalisation attributable to the different morphological units and combinations which act as verbal particles.[23]

---

[23] During the past years there has been a debate about whether particle verbs should be analyzed as morphological objects or as syntactic combinations. Actually, particle verbs can be seen as sharing both a *morphological* and a *syntactic* nature. Sometimes, they are lexicalised expressions built through a syntactic combination structure, cf. Stiebels and Wunderlich (1994) and Zeller (2001b).

SEPARABLE UNITS (STRESSED PARTICLES)	1. UNITS KEEPING INDEPENDENT USES AS FULL UNITS (LEXICAL UNITS)	NOUNS		*staub*saugen *acht*geben *kopf*stehen
		ADJECTIVES		*los*lassen *gut*heißen *zufrieden*stellen
		VERBS		*sitzen*bleiben *stehen*bleiben
		ADVERBS		*da*bleiben *zurück*geben *voraus*sagen *fort*gehen
	2. UNITS WITH PREPOSITIONAL USES			*an*kommen *auf*stehen *aus*geben *ab*nehmen *ein*kommen
	3. UNITS WHICH HAVE CEASED TO BE USED AUTONOMOUSLY			*inne*halten (< adv.) *hintan*setzen (< adv.) *statt*finden (< subst.) *anheim*fallen (< fp)
	4. FORMS WITH SEPARABLE AND NON-SEPARABLE USES	SEPARABLE PARTICLES	ONE-USE VERBS	'*um*graben '*unter*bringen
			DOUBLE-USE VERBS	'*durch*brechen '*über*gehen '*um*fahren '*unter*stellen
INSEPARABLE UNITS: PREFIXES (UNSTRESSED)		INSEPARABLE PREFIXES	DOUBLE-USE VERBS	*durch*'brechen *über*'gehen *um*'fahren *unter*'stellen
			ONE-USE VERBS	*um*'armen *über*'wachen *unter*'schreiben
	5. EXCLUSIVELY NON-SEPARABLE FORMS			*be*zahlen *ent*kommen *er*ziehen *ge*fallen

(+)

Table 14: Grammaticalisation scale of the bound units being part of the verb in German

The table schematically shows the systematicity with which adverbial and prepositional forms can be transformed into verbal forms.

As we have just seen, step 1 is a maximum exploitation of the conversion mechanism which occurs regularly between free units (*breakfast time*) and in German with units which are rendered dependent. In German, preverbs do not circumscribe to prepositional or adverbial forms, rather they can be formed with *any* class of word.

Step 2 entails the use of forms whose uses are already dependent (prepositions) to create preverbs, and it is different from step 3 in that the latter has ceased to be used with this value as autonomous forms.

The full grammaticalisation process (morphologisation or integration of the unit into the morphological structure of the verb in the form of an inseparable prefix) is a different step. In 4, we find the previous process, wherein inseparable forms (in the process of becoming prefixes) coexist alongside separable forms and, moreover, the inventory of these forms is part of the existing prepositions. When they are finally integrated as constant inseparable forms, logically, they usually no longer form part of the prepositional inventory; i.e., while their meaning is recognisable within a specific semantic field, the language exploits this. When the meaning is blurred, which normally coincides with attrition, then the result is merger and inseparability. In this regard, the units appearing in the table as step 3 illustrate the immediate antecedent of step 5: In 3, they are no longer used autonomously, but their meaning is still recognisable, hence they are separable forms. In 5, they have become inseparable and semantically diffuse, hence they have ceased to form part of the prepositional inventory.[24] Finally, 4 shows the double use of the same form, as separable or, with a change in semantic orientation, as inseparable. The inseparable forms in 4, unlike those in 5, keep a significant recognisable value, though for reasons of communicative expediency, now differentiated from separable uses.[25]

The above can be summarised as follows:

1. German, like Latin, has certain locative expression resources which are highly systematic in both internal oppositions, which cover a large part of the relevant semantic setting, and in the exploitation of forms in different contexts by means of different categories.

2. In this process of exploiting different categories, in addition to adverbs, prepositions, and prefixes, German has developed a form that exists neither in Latin nor the Romance languages, the separable preverb, which acts as a 'semi-analytic' constituent, allowing the enrichment of both the verb and systematic and economic lexicons.

3. Preverbs are fairly transparent units owing to their correspondence with prepositional and, frequently, adverbial forms, but German has exploited this recourse beyond locative prepositional forms, so that today we find preverbs originating from all classes of lexical items (nouns, adjectives, verbs, and adverbs) with the same syntagmatics as that of prepositionally derived preverbs.

---

[24] There is a number cases, such as *hinter*, where a preposition coincides with an exclusively separable form, but these are exceptions.

[25] The different syntagmatics of separable and non-separable preverbs is evinced in their rules of use: if the separate element precedes (*vorbereiten*, *anvertrauen*), the preverb acts normally, as it does so over a previously consolidated lexical form (with its inseparable prefix) (*Ich bereite meinen Vortrag vor*); if the preceding element is inseparable (*bemitleiden*), then the whole becomes inseparable: *Sie bemitleidete sich nicht selbst und verlangte auch kein Mitleid vom Zuschauer*, unlike what occurs when the verb is not preceded by a prefix: *Sie leidet mit ihrem Mann mit*. Unsurprisingly, prefixes of a Latin or Greek origin (i.e., already imported as prefixes or even as simplex) are all inseparable, as in *re-kontruieren*, *des-organisieren*, *absolvieren*, *apportieren*, etc.

4. The behaviour of the initially related different forms (adverbs, prepositions, preverbs, and prefixes) evinces their different degrees of grammaticalisation and setting in specific contexts. In this regard, inseparable prefixes involve the greatest degree of grammaticalisation, with the phonic and semantic attrition characteristic of these cases. It is not surprising, then, that units with an exclusively prefixal behaviour no longer exhibit synchronically verifiable correspondence with other units in the system.

On the whole, the German outlook mirrors that of Latin but with greater categorial complexity, and with nothing in common with the absence of systematicity in the Spanish locative expression inventory. We now go on to show the general causes for these differences.

5. Typological motivations

The differences observed in the behaviour of prepositions in both languages derive from two intimately linked basic factors:

1. The role of the preposition in Romance languages and, more specifically, in Spanish.
2. The typological trend exhibited by Romance and Semitic languages, among others, as opposed to the majority of Indo-European languages, and more significantly, the Germanic languages.

As we know, the Latin preposition was basically a means of expressing locative values, with subsequent semantic extensions, associated to nominal elements, which explains its association with casually characterised units and, ultimately, to specific cases. But, as we have seen, adverbs, prepositions, and prefixes formed part of one single initial paradigm, which explains the regularity of their associations. The latter were simply a step further in the specialisation and grammaticalisation process which results from the incorporation of the semantic modification into the unit's lexical structure. This occurs fundamentally with verbs, given that as prepositions they could not be associated directly with the verb. We have already alluded (p. 7) to the fuzzy border between adverb and prefix in cases such as *contradicere*. It is this genetic connection between the three types of unit which justifies the highly semantic correspondence between them in Latin, as well as in German.

However, this correspondence breaks down in the passage from Latin to Romance, owing to two fundamental causes:

1. The use of the preposition as a syntagmatic marker and the cascade of consequences that this entailed.
2. The progressive change of typological tendency, the cause of the situation, but, at the same time, a consequence of the previous factor.

5.1. The use of the preposition as a syntagmatic mark

The first factor results from the loss of the casual flexion in Romance. Effectively, late Latin progressively lost its casual flexions in favour of analytic indications.[26] This process occurs in setting of a loss of flexive resources and replacement with others of an analytic nature which affected other parts of the grammar in the formation of the Romance Languages.[27] This process, which culminated in the total disappearance of stressed units,[28] reinforced the importance of prepositions as syntagmatic markers and, at the same time, helped to reduce their semantic value; this is true for prepositions such as *a*, *de*, and *en*, as is evident in examples such as:

(6)   Juan animó *a* Antonio *a* presentarse *al* examen *al* día siguiente.
        'Juan encouraged (*to*) Antonio *to* take the exam *at* the next day.'

(7)   No quiero hablar   *de*-l   problema *de* trabajo *de* Luis *de*-l   otro día.
        No want   talk   *about*-the problem   *of* work   *of* Luis *from*-the other day
        'I don't want to talk about Luis' work problem from the other day.'

(8)   La dificultad consiste *en* hacer todo *en* menos de una hora.
        'The difficulty consists *in* doing everything *in* less than one hour.'

in which the prepositions cannot be attributed even a general meaning. The most palpable result of this loss of semantic values is the progressive disappearance of a large part of the oppositions we saw in relation to Latin. Those prepositions which survive often do so isolated from their primitive oppositions: *de* lost its opposition with *ex* and *ab* as the latter two disappeared; *in* and *ad* ceased to oppose each other as interior and exterior to acquire a diffuse semantic value of general location and direction or general projection, respectively; nor do *intra*, *extra*, and *inter* retain their value, as the former two disappeared as prepositions and only remain as prefixes. The same with *super* and *sub*, as the result of the latter, the preposition *so*, ended up disappearing in favour of another 'reconverted' preposition (*bajo*) or of the construction with adverbial nucleus *debajo de*, an oft used recourse in Spanish. And something similar occurred with oppositions such as *contra*, *pro*, and *prae*, in which the first abandoned its locative sense almost entirely and the other two disappeared as prepositions.

There are many more examples, but there is no need for exhaustiveness to show to what extent the instrumentalisation of the preposition led to the demise of Latin oppositional

---

[26] By way of example, the dative, particularly of person, was gradually replaced by the preposition *ad* plus accusative: *do librum puellae* becomes *do librum ad puellam*, definitively setting the use of the preposition when the accusative itself disappeared.

[27] The changes in the verb are significant, with losses in the medium-passive paradigm and in other synthetic forms, such as the future indicative (*cantabo*), all of them replaced by periphrastic (analytic) structures; or the creation of the article and other unstressed determiners (possessives, demonstratives, indefinites) which previously did not exist as such, to cite well known examples.

[28] As we know, in Spanish oblique case variation only remains in the third person forms of unstressed pronominal forms: accusative (*lo*, *la*, *los*, *las*) and dative (*le*, *les*). In the first and second persons singular, there is one single oblique case (*me*, *te*), as occurs with the stressed forms, used always with a preposition ((*a*) *mí/ti*). The remaining forms coincide with the nominative forms.

systematicity, since those that were subsequently created on the basis of mergers or reconversions of Latin prepositions (*desde, hacia, para, por, según*) or other elements, now normally already into the Romance period (*durante, excepto, mediante, salvo*), including the reconversion of relatives (*como, donde, cuando*) or locutions (*pese a, junto a/con*), since they did not fit into a system of oppositions, neither locative, nor of any other type, this being a cascade of incorporations which reflected the need to cover specific expressive requirements of a non-locative nature. On the other hand, the locative values were recovered, not by creating new prepositions, but by resorting to syntactic constructions with adverbs (often created through lexicalisations with prepositions): *debajo de, encima de, lejos de, cerca de, al lado de*, etc. The locative gaps were covered with adverbial constructions, not now with prepositions.

5.2. Change in typological trend: Locative expression in the verb

The second factor, which is related with the above, is Spanish's reduced need to possess a complete system of expressive locative resources grammaticalised by its tendency to express part of this content with the verb itself. This separation has led to Spanish and German being proposed as an illustration of two tendencies in the expression of locative content in verbs of movement or situation, which Talmy (1985) denominates *Verb-framed languages* and *Satellite-framed languages*, respectively.

In line with the generalised descriptions (Talmy 1985: 61 and following, and 2000: 25 and following; Slobin 1996 and 2004; Berthele 2004), the semantic components of a locative expression can be broken down into four central or internal components: *Figure, Motion* (*Move, Be*), *Path*, and *Ground*, and two external co-event components: *Manner* and *Cause*. It is generally accepted, however, that the tendency to integrate part of this information into the verb itself and to express another part externally divides languages, *grosso modo*, into *Satellite-framed languages* and *Verb-framed languages*. The former, which include the majority of Indo-European languages, and particularly the Germanic languages, would integrate information on *manner* or *cause*[29] into the verb, expressing that relating to the *path* through *satellites*[30] (9) which Talmy (2000, II: 28) paraphrases in (9b):

(9)   a.   I ran/limped/jumped/stumbled/rushed/groped my way down the stairs.

        b.   [I WENT down the stairs] WITH THE MANNER OF [I ran …]

---

[29] For Talmy (2000, II: 25–26), a *motion event*
      […] consists of one object (the Figure), moving or located with respect to another object
      (the reference object of the Ground) […] The Path […] is the path followed or site occupied by the Figure object with respect to the Ground object […] In addition to these internal components, a Motion event can be associated with an external Co-event that most often bears the relation of Manner or Cause to it.
[30] In Talmy (2000, II: 28f.), this information is integrated into another type of more general information denoted *Relation*, which also includes others, such as *precursion, enablement, concomitance, subsequence*, etc.

Verb-framed languages, however, tend to incorporate the *path* into the verbal seme, expressing the other information externally or simply leaving it unspecified.[31] This is the case of the Romance languages, among others. Once again, resorting to the aforesaid example from Talmy (2000, II: 49) the Spanish form (10) would have its equivalent in (10b):

(10)   a.   La botella *salió* de la cueva (flotando).

       b.   The bottle *floated out* the cave.

The characteristics of this typological classification are well known, and we need not dwell on them here.[32] It is worthwhile, however, pointing out that the inclusion of the languages into one type or another depends on frequency of use and rhetorical tendencies, which may affect the lexical inventory or, at least, the most common lexical inventory. Indeed, one could consider that all languages normally possess elements for expressing the processes as *V-framed languages* or as *S-framed languages*, but they lean towards one tendency or another, and the consequences of this are twofold, which we now go on to deal with.

---

[31]   Slobin (2004: 255 note 6) refers to the scope, and thus, the ambiguity, of the term *path*, stating: "Note that this definition includes static location, translational motion, and self contained motion", alluding to the three components that comprise the *path* indicated by Slobin: "*a)* the Vector (AT, TO, FROM, ALONG, etc.), *b)* the Conformation (POINT, ENCLOSURE, VOLUME, etc.), and *c)* the Deictic (± TOWARD SPEAKER)".

[32]   It is worth highlighting the little known fact that these differences had already been brought to light much before in the Hispanic tradition. Speaking of the adverb in his renowned grammar of the Spanish, Lenz (1920: 212) alludes to Latin and German's richness in adverbs 'of relation', as opposed to the paucity and vagueness of Spanish adverbs and prepositions, but without this vagueness affecting clarity:

   [...] porque el castellano distingue con mucho rigor los verbos de movimiento en las dos direcciones (*ir, venir, llevar, traer*, etc.) de los de reposo. En cambio las lenguas germánicas, en los verbos, se fijan poco en la dirección, pero la indican con cuidado por adverbios (llevar = *hinbringen*, traer = *herbringen*) (Lenz 1920: 211–212).

   Es esta una diferencia característica entre la psicología lingüística de las dos naciones, como es otra la de que los idiomas germánicos se fijan en primer lugar en la especie de posición que tiene un cuerpo (de pie, sentado, colgado, recostado) y en la especie de movimiento que ejecuta (ir a pie, a caballo, en vehículo, en buque, al remo, a la vela; caminar, correr, arrastrarse, gatear, saltar, etc.), mientras la dirección se expresa por adverbios. Los neolatinos, y en particular los españoles, se fijan en primer lugar en la dirección y la expresan por el verbo (*ir, venir, llevar-traer, subir-bajar, entrar-salir, cruzar*, etc.) en tanto que dan la especie de posición o movimiento como circunstancia secundaria por medio de frases adverbiales. Lo mismo sucede con verbos que indican el progreso de una acción (*comenzar, continuar, seguir, terminar, acabar*, etc.), que en inglés o alemán se dan comúnmente por adverbios (*seguir trabajando, leyendo, escribiendo* — *to work, read, write on, weiterarbeiten, weiterlesen, weiterschreiben*; el orador comenzó, siguió, concluyó diciendo — *er sagte zuerst* o *zunächst, darauf* o *alsdann, schliesslich* o *zum Schluss*). La indiferencia del castellano para con la situación espacial ha llegado a tal extremo, que la mayor parte de los verbos intransitivos correspondientes (latín *stare, sedere, penderé, iacere*; alemán *stehen, sitzen, hangen* o *hängen, liegen*) han caído en desuso o cambiado de significado.

5.2.1. Marked components

The initial consequence is that components of the unselected tendency are perceived as stylistically marked and, at times, tend to disappear. Slobin (2004: 223) has expressed this in terms of 'ease of processing':

> [...] rhetorical style is determined by the relative *accessibility* of various means of expression, such as lexical items and construction types. That is, *ease of processing* is a major factor in giving language-particular shape to narratives. At the same time, cultural practices and preferences reinforce habitual patterns of expression.

Thus, for example, in Spanish we have *yacer* and *pender*, but these are far from being used in the standard language as equivalents of *liegen* and *hängen*, respectively. Moreover, the synthetic equivalents of *stehen* and *sitzen* have disappeared, and they can only be expressed in synthetic form (*estar* + *de pie/sentado*). There are even some resources, such as resultative attributes, which are non-existent in Spanish: the translation of the English *Pat kicked the door open*, *We stood the pole erect*, *She knocked the door down* (*Cfr.* Aske 1989), or *He shot him dead* will never be literal, a circumlocution being required to render the content: *Pat abrió la puerta de una patada*, etc. In general, however, the typological affiliation of languages in this regard is a matter of tendency, in the sense of Coseriu (1952), and thus holds Slobin (1996: 217) when, after comparing the possibility of expressing on verb with various associated *paths* in Spanish,[33] he states:

> These few examples, along with more extended examples from the translations, demonstrate that some types of construction with two or more locative phrases in a clause are, indeed, possible in Spanish. Yet they 'go against the grain' of the rhetorical use of the language.

By way of conclusion:

> There is thus a multifaceted answer to the question of why Spanish narrations of motions events seem so sparse from an English point of view. Part of the answer has to do with characteristics of a verb-framed language. These characteristics also interact with the particular type of lexicon in the language and with general constraints on the types of construction that are licensed. Finally, all of these factors 'train' the speakers – at least from late preschool age onwards – in the development of a particular rhetorical style.
>
> (Slobin 1996: 217f.)

5.2.2. Grammaticalisation of elements

The second consequence, addressed less frequently with but probably more important, is the one leading to grammaticalising those, initially free, elements, assigned to analytically express the *path*. When expressing the path analytically is important, languages tend to set this as part of a closed paradigm of simple elements, such as prepositions or, more specifically, separable preverbs, instead of using constructions which are syntactically more complex, but communicatively less efficient. Thus, the true tendency of a language is detected, not in the *possibility* of expressing something analytically, as in one way or another, all languages

---

[33] These are examples such as *echó a correr sendero abajo*, *entre los setos*, *hacia el coche* (cf. Slobin 1996: 216).

have some resource for doing so, but in its *need* to do so and in the *type of analytic re-sources* it uses. Bearing this very much in mind, Latin, Spanish, and German's place in such a typology can be considered as follows:

a) Latin would maintain features characteristic of *S-framed languages*, due to both the systematicity and exhaustiveness of the elements indicative of the *path* and, above all, due to its tendency to grammaticalise them as prefixes on generic verbs (*in/re/trans-gredior*; *intro/ex-ire*; *ad/de-scendo*, etc.), providing a high systematic correspondence between ad-verbs, prepositions, and prefixes. At the same time, this prioritisation of the locative content led to a tendency towards specifying other relations (cause, manner, enablement, subse-quence, etc.) within the verb itself (*equito, repo, sedeo, iaceo, sto*, etc.).

What will give rise to a typological change in the Romance languages will be the trend towards lexicalising those verbs used with analytical directional forms (*in, re, trans, intro, ad, de*, etc.), thus forming verbs characteristic of V-framed languages,[34] in line with the parameters from Talmy or Slobin which, as the semes have already been provided by the initial prefixes, will reject the use of subsequent articles as *path* markers.

This means that from these parameters Latin can be considered an S-framed language in-sofar as the lexicalisation processes of verbs and their analytical forms start along a pathway towards the behaviour of their Romance descendants as V-framed languages. At the same time, many of those verbs which incorporated content relating to cause, manner, etc., are replaced in their regular uses by general forms with analytical specifications: forms such as (11a) and (12a), among others, which correspond to *manner* relating verbs which have not disappeared, are unusual in Spanish, and/or replaced by (11b) and (12b):

(11)   a. * *Equito* a la fiesta. (**equitar* = 'to ride a horse')

       b. *Voy* a la fiesta *a caballo*. (= 'I go to the party by horse.')

(12)   a. * *Yace* viendo la televisión. (*yacer* = 'to be lying down')

       b. *Está tumbado* viendo la televisión. (= 'He is "knocked down" watching tv.')

b) The result of this evolution is that Spanish is configured as a language with a marked opposed tendency; i.e., with the characteristics of a V-framed language. A good many of its verbs indicate the *path*, hence there is usually less need to express it analytically. It *can* be expressed in this manner, but in addition to not having to do so in the majority of cases, when it is done, adverbial constructions more complex than prepositions are normally used (*delante de, en medio de*, etc.).[35] It would be inaccurate to say that it has shortage of rela-

---

[34]   Referring to Talmy, Slobin indicates a process which is comparable to a certain degree with this lexicalisation of verbs of movement: "that of verbs in serial-verb language that "show evidence of grammaticalizing into path satellites – that is, losing some features of independent verbs", noting that "This is certainly an important diachronic path that can lead from one language type to anoth-er" (Slobin 2004: 255, note 8).

[35]   Here we shall not be dealing with more specific constraints in Spanish, such as those identified by Aske (1989) or those appearing in Slobin and Hoiting (1994) or Slobin (2004) according to which the expression of *paths* which express a terminus or cross a threshold are not possible with verbs which include *manner* (such as *correr, volar, patinar*, etc.); i.e., we cannot say *voló dentro de la habitación* ('He flew into the room') if we wish to say that the room is the terminus of the flight.

tional elements; what it does have is relatively few systematic, grammaticalised locative elements as a recurrent vehicle of expression (prepositions or regular prefixations). Hence, it often resorts to more complex locative constructions.

c) Contrary to this trend, German, like Latin, exhibits an opposing tendency, prototypical of S-framed languages, with an abundance of forms *grammaticalised* into separable pre-verbs or prepositions, and a total correspondence of form between the different categories expressing the same semantic value. This means that, through regular mechanisms, it is very easy to create new adverbial forms that cover aspects which can only be expressed in Spanish by means of analytical constructions, not always generalisable, and which comprise an inventory of verbs of movement and variants depending on the adjunct particle much greater than that of Spanish.

Bamberg (1994: 219) summarises the behaviour of German as an *S-framed language* as follows:

> The linguistic construction of movement in German adheres to the satellite-framed typology [...]. In this regard German is like English, in contrast to the three other languages of the sample [Spanish, Hebrew, Turkish] which are verb-framed. There are 37 types of verbs of motion, across the entire age range [...] each of these verbs can be combined with a large range or path satellites, expressed as verb particles in German. For example, using a simple verb with no indication of manner—*kommen* 'come'—the sample of German texts yields: [...] *an-kommen* 'arrive', *raus-kommen* 'exit', *rein-kommen* 'enter', *zu-kommen* 'arrive'.
>
> Conversely, we can pick a German Path satellite and note its occurrences with a range of verbs of motion. For example, all of the flowing verbs of motion were combined with the particle *raus* 'out': *raus- -fallen* 'fall out', *-fliegen* 'fly out', *-gehen* 'go out', *-gleiten* 'slide out', *-hüpfen* 'hop out', *-klettern* 'climb out', *-kommen* 'come out', *-laufen* 'run away', *-rennen* 'run out', *-schlüpfen* 'slip out', *-springen* 'jump out', *-steigen* 'climb out'.

Bamberg holds that German would be a step further along than English in its characteristics as an *S-framed language*, as its richness of particles, particularly preverbs (separable), contemplates an additional parameter: in a deictic perspective. Once again, in his words:

> [...] Path satellites in German encode directionality, as in English. In addition, they encode deictic viewpoint by means of the particles *hin* 'thither' and *her* 'hither', which can combine with the directional particles. The range of possibilities is then greater than in English, allowing for expression of viewpoint perspective.   (Bamberg 1994: 219)

Tables 14 and 15 summarise the aforementioned typologies of Latin, Spanish, and German, according to whether the typical lexicalisation pattern for the path takes place in the verb or in other adjacent elements (satellites). Looking at these tables, the similarity between Latin and German, and at the same time their discrepancy with Spanish, is clear. Naturally, the sign'—' in the tables in no way indicates the non-existence of such forms in each language; it merely serves to point out that it is not the dominant trend therein.

This constraint is another barrier for generalising the use of path satellites in Spanish, but this is beyond the scope of the present study.

			SPANISH	LATIN	GERMAN
OUTSIDE OF THE VERB	PROGRESS OF AN ACTION		—	No clear definition	Er sagte *zuerst* Er sagte *zunächst* *Weiter*arbeiten
	MOTION	PATH	—	*in*-gredieri *re*-gredieri *intro*-ire *ex*-ire *as*-cendo *des*-cendo	*hin*-bringen *her*-kommen *aus*-gehen *ein*-kommen *auf*-fahren
		CAUSE OR MANNER	ir *a pie* *en coche* *en barco*	—	—
	STATE (BODY POSITION)		estar *de pie* *sentado* *tumbado*	—	—

Table 15: Typological tendencies: Path outside the verb

			SPANISH	LATIN	GERMAN
INSIDE THE VERB	PROGRESS OF AN ACTION		*comenzó* diciendo *terminó* diciendo *siguió* trabajando	No clear definition	
	MOTION	PATH	*entró-salió* *fue-vino* *subió-bajó* *llevó-trajo*	—	—
		CAUSE MANNER	—	*ambulo* *equito* *navigo* *curro* *repo*	*gehen* *fahren* *klettern* *kriechen*
	STATE (BODY POSITION)		—	*stare* *sedere* *iacere* *pendere*	*stehen* *sitzen* *hängen* *liegen*

Table 16: Typological tendencies: Path within the verb

6.   Conclusions

By way of conclusions for the above, we could highlight the following:

a) Adpositions are units aimed at providing a locative orientation to a determined entity. Grammatically, they are dependent units, associated to casually marked nominal units, and indicative of the specific case meaning. In Indo-European languages, adpositions are mainly prepositions. The effectiveness of these formations has led to the development of a fairly complex system of locative semantic oppositions, parallel to the locative expression, employing other grammatically homophonous forms, more lexical (adverbs) or more specifically verbal and with a greater degree of grammaticalisation (prefixes). This is true for both Latin and German, which have highly comprehensive, systematic adpositional systems in parallel to adverbial and prefixal forms.

b) In the passage from Latin to the Romance languages, this situation breaks down to a great extent, given that a large number of Latin prepositions disappears as such, along with their correspondence with adverbs. Some Latin prepositions survived in Romance as prefixes, but the majority of Romance prepositions are new creations and alien to the primitive locative oppositions, and the content of which is often expressed using more complex adverbial constructions. The most visible outcome of these changes is the disappearance of Latin's prepositional systematicity, transformed in Spanish into an inventory with a number of bilateral oppositions, but with no coherent line like that seen in Latin or German.

This loss of systematicity responds to a number of causes, which can be compressed into the following two:

– The initial use of the preposition for purposes other than the semantic orientation of the unit to which it was attached. More specifically, to serve as a functional marker in view of the loss of Latin's flexive case system. The attrition of basic prepositions (*a, de, en*) transformed them into syntagmatic markers as opposed to semantic ones and led to the disappearance of others with which they had an oppositional relationship. With the breakdown of the initial systematicity, those prepositions created subsequently were aimed at solving specific expressive problems, often unrelated to Latin's locative system.

– The intensification of the Romance trend to behave as a *Verb-framed language*, already discernible in Latin. Latin exhibited features of *Satellite-framed languages*, such as a series of locative units for expressing *path* in verbs of motion, or *ground* in situational verbs, comparable to that found in languages such as English and German. But we also see features characteristic of *Verb-framed languages*, such as a set of verbs which included *path* in their lexical semes. It is true that these verbs derived from the lexicalisation of prototypical forms from *S-framed languages*, such as *ex-ire* and *intro-ire* (*Cfr.* Germ. *aus-gehen, ein-treten*), and this marked tendency toward the lexicalisation thereof meant that they passed on to Romance as fully lexicalised forms. The lack of analytical *path* markers encouraged the use of verbs which incorporated this information and this, in turn, rendered these analytical forms (which could always be recovered adverbially) less necessary.

c) On the basis of the above, we can conclude that what in Spanish and German we call prepositions are two types of quite different units: While in German they constitute a comprehensive, coherent, systematic set with regular correspondences with adverbs and prefixes, in Spanish they comprise an inventory that is highly heterogeneous in semantic values and syntagmatic possibilities,[36] derived from the different use and diverse origins thereof as well as the different moments of creation, with no correspondence with adverbial units and a scant, asystematic correspondence with prefixal units.

References

Adrados, Francisco R. 1992. *Nueva sintaxis del griego antiguo*. Madrid: Gredos.

Alvar, Manuel and Bernard Pottier. 1983. *Morfología histórica del español*. Madrid: Gredos.

Aske, Jon. 1989. Path predicates in English and Spanish: A closer look. In *Proceedings of the Fifteenth Annual Meeting of the Berkeley Linguistic Society*, ed. by Kira Hall, Michael Meacham, and Richard Shapiro, 1–14. Berkeley, CA: Berkeley Linguistics Society.

Bamberg, Michael. 1994. Development of linguistic forms: German. In *Relating Events in Narrative: A Crosslinguistic Developmental Study*, ed. by Ruth A. Berman and Dan I. Slobin, 189–238. Hillsdale, NJ: Lawrence Erlbaum Associates.

Barz, Irmhild. 2005. Die Wortbildung. In *Duden. Die Grammatik. Unentbehrlich für richtiges Deutsch* (= Der Duden; vol. 4), 7th edition, ed. by Duden's editorial staff, 641–772. Mannheim : Dudenverlag.

Bassols de Climent, Mariano. (1956) 1992. *Sintaxis latina*. 2 vols. Reprint of the 10th edition in one volume. Madrid: C.S.I.C. Patronato "Menéndez Pelayo".

Berthele, Raphael. 2004. The typology of motion and posture verbs: A variationist account. In *Dialectology Meets Typology. Dialect Grammar from a Cross-Linguistic Perspective*, ed. by Bernd Kortmann, 93–126. Trends in Linguistics, Studies and Monographs 153. Berlin: Mouton.

Brea, Mercedes. 1985. Las preposiciones, del latín a las lenguas románicas. *Verba* 12: 147–182.

Coseriu, Eugenio. (1952) 1967. Sistema, norma y habla. *Revista de la Facultad de Humanidades y Ciencias* (Montevideo) 10, 113–117. Reprint in *Teoría del lenguaje y lingüística general*, 11–113. Madrid: Gredos.

Ernout, Alfred and François Thomas. 1953. *Syntaxe latine*. Paris: Klincksieck.

Fries, Norbert. 2003. *Präpositionen. Syntax-Semantik-Praxis*. http://www2.rz.hu-berlin.de/linguistik/institut/syntax/goethe/praepositionen_praxis.pps.

Glare, Peter G. H. (ed.). 1982. *Oxford Latin Dictionary*. Oxford: Clarendon Press.

Halliday, Michael A. K. and Ruqaiya Hasan. 1976. *Cohesion in English*. Longman: London.

Hopper, Paul. 1991. On some principles on grammaticization. In *Approaches to Grammaticalization I*, ed. by Elisabeth C. Traugott and Bernd Heine, 17–35. Amsterdam: John Benjamins.

Jiménez Juliá, Tomás and Barbara Lübke. 2012. Los contextos preposicionales en español y en alemán. Aproximación contrastiva. *Verba* 40. Forthcoming.

---

[36] This locative adpositional value often extends to the temporal setting, as well as to other relational values, although in these cases the systematic relationship with adverbs and prefixes is usually lost.

Krause, Maxi and Irene Doval. 2011. *Spatiale Relationen – kontrastiv Deutsch – Spanisch.* Tübingen: Groos.

Kühner, Raphael and Carl Stegmann. 1962. *Ausführliche Grammatik der lateinischen Sprache I.* München: Max Hueber.

Lehmann, Christian. 1985. Grammaticalization: Synchronic variation and diachronic change. *Lingua e Stile* XX: 303–318.

Lehmann, Christian. 1995. *Thoughts on Grammaticalization.* München: Lincom Europa. Extended version of *Thoughts on Grammaticalization: A Programmatic Sketch*, Vol. I. Köln: Institut für Sprachwissenschaft der Universität (AKUP, 48), 1982.

Lenz, Rodolfo. 1920. *La oración y sus partes.* Madrid: Centro de estudios históricos.

MacDonell, Arthur A. 1927. *A Sanskrit Grammar for Students.* Oxford: Oxford University Press.

Riemann, Othon. 1942. *Syntaxe latine*, 7th edition. Paris: Klincksieck. First edition 1886.

Rojo, Guillermo. 1986. *El lenguaje, las lenguas y la lingüística.* Santiago de Compostela: Universidade.

Rubio, Lisardo. 1966. *Introducción a la sintaxis estructural del latín. Vol. I: Casos y preposiciones.* Barcelona: Ariel.

de Saussure, Ferdinand. 1916. *Cours de linguistique générale.* Paris: Payot.

Sebastián, Eugenia and Dan I. Slobin. 1994. Development of Linguistic Forms: Spanish. In *Relating Events in Narrative: A Crosslinguistic Developmental Study*, ed. by Ruth A. Berman and Dan I. Slobin, 239–284. Hillsdale, NJ: Lawrence Erlbaum Associates.

Slobin, Dan I. 1996. Two ways to travel: Verbs of motion in English and Spanish. In *Grammatical Constructions. Their Form and Meaning*, ed. by Masayoshi Shibatani and Sandra A. Thompson, 195–219. Oxford: Clarendon Press.

Slobin, Dan I. 2004. The many ways to search for a frog. Linguistic typology and the expression of motion events. In *Relating Events in Narrative. Typological and Contextual Perspectives*, ed. by Sven Strömqvist and Ludo Verhoeven, 219–257. Mahwah, NJ: Lawrence Erlbaum Associates.

Stiebels, Barbara and Dieter Wunderlich. 1994. Morphology feeds syntax: The case of particle verbs. *Linguistics* 32: 913–968.

Stolz, Friedrich and Joseph H. Schmalz. 1928. *Lateinische Grammatik. Laut- und Formenlehre, Syntax und Stilistik.* Zweite Abteilung. Zweiter Teil. 5th revised edition by Johann B. Hofmann (syntax and stylistics by J. B. Schmalz), and by Manu Leumann. München: C. H. Beck.

Talmy, Leonard. 1985. Lexicalization patterns: Semantic structure in lexical forms. In *Language Typology and Syntactic Description III: Grammatical Categories and the Lexicon*, ed. by Timothy Shopen, 36–145. Cambridge: Cambridge University Press.

Talmy, Leonard. 2000. *Toward a Cognitive Semantics.* Cambridge, MA: The MIT Press.

Zeller, Jochen. 2001a. Lexical particles, semilexical postpositions. In *Semi-Lexical Categories*, ed. by Norbert Corver and Henk van Riemsdijk, 505–549. Berlin: Mouton de Gruyter.

Zeller, Jochen. 2001b. Prefixes as transitivizers. In *Structural Aspects of Semantically Complex Verbs*, ed. by Nicole Dehé and Anja Wanner, 1–34. Frankfurt am Main: Lang.

Zifonun, Gisela et. al. (eds.). 1997. *Grammatik der deutschen Sprache.* Berlin: Walter de Gruyter.

Coordinative structures in morphology

Susan Olsen

1.   Introduction

An important break-through in the understanding of coordinative structures in morphology occurred with the insight formulated in Arcodia, Grandi, and Wälchli (henceforth "AGW") (2010) that the simple structures of coordinative compounds actually instantiate two different general meaning types cross-linguistically, referred to by the authors as 'co-compounds' and 'coordinative appositional compounds', respectively. Co-compounds, the authors show, denote hyperonyms of their constituents, or their superordinate concept. Coordinative appositional compounds, on the other hand, pick out hyponyms of the denotation of their constituents and, hence, denote subordinate concepts. The idea that co-compounds pick out hyperonyms can be found already in Wälchli's (2005) extensive discussion of co-compounds; the contrast between the two compound types is, however, discussed more thoroughly in AGW (2010) where the authors use it as a basis for the study of further generalizations that accompany each of the types. The minimal pair quoted in (1) from AGW (2010: 178) illustrates the intended contrast:

(1)   a.   dāo-qiāng 'sword + spear, weapons'

     b.   lanza-espada 'spear + sword, a spear which is a sword at the same time'

The co-compound in (1a) from Mandarin Chinese names two co-hyponyms 'sword' and 'spear' and in so doing triggers their common hyperonym 'weapons' as its meaning. The meaning of the coordinative appositional Spanish compound with the same constituents is, in contrast, hyponymic. In this case we conceive of a more specific concept than either 'spear' or 'sword', one that unites the properties of both constituents and functions as a subordinate concept to each.

Wälchli (2005) and AGW (2010) show further that co-compounds express natural coordination; they typically denote a unit made up of objects that naturally occur together or are otherwise understood as belonging together such as 'mother + father' in the meaning 'parents'. Coordinative appositional compounds, on the other hand, express accidental coordination. This can be illustrated using typical examples from English such as *movie star-politician, philosopher-mechanic, scientist-educator* or *witchdoctor-acrobat*. In these cases, concepts are combined that do not necessarily condition one another. AGW (2010) claim furthermore that the dichotomy between hyperonymic and hyponymic coordinative compounds correlates with a characteristic areal distribution for each type. Co-compounds are found primarily in the languages of East and South East Asia, New Guinea, and Mesoamerica. Coordinative appositional compounds are typical of the languages occupying the Central European region, referred to by the authors as Standard Average European (or SAE). Because of these clear areal groupings, the authors consider the phenomenon at hand a predominantly typological one.

In discussing these and further insights from AGW (2010) as well as from Wälchli (2005) in this article, I will assume a slightly different perspective on the topic of coordinative compounds. It will be the goal of my discussion to present as coherent a picture as possible of coordination at the morphological level that will allow me to at least hint towards possible reasons for the remarkable division into hyperonymic and hyponymic interpretations pointed out by AGW as well as their concurrent properties. The difference for me will not necessarily be found within the framework of typology, but rather will be anchored in the structural notion of a 'word' in the strict sense together with the notion of 'head' of a word. The different choices – word or not, headed or not – go a long way, I believe, toward making sense of the dichotomy between the hyperonymic and hyponymic meanings in coordinative compounds. Perhaps this distinction does follow a typological divide as Wälchli (2005) and AGW (2010) claim, but it isn't entirely clear to me how relevant this aspect is as the source of the phenomenon. I will argue further that the Standard Average European languages (especially the Germanic and Romance families) do not, in fact, pattern alike as AGW (2010) assume. Furthermore, I will show that the hyperonymic-hyponymic meaning division isn't a principled divide but is limited to certain structural environments. Even the Standard Average European languages exhibit additive and collective coordinative readings in the predictable configurations. But here again we need to differentiate between the morphologically well-behaved right-headed Germanic compounds with clear cases of hyponymic meanings, and the Romance language family whose compounds are not generally right-headed, rendering them highly marked word structures and leading them more freely to exocentric readings, albeit ones that arise via a regular metonymical shift of interpretation. AGW claim that coordinative appositive compounds are cross-linguistically uncommon and restricted in distribution to Western and Central Europe. The allegedly basic nature of co-compounds compared to coordinative appositional compounds as the marked case fits nicely into the overall picture I intend to paint.

2.   Co-compounds as 'word-like' structures

Wälchli (2005) and AGW (2010) use the term "co-compounds" to designate the hyperonymic coordinative structures they are considering, even though they are convinced that these structures are seldom 'words', and therefore not 'compounds' in the strict sense; they are rather 'word-like' in the authors' terms. By definition, co-compounds express natural coordination and, hence, tend to pick out natural units. The authors characterize the construction as 'tight' in the sense that it juxtaposes two words without an overt coordinator. The authors state that this tight construction "iconically reflects the tight semantic relationship of natural coordination" (2010: 181). At the same time, however, the authors stress that co-compounds often display clear phrasal properties. A typical example is taken from the East Asian language Hmong Daw which displays discontinuous co-compounds as shown in (2), cf. AGW (2010: 180).

(2) a. kuw lub teb lub chaw
        I CL land CL land

    b. Yawm Pus teb Yawm Pus chaw
        Yau Pus land Yau Pus land

In (2a) the classifier *lub* precedes the two constituents *teb* and *chaw*, both meaning 'land', and hence interrupts the coherence of the 'compound'. In addition, the first classifier is preceded by the first person possessive *kuw* so that the whole expression carries the meaning 'my land'. In (2b) the same nominal constituents as in (2a) are each preceded directly by the proper name *Yau Pu* functioning as the possessor, resulting again in a discontinuous nominal 'compound' with the reading 'Yau Pu's land'. Such discontinuous constructions must certainly be considered closer to the syntactic side of the scale rather than to the morphological side, the hallmark of a word being its indivisibility. These examples are furthermore cases of the parallel treatment of the constituents with respect to inflection which AGW consider "iconic for coordination" (2010: 181). Again, the visibility of the individual constituents for inflection is a sign of the syntactic, rather than morphological, status of the construction.

Another example with similar properties is given in (3) from Erźa Mordvin, a Finnic Uralic language spoken in Russia. Here the constituent nouns (written in italics) are both inflected for the definite genitive, again showing the visibility of both constituents for the rules of inflection (2010: 180):

(3) …eŕva *ukol-ont'=poroška-nt'*   mel'ga ard'-tńe-k-a
      every injection.GEN:DEF-powder.GEN:DEF after ride.FREQ.IMP2SG.EMPH
      Kačelaj-ev
      Katselay-LAT
      '(even) for every injection and powder one has to go to Katselay', i.e. "minor forms of medical treatment"

And in (4) we find a co-compound from Khasi, an Austro-Asiatic language, consisting of two verbs (2010: 181).

(4) …kii la juu wan hiar ša ka   prthey *ban rep*   *ban riaŋ*
      they PST HAB go descend to DEF:FEM earth to cultivate to IMI
      'they used to go down to earth in order to cultivate'

The co-compound is again discontinuous with the particle *ban* preceding both verbal constituents in a parallel fashion. This is an example of an imitative co-compound in that the second constituent *riaŋ* is a meaningless constituent that only occurs in this construction. And (5) is an example from Mordvin that carries a plural marker on both constituents, cf. Wälchli (2005: 137):

(5) t'et'a.t-ava.t 'father.PL-mother.PL > parents'

3. Co-compounds and binomials

AGW (2010) stress the point that coordinative compounds in Standard Average European (SAE) express hyponymic concepts. For example, in English a large number of coordinative compounds are found, cf. Olsen (2001, 2002a, 2002b, 2004), and, as predicted by AGW (2010), they typically denote subordinate concepts and express accidental coordination. Compounds such as *lawyer-journalist, dentist-politician, mayor-storekeeper*, etc., do not express naturally occurring pairs in the same way that the combinations 'husband + wife, married couple', 'hand + foot, limbs', 'brother + sister, siblings', 'shoe +sock, footwear' – all typical of co-compounds (cf. AGW 2010: 179) – do. Their constituent predicates are rather arbitrary combinations that just happen to be salient in the singular context of their intended referent. The compound *actress-waitress*, for example, characterizes one individual via two coincidental properties that are particularly salient in the identification of that individual.

Interestingly, AGW show that it is also possible to find natural coordination in the SAE languages, although not in the form of coordinate compounds. In the SAE languages natural coordination is expressed by means of the binomial construction. Taking the Germanic family as representative of the SAE languages, English and German have constructions like *life and death, husband and wife, food and drink, house and home* and *Ebbe und Flut* 'high tide and low tide', *Erde und Mond* 'earth and moon', *Berg und Tal* 'mountain and valley', *Grund und Boden* 'ground and ground/soil'. Note that the binomial construction is minimal in the sense that it comprises lexical heads only, disallowing any further modifiers or determiners of these heads. The construction can afford to relinquish its openness at the syntactic level because it picks out familiar units whose co-occurrence is so natural that they are not in need of further description. However, binomials are not as 'tight' in the authors' opinion as co-compounds because they obligatorily display an overt sign of the coordination, namely the explicit coordinator, which is a functional category, expressible in syntax but excluded in genuine morphological structures. Hence, whereas the binomials are tight in the sense of their minimality, they are nevertheless not pure words. These features are shared with co-compounds: both the co-compounds and the SAE binomials are word-like in that they denote a coherent concept via natural coordination and tend toward lexicalization. But neither construction is expressed as a word: co-compounds permit their constituents to be broken up and inflected individually, while the Germanic and Romance binomials retain the functional coordinator.

AGW (2010: 188) point out quite rightly, however, that the 'internal cohesion' of both construction types is so strong that the order of the constituents is usually fixed or irreversible. The internal order of the constituents in the coordinative appositive compounds of the SAE languages that express accidental coordination, on the other hand, is free (AGW 2010: 188). This is easily documented in my large corpus of English examples. In (6) the constituent *singer* is found in both preceding and following its co-constituent, often even when the very same lexemes are involve as in the cases of *singer-actor, actor-singer*; *singer-bassist, bassist-singer* or *singer-dancer, dancer-singer*.

(6) *Singer* as constituent:
singer-composer, composer-pianist-*singer*, *singer*-guitarist-frontman, *singer*-guitarist, guitarist-*singer*, *singer*-guitarist-composer, guitarist-*singer*-songwriter, *singer*-guitarist-keyboardist, *singer*-guitarist-frontman, *singer*-actor, actor-*singer*, *singer*-author, fiddler-*singer*, poet-*singer*, *singer*-poet, *singer*-actor-writer, *singer*-pianist, composer-pianist-*singer*, dancer-*singer*, *singer*-dancer, actor-dancer-*singer*, *singer*-bassist, bassist-*singer*, *singer*-actress-producer-director, actress-*singer*-author, actress-*singer*-entrepreneur, *singer*-actress, actress-*singer*, actress-*singer*-dancer, *singer*-dancer-actress, *singer*-entertainer, *singer*-actor-entertainer, pianist-*singer*-composer, composer-pianist-*singer*, *singer*-actor-politician, comedian-*singer*-musician

The examples in (7) demonstrate the same phenomenon with *director* as a constituent, cf. in particular *actor-director*, *director-actor* and *writer-director*, *director-writer*, among others.

(7) *Director* as constituent:
writer-*director*, *director*-writer, writer-*director*-actor, writer-*director*-producer, writer-producer-*director*, *director*-producer, producer-*director*, producer-*director*-star, *director*-writer-star, actor-*director*, *director*-actor, actor-*director*-author, *director*-choreographer, singer-actress-producer-*director*, actor-*director*-producer-nightclub-performer-lecturer, actor-writer-*director*-producer

Interestingly, then, the SAE languages express natural coordination in a non-word, but a word-like, binomial structure, while their coordinative hyponymic compounds expressing accidental coordination are genuine words. Co-compounding languages, on the other hand, express natural coordination via co-compounds, while binomials are used to express accidental coordination. Hence, we find in both language types an intriguing split structurally with respect to how natural as opposed to accidental coordination is instantiated. AGW (2010: 191) state:

> Thus, in a cross-linguistic perspective, in encoding accidental and natural coordination syntax and morphology seem to be in complementary distribution: if accidental coordination is expressed through morphological strategies, then natural coordination is encoded by syntactic means (and vice versa).

This quote is somewhat imprecise in the use of its terminology and therefore conveys an inexact picture, although it does bring out the stark contrast in the strategies languages use for encoding natural vs. accidental coordination that is of interest here. It is imprecise because, whereas the coordinative appositive compounds of Germanic and Romance are indeed genuine morphological structures, their binomials are not clearly syntactic but rather much closer to morphology than syntax on the morphology-syntax cline due to their limitation to a lexical head, to their propensity for lexicalization, their irreversible order and their tendency to be stored in the mental lexicon. However, they do have a typically syntactic property (i.e. they contain an overt coordinator). So in the SAE languages where accidental coordination is expressed via a morphological strategy, natural coordination is not really expressed through a syntactic one, but rather via a strategy that is intermediate between morphology and syntax but quite close to morphology.

Furthermore, the quote implies that the co-compounding languages express natural coordination via morphological strategies. But AGW have shown (as discussed in Section 1) that co-compounds have clear phrasal properties (insertion of syntactic elements into the construction such as classifiers or particles, parallel nominal and verbal inflection of the constituents, availability of the individual constituents for separate reference, etc., cf. AGW 2010: 194). Hence, co-compounds are not encoded in pure morphological structures; the structures can only be considered more morphological than the binomials that express accidental coordination in these languages. So we are, in fact, not dealing with a morphology-syntax divide in either case, but rather with the space between morphology and syntax for co-compounds as well as for the highly reduced, minimal, (and often lexicalized) syndetic coordinations of the binomials in both the SAE and co-compounding languages. Therefore, in the co-compounding languages, both the co-compounds and the binomials are outside the bounds of morphology proper. What differentiates the two constructions in the co-compounding languages is the asyndetic nature of the natural coordinations (co-compounds) vs. the syndetic nature of the accidental coordinations (the binomials). The complementary distribution spoken of in terms of morphology-syntax in the above quote actually only holds for the SAE languages.

4. Coordinative appositional compounds as genuine words

It was already established in Section 1 that co-compounds, which encode natural coordination, are not genuine words. I will argue in this section that the coordinative compounds of Germanic, in spite of the fact that they encode accidental coordination in Wälchli's (2005) and AGW's (2010) terms, are indeed prototypical words. The status of the compounds in Romance in this sense is not nearly as clear; they are often characterized as 'improper' words. Hence, the putative typological group SAE is not homogeneous in the sense that the authors claim.

AGW (2010: 182) assume that co-compounds have two different origins: On the one hand, they can "grammaticalize from phrasal coordinations" and on the other they can arise spontaneously via "the juxtaposition of two words" (2010: 182). The latter case is reminiscent of the ideas put forth by Fanselow (1985) and Jackendoff (1999, 2002) – the latter of which AGW (2010) explicitly espouse. These linguists assume that compounds are remnants of a primitive communicative strategy that arose in an early proto-language which was a precursor to modern language. The proto-language allowed its users to adjoin simple contentful words into combinations that were interpreted pragmatically. Once the modern language capacity evolved, this pragmatic adjunction strategy gave way to the relationally explicit, communicatively more efficient structures of syntax and can now only be found in areas where syntax is not available: for instance in the language of apes, in pidgins, in late language learning as in the case of Genie, in the two-word stage of language acquisition, in agrammatical aphasia and in compounds.

But even if compound structures are a reflex of the earlier pragmatically open adjunction structures once permitted by the pre-syntactic proto-language, their use as words in the sentences of modern grammar entails that they be inserted into syntactic structures. For this purpose, they must carry the grammatical features that are characteristic of the word classes of their language. Since compounds are made up of a combination of words, each with its own potentially different morphosyntactic feature set, one of the constituents of the complex structure must impose its features on the whole word and thus function as its 'head'. This necessary adjustment to the original rudimentary adjunction structures was apparently carried out successfully in Germanic. The Germanic languages have lexicalized a template that serves as a model for novel combinations of lexemes giving rise to the class of compounds. Syntactic structures that have become grammaticalized in the course of the language (the *uneigentliche Komposita* in Grimm's (1818–1837) terms such as *taga-lieht* > *Tageslicht*; *gotes hūs* > *Gotteshaus*) might be seen as reanalyses conforming to the compound template.

One proposal for the compound template of Germanic is found in Olsen (2012), see also Bücking (2010), where it has the form shown in (8) in which two predicates Q and P are combined and related to one another via the open relational variable R. The asymmetric argument structure of the relation R consisting of an internal $(= y)$ and an external $(= x)$ argument models the formal head-modifier configuration exemplified by regular compounds, characterizing the predicate $P(x)$ as the head of the construction.

(8)   Compound template:
       $\lambda Q\,\lambda P\,\lambda x\,[P(x) \wedge R(x, y) \wedge Q(y)]$

This simple formula, in which the underspecified variable R provides the missing relation that connects the meaning of the constituent predicates, accounts for the different semantic types of compound meaning. The determinative interpretation of *skin doctor*, for example, results when the 'treat' relation is inferred on the basis of knowledge related to the predicate 'doctor' and is used to instantiate the variable R of the template, cf. (9). The specific relation TREAT relates the external variable of the predicate DOCTOR with the external variable of SKIN yielding the interpretation 'x = doctor who treats y, where y = skin'.

(9)   Skin doctor:
       $\lambda x\,[\text{DOCTOR}(x) \wedge \text{TREAT}(x, y) \wedge \text{SKIN}(y)]$

The coordinative compound *geologist-historian* receives the copulative reading shown in (10) if the identity relation (IDENT) is chosen to specify the variable R on the basis of the knowledge that the two predicates can be used to characterize a single individual. The relation IDENT identifies the external variable of HISTORIAN with that of GEOLOGIST producing the interpretation 'x = historian and geologist'.

(10)   Geologist-historian:
       $\lambda x\,[\text{HISTORIAN}(x) \wedge \text{IDENT}(x, y) \wedge \text{GEOLOGIST}(y)]$
       $\equiv \lambda x\,[\text{HISTORIAN}(x) \wedge \text{GEOLOGIST}(x)]$

Consequently, the subordinate as well as the appositive coordinate interpretations of compounds relevant here make use of the same combinatorial mechanism, the compound template in (8). Both are formally headed, semantically endocentric structures. This same relational strategy yields the interpretations of the so-called verbal (or synthetic) compounds if the relation found in the lexical semantics of the head is chosen as the relation to instantiate R. Hence, the meaning of *gum chewer* 'x = chewer who chews gum' results as shown in (11):

(11) $\lambda x\ [\text{CHEWER}(x, y) \wedge \text{CHEW}(x, y) \wedge \text{GUM}(y)]$

It would seem, therefore, that the original pragmatic aspect of compound interpretation stemming from its putative origins in a pre-modern protolanguage has been retained as a characteristic feature of compound interpretation in modern language. However, to be employable in modern grammar, the free combinations of the protolanguage must have been reanalyzed as complex words in order for them to fit into the proper slots of phrase structure. A crucial feature of the compound structures of Germanic that is possibly the source of their great productivity is the fact that they have an unambiguous head which is the rightmost constituent of the word. Complementing the semantic template in (8 = 12a) then is the formal template shown in (12b) where the right-hand constituent determines the categorial and grammatical features of the whole:

(12) Compound template of Germanic:

    a. $\lambda Q\, \lambda P\, \lambda x\ [P(x) \wedge R(x, y) \wedge Q(y)]$

    b. $[[Q_Y]\,[P_X]]_X$

5. The inhomogeneity of Standard Average European

Languages whose compound structures have their head on the left do not develop the class of compounds with the same characteristics and productivity as the Germanic languages. A case in point would be the compound structures of the Romance languages. The compounds in (13) are left-headed; it is the left constituent that determines their gender, as the masculine gender of these complex nouns attest whose second constituents are feminine.

(13) a. Sp.: *tren mercancías* 'train goods, freight train'

    b. Fr.: *timbre-poste* 'stamp mail, postage stamp'

    c. It.: *capostazione* 'master station, station master'

The left-headedness of these combinations renders them highly marked word structures as can be seen from their plural marking, cf. *trenes mercancías*, *timbres-poste*, and *capistazione* in which the plural morpheme has been attached to the left constituent in violation of the crucial property of a word that it is an indivisible morphological unit.

    The characteristic openness of interpretation found in the Germanic compounds is absent from the Romance N + N compounds. Only a few fixed semantic patterns occur such as the 'resemble' formations of (14), cf. Rainer and Varela (1992: 126), Fradin (2009: 430) and Scalise (1992: 177),

(14) a. Sp.: *ciudad dormitorio* 'town dormitory, bedroom community'

    b. Fr.: *poisson-chat* 'fish cat, catfish'

    c. It.: *pescecane* 'fish dog, shark'

and the coordinative constructions in (15), cf. Kornfeld (2009: 441), Fradin (2009: 430) and Scalise (1992: 183):

(15) a. Sp.: *poeta-pintor* 'poet-painter'

     b. Fr.: *chanteur-compositeur* 'singer-composer'

     c. It.: *cassapanca* 'box seat'

Other N + N constructions that show an open relation similar to the compounds of Germanic are either borrowings from Germanic (cf. Bauer 1978: 84; Rainer 1993), or are reduced versions of the more typical native N + P + N structures, cf. Sp. *tren de mercancías* > *tren mercancías* (Rainer and Varela 1992: 120) and Fr. *stylo à bille* > *stylo-bille* 'ballpoint pen' (Fradin 2009: 433). The more productive pattern in Romance is exemplified by the so-called 'improper' compound construction N + P + N, cf. Fr. *pomme de terre* 'apple of ground' = "potato", that contains an overt empty preposition which is syntactically opaque. Further examples are:

(16) a. Sp.: *agente de seguridad* "security officer", *bicicleta de montaña* "mountain bike"

     b. Fr.: *chemin de fer* "railroad", *serpent à sonnettes* "rattlesnake"

     c. It.: *mulino a vento* "windmill", *film a colori* "color movie"

Another productive pattern found in Romance is the V + N pattern which derives agentive and instrumental nouns by combining a verb form with a noun that is understood as its direct object. Thus, Fr. *coupe-légumes* 'cut vegetables' and Sp. *cuentachistes* 'tell jokes' are interpreted similarly to their Germanic counterparts which display an overt agentive suffix on their deverbal head, as *vegetable cutter* and *joke teller*. Again, these constructions are not typical words; they are non-headed, exocentric structures.

(17) a. Sp.: *tocadiscos* 'toss records, record player', *friegaplatos* 'wash dishes, dish washer'

     b. Fr.: *tire-bouchon* 'pull cork, corkscrew', *abat-joir* 'weaken light, lampshade'

     c. It.: *stuzzica-denti* 'pick teeth, tooth pick', *portalettere* 'carry letters, postman'

Non-headed, exocentric formations are, furthermore, found in the P + N combinations in (18).

(18) a. Sp.: *sinvergüenza* '(person) without shame', *sin papeles* '(person) without documents'

     b. Fr.: *sans-cœur* '(person) without heart', *sans-papiers* '(person) without papers'

     c. It.: *senzatetto* '(person) without shelter'

In sum, the N + N and N + P + N structures of Romance are highly marked word structures because their head is on the left, weakening the structural integrity of the word. Furthermore, in addition to the left head, the N + P + N pattern contains an overt relational marker with a syntactic origin inside the combination of lexemes. The V + N and P + N constructions are atypical word structures as well because they are without a head.

In Germanic, there is no overt signal present in the complex word itself of the relation needed to complete the compound meaning; the relation is implicit and inferred via general reasoning strategies. Indeed, it is a property of well-formed word structures that they don't allow such functional elements. The small caps in the column under the variable R in (19) are intended to indicate the covert status of the inferred relational element in the rightheaded Germanic compounds. (20) shows the meaning structure of the left-headed Romance structures. In the N + N structures which are understood as coordinations, no overt signal is present, cf. *poeta pintor*. (Other N + N interpretations arise via direct analogy or via a limited number of restricted meanings such as the 'resemble' relation as explained above.) The situation is different in the Romance N + P + N structures. Here, the need to infer an appropriate subordinative relation is explicitly encoded in the structure via a functional preposition.

(19) $\lambda Q \, \lambda R \, \lambda P \, \lambda x$ $[P(x) \;\wedge\; R(x, y) \;\wedge\; Q(y)]$

	righthand head:	doctor	TREAT	skin	skin doctor
		historian	IDENT	geologist	geologist-historiant
		chewer	CHEW	gum	gum chewer

(20) lefthand head:

		poeta	IDENT	pintor	poeta-pintor
		botas	de	lluvia	botas de lluvia

(21) lefthand head:

		–	rompe	cabezas	rompecabezas
		–	sin	techo	sintecho

The need in Romance to overtly signal a subordinate relation between N and N undoubtedly has to do with the functional role of the second N as a modifier to the first N. It also explains the nature of the V + N and P + N patterns: The relational meanings of these complex nouns are triggered by the overt relational (verbal or prepositional) lexeme that appears in the combination. It is the verbal or prepositional constituent itself that instantiates the variable R of the compound template, as shown in (21). This leaves the head position implicit, thus accounting for the exocentricity of the pattern. As a consequence, formations such as Sp. *rompecabezas* 'break heads, puzzle' and *sintecho* 'without shelter, homeless' arise in which the head noun is not overtly expressed. What is expressed is the relation holding between the inferred head (the first covert constituent) and the modifier encoded in the second constituent. The absence of the head is the source of the exocentric reading: The empty head constituent P of the template is understood as the prototypical entity (a person or instrument) that characteristically carries out the action expressed by V + N or that is characterized by the state P + N.

In sum, the compound templates of Romance are more complex than in German and must be formulated as follows:

(22)   Romance compound template:
       endocentric:

   a. $\lambda Q \, \lambda P \, \lambda x \, [P(x) \;\wedge\; R(x, y) \;\wedge\; Q(y)]$

b. $[[P_X] [Q_Y]]_X$ where $R =$ IDENT otherwise:
$[[P_X] [\text{Prep} [Q_Y]]]_X$ where Prep $= de, a$

exocentric:

c. $\lambda Q \, \lambda R \, \lambda x \, [\text{PERSON/INSTRUMENT}(x) \, \wedge \, R(x, y) \, \wedge \, Q(y)]$

d. $[[V/P] [Q_N]]]_N$

So, whereas the Germanic compounds appear to have retained the original pre-grammatical pragmatic strategy that lacks an overt signal of the subordinative relation needed to complete the meaning of a combination of two predicates, the Romance languages, whose compound pattern entails a left-hand head (cf. the $P(x)$ predicate in (22)), have not been able to adopt the formal prototypical word template of (12) into their lexical systems in a general manner. Predicates are combined but, when a subordinative relation holds between a head and a following constituent, it must signaled by an overt element. Either a functional category (i.e., a semantically reduced preposition) or a relational (verbal or prepositional) lexeme will serve this purpose. The default case of coordinative combination as in Sp. *poeta-pintor*, on the other hand, needs no functional marker since it does not express subordination.

6. Hyponymic vs. hyperonymic meaning structures

The lesson to be taken from the discussion in the previous section is twofold: First of all, the SAE languages do not comprise a homogeneous group typologically when it comes to the phenomenon of compound structures. Whereas the Germanic languages instantiate a regular hyponymic meaning in their compounds, this is clearly a reflex of the genuine wordhood of these structures. A formally headed word structure tends to produce an endocentric semantic interpretation; the determinative compounds *skin doctor* and *trumpet blast* contain a non-head that modifies the head constituent and hence refers to a more specific subcategory of the category of the head. The Romance N + N and N + P + N patterns (Fr. *poisson-chat* 'fish cat, catfish'; *chemin de fer* "railroad", *poêle à frire* "frying pan") follow this hyponymic interpretative strategy as well, but with the head on the left. The necessity of a relational element in such structures is a sign that the structures are not genuine words as in Germanic, but 'word-like' lexicalized patterns: The relational elements *de, a*, etc. are a sig-nal that the second constituent is to be construed as a modifier of the (atypical) left-hand head. The V + N and P + N patterns of Romance, on the other hand, are formally and semantically headless. Spanish *friegaplatos* does not denote an instance of the verbal event of 'washing dishes' but rather the property 'washing dishes' that is shifted to characterize a person of whom this property is characteristic. The same exocentric meaning strategy is found in Italian *senzatetto* which only denotes the property of being 'without shelter' but is understood as characterizing a person who instantiates this property.

Secondly, the exocentric meanings of the co-compounds discussed by Wälchli (2005) and AGW (2010) differ in important ways from the exocentric patterns of Romance. In particular, the exocentric meaning of co-compounds cannot be explained by a default head like the implicit PERSON/INSTRUMENT constituent of Romance V + N or P + N structures in

the compound template of (22c). There is no evidence for an empty head or a regular metonymic meaning shift in co-compounds. Rather, the constituents named in the co-compound
signal a superordinate-level concept in the authors' terms, cf. the following representative
examples taken from Wälchli (2005: chap. 5):

(23)   a.   Mordvin: *t'et'a.t-ava.t* 'father.PL-mother.PL > parents', *kudo.t-kard.t* 'house.PL-
            stable.PL > farmstead'

       b.   Georgian: *da-dzma* 'sister-brother > sibling', *xel-p'exi* 'hand-foot > limbs',
            mšvild-isari 'bow-arrow > bow and arrows'

       c.   Chuvash: *sĕt-śu* 'milk-butter > dairy products', *erex-săra* 'vodka/wine-beer > al-
            coholic beverages', *jumax-xalap* 'story/talk-story/talk > conversation/talk'

       d.   Vietnamese: *bàn ghê* 'table-chair > furniture'

       e.   White Hmong: *ntsej muag* 'ear eye > face'

       f.   Avar: *ber.k'al* 'eye.mouth > face'

       g.   Khalkha: *xaluun xüijten* 'heat cold > temperature', *orlogo zarlaga* 'income-
            expenditure > budget'

       h.   Tokharian A: *tsopats mkältö* 'big small > size'

       i.   Tibetan: *mgyogs-bul* 'fast-slow > speed', *rgod-żan* 'strong-weak > strength'

Coordinative structures overtly naming, for example, the co-hyponyms 'father-mother',
'milk-butter', 'table-chair', etc., trigger the meanings of their hyperonyms, i.e. 'parents',
'dairy products', and 'furniture'. Note that these are typical instantiations in a crucial sense
of the interpretation of the set-forming coordinative structures of syntax, not of the predi-
cate-forming coordination found in morphology.

    Lang's (1991) study of the semantics of the coordinative structures of syntax brings out
this important aspect. The meaning of a conjoined syntactic structure is not obtained by
simply adding the meanings of the conjuncts together, but rather by subsuming the co-conjuncts under a common conceptual frame which he terms a "common integrator" which is
integrated into the semantic structure of the sentence (Lang 1991: 605). Co-conjuncts that
are formally and semantically similar will be easily assimilated to a common integrator. In
such cases, a more natural and direct interpretation is possible than with conjuncts whose
common integrator requires contextual support in addition to the lexical meanings of the co-
conjuncts. For example, the meaning assigned to a phrase like oil and gas prices entails that
oil and gas be subsumed under the conceptual frame of 'energy sources'. Lang's (1991:
607) example (24) is odd precisely because a conceptual frame (or the common integrator)
is difficult to find in this case. (This sentence was a sign on a gate in Shanghai before 1949.)

(24)   No entry for dogs and Chinese.

Interestingly, the interpretation of the co-compounds in (23) is equivalent to the common
integrator. Furthermore, the directness of the common integrator as the superordinate category of the constituents is the source of their naturalness: the Mordvin combination *t'et'a.t-
ava.t* 'father.PL-mother.PL' denotes the hyperonymic concept 'parents', Chuvash *sĕt-śu*

'milk-butter' picks out the hyperonym 'dairy products' and Vietnamese *bàn ghê* 'table-chair' refers to 'furniture', etc. Hence, AGW's (2010: 182) assumption that co-compounds may have originated via the grammaticalization of a phrasal coordination is a highly plausible explanation for their meaning. The scalar co-compounds in languages like Tibetan, Khalkha, cf. the examples in (23g, h, i), as well as in Mandarin Chinese *dà xiăo* 'big-little > size', *chàng duăn* 'long-short > length', *gāo ăi* 'high-low > height', *shēn qiăn* 'deep-shallow > depth' (the latter examples are from Lang 1984: 272) are exocentric both structurally (two adjectives combine to form a noun) and semantically in the sense that the constituents denote the extreme poles of the scalar concept (the hyperonym) to which they belong. The individual conceptual shift employed in each of their interpretations is a different phenomenon from the general metonymic shift found in the Romance V + N and P + N compounds, yielding the interpretation, 'the person or instrument that instantiates the property …'.

Hence, the conclusion is that the hyponymic-hyperonymic divide is not anchored in typology or in the areal notion of a *Sprachbund*, but is rather the result of structural factors, namely whether or not the basic pattern is a word structure with an unambiguous head or a reduced syntactic structure maintaining two heads that are both visible to inflectional and referential processes of the language and require the inference of their common integrator for their interpretation. In the case of a headed word structure, the head will pick out a category to be modified by the nonhead constituent. Hence, due to their headedness, even the coordinative combinations of the SAE languages such as *caricaturist-cartoonist* 'a cartoonist who is also a caricaturist' triggers a hyponymic interpretation. Asyndetic coordinative combinations with remnant syntactic properties, on the other hand, retain the exocentric inference to a hyperonymic category as their interpretative strategy. The apparent natural vs. accidental nature of the coordination arises as a result of these structural factors.

A further argument for the correctness of these assumptions is the fact that in the SAE languages where a coordinative compound is not found in the head position of a word, the same additive, collective and even alternative meanings typical of the co-compounds may surface, cf. the examples in (25) and also Olsen (2004):

(25)   a.   Additive and collective readings of the coordinative nonhead:
            husband-wife team, space-time continuum, mind-brain issues, mind-body problem, sleep-wake cycle, day-night rhythm, heart-lung transplant, electron-positron pair, sound-meaning pairs, question-answer session, modifier-head configuration, father-son combination, cost-benefit analysis, pidgin-creole interface, hominid-pongid split, predator-prey battle, dinosaur-bird link, man-machine communication, doctor-patient relationship, student-police battles, art/fashion/music nexus, grocery-meat market, restaurant-shops-amusement complex, owner-employee company, dealer-broker firms, teacher-parent councils, hotel-apartment complex, engineer-doctor brigades, engineer-doctor commission

      b.   Alternative readings of the nonhead:
            yes-no question, on-off switch

7. Development from asyndetic coordination

AGW (2010) consider the hyperonymic coordinative combinations to be more 'basic' than hyponymic combinations, having 'cognitive prominence over them'. The reasons the authors give are, first, that co-compounds emerge independently of the type of coordinate compounds found in the lexifier language (2010: 192). For example, Rural Tok Pisin displays _papa-mama_ 'father-mother, parents', _brata-susa_ 'brother-sister, siblings', _han-lek_ 'hand-foot, limbs' and _su-soken_ 'shoe + sock, footwear' (2010: 179), although the lexifier language, English, does not have co-compounds. Secondly, they are unrestricted geographically: "all the languages outside the SAE area which we have tested seem to have co-compounds" (2010: 196). Perhaps there is another way to make sense of the facts under discussion so far. It consists in examining more closely the assumption that co-compounds originate from asyndetic phrasal coordinations (AGW 2010: 182). We have seen that the co-compounds continue to display certain phrasal properties inherited from their source (cf. the discussion of Section 1 as well as in the previous section). Furthermore, the areal distribution that AGW (2010) refer as characteristic of the hyperonymic-hyponymic divide is apparently also characteristic of the syndetic vs. asyndetic manner in which the languages mark coordination. In a study of asyndetic coordination, Uotila (1980) assumes that the copulative compound and the asyndetic paratagm derive from the same prototype (1980: 88–89). According to her, asyndetic coordination – especially in "paratagms of two components" – represents the oldest form of coordination in the Indo-European languages, but was replaced early on by syndetic coordination in a process that was the strongest in the West. The result is that asyndetic coordinations have all but disappeared in the Germanic languages: In West- and South-Slavic languages only sporadic occurrences of asyndetic coordination remain. But the farther East one goes, the more examples of are to be found: The Baltic languages and Russian have preserved a number of such constructions in dialects and in folk poetry. In the Ural-Altaic languages, on the other hand, asyndetic coordinations occur more freely and are not necessarily remnants of earlier stages of the languages, i.e. they are not limited to fixed phrases.

If Uotila's assumption is correct that co-compounds and asyndetic coordinations share a prototype, then an examination of the well-studied development of the dvandva compounds in Sanskrit should provide insight into how a minimal phrasal construction can develop into a co-compound. Early Sanskrit dvandvas that were characteristic of the oldest stage of the language recorded in the Rigveda consisted of two constituents that named divinities or other important personages including personified natural objects. Each constituent carried a separate word accent and an inflection marker for dual.

(26) a. mātárāpitárā 'father.DU-mother.DU > parents'

      b. mitrā́váruṇau 'Mitra.DU and Varuṇa.DU'

By the Classical Sanskrit period, however, the combination carried only one primary accent on the second member and the internal inflection had disappeared. The second element could be marked for singular (in the case of collectives) or dual or plural, depending on the number of elements in the compound's denotation. Furthermore, the construction could be made up of more than two elements (Whitney 1962: 486; Kiparsky 2010: 302–303).

(27)   a.   vātavarṣaḥ 'wind-rain' (collective, sing)

       b.   mātāpitarau 'father-mother > parents' (dual)

       c.   devamanuṣyāḥ 'gods and humans' (plural)

Kiparsky (2010) demonstrates, however, that the status of the early dvandva was more complex than often thought: "With their mix of syntactic and lexical properties they constitute a systematic intermediate stage in the evolution from phrases to words" (Kiparsky (2010: 303). Among the syntactic properties of the early dvandvas were – in addition to the separate case and number endings and accents on each constituent – the ability to be separated by clitics and even by full words as well as the fact that the constituents could be placed across the caesura in a verse of the Rigvedic meter. These constitute evidence for asyndetically conjoined phrases. At the same time there are also contradictory arguments showing that the dvandvas were single words: They allowed the retroflexion and vocative accentuation that didn't occur in phrasal conjunctions. They also combined with certain suffixes that only took single nominal stems as inputs. Furthermore, they were always binary, although phrasal coordinations could have more than two constituents. In an attempt to explain their contradictory properties, Kiparsky (2010: 306–312) entertains the idea that two distinct construction types may have existed side-by-side – one containing two asyndetically coordinated words and a second with a combination of two stems. Since any lexical compound will also have a syntactic paraphrase, this isn't surprising.

(28)   a.   Compound:
          mitrā́váruṇayoḥ 'Mitra and Varuṇa' (genitive dual)

       b.   Phrase:
          mitráyoḥ ... váruṇayoḥ 'Mitra and Varuṇa' (genitive dual)

Kiparsky (2010: 321–324) shows that the asyndetic phrasal coordination in (28b) arose via the elliptic dual construction in which one word marked for the associative dual occurred. The associative dual signaled that this word was a member of a pair whose second member was not expressed, i.e. was elliptic. This is shown in example (29) where the single constituent 'heaven.DUAL' is expressed but understood as 'heaven and earth' (Kiparsky 2010: 321).

(29)   dyvā́vā 'heaven.DUAL > heaven and earth'

Kiparsky reports that the -ā́ marker of the elliptic dual was the associative dual marker that encoded a natural pair. So while the regular dual of 'father' and 'mother' would mean 'two fathers and two mothers', the associative dual simply means 'parents'. Given the elliptical dual construction as shown by the first word in the examples in (30), the missing constituent could be added to the construction by coordinating it with the elliptic dual either syndetically or asyndetically, cf. Kiparksy (2010: 322):

(30)   a.   Syndetic coordination:
          náktā   ca   cakrúr   uṣā́sā
          night.DU.ACC and created.PERF.3.PL dawn.DU.ACC
          "they have created night and dawn"

    b.   Asyndetic coordination:
        mitráyor   várunayoḥ
        Mitra.LOC.DU Varuṇa.LOC.DU
        "on Mitra and Varuna"

Therefore, according to Kiparsky, the Sanskrit dvandva arose via the grammaticalization of the older associative dual construction together with the asyndetic conjunction of the missing element of the pair shown in (30b).

8.   Conclusion

AGW (2010) begin their article with the extremely interesting insight that coordinative compounds fall into two distinct meaning classes, those that express natural coordination and denote a superordinate-level concept and those that express accidental coordination and denote a subordinate-level concept. The word-like co-compounds retain a number of syntactic properties that betray their syntactic origin in an asyndetic combination of two words. This type of exocentric structure leads to a hyperonymic interpretation of the construction, while the endocentric, word-status of Germanic compounds in the SAE language group characteristically trigger a hyponymic interpretation of the whole word. Co-compounds might be considered more 'basic' than the coordinative compounds of Germanic, as AGW assume, if the intention is to capture the notion that they are closer to a syntactic source than the Germanic compounds. But since the Germanic compounds may possibly represent a continuation of a communicative adjunction strategy that was part of a pre-syntactic proto-language, it seems more correct to consider these simple modificational structures as having 'cognitive prominence' over the co-compounds which have their source in the later syntax of modern language – although the co-compounds do represent a primitive, asyndetic type of coordination in modern grammar. The question of whether the broad areal distribution of the co-compounds vs. the restrictive areal distribution of the coordinative appositional compounds reflects the distribution of asyndetic vs. syndetic coordination strategies must remain the object of further historical clarification. A second intriguing phenomenon brought to light by AGW (2010) might gain more clarification from such a study as well, namely the underlying motivation for the distinct modes of expression of natural vs. accidental coordination in a language. If a coordinative compound structure expresses accidental coordination as in Germanic, natural coordination seems to be encoded as a binomial. If, on the other hand, a word-like co-compound encodes natural coordination, the mode of expression for accidental coordination appears to be the syndetic binomial.

References

Arcodia, Giorgio F., Nicola Grandi, and Bernhard Wälchli. 2010. Coordination in compounding. In *Cross-Disciplinary Issues in Compounding*, ed. by Sergio Scalise and Irene Vogel, 177–197. Amsterdam: Benjamins.

Bauer, Laurie. 1978. *The Grammar of Nominal Compounding with Special Reference to Danish, English and French*. Odense: Odense University Press.

Bücking, Sebastian. 2010. German nominal compounds as underspecified names for kinds. In *New Impulses in Word-Formation*, ed. by Susan Olsen, 253–281. Hamburg: Buske.

Fanselow, Gisbert. 1985. Die Stellung der Wortbildung im System kognitiver Module. *Linguistische Berichte* 96: 91–126.

Fradin, Bernard. 2009. IE, Romance: French. In *The Oxford Handbook of Compounding*, ed. by Rochelle Lieber and Pavol Štekauer, 417–435. Oxford: Oxford University Press.

Grimm, Jakob. 1818–1837. *Deutsche Grammatik*. 4 vols. Göttingen: Dieterich.

Jackendoff, Ray. 1999. Possible states in the evolution of the language capacity. *Trends in Cognitive Sciences* 3: 272–279.

Jackendoff, Ray. 2002. *Foundations of Language*. Oxford: Oxford University Press.

Kiparsky, Paul. 2010. Dvandvas, blocking, and the associative: The bumpy ride from phrase to word. *Language* 86: 302–331.

Kornfeld, Laura M. 2009. IE, Romance: Spanish. In *The Oxford Handbook of Compounding*, ed. by Rochelle Lieber and Pavol Štekauer, 436–452. Oxford: Oxford University Press.

Lang, Ewald. 1984. *The Semantics of Coordination*. Amsterdam: Benjanims.

Lang, Ewald. 1991. Koordinierende Konjunktionen. In *Semantik/Semantics: Ein internationales Handbuch der zeitgenössischen Forschung/An International Handbook of Contemporary Research*, ed. by Arnim von Stechow and Dieter Wunderlich, 597–623. Handbücher zur Sprach- und Kommunikationswissenschaft 6. Berlin: de Gruyter.

Olsen, Susan. 2001. Copulative compounds: A closer look at the interface between morphology and syntax. In *Yearbook of Morphology 2000*, ed. by Geert Booij and Jap van Marle, 279–320. Dordrecht: Kluwer.

Olsen, Susan. 2002a. Constraints on copulative compounds. In *Language: Context and Cognition. Papers in Honour of Wolf-Dietrich Bald's 60th Birthday*, ed. by Sybil Scholz, Monika Klages, Evelyn Hantson, and Ute Römer, 247–257. München: Langenscheidt-Longman.

Olsen, Susan. 2002b. Coordination at different levels of grammar. In *Literature and Linguistics: Approaches, Models and Applications. Studies in Honour of Jon Erickson*, ed. by Marion Gymnich, Vera Nünning, and Ansgar Nünning, 169–188. Trier: WVT.

Olsen, Susan. 2004. The Case of copulative compounds. In *The Composition of Meaning. From Lexeme to Discourse*, ed. by Alice ter Meulen and Werner Abraham, 17–37. Amsterdam: Benjamins.

Olsen, Susan. 2013. Semantics of compounds. In *Semantics: An International Handbook of Natural Language Meaning*, ed. by Claudia Maienborn, Klaus von Heusinger, and Paul Portner, 2120–2150. Handbücher zur Sprach- und Kommunikationswissenschaft 33, vol. 2. Berlin: de Gruyter.

Rainer, Franz. 1993. *Spanische Wortbildungslehre*. Tübingen: Niemeyer.

Rainer, Franz and Soledad Varela. 1992. Compounding in Spanish. *Rivista di linguistica* 4: 117–142.

Scalise, Sergio. 1992. Compounding in Italian. *Rivista di linguistics* 4: 175–199.

Uotila, Eeva. 1980. Asyndeton in the Baltic and Finnic languages: An archaic construction in its typological periphery. *Journal of Baltic Studies* 11: 86–92.

Wälchli, Bernhard. 2005. *Co-Compounds and Natural Coordination*. Oxford: Oxford University Press.

Whitney, William. 1962. *Sanskrit Grammar*. Delhi: Motilal Banarsidass.

Sechzehn, sechzig, vierundsechzig
Zur Bildung komplexer Kardinalia im Deutschen[*]

Andreas Nolda

1. Einführung: Fragestellungen, Ziel, Methode

Die Bildung komplexer Kardinalia gehört nicht zum Kernbereich der Wortbildungslehre des Deutschen. Wer Aussagen zu ihrer Bildung sucht, wird nicht in aktuellen Wortbildungs-handbüchern wie Motsch (2004), Lohde (2006) oder Fleischer und Barz (2012) fündig, sondern allenfalls in Grammatiken. Dort wird die Kardinalebildung jedoch im Allgemeinen ohne Bezug zur Wortbildungslehre beschrieben. In der *Duden-Grammatik* etwa schreibt die Dudenredaktion (2009: 382f.):[1]

> Die Zahlwörter [...] *dreizehn* bis *neunzehn* [bestehen; A. N.] [...] aus der Verbindung von *drei* bis *neun* mit *-zehn* [...] Die Bezeichnungen für die Zehnerzahlen von *20* bis *90* sind mit der Nachsilbe *-zig* gebildet [...] Die Zahlen zwischen den Zehnern werden dadurch gebildet, dass die Einerzahl durch *und* mit der Zehnerzahl verbunden wird [...]

Offen bleiben hier unter anderem Fragen wie:

- Ist *-zehn* in einem Zahlwort wie *sechzehn* ein Stamm oder ein Affix? Ist *sechzehn* dementsprechend durch Komposition oder Derivation gebildet?
- Wie kann *dreißig* mit *-zig* gebildet sein, wenn dort *-zig* überhaupt nicht vorkommt?
- Sind Zahlwörter wie *vierundsechzig* Wörter oder Wortgruppen? Insofern *vierundsech-zig* durch Wortbildung gebildet ist, um was für einen Wortbildungsprozess handelt es sich dabei?

Ziel des vorliegenden Beitrags ist es zu zeigen, dass die Bildung komplexer Kardinalia durchaus sinnvoll mit Hilfe von Konzepten der Wortbildungslehre beschreibbar ist. Den theoretischen Hintergrund der Diskussion bildet dabei die *Muster-und-Beschränkungs-Theorie* der Wortbildung, deren Grundzüge ich in Nolda (2012) entwickelt und formalisiert habe. Statt einer formalen, exhaustiven Beschreibung begnüge ich mich hier mit einer in-formellen, partiellen Charakterisierung der Bildung komplexer Kardinalia. Als exemplari-sche Phänomenbereiche dienen die komplexen Kardinalia vom Typ „sechzehn", „sechzig" und „vierundsechzig". Dabei wird sich herausstellen, dass sowohl zwischen der Bildung

[*] Für anregende Gespräche zum Gegenstand dieses Beitrags danke ich Péter Bassola, Joachim Ja-cobs, Hans-Heinrich Lieb und André Meinunger.

[1] Diese Aussagen wurden unverändert aus älteren Auflagen übernommen (vgl. zum Beispiel die Dudenredaktion 1973: 231).

von „sechzehn" und „sechzig" als auch von „sechzehn" und „vierundsechzig" Analogien bestehen.

Der Beitrag ist folgendermaßen gegliedert. Zunächst führe ich in Abschnitt 2 zentrale Konzepte der Muster-und-Beschränkungs-Theorie sowie einige informelle Notationskonventionen ein. Auf deren Grundlage erörtere ich in Abschnitt 3 die Bildung der genannten Kardinaletypen. Der Beitrag schließt in Abschnitt 4 mit einem Fazit.

2.   Theoretischer Hintergrund und Notationskonventionen

Wie in der Einführung erwähnt, bildet die Muster-und-Beschränkungs-Theorie (*Pattern-and-Restriction Theory*; *PR*) den theoretischen Hintergrund für die Diskussion der Kardinalebildung in diesem Beitrag. Diese in Nolda (2012) entwickelte und axiomatisch formalisierte Wortbildungstheorie[2] greift unter anderem Gedanken der *Lexical Relatedness Morphology* (Bochner 1993), der *Lexeme-Morpheme Base Morphology* (Beard 1995) und vor allem des *Process Model of Word Formation* (Lieb 2013) auf. Im Folgenden führe ich zentrale Konzepte der Muster-und-Beschränkungs-Theorie ein, soweit diese für die Diskussion der Kardinalebildung wesentlich sind, ohne allerdings auf die formalen Zusammenhänge näher einzugehen. Außerdem vereinbare ich einige informelle Notationskonventionen für lexikalische Einheiten und ihre Formen.

Der zentrale Grundgedanke der Muster-und-Beschränkungs-Theorie ist, dass die Wortbildungskomponente eines sprachlichen Systems aus *Wortbildungsmustern* und deren *Basisbeschränkungen* besteht. Ein Wortbildungsmuster setzt sich zusammen aus einem *formalen Wortbildungsmittel*, zwei *kategorialen Wortbildungsmitteln* (einem *paradigmatischen* und einem *lexikalischen*) sowie einem *semantischen Wortbildungsmittel*. Diese Wortbildungsmittel sind als ein- oder mehrstellige Operationen konzipiert. Eine Affigierungsoperation etwa ist eine einstellige Operation auf der Menge der Stammformen und Stammgruppen des sprachlichen Systems, die je einer *Basisform* eine affigierte *Produktform* zuordnet. Verkettungsoperationen hingegen sind mehrstellige Operationen, die zwei oder mehr Basisformen zu je einer Produktform verbinden. Grundsätzlich gilt, dass alle Wortbildungsmittel in einem Wortbildungsmuster dieselbe Stelligkeit haben. Die Basisbeschränkung eines Wortbildungsmusters regelt, auf was für Basen ein Muster anwendbar ist. Dabei können sowohl logische als auch systemspezifische Beschränkungen eine Rolle spielen.

Wortbildungsprozesse wie Derivation oder Komposition werden mit Hilfe von Eigenschaften einschlägiger Wortbildungsmuster bestimmt. Derivation und Komposition lassen sich mit Bezug auf die Stelligkeit der Wortbildungsmittel in einem Wortbildungsmuster unterscheiden: *Derivation im weiten Sinn* ist Wortbildung mittels einstelliger Wortbildungsmittel, während *Komposition im weiten Sinn* Wortbildung mittels mehrstelliger Wortbildungsmittel ist. Für die Bestimmung von Unterarten davon wird insbesondere auf Eigenschaften der formalen oder semantischen Wortbildungsmittel zurückgegriffen. Beispielsweise lassen sich *Komposition (im engen Sinn)* und *Kontamination* als Unterarten der Kom-

---

[2]   Eine Prototyp-Implementierung namens „PPR" (,System for Processing Word-formation Patterns and Their Restrictions') mit Fokus auf ausgewählte Konversionsmuster des Deutschen ist unter http://andreas.nolda.org/index.php/software verfügbar.

position im weiten Sinn derart unterscheiden, dass formale Wortbildungsmittel bei der Kontamination die Anzahl der morphosyntaktischen Atome der Basisformen reduzieren, während dies bei der Komposition nicht der Fall ist. Beispielsweise besteht die durch Kompositum gebildete Produktform *Kur urlaub* aus zwei morphologischen Atomen, während das Kontaminationsprodukt *Kurlaub* sinnvollerweise nur ein einziges, ‚verschmolzenes' morphologisches Atom enthält.[3] Unterarten der Komposition im engen Sinn wie *subordinative* oder *koordinative Komposition* nehmen wiederum auf Eigenschaften semantischer Wortbildungsmittel Bezug (Nolda 2012: Anh. B). Bei der koordinativen Komposition wird die Bedeutung von Kopulativkomposita mittels *kommutativer* semantischer Wortbildungsmittel charakterisiert, bei denen die Argumente vertauscht werden können, ohne dass sich der Wert ändern würde. Bei der subordinativen Komposition wird hingegen die Bedeutung von Determinativkomposita mittels nichtkommutativer semantischer Wortbildungsmittel charakterisiert.

Mit Hilfe von Wortbildungsprozessen und Wortbildungsmustern lassen sich *Wortbildungsrelationen* zwischen lexikalischen Einheiten bestimmen. Eine Wortbildungsrelation besteht, abgekürzt ausgedrückt, dann, wenn sich Formen, Kategorien und Bedeutung des *lexikalischen Produkts* oder seines Stamms ganz oder teilweise durch einen Wortbildungsprozesses mittels eines einschlägigen Wortbildungsmusters aus Formen, Kategorien und Bedeutungen der *lexikalischen Basen* oder ihrer Stämme bestimmen lassen. Beispielsweise besteht in deutschen Systemen eine Wortbildungsrelation zwischen dem lexikalischen Produkt „Kururlaub" und den lexikalischen Basen „Kur" und „Urlaub", weil sich Formen, Kategorien und Bedeutungen ihrer Stämme mittels eines Kompositionsmusters in Beziehung setzen lassen.

Im Hinblick auf die Modellierung *lexikalischer Einheiten* folgt die Muster-und-Beschränkungs-Theorie im Wesentlichen der Integrativen Linguistik (Lieb 1983, 1992). *Lexikalische Wörter* und ihre *Stämme* bestehen demnach aus einem Paradigma, das den Wort- bzw. *Stammformen paradigmatische Kategorien* zuordnet, sowie aus einer *lexikalischen Bedeutung*. Lexikalische Einheiten selbst sind Element *lexikalischer Kategorien*. Ich notiere lexikalische Einheiten hier auf informelle Weise, indem ich ein – gegebenenfalls morphologisch oder syntaktisch segmentiertes – Lemma in doppelte Anführungszeichen setze:

(1)   a.   „Kururlaub"

        b.   „Kur urlaub"

Formen lexikalischer Einheiten notiere ich wie üblich kursiv in orthographischer Form:[4]

(2)   a.   *Kururlaub*

        b.   *Kur urlaub*

---

[3]   Ebenfalls unter Bezug auf Eigenschaften formaler Wortbildungsmittel unterscheidet Nolda (2012) zwischen *Derivation (im engen Sinn)* und *Konversion* als Unterarten der Derivation im weiten Sinn. Eine Differenzierung zwischen Komposition im engen Sinn und Komposition im weiten Sinn findet sich bei Nolda (2012) noch nicht.

[4]   Unterschiede in Groß- und Kleinschreibung sind natürlich phonologisch irrelevant.

Außerdem spezifiziere ich bei Bedarf lexikalische Haupt- und Nebenakzente mittels der IPA-Zeichen „ˈ" und „ˌ". Mit Lieb (1999) gehe ich davon aus, dass lexikalische Akzente Korrelate von Eigenschaften der suprasegmentalen phonologischen Repräsentation von Wort-, Stamm- und Affixformen sind und dass nur Silben mit lexikalischem Hauptakzent einen nichtkontrastiven syntaktischen Akzent tragen können. Aufsteigende und fallende syntaktische Akzente notiere ich mit den Symbolen „ˊ" und „ˋ".

3. Zur Bildung von „sechzehn", „sechzig" und „vierundsechzig"

3.1. Typ „sechzehn"

Die komplexen Kardinalia vom Typ „sechzehn" werden in der Literatur üblicherweise als Komposita analysiert. So zählen Helbig und Buscha (2001: 291) „dreizehn" zu den zusammengesetzten Zahladjektiven, und Erben (2006: 43) klassifiziert „vierzehn" als Kopulativkompositum. Auf den ersten Blick liegt eine solche Analyse in der Tat nahe: Formal scheint der Stamm des Kardinale „sechzehn" mittels Verkettung zweier Stammformen gebildet zu sein und semantisch mittels additiver Verknüpfung zweier kardinaler Basisbedeutungen. Im heutigen Deutsch haben die Kardinalia „dreizehn" bis „neunzehn" allerdings drei Charakteristika, die dagegen sprechen, sie als Komposita im Allgemeinen und als Kopulativkomposita im Besonderen zu analysieren.

Das erste Charakteristikum betrifft die lexikalische Betonung und die lexikalische Bedeutung von Kopulativkomposita. Anders als Determinativkomposita sind Kopulativkomposita im Deutschen ein randgrammatisches Phänomen. Bei vielen vermeintlichen Kopulativkomposita ist nicht klar, ob es sich hierbei nicht vielmehr um Determinativkomposita handelt. Eindeutige Kopulativkomposita finden sich vor allem im adjektivischen Bereich. Hier sind sie von Determinativkomposita formal durch die Position des lexikalischen Hauptakzents unterscheidbar. Dieser liegt bei adjektivischen Determinativkomposita auf dem ersten Kompositionsglied, während er bei adjektivischen Kopulativkomposita auf dem letzten Kompositionsglied liegt:

(3)   a.   ˈblauˌgrün
           ‚bläulich grün'

      b.   ˌblauˈgrün
           ‚blau und grün'

Auch im substantivischen Bereich sind manche Kopulativkomposita endbetont:

(4)   ˌÖsterˌreich-ˈUnˌgarn

(5)   ˌNordˈosten

Andere Kandidaten für substantivische Kopulativkomposita sind hingegen wie Determinativkomposita anfangsbetont:

(6)   ˈFürstˌbischof

Mit dem formalen Unterschied zwischen Anfangs- und Endbetonung korreliert in der Regel ein semantischer Unterschied. Die endbetonten Kopulativkomposita „Österreich-Ungarn", „Nordosten" und „ˌblauˈgrün" sind *additive* Komposita, weil sie mittels eines semantischen Wortbildungsmittels gebildet sind, das eine Summenoperation auf den von den Basisbedeutungen denotierten Entitäten involviert. Bei „Österreich-Ungarn" ist dies eine ‚geographische Summe', bei „Nordosten" eine ‚Richtungssumme' (eine Art Vektorsumme, bei der die Vektorlänge vernachlässigt wird) und bei „ˌblauˈgrün" die mereologische Summe blauer und grüner Teile. Da Summenoperationen kommutativ sind, sind auch die semantischen Wortbildungsmittel kommutativ, mit denen „Österreich-Ungarn", „Nordosten" und „ˌblauˈgrün" gebildet sind. Somit handelt es sich bei diesen Komposita nach dem in Abschnitt 2 angeführten Kriterium in der Tat um Kopulativkomposita. Was nun das anfangsbetonte Kompositum „Fürstbischof" betrifft, so ist dieses mittels eines semantischen Wortbildungsmittels gebildet, das die logische Konjunktion der Basisbedeutungen involviert: Ein Fürstbischof ist ein Bischof, der auch Fürst ist. Ob solche *appositiven* Komposita[5] ebenfalls mittels kommutativer semantischer Wortbildungsmittel gebildet sind, kann hier offen bleiben (zur Diskussion der Semantik appositiver Komposita vgl. unter anderem Motsch 2004: 376–379, Olsen 2001, 2004 sowie Olsens Beitrag in diesem Band).[6]

Kardinalia wie „sechzehn" haben nun zwar eine additive lexikalische Bedeutung. In semantischer Hinsicht wären sie also durchaus als Kopulativkomposita analysierbar. Formal gesehen, fehlt ihnen jedoch die für additive Kopulativkomposita im Deutschen typische Endbetonung. Es stellt sich somit die Frage, ob es sich hier wirklich um (Kopulativ-)Komposita handelt.

Das zweite Charakteristikum betrifft den Verlust flektierter Formen bei komplexen Kardinalia vom Typ „sechzehn". Im Althochdeutschen hatten mit *zëhan* oder *zëhen* gebildete komplexe Kardinalia noch eigene flektierte Formen für die postnominale oder substantivische Verwendung:[7]

(7)   a.   *ahtozëhen jâr*   (Tatian; zit. n. Braune und Reiffenstein 2004: 236)
         achtzehn Jahr

---

[5]   Statt zwischen appositiven und additiven Kopulativkomposita unterscheidet Wälchli (2005: 7f.) unter anderem zwischen ‚appositive compounds' wie „poet-doctor", ‚fusional compounds' wie „Austria-Hungary" und ‚intermediate-denoting compounds' wie „southwest" oder „blue-green". Abgesehen davon, dass „blue-green" als Kopulativkompositum keinen Zwischenwert zwischen blau und grün bezeichnet, gehören sowohl die ‚intermediate-denoting compounds' als auch die ‚fusional compounds' zu den additiven Komposita. Der theoretische Wert dieser Unterscheidung ist daher fraglich.

[6]   Die Muster-und-Beschränkungs-Theorie schließt nicht aus, dass im Grenzfall ein Kompositum sowohl ein Kopulativkompositum als auch ein Determinativkompositum ist. Dies wäre in einem sprachlichen System dann der Fall, wenn es dort sowohl ein Kompositionsmuster mit einem kommutativen semantischen Wortbildungsmittel gibt als auch ein Kompositionsmuster mit einem nichtkommutativen semantischen Wortbildungsmittel, mittels derer sich teilweise dieselben Komposita bilden lassen.

[7]   Zur Kategorisierung von *ahtozëhen*, *ahtozëheni* und *thie* vgl. Braune und Reiffenstein (2004: 235f., 247f.).

b. *thie*   *ahtozëheni*   (a. a. O.)
die.NOM/AKK.M achtzehn.NOM/AKK.M/F

Dabei folgte die Formenbildung derjenigen bei *zëhan/zëhen*, das analog flektierte Formen
aufwies (Braune und Reiffenstein 2004: 235f.). Belege für solche flektierten Formen finden
sich noch in Texten aus dem 19. Jahrhundert:[8]

(8)   *Bei weitem die meisten Themen seiner Clavierfugen sind so oder ähnlich geformt.*
       Von den 48 Nummern der beiden Theile des wohltemperirten Claviers beginnen sie
       bei achtzehnen nach dem ersten Achtel (beziehungsweise Sechzehntel), bei sieben
       nach dem ersten Viertel, und bei dreien nach den ersten anderthalb Vierteln.

                                                                                    (Q 5: 774f.)

Im heutigen Deutsch kann zwar „zehn" bei substantivischer Verwendung im Dativ flektiert
sein, ein komplexes Kardinale wie „achtzehn" jedoch nicht:

(9)   a.   *Ich habe eine fast 15-jährige Tochter und die Vorstellung, mit zehnen von denen*
             meine Freizeit zu verbringen, ist gruselig.   (Q 3)

       b.   *Die Vorstellung, mit zehn von denen meine Freizeit zu verbringen, ist gruselig.*

(10)   a. * *Die Vorstellung, mit achtzehnen von denen meine Freizeit zu verbringen, ist*
             gruselig.

       b.   *Die Vorstellung, mit achtzehn von denen meine Freizeit zu verbringen, ist gruse-*
             lig.

Das Kardinale „achtzehn" wird also nicht mehr wie das Kardinale „zehn" flektiert. Bei
einem Kompositum wäre das Gegenteil zu erwarten: Ein Kompositum im Deutschen wird
im Allgemeinen so flektiert wie das Letztglied.

    Das dritte Charakteristikum betrifft mögliche phonetische Realisierungen komplexer
Kardinalia wie „sechzehn". Das vermeintliche Zweitglied *zehn* kann hier nämlich reduziert
phonetisch realisiert werden (vgl. Kohler 1995: 216):

(11)   a.   [zɛçtseːn]

       b.   [zɛçtsən]

       c.   [zɛçtsn̩]

Eine solche phonetische Realisierung ist für Kompositionsglieder ungewöhnlich. In *Fisch-*
mehl beispielsweise wird *mehl* (zumindest in standardnahen Varietäten) nicht reduziert
phonetisch realisiert:

(12)   a.   [fɪʃmeːl]

       b. * [fɪʃməl]

       c. * [fɪʃml̩]

---

[8]   „Q 5" verweist auf einen Eintrag im Quellenverzeichnis.

Dieses unterschiedliche phonetische Verhalten lässt sich erklären unter der Annahme, dass in einem phonologischen Wort ein lexikalischer Akzent die reduzierte phonetische Realisierung einer Silbe blockieren oder zumindest erschweren kann. Dies ist der Fall bei *Fischmehl*: Hier tragen beide Silben einen lexikalischen Akzent: ¹*Fisch*ˌ*mehl*. In *sechzehn* hingegen trägt nur *sech* einen Akzent, während *zehn* vermutlich akzentlos ist:

(13)   ¹*sechzehn*

Damit gleicht *zehn* in *sechzehn* nicht einer Stammform mit lexikalischem Akzent, sondern einer Affixform ohne Akzent. Hier scheint sich also eine diachrone Entwicklung zu wiederholen, die in ähnlicher Weise bereits *zig* in *sechzig* durchlaufen hat (vgl. unten Abschnitt 3.2).

Wenn *zehn* in *sechzehn* in der Tat eine Affixform ist, dann handelt es sich bei der Bildung des Stamms von „sechzehn" nicht um Komposition, sondern um Derivation mittels Suffigierung mit *zehn*. Als Basisform fungiert dabei statt der Stammform *sechs* die verkürzte Variante *sech*. Eine solche verkürzte Variante tritt auch bei der Bildung des Stamms von „siebzehn" und eventuell „achtzehn" auf. Eine phonetische Realisierung des finalen *t* von *acht* in *achtzehn* scheint mir jedenfalls auch bei Explizitlautung nahezu ausgeschlossen:

(14)   a. ? [ʔaxt͡tseːn]

        b.   [ʔaxt͡seːn]

Dies ist bei einem Kompositum wie *Nachtzug* anders:

(15)   [naxt͡tsuːk]

Die Wahl der ‚richtigen' Basisform wird von der Basisbeschränkung des Wortbildungsmusters gesteuert. Das semantische Wortbildungsmittel in diesem Muster ordnet einer kardinalen Basisbedeutung eine Produktbedeutung mit einem mit 10 addierten numerischen Wert zu.

Interessant ist in diesem Zusammenhang die Frage, warum in den Kardinalia „dreizehn" bis „neunzehn" die Addenden *drei* bis *neun* dem Augenden *zehn* vorausgehen, während bei Kardinalia ab „hunderteins" der Augend dem Addenden vorausgeht. Greenberg (1978: 272–274) zufolge ist die Reihenfolge ‚Augend vor Addend' typologisch deutlich präferiert; insofern ein numerisches System beide Reihenfolgen kennt, ist die Reihenfolge ‚Addend vor Augend' auf kleinere Zahlwörter beschränkt. Für Greenberg (1978: 274) ist dies durch den *cognitive load* bei der Sprachverarbeitung motiviert:

> There is evidently a cognitive principle involved in the favoring of the order larger + smaller. If I express a large number, say 10,253 in the order 10,000; 200; 50; 3; the very first element gives me a reasonably close approximation to the final result, and every successive item gives a further approximation. The opposite order leaves the hearer in the dark till the last item is reached. He may not know even then, till a noun or an inflection on the last of a substantivized numeral informs him that the numeral construction is closed.

Stampe (1976: 603) wiederum führt die Präferenz für die Reihenfolge ‚Augend vor Addend' auf die informationsstrukturell unmarkierte Abfolge ‚alte Information vor neuer Information' zurück: In der Zählsequenz bezeichne der Augend die alte Information und der Addend die neue Information. Wenn diese Korrelation durch einzelsprachspezifische Betonungsmuster gestört sei, dann könne, so Stampe (1976: 607f.), die umgekehrte Reihenfolge auftreten:

> In many languages compounds have their accent fixed on the first constituent. Compounded numbers subject to this rule include [...] Latin *tre-decim* [...], German *drei-zehn* [...], all meaning 13. [...] the lower number represents new material in counting, and it should therefore follow the higher number in addition. All these examples are exceptions. But [...] new material *must* take the accent. In the languages cited the first element must take the accent. The exceptions are explained: the lower number is put first in these compounds to keep it under the accent.

Zwar sind die Kardinalia „dreizehn" bis „neunzehn", synchron gesehen, keine Komposita mehr. Trotzdem bleibt das Argument von Stampe (1976) im Kern gültig. Auf das heutige Deutsch angewandt, lautet es:

(16)   In der Zählsequenz von 13 bis 19 kontrastieren die Addenden, während der Augend konstant bleibt.
In einer Zählsequenz werden kontrastierende Elemente nach Möglichkeit durch kontrastive syntaktische Akzente markiert.
Kontrastive syntaktische Akzente fallen im unmarkierten Fall auf einen lexikalischen Hauptakzent.
Die Wörter für die Zahlen 13 bis 19 sind lexikalisch anfangsbetont.
Deshalb stehen in *dreizehn* bis *neunzehn* die Addenden vor dem Augenden.

Als Ergebnis der Diskussion in diesem Abschnitt kann Folgendes festgehalten werden. Entgegen dem ersten Anschein sind Kardinalia wie „sechzehn" im heutigen Deutsch keine Komposita mehr, sondern Derivate, deren Stämme mittels Suffigierung mit der akzentlosen Affixform *zehn* gebildet sind. Als Basisformen fungieren dabei teilweise verkürzte Stammformvarianten. Die aus älteren Sprachstufen ererbte Reihenfolge ‚Addend vor Augend' scheint dabei auch im heutigen Deutsch noch eine informationsstrukturelle Funktion zu haben.

3.2. Typ „sechzig"

Im Unterschied zu den komplexen Kardinalia vom Typ „sechzehn" ist bei den dekadenbezeichnenden komplexen Kardinalia vom Typ „sechzig" eine Derivationsanalyse allgemein akzeptiert. Helbig und Buscha (2001: 291) etwa führen „vierzig" ohne weitere Begründung als Beispiel für ein abgeleitetes Zahladjektiv an. Dementsprechend kann die Diskussion in diesem Abschnitt knapper ausfallen.

Das formale Wortbildungsmittel bei diesem Wortbildungsmuster ist die Suffigierung mit *zig* bzw. *sig*. Diese Suffigierungsoperation lässt sich als *bedingte Affigierung* (Nolda 2012: Abschn. 6.1.1) modellieren: Wenn die Basisform *drei* ist, dann wird diese mit *sig* suffigiert; alle anderen Basisformen werden mit *zig* suffigiert. Als Basisformen treten dabei die bereits von der Bildung der Kardinalia von „dreizehn" bis „neunzehn" bekannten Formen auf, ergänzt um *zwan* als Variante von *zwei* für die Bildung von „zwanzig".[9] Die Basisbeschränkungen der beiden Wortbildungsmuster sind also so gut wie identisch. Dies stützt die Hypothese, dass die Kardinalia vom Typ „sechzehn" und die Kardinalia vom Typ „sechzig" auf die gleiche Weise gebildet sind – durch Derivation mittels Suffigierung.[10]

Nicht nur die formalen Wortbildungsmittel und die Basisbeschränkungen der beiden Wortbildungsmuster gleichen sich, sondern auch die semantischen Wortbildungsmittel. Bei der Bildung der Kardinalia vom Typ „sechzehn" war dies eine Operation, die einer kardinalen Basisbedeutung eine Produktbedeutung mit einem mit 10 addierten numerischen Wert zuordnet. Bei der Bildung der Kardinalia vom Typ „sechzig" wird einer kardinalen Basisbedeutung eine Produktbedeutung mit einem mit 10 multiplizierten numerischen Wert zugeordnet.

Der Grund, weshalb eine Kompositionsanalyse nicht erwogen wird, ist offenbar das Fehlen einer semantisch passenden freien Variante zu *zig* und *sig* im heutigen Deutsch. Diachron gesehen, gehen diese beiden Affixformen via mittelhochdeutsch *zec* und althochdeutsch *zug* auf ein Numerativ zurück, das in Zahlkonstruktionen die Dekadeneinheit angab. Für die germanischen Sprachen ist ein solches Numerativ noch im Gotischen belegt:

(17)   *saíhs   tigum   jêrê*   (Braune und Heidermanns 2004: 128)
       sechs Dekade.DAT.PL Jahr.GEN.PL

Numerative sind Substantive, die Zähl- oder Maßeinheiten angeben und ein obligatorisches numerisches Komplement sowie ein fakultatives substantivisches Komplement regieren; Varianten, bei denen die Argumentstelle für das numerische Komplement bereits lexikalisch gefüllt ist, habe ich in Nolda (2007: 50–53) „Pseudonumerative" genannt. Ein solches Pseudonumerativ ist das frei vorkommende „zig", das eine vage, im Dekadenbereich liegende Anzahl angibt:[11]

(18)   *Zig Kinder waren da.*

Dieses Pseudonumerativ ist aufgrund seiner vagen lexikalischen Bedeutung semantisch inkompatibel mit einem Kardinale wie „sechzig", das eine exakte lexikalische Bedeutung besitzt. Das Kardinale „sechzig" kann somit nicht durch Komposition aus „sechs" und „zig" gebildet sein.

Kardinalia wie „sechzig" sind also ebenso wie Kardinalia wie „sechzehn" durch Derivation gebildet. Die involvierten Wortbildungsmuster und ihre Basisbeschränkungen sind dabei weitgehend analog. Die Unterschiede beschränken sich im Wesentlichen auf die suffigierten Affixformen (*zehn* vs. *zig* bzw. *sig*) und die involvierten arithmetischen Operationen (Addition vs. Multiplikation).

---

[9] Aus „zwei" werden keine Kardinalia mittels Suffigierung mit *zehn* gebildet. Somit gibt es weder **zweizehn* noch **zwanzehn*.

[10] Eine weitere Übereinstimmung betrifft die Tatsache, dass weder die Kardinalia vom Typ „sechzehn" noch die Kardinalia vom Typ „sechzig" flektierte Formen aufweisen.

[11] Ähnlich werden die Pseudonumerative „Hunderte", „Tausende", „Millionen" usw. interpretiert:
     (i) *Hunderte/Tausende/Millionen Kinder sind auf der Flucht.*

3.3. Typ „vierundsechzig"

Ich komme nun zu den komplexen Kardinalia vom Typ „vierundsechzig", die aus einem der Kardinalia „ein(s)" bis „neun" und einem dekadenbezeichnenden Kardinale wie „sechzig" gebildet sind. Die Produktbedeutung dieser Kardinalia ergibt sich durch Addition der numerischen Werte der Basisbedeutungen. Exponent dieser additiven Bedeutung ist das obligatorisch auftretende *und* – ein *Link* im Sinne von Greenberg (1978: 264). Dieser Link verbindet Addend und Augend in derselben Reihenfolge, wie sie in Kardinalia vom Typ „sechzehn" auftreten.

Hier stellt sich zunächst die Frage, ob es sich bei solchen Kardinalia überhaupt um Wörter handelt. Da *und* typischerweise als Koordinator in syntaktischen Koordinationen fungiert, wäre auch denkbar, einen Zahlausdruck wie *vierundsechzig* als koordinative Wortgruppe wie in (19 a) oder als Teil einer elliptischen koordinativen Wortgruppe wie in (19 b) zu analysieren:

(19) a. [*vier und sechzig*] *Jahre*

   b. [*vier ~~Jahre~~ und sechzig Jahre*]

Gegen eine Wortgruppenanalyse kann man zunächst anführen, dass beim Zählen mit solchen Zahlausdrücken die Reihenfolge von Addend und Augend fixiert ist. Man zählt:

(20) ..., *sechzig, einundsechzig, zweiundsechzig, ...*

und nicht:

(21) # ..., *sechzig, sechzig und ein(s), sechzig und zwei, ...*

Bei koordinativen Wortgruppen hingegen ist die Reihenfolge grundsätzlich frei:

(22) a. *ein Jahr und sechzig Jahre*

   b. *sechzig Jahre und ein Jahr*

(23) a. *zwei Jahre und sechzig Jahre*

   b. *sechzig Jahre und zwei Jahre*

Diesen Einwand könnte man durch die Annahme entkräften, dass es im numerischen System des Deutschen nicht nur Zahl*wörter* gibt, bei denen die interne Reihenfolge fixiert ist, sondern auch Zahl*wortgruppen* mit fixierter interner Reihenfolge. Dementsprechend würde man zählen:

(24) ..., *sechzig, ein und sechzig, zwei und sechzig, ...*

Gegen eine Wortgruppenanalyse kann man außerdem einwenden, dass in einem Zahlausdruck wie *einundsechzig* unflektiertes *ein* auftritt,[12] während in einer koordinativen Wortgruppe der syntaktische Kontext auch flektierte Varianten davon erfordern kann:

---

[12] In früheren Sprachstufen konnten in solchen Zahlausdrücken flektierte Varianten von *ein* auftreten:

   (ii) *einez unt zueinzich iâre*   (Q 2: 88)
      eins   und zwanzig   Jahr.PL

(25) a. *einundsechzig Meilen*

   b. *eine Meile und sechzig Meilen*

Allerdings scheint es im heutigen Deutsch eine randgrammatische syntaktische Konstruktion zu geben, in der unflektiertes *ein* mit einer Form eines weiteren Kardinale koordiniert ist:[13]

(26) *Die Kinder sind ein und drei Jahre alt.* (Q 1)

(27) *Als Kennwörter nutzt die Software Zeichenketten zwischen ein und zwanzig Ziffern.* (Q 4)

Bei Satz (27) (dessen Akzeptabilität von Sprecher zu Sprecher variieren mag) ist eine Analyse als Ellipse ausgeschlossen, denn hier müsste statt unflektiertem *ein* die flektierte Form *einer* auftreten:

(28) a. * *Als Kennwörter nutzt die Software Zeichenketten zwischen ein ~~Ziffer~~ und zwanzig Ziffern.*

   b. *Als Kennwörter nutzt die Software Zeichenketten zwischen einer Ziffer und zwanzig Ziffern.*

Aber auch (26) lässt sich nicht als Ellipse analysieren. Denn diese Art von Koordinationsellipse (*Rückwärtsellipse*, *right-node raising*) setzt formale Identität des getilgten Materials voraus (vgl. Klein 1993: 797, *passim*):

(29) a. *meine Kinder und deine Kinder*

   b. *meine ~~Kinder~~ und deine Kinder*

(30) a. *mein Kind und deine Kinder*

   b. * *mein ~~Kind~~ und deine Kinder*

Ein und drei in (26) und *ein und zwanzig* in (27) können also nicht als Teile elliptischer Wortgruppen analysiert werden, sondern nur als nichtelliptische Wortgruppen. Analoges gilt für den Zahlausdruck *einundsechzig*. Hier scheidet eine Analyse als elliptische koordinative Wortgruppe ebenfalls aus:

(31) a. *ein und sechzig Jahre*

   b. * *ein ~~Jahr~~ und sechzig Jahre*

Eine Analyse als nichtelliptische koordinative Wortgruppe ist aber ebensowenig plausibel, da Zahlausdrücke wie *einundsechzig* anders als die Konstruktionen in (26) und (27) im Deutschen keinen randgrammatischen Status haben dürften: Sie sind weder besonders markiert noch von zweifelhafter Akzeptabilität.

---

[13] Offensichtlich handelt es sich bei *ein und zwanzig* in (27) nicht um die Kardinaleform *einundzwanzig*, da hier *ein* und *zwanzig* getrennt satzsemantisch verarbeitet werden müssen.

Ein dritter Einwand gegen die Analyse von *vierundsechzig* als Wortgruppe ergibt sich aus der Beobachtung, dass *und* hier in der Regel reduziert phonetisch realisiert wird (vgl. Kohler 1995: 218f.):

(32) a. * [fiːɐ̯.ʔʊnt.zɛçˈt͡sɪç]

b. [fiː.ʁʊnt.zɛçˈt͡sɪç]

c. [fiː.ʁʊn.zɛçˈt͡sɪç]

d. [fiːɐ̯n.zɛçˈt͡sɪç]

Das *und* in *vierundsechzig* wird also (außer vielleicht in hyperkorrekter Explizitlautung) nicht mit initialem glottalem Plosiv realisiert. In einer koordinativen Wortgruppe wie *Bier und Wein* ist dies jedoch problemlos möglich:

(33) [biːɐ̯.ʔʊnt.vaɪ̯n]

Analoges gilt für einen (syntaktisch?) komplexen Zahlausdruck wie *tausendundeins*:

(34) [tau̯.zənt.ʔʊnt.ʔaɪ̯ns]

Ein glottaler Plosiv tritt im Deutschen in der Regel nur in Silben mit lexikalischem Akzent auf. Die syntaktische Konjunktion *und* scheint daher ähnlich wie die Konjunktion *oder* immerhin einen lexikalischen Nebenakzent zu besitzen. (Ein lexikalischer Hauptakzent kommt nicht in Frage, weil *und* und *oder* als Funktionswörter keinen nichtkontrastiven syntaktischen Akzent tragen können; vgl. Abschnitt 2.) Das in *vierundsechzig* vorkommende *und* hingegen besitzt offenbar gar keinen lexikalischen Akzent. In diese Richtung deuten auch dialektale Daten. Während etwa in der Saarbrücker Ausprägung des Westmitteldeutschen die syntaktische Konjunktion /ˌun/ ebenfalls einen lexikalischen Nebenakzent trägt (vgl. Steitz 1981: 342–344), ist das *und* in Ausdrücken wie *fünfundsechzig* ein akzentloses Schwa:

(35) /ˈfinf̩ə̩ˌseʃdsiʃ/   (Steitz 1981: 213)

Ähnlich wie bei *zehn* in *sechzehn* deuten die Akzentlosigkeit von *und* in *vierundsechzig* und die damit einhergehende reduzierte phonetische Realisierbarkeit somit darauf hin, dass es sich bei *vierundsechzig* um einen morphologisch – und nicht syntaktisch – komplexen Ausdruck handelt, der mit einer akzentlosen Affixform *und* gebildet ist.

Angenommen, dies ist tatsächlich der Fall. Wie ist dann das Zahlwort „vierundsechzig" gebildet? Ich möchte hier den folgenden Vorschlag machen: Der Stamm von „vierundsechzig" ist aus den Stämmen von „vier" und „sechzig" durch Komposition mittels *und*-Interfigierung und arithmetischer Summenbildung gebildet. *Und*-Interfigierung ist ein formales Wortbildungsmittel, das zwei Basisformen durch die Affixform *und* verbindet. Bei diesem *und* handelt es sich also um eine Art Fugenelement, das allerdings nicht ‚morphomisch' im Sinne von Aronoff (1994) ist, sondern als Exponent einer additiven Bedeutung fungiert (Gisela Zifonun, pers. Mitt.). Dies dürfte der einzige Fall von Interfigierung im Deutschen sein, wenn man Fugenelemente ansonsten als Suffixe von Stammformen analysiert, die als Erstglieder in Komposita auftreten (zur Motivation einer solchen Analyse vgl. Fuhrhop 1998: Kap. 6). Die additive Bedeutung ergibt sich durch das semantische Wortbildungsmittel der arithmetischen Summenbildung, das jeweils zwei Basisbedeutungen eine Produktbedeutung zuordnet, deren numerischer Wert die Summe der numerischen Werte der Basisbedeutungen ist. Da die arithmetische Summenbildung kommutativ ist, handelt es sich bei „vierundsechzig" um ein additives Kopulativkompositum.

In Abschnitt 3.1 hatte ich gezeigt, dass additive Kopulativkomposita im Deutschen typischerweise lexikalisch endbetont sind. Wo aber liegt bei *vierundsechzig* der lexikalische Hauptakzent? Ein syntaktischer Akzent kann hier entweder auf das Erstglied oder auf das Zweitglied fallen (vgl. Creer 2002):

(36) a. *Ich bin vierundsèchzig.*

b. *Ich bin vìerundsechzig.*

Meines Erachtens ist in einem nichtkontrastiven Kontext die Endakzentuierung der unmarkierte Normalfall:

(37) A: *Wie alt bist du?*

B: *Ich bin vierundsèchzig.*

Anfangsakzentuierung legt stattdessen nahe, dass im Kontext – explizit oder implizit – ein Kontrast zu benachbarten Zahlenwerten besteht:

(38) ..., *sèchzig, èinundsechzig, zwèiundsechzig, drèiundsechzig, vìerundsechzig, ...*

(39) A: *Wie alt bist du?*

B: *Ich bin genau vìerundsechzig.*

Demnach sollte der lexikalische Hauptakzent hier auf dem Zweitglied liegen, während das Erstglied lediglich einen Nebenakzent trägt:[14]

(40) ˌvierundˈsechzig

Somit ist „vierundsechzig" auch im Hinblick auf die lexikalischen Akzenteigenschaften seiner Formen ein eindeutiges additives Kopulativkompositum.

Kardinalia vom Typ „vierundsechzig" unterscheiden sich von anderen additiven Kopulativkomposita also im Wesentlichen nur darin, dass bei der Bildung ihrer Stämme eine Affixform interfigiert wird. Das Auftreten eines solchen Links ist eine formale Besonderheit der Bildung von Zahlwörtern, die das Deutsche mit vielen anderen Sprachen teilt. In der Muster-und-Beschränkungs-Theorie kann man diesem Umstand dadurch Rechnung tragen, dass man bei diesem Wortbildungsmuster durch die Basisbeschränkung die in Frage kommenden Basisformen auf Stammformen bestimmter Zahlwörter beschränkt. Beispielsweise können als Erstglieder hier nur die Stammformen *ein, zwei, drei, vier, fünf, sechs, sieben, acht* und *neun* auftreten. Dies sind genau diejenigen Stammformen dieser Kardinalia, die auch sonst bei Komposition als Erstglieder vorkommen, vgl. zum Beispiel:

---

[14] Die Vermutung liegt nahe, dass die lexikalische Endbetonung solcher Kardinalia im heutigen Deutsch auf einen nichtkontrastiven syntaktischen Akzent in einer diachron zugrundeliegenden koordinativen Wortgruppe zurückgeht.

(41) a. *Einbaum*

b. *Einklang*

c. *Einzahl*

Die Zweitglieder hingegen müssen Stammformen sein, die mit *zig* oder *sig* gebildet sind.

Damit ergibt sich auch bei den Kardinalia vom Typ „vierundsechzig" die Reihenfolge ‚Addend vor Augend'. In Abschnitt 3.1 wurde diese Reihenfolge bei Kardinalia vom Typ „sechzehn" damit in Verbindung gebracht, dass diese Kardinalia anfangsbetont sind. Dies hat nach Stampe (1976) den informationsstrukturellen Vorteil, dass syntaktische Akzente in einer Zählsequenz auf kontrastierende Addenden fallen, die bereits mit einem lexikalischen Hauptakzent versehen sind. Wie gerade gezeigt, sind die Kardinalia vom Typ „vierundsechzig" jedoch lexikalisch endakzentuiert. Die Tatsache, dass sie trotzdem dieselbe Reihenfolge von Addend und Augend aufweisen, führt Stampe (1976: 608, Fn. 7) auf einen diachronen Akzentwechsel zurück:

> There are lower–higher conjuncts in which the second element is accented, e.g. teen compounds in Persian or English (*thìrtéen*) and decadal compounds in German (*drèi-und-zwánzig*). These are due to accent shifts after the morpheme order became fixed.

Ob ein solcher Akzentwechsel tatsächlich stattgefunden hat, lasse ich hier dahingestellt sein. Im heutigen Deutsch hat die Reihenfolge ‚Addend vor Augend' bei den Kardinalia vom Typ „vierundsechzig" jedenfalls keine informationsstrukturelle Funktion – im Gegenteil. Dadurch, dass in der Zählsequenz der syntaktische Akzent hier nicht mit dem lexikalischen Hauptakzent zusammenfällt, ergibt sich eine je nach Kontext schwankende Akzentrealisierung. Dies mag ein weiterer Grund dafür sein, dass bei der Verarbeitung dieser Kardinalia der *cognitive load* besonders groß ist.

In diesem Abschnitt habe ich dafür argumentiert, dass Kardinalia vom Typ „vierundsechzig" keine Wortgruppen sind, sondern additive Kopulativkomposita, die mittels Interfigierung einer akzentlosen Affixform *und* gebildet sind. Die sich dabei ergebenden Formen sind lexikalisch endbetont. Dies führt dazu, dass die Reihenfolge ‚Addend vor Augend' hat hier keine informationsstrukturelle Funktion hat.

4. Fazit

Ziel dieses Beitrags war es zu zeigen, dass die Bildung komplexer Kardinalia sinnvoll mit Hilfe von Konzepten der Wortbildungslehre beschreibbar ist. Als theoretischer Hintergrund diente dabei die Muster-und-Beschränkungs-Theorie. Bei der Diskussion der Kardinalia vom Typ „sechzehn", „sechzig" und „vierundsechzig" hat sich meines Erachtens erwiesen, dass es in der Tat fruchtbar ist, die Kardinalebildung mit Konzepten einer modernen Wortbildungstheorie zu beschreiben.

Dadurch war es zum einen möglich zu bestimmen, inwieweit Wortbildungsmuster für die Bildung komplexer Kardinalia sich von anderen Wortbildungsmustern des sprachlichen Systems unterscheiden. Die einzige wesentliche Idiosynkrasie bei den untersuchten Beispielen war das Auftreten eines formalen Wortbildungsmittels, das *und* als Link interfigiert. So etwas ist für die Bildung von Zahlwörtern typisch, für die Bildung anderer Wörter im Deutschen hingegen nicht – jedenfalls dann, wenn man Kompositionsfugen ansonsten als Suffixe von Stammformen analysiert, die als Erstglieder in Komposita auftreten.

Zum anderen stellte es sich heraus, dass sowohl zwischen der Bildung von „sechzehn" und „sechzig" als auch zwischen der Bildung von „sechzehn" und „vierundsechzig" Analogien bestehen. Die Kardinalia „sechzehn" und „sechzig" sind beide durch Derivation mittels Affigierung gebildet; Unterschiede beschränken sich im Wesentlichen auf die suffigierten Affixformen und die involvierten arithmetischen Operationen. Bei den Kardinalia „sechzehn" und „vierundsechzig" wird je ein morphologischer Teil reduziert phonetisch realisiert. Entgegen dem ersten Anschein handelt es sich dabei um akzentlose Affixformen. Außerdem weisen beide Kardinaletypen dieselbe Reihenfolge von Addend und Augend auf. Während diese Reihenfolge bei Kardinalia vom Typ „sechzehn" auch im heutigen Deutsch noch eine informationsstrukturelle Funktion hat, fehlt diese bei Kardinalia vom Typ „vierundsechzig".

Literatur

Aronoff, Mark. 1994. *Morphology by Itself: Stems and Inflectional Classes.* Linguistic Inquiry Monographs 22. Cambridge, Mass.: MIT Press.

Beard, Robert. 1995. *Lexeme Morpheme Base Morphology: A General Theory of Inflection and Word Formation.* Albany: State University of New York Press.

Bochner, Harry. 1993. *Simplicity in Generative Morphology.* Berlin: Mouton de Gruyter.

Braune, Wilhelm und Frank Heidermanns. 2004. *Gotische Grammatik.* 20. Aufl. Tübingen: Niemeyer.

Braune, Wilhelm und Ingo Reiffenstein. 2004. *Althochdeutsche Grammatik.* 15. Aufl. Bd. 1: *Laut- und Formenlehre.* Tübingen: Niemeyer.

Creer, Sarah (2002). Stress patterns of German cardinal numbers. Masterarbeit, University of Edinburgh.

Dudenredaktion (Hg.). 1973. *Duden: Grammatik der deutschen Gegenwartssprache.* 3. Aufl. Der Duden: Das Standardwerk zur deutschen Sprache 4. Mannheim: Dudenverlag.

Dudenredaktion (Hg.). 2009. *Duden: Die Grammatik.* 8. Aufl. Der Duden: Das Standardwerk zur deutschen Sprache 4. Mannheim: Dudenverlag.

Erben, Johannes. 2006. *Einführung in die deutsche Wortbildungslehre.* 5. Aufl. Grundlagen der Germanistik 17. Berlin: Schmidt.

Fleischer, Wolfgang und Irmhild Barz. 2012. *Wortbildung der deutschen Gegenwartssprache.* 4. Aufl. Tübingen: Niemeyer.

Fuhrhop, Nanna. 1998. *Grenzfälle morphologischer Einheiten.* Studien zur deutschen Grammatik 57. Tübingen: Stauffenburg.

Greenberg, Joseph H. 1978. Generalizations about numeral systems. In *Universals of Human Language*, hg. v. Joseph H. Greenberg, Bd. 3: *Word Structure*, 249–295. Stanford: Stanford University Press.

Helbig, Gerhard und Joachim Buscha. 2001. *Deutsche Grammatik: Ein Handbuch für den Ausländerunterricht.* Leipzig: Langenscheidt.

Klein, Wolfgang. 1993. Ellipse. In *Syntax: Ein internationales Handbuch zeitgenössischer Forschung/An International Handbook of Contemporary Research*, hg. v. Joachim Jacobs et al., Bd. 1, 763–799. Handbücher zur Sprach- und Kommunikationswissenschaft 9. Berlin: de Gruyter.

Kohler, Klaus J. 1995. *Einführung in die Phonetik des Deutschen*. 2. Aufl. Grundlagen der Germanistik 20. Berlin: Schmidt.

Lieb, Hans-Heinrich. 1983. *Integrational Linguistics*. Bd. 1: *General Outline*. Current Issues in Linguistic Theory 17. Amsterdam: Benjamins.

Lieb, Hans-Heinrich. 1992. Integrational Linguistics: Outline of a theory of language. In *Prospects for a New Structuralism*, hg. v. Hans-Heinrich Lieb, 127–182. Current Issues in Linguistic Theory 96. Amsterdam: Benjamins.

Lieb, Hans-Heinrich. 1999. Was ist Wortakzent? Eine Untersuchung am Beispiel des Deutschen. In *Grippe, Kamm und Eulenspiegel: Festschrift für Elmar Seebold zum 65. Geburtstag*, hg. v. Wolfgang Schindler und Jürgen Untermann, 225–261. Berlin: Mouton de Gruyter.

Lieb, Hans-Heinrich. 2013. Towards a general theory of word formation: The Process Model. Freie Universität Berlin. http://edocs.fu-berlin.de/docs/receive/FUDOCS_document_ 000000018561.

Lohde, Michael. 2006. *Wortbildung des modernen Deutsch: Ein Lehr- und Übungsbuch*. Tübingen: Narr.

Motsch, Wolfgang. 2004. *Deutsche Wortbildung in Grundzügen*. 2. Aufl. Schriften des Instituts für deutsche Sprache 8. Berlin: de Gruyter.

Nolda, Andreas. 2007. *Die Thema-Integration: Syntax und Semantik der ‚gespaltenen Topikalisierung‘ im Deutschen*. Studien zur deutschen Grammatik 72. Tübingen: Stauffenburg.

Nolda, Andreas. 2012. Konversion im Deutschen – Muster und Beschränkungen: Mit einem Grundriss einer allgemeinen Theorie der Wortbildung. Habilitationsschrift, Humboldt-Universität zu Berlin.

Olsen, Susan. 2001. Copulative compounds: A closer look at the interface between syntax and morphology. In *Yearbook of Morphology 2000*, hg. v. Geert Booij und Jaap van Marle, 279–320. Dordrecht: Kluwer.

Olsen, Susan. 2004. Coordination in morphology and syntax: The case of copulative compounds. In *The Composition of Meaning: From Lexeme to Discourse*, hg. v. Alice ter Meulen und Werner Abraham, 17–37. Amsterdam: Benjamins.

Stampe, D. 1976. Cardinal number systems. In *Papers from the 12th Regional Meeting of the Chicago Linguistic Society*, hg. v. Salikoko S. Mufwene, Carol A. Walker und Sanford B. Steever, 594–609. Chicago: Chicago Linguistic Society.

Steitz, Lothar. 1981. *Grammatik der Saarbrücker Mundart*. Beiträge zur Sprache im Saarland 2. Saarbrücken: Saarbrücker Druckerei und Verlag.

Wälchli, Bernhard. 2005. *Co-Compounds and Natural Coordination*. Oxford: Oxford University Press.

Quellen

Q 1 Fall Litwinenko: Hamburger möglicherweise verstrahlt (2006). *Handelsblatt*, 11. Dez. http://www.handelsblatt.com/politik/international/hamburger-moeglicherweise-verstrahlt;1182590.

Q 2 Graff, Eberhard G. (Hg.) ([12. Jh.] 1829). Metrische Bearbeitung eines Theils des ersten Buchs Moses. In *Diutiska: Denkmäler deuscher Sprache und Literatur, aus alten Handschriften*, hg. v. Eberhard G. Graff, Bd. 3, 40–112. Stuttgart: Cotta.

Q 3 Hilferuf.de: Mann (30) – Freunde 16 Jahre?? (2009). http://www.hilferuf.de/forum/freunde/78933-mann-30-freunde-16-jahre.html.

Q 4 Hogan, Shawn (2010). Effektiver Passwortschutz und Tastensperre für Pocket PCs. http://1-pass.softonic.de/pocketpc#file_review.

Q 5 Spitta, Philipp (1873). *Johann Sebastian Bach*. Bd. 1. Leipzig: Breitkopf & Härtel.

Ein Trick wird Trend:
Zur Dynamik, den Wurzeln und der Funktion
von Binnenmajuskelschreibung

Hans-Georg Müller

1.　Statt einer Einleitung: Ein Entwicklungsbeispiel

Als im September 1997 nach längeren Verhandlungen ein Kooperationsvertrag zwischen der Fried. Krupp und der Thyssen Stahl AG abgeschlossen wurde, präsentierte man das neu gegründete Unternehmen der Öffentlichkeit unter dem Namen „Thyssen Krupp Stahl AG". 18 Monate später und nach weiteren Fusionierungsschritten wurde das Unternehmen am 17. März 1999 als „ThyssenKrupp AG" [sic] ins Handelsregister eingetragen.

Während seit dieser Zeit die Namen beider Gesellschaften im offiziellen Logo unter Auslassung des Leerzeichens kombiniert wurden, verwendeten öffentliche Verlautbarungen zunächst noch die Schreibung „Thyssen Krupp AG" – so etwa in der ersten Ausgabe der unternehmensinternen Zeitschrift „Fusion aktuell" vom März desselben Jahres. Auch im Zwischenbericht von 1999 ist die schwankende Schreibung noch präsent: Das Logo auf der Titelseite[1] wie auch die tabellarische Übersicht der wichtigsten Geschäftszahlen nutzt die Schreibung „ThyssenKrupp" (s. FN 1, S. 1–3), der anschließende Fließtext hingegen scheut die Binnenmajuskel und schreibt „Thyssen Krupp" mit Spatium. Erst seit dem folgenden Zwischenbericht 1999/2000 setzt sich die Binnenmajuskel fast vollständig durch und verdrängt das Spatium in allen folgenden Texten.[2]

Das Beispiel illustriert, wie eine Körperschaft des öffentlichen Lebens im Zuge innerer Entwicklungen schrittweise ein grafisches Phänomen übernimmt, das von der deutschen Schriftnorm zwar nicht vorgesehen ist, sich aber dennoch zunehmend ausbreitet. Die Entwicklungsdynamik der Binnenmajuskelschreibungen (im Folgenden: BMS) ist so hoch, dass sie bereits heute kaum mehr als ein Phänomen der orthografischen Peripherie betrachtet werden kann, sondern zum alltäglichen schriftsprachlichen Gebrauch gerechnet werden muss. In vielen Lebensbereichen ist BMS ebenso präsent wie Abkürzungen, Kurzwörter oder Akronyme. Kaum findet sich noch eine illustrierte Zeitschrift oder Geschäftsstraße, in der sich keine Anwendungsbeispiele nachweisen ließen. BMS hat sich von einem sporadisch auftretenden Randphänomen zu einem produktiven grafischen Mittel der deutschen Schriftsprache entwickelt.

---

[1]　http://www.thyssenkrupp.com/documents/Publikationen/Zwischenberichte/1998-1999/Zwischenbericht98-99-d.pdf [20.03.2012].

[2]　http://www.thyssenkrupp.com/documents/Publikationen/Zwischenberichte/1999-2000/Zwischenbericht.pdf [20.03.2012].

2. Die Entwicklungsdynamik von BMS

Etwa zeitgleich mit der Fusion von Thyssen und Krupp in Essen beginnt auch die sprachwissenschaftliche Auseinandersetzung mit dem Phänomen der BMS. Nach kurzen, erwäh-
nenden Darstellungen von Baumgart (1992) und Heller (1996) sowie kursorischen Ausführungen bei Nussbaumer (1996) und Zimmer (1997) veröffentlicht Stein (1999) den bis heute
einflussreichsten Beitrag, der auch den Begriff „Binnenmajuskel" etabliert. Nach einer
weiteren Behandlung von Grzega (2001) ebbt das sprachwissenschaftliche Interesse an
BMS ab. Spätere Erwähnungen folgen in der Regel Steins Deutung, bei BMS handle es sich
um eine bewusste Abweichung von der schriftsprachlichen Norm, die als marketingtechni-
scher Trick eingesetzt werde, um durch bewussten Normverstoß die Aufmerksamkeit des
Lesers auf Produkt- und Markennamen zu lenken.

Die jüngste Entwicklung, insbesondere die fortschreitende Ausbreitung von BMS auf
neue schriftsprachliche Anwendungsbereiche machen es erforderlich, die von Stein vorge-
legte Interpretation des Phänomens einer Revision zu unterziehen. Insbesondere ist es notwendig, die Funktion von BMS genauer aus den schriftsprachlichen Bedürfnissen der
Sprachgemeinschaft heraus zu entwickeln. Der folgende Beitrag versteht sich daher als
Ergänzung, aber auch als Modifikation des Stein'schen Deutungsansatzes.

Wenn ein grafostilistisches Phänomen wie BMS sich mit hoher Eigendynamik gegen die
etablierte Norm entwickelt, so müssen mindestens drei Faktoren zusammenkommen, um
diese Entwicklung zu ermöglichen:

1. Es muss ein (schrift-)sprachliches Problem geben, für dessen Lösung Bedarf besteht,
   für das aber keine von der Sprachgemeinschaft als hinreichend erachteten Lösungswege etabliert sind. Eine solche Situation kann dadurch zustande kommen, dass das
   schriftsprachliche Problem neu entstanden ist und einer Lösung zugeführt werden
   muss. Es kann sich auch ein bereits vorhandenes Problem durch außersprachliche
   Entwicklungen verschärft haben, sodass die etablierten Lösungswege nicht mehr als
   ausreichend erachtet oder zunehmend als unbefriedigend empfunden und daher abgelöst werden.
2. Es muss historische Wurzeln geben, von welchen die Entwicklung ihren Ausgang
   nehmen und an welche sie anknüpfen kann. Diese Wurzeln müssen dem Problem
   nicht notwendigerweise funktional verwandt sein, sie können auch lediglich als „Ide-
   engeber" fungieren. Die Ausweitung ihres Gebrauchs wird aber umso wahrscheinlicher, je näher sie ihrer Struktur nach dem schriftsprachlichen Problem sind.
3. Es muss einen Motor geben, der dafür sorgt, dass sich das in den Wurzeln angelegte,
   aber noch nicht produktiv gewordene Potenzial zu einer bestimmten Zeit entfaltet.
   Dieser Motor führt in der Regel dazu, dass ein spezialisiertes Anwendungsszenario
   von größeren Kreisen genutzt und dabei auf allgemeinere Gebrauchssituationen gene-
   ralisiert wird.

Im folgenden Beitrag wird untersucht, worin das sprachliche Problem liegt, auf das BMS
reagiert, von welchen Wurzeln sie ausgegangen ist und worin der Motor dieser Entwicklung
besteht.

3. Zum Phänomen

Binnenmajuskeln sind vom amtlichen Gebrauch der deutschen Rechtschreibung nicht vorgesehen. Die amtliche Regelung[3] (AR) blendet das Phänomen gänzlich aus, die Dudenregeln halten die „Großschreibung im Wortinnern" für in „bestimmten Kontexten gebräuchlich", aber „kontrovers diskutiert und für den allgemeinen Schreibgebrauch häufig abgelehnt" (DUDEN 2009: 56).

BMS stellt zwar eine Abweichung von grundlegenden Prinzipien des deutschen orthografischen Systems dar, allerdings ist nicht leicht zu entscheiden, welches Prinzip eigentlich verletzt wird, denn BMS lässt sich nicht nur als ein Phänomen der Groß- und Kleinschreibung, sondern auch als eines der Getrennt- und Zusammenschreibung interpretieren. Steins Begriff der „Binnenmajuskel" suggeriert, dass BMS durch Großschreibung eines Buchstabens innerhalb eines orthografischen Wortes zustande kommt, und verdeckt dadurch die alternative Interpretation, dass zwei orthografische Wörter durch Weglassen eines Spatiums verbunden werden. Die Entwicklungsgeschichte im Anfangsbeispiel der ThyssenKrupp AG propagiert eher die Sichtweise eines *Fehlspatiums* als einer *Binnenmajuskel*. Im Laufe der Untersuchung wird zu klären sein, ob dies ein generalisierbarer Befund ist.

3.1. Dimensionen des Anwendungsbereiches von BMS

Stein nennt vier Bereiche, in denen BMS gehäuft auftreten, nämlich 1. Computertechnik (OfficeJet, AltaVista), 2. Service und Dienstleistungen (BahnTours, GiroService), 3. Werbung und Werbeanzeigen (AutoForum, ReiseCenter) sowie 4. Firmennamen (KirchGruppe, ProSieben; vgl. Stein 1999: 261f.).[4] Diese Kategorisierung erhebt nicht den Anspruch, disjunkt oder exhaustiv zu sein, denn zwischen allen vier Gruppen sind deutliche Schnittmengen festzustellen. So können viele Produkte der Computertechnik gleichzeitig als Firmennamen wie als Serviceangebote verstanden werden (AltaVista, CompuServe) und als solche auch Gegenstand von Werbeanzeigen sein.

In der aktuellen Entwicklung lässt sich die Ausbreitung von BMS sowohl innerhalb als auch außerhalb der von Stein konstatierten Kategorien belegen. Neben der weiteren Verwendung im Computer- und Technikbereich (iPad, QualityHosting) und bei Firmennamen (easyJet, nVidia, GlaxoSmithKline), finden sich BMS zunehmend auch in Anwendungsbereichen, die aus Steins Typologie herausfallen (CityClean, BuchReigen, AntoniQ, BioZisch). Dazu gehört in größerem Umfang auch der Forschungs- und Bildungssektor, in dem BMS ebenfalls besonders häufig im Zusammenhang mit neuen Medien, Internet und Technik auftritt (OpenCourses, eTEACHiNG, MyMobile, eXplorarium).[5] Hinzu kommen ferner Produkte von Bildungsverlagen (EinFach Deutsch, ZuHören, MatheNetz), wissenschaftliche

---

[3] http://www.ids-mannheim.de/service/reform/regelwerk.pdf [29.07.2013].

[4] Alle genannten Beispiele stammen von Stein (1999). In der Folge werden vor allem eigene, neuere Belege verwendet.

[5] Allein auf der Programmübersichtsseite der GML-Tagung 2012 finden sich elf unterschiedliche BMS, vgl. http://www.gml-2012.de/programm/index.html [20.03.2012].

und pädagogische Programme (LehrOptim, BeLesen, MitVerantwortung[6]) und Institutionen (FernUniversität Hagen, EuroComCenter).

Nach wie vor zeigt BMS eine hohe Affinität zum semantischen Feld „Modernität und Technik", dem sich die meisten Verwendungsbelege assoziieren lassen. Allerdings reicht diese Bestimmung allein nicht aus, denn weder lassen sich alle Anwendungsbeispiele diesem Themengebiet zuordnen (etwa BioFrischeMarkt, KönigPilsener) noch wird BMS selbst in seinen Kerngebieten auf alle Arten von technischen Begriffen angewendet (*GrafikKarte, *BetriebsSystem, *SmartPhone).

Hinzukommen muss ein zweiter, funktionaler Aspekt, der sich vorläufig als „Begriffsbildung und Namensgebung" fassen lässt. Durch BMS ausgezeichnete Sprachstrukturen sollen in besonderer und noch näher zu spezifizierender Weise als (Eigen-)Namen verstanden werden.

Der Anwendungsbereich von BMS ist damit von zwei unabhängigen semantisch-funktionalen Dimensionen strukturiert, durch die ihr Auftreten begünstigt wird. Die erste, sprachexterne Dimension legt das lebensweltliche Verwendungsgebiet auf den Bereich „Modernität und Technik" fest. Die zweite, sprachinterne Dimension grenzt das funktionale Verwendungsprinzip auf Begriffsbildung und Namensgebung ein.

BMS wird umso wahrscheinlicher, je stärker eine schriftsprachliche Entität von diesen beiden Dimensionen beeinflusst wird. Das erklärt ihren Gebrauch bei Produkt-, Marken- und Firmennamen im Allgemeinen und bei technischen Produkten im Besonderen. In dem von Stein konstatierten Anwendungsbereich „Service und Dienstleistungen" etwa verbinden sich Techniknähe (InterCity, AltaVista) mit dem Bedürfnis zur Begriffsbildung (StartKonto, ClassicKonto). Beides motiviert auch BMS im multimedialen Bildungssektor (eCourses, iStudent).

Je weiter Anwendungsgebiete vom Bereich „Modernität und Technik" entfernt sind, umso seltener wird BMS.[7] Während Techniknähe damit ein verstärkendes, aber kein notwendiges Kriterium der BMS darstellt, ist die Dimension „Begriffsbildung und Namensgebung" obligatorisch. Dieser Umstand soll im nächsten Abschnitt näher erläutert werden.

3.2. BMS als Eigennamenmarker

Die funktionale Dimension „Begriffsbildung und Namensgebung" eröffnet die Frage, inwieweit sich BMS auf die Bildung und Verwendung von Eigennamen beziehen lässt. Der Eigennamenbegriff wird in der sprachwissenschaftlichen Literatur in einer engen und einer weiteren Definition verwendet. Nach der engen Definition dienen Eigennamen der „Identifizierung bestimmter individueller Objekte und deren Unterscheidung von anderen Objekten der gleichen Art" (Ewald und Nerius 1990: 97). Sie lassen sich damit disjunkt von Appellativa abgrenzen. Im Gegensatz zu diesen bilden Eigennamen keine Klasse von Objekten, sondern sind eine „bloße Identifikationsmarke" (ebd.).

Der weite Eigennamenbegriff geht stärker von pragmatischen Gesichtspunkten aus. Im Gegensatz zur Kennzeichnungsfunktion anderer Substantivklassen („X ist ein Y") entstehen Eigennamen durch einen Akt der Namensgebung („Dieses ... soll zukünftig ... heißen", vgl.

---

[6]   www.jugend-und-bildung.de/mitverantwortung [20.03.2012].

[7]   Eine gewisse Grauzone ist möglicherweise dadurch motiviert, dass der Anschein von Modernität durch die Art der Schreibung gerade erst evoziert werden soll.

Stetter 1998: 43). Charakteristikum der Eigennamen ist daher die „ursprüngliche Taufe" (ebd.: 45) als ein tatsächlich vollzogener oder gedachter namensgebender Vorgang.

Der Vorteil des weiten Eigennamenbegriffs liegt in seiner funktionalen Plausibilität. Er macht andererseits die Abgrenzung von Eigennamen zu appellativen Substantiven schwer, weil sich viele Appellativa in generischer Verwendung als Eigennamen verstehen lassen.

(1)   Fritz jagte den Zitronenfalter.   (appellativische Verwendung)

(2)   Der Zitronenfalter gehört zur Gruppe der Tagfalter.   (generische Verwendung)

Obwohl damit die Abgrenzung der Eigennamen von anderen Substantivklassen schwierig ist, soll im Folgenden der weite Eigennamenbegriff zur Anwendung kommen, da mit der engen Eigennamendefinition die Notwendigkeit geschaffen wird, andere durch Akte der Namensgebung entstandene sprachliche Entitäten, die sich generisch und appellativ verwenden lassen, begrifflich anders zu erfassen. Hierfür wird in der Regel der Begriff der „festen Verbindungen" (§ 63 AR) verwendet, der die gleichen definitorischen Probleme wie der weite Eigennamenbegriff aufweist, das definitorische Problem also lediglich verschiebt. Auf die Unterscheidung von Eigennamen und „festen Verbindungen" soll daher im Folgenden verzichtet werden.

Aus der Funktion der Eigennamen resultieren grammatische Besonderheiten, die sich in der Semantik, Morphologie und Syntax niederschlagen. Semantisch liegt der zentrale Unterscheidungspunkt von Eigennamen zu anderen Nomenklassen in ihrem primär denotativen Charakter. Eigennamen sollen einen Gegenstand nicht kennzeichnen, sondern identifizieren. Zwar sind bei komplexen Eigennamen häufig kennzeichnende Elemente nachweisbar, sie sind aber der Identifizierungsfunktion untergeordnet. Daraus resultiert das abweichende Verhalten von Eigennamen auf der Ebene der Syntax und des Textes. Eigennamen können oft artikellos verwendet werden und bedürfen auch bei Verwendung mit Determinierer nicht der Einführung mit indefinitem Artikel.

Praktisch alle Anwendungsfälle von BMS sind als Eigennamen aufzufassen. Dabei treten neben eindeutig identifizierenden Eigennamen (ThyssenKrupp, HafenCity) auch Beispiele auf, die sowohl appellativisch als auch generisch verwendbar sind (iPhone, BlackBerry) und damit den weiten Eigennamenbegriff erfordern. Obwohl viele Anwendungsbeispiele auch konnotative Bestandteile aufweisen, lässt sich die denotative Grundfunktion als primär herausstellen. Beispiele wie BioBackHaus,[8] die diesem Befund zunächst zu widersprechen scheinen, zeigen bei genauerer Betrachtung, dass die Einordnung als Eigenname der als Appellativum vorzuziehen ist. Der Begriff dient nicht der Kennzeichnung einer Lokalität mit bestimmten Eigenschaften, sondern der Identifizierung einer gewerblichen Institution, deren Bezeichnung einem Akt der bewussten Namensgebung entstammt. Folgerichtig stellt bereits die URL „www.das-biobackhaus.de" den bestimmten Artikel demonstrativ an den Beginn des Internetauftritts, verdeutlicht damit den identifizierenden Charakter des Begriffs und schließt eine appellativische Interpretation aus.

Das Beispiel zeigt, dass BMS bewusst eingesetzt werden kann, um den Eigennamencharakter der schriftsprachlichen Entität gegen eine alternativ mögliche appellativische Lesart abzugrenzen. Damit erlangt BMS eine bedeutungsunterscheidende Funktion, die von der

---

[8]   http://www.das-biobackhaus.de/ [20.03.2012].

Forschung bisher nicht berücksichtigt wurde. Sie kann als grafisches Signal eingesetzt werden, um den Eigennamencharakter einer schriftlichen Entität zu evozieren. Hierin zeigt sich ein Potenzial, das es bei der Untersuchung normgerechter alternativer Schreibweisen zur BMS zu berücksichtigen gilt.

3.3. Binnenmajuskel oder Fehlspatium?

Stein (1999: 261) spricht BMS als onymische Komposita an und ordnet das Phänomen damit implizit dem Gegenstandsbereich der Morphologie zu. Kaum untersucht wurde bisher die Frage, inwieweit diese Ansicht gerechtfertigt ist.

Wortkomposition dient neben stilistischen und sprachökonomischen Aufgaben der fixierenden sprachlichen Benennung (Fleischer und Barz 2007: 90ff.). Diese Funktion korrespondiert mit dem herausgearbeiteten Anwendungsbereich von BMS im Kontext der Begriffs- und Eigennamenbildung, ist aber allein noch kein hinreichender Grund für die Annahme morphologischer Bildungsmuster. Gerade Eigennamen bilden häufig mehrgliedrige Ausdrücke, deren Bestandteile durch Spatien getrennt sind, so etwa Personennamen (Jakob Michael Reinhold Lenz), Institutionen (Stiftung Preußische Schlösser und Gärten), Toponyme (Rotes Meer) oder Werktitel (Brandenburgische Konzerte).

Die Funktion des Spatiums ist unlängst von Fries (2012) herausgestellt worden. Spatien normaler Breite[9] dienen im System der deutschen Orthografie zur „Zergliederung und Analyse schriftsprachlicher Einheiten in *minimale syntaktisch relevante Abschnitte*" (ebd.: 418). Sie signalisieren dem Leser damit, die abgegrenzten Entitäten einem syntaktischen Parsingprozess zuzuführen. Fries betont damit die funktionale Bedeutung des Spatiums für den Dekodierungsprozess.

Diesem Ansatz äquivalent, doch stärker auf die formale Seite des Phänomens ausgerichtet, formuliert Jacobs (2007: 34) das Grundprinzip der deutschen Getrennt- und Zusammenschreibung: „Wenn X und Y Teilausdrücke eines morphologisch gebildeten Zeichens sind, gibt es zwischen <X> und <Y> kein Spatium". Die Grenze zwischen Syntax und Morphologie wird damit im Rahmen des Schriftsystems durch die Grenze zwischen Getrennt- und Zusammenschreibung repräsentiert.

Den Gedanken Jacobs folgend hängt die Angemessenheit des Begriffs der Binnenmajuskel davon ab, inwieweit sich bestimmen lässt, ob die Teilausdrücke von BMS morphologischen oder syntaktischen Bildungsprozessen unterworfen sind. Steins Definition von BMS als onymischen Komposita evoziert implizit morphologische Bildungsprozesse.

Mehrere Anwendungsbeispiele von BMS könnten als kopulative Komposita verstanden werden, darunter als prominenteste Vertreter die Namen fusionierter Konzern (ThyssenKrupp, DaimlerChrysler, GlaxoSmithKline). Der kopulative Charakter dieser Strukturen hebt die partnerschaftliche und gleichberechtigte Beziehung der beteiligten Unternehmen hervor und liegt damit im Interesse der Namensgeber. Am Eingangsbeispiel war illustriert worden, dass sich Schriftbilder dieser Art aus der Spatienschreibung entwickelt haben, die bei manchen Anwendungsbeispielen auch noch parallel zur BMS vorzufinden ist, insbesondere in kontinuierlichen Texten.

---

[9] Fries (2012: 414f.) unterscheidet drei unterschiedliche Spatientypen. Wenn nicht anders vermerkt, soll in der Folge vom Spatium normaler Breite ausgegangen werden. Zur Abgrenzung von anderen Spatientypen vgl. ebd.

Die Beziehung zwischen den Teilausdrücken ähnelt derjenigen mehrteiliger Personennamen, die in der Regel mit Spatium oder Bindestrich, seltener und nur bei sehr typischen Namenskombinationen auch in Zusammenschreibung realisiert werden (Karl Heinz, Karl-Heinz, Karlheinz). Die normgerechte Alternative zu BMS in dieser Gruppe ist damit trotz der möglichen Interpretation als Kopulativkompositum eher Getrennt- als Zusammenschreibung.

Bemerkenswert selten finden sich Anwendungsbelege, die als Determinativkomposita betrachtet werden können. Die prominenteste und häufigste Art der deutschen Komposition ist damit innerhalb von BMS unterrepräsentiert. Unter den wenigen potenziellen Beispielen zeigt ein Großteil ferner einen exozentrischen Charakter (FrontPage, GiroStar, AutoForum, BoConcept), der den Erwartungen an prototypische determinative Komposita ebenfalls widerspricht.

Bei einem Großteil der Belege ist die Bestimmung der grammatischen Beziehung zwischen den Teilausdrücken schon deshalb schwierig, weil es sich bei einem oder beiden Bestandteilen um Konfixe handelt, deren Semantik systematisch unterspezifiziert ist (CompuServe, InterCity, ImmoTrans, VisiCalc, NetWare, LinMot, ComBär etc.). Dieser sonst im Deutschen wenig verwendete Teilbereich der Begriffsbildung ist innerhalb der BMS deutlich überrepräsentiert.

Bei einer weiteren Teilmenge schließlich scheint eine syntaktische Beziehung zwischen den Teilausdrücken vorzuliegen. Dies betrifft etwa Adjektiv-Nomen-Verbindungen (GoldenEye, EasyJet, OpenOffice, QuickTime), mitunter auch verkürzte Verbalkomplexe (CloneCD, GoGear) oder Nominalgruppen (DieTotenHosen, BallastDerRepublik). In diesem Bereich ist der morphologische Bildungscharakter teils ausgeschlossen, teils fraglich. Zwar kennt das Deutsche Kompositionen mit adjektivischen oder verbalen Teilausdrücken, doch sind diese Bildungsmuster stark restringiert und wenig produktiv (vgl. Fleischer und Barz 2007: 103ff., 109f.). Inwieweit sie sich auf die genannten Beispiele anwenden lassen, ist wegen des hohen Anteils von Fremdwortbestandteilen nicht ohne genauere Untersuchung der Einzelfälle einzuschätzen.

Insgesamt zeigt sich, dass die grammatische Beziehung zwischen den Teilausdrücken von BMS in den meisten Fällen eigentümlich unscharf bleibt. Semantische Relationen, wie sie innerhalb prototypischer nominaler Komposita vorherrschen, sind selten, untypische Phänomene hingegen treten häufig auf. Nur wenige Beispiele lassen sich eindeutig morphologischen Bildungsmustern zuordnen, während eine Reihe von Verbindungen als Syntagmen aufgefasst werden müssen.

Die weitgehend unhinterfragte Zuordnung von BMS zum Gegenstandsbereich der Wortbildung kann daher aus formaler Perspektive kaum aufrechterhalten bleiben. Berechtigung erlangt sie stattdessen aufgrund der kennzeichnenden bzw. identifizierenden Funktion von BMS, die stärker mit Wort- als mit Phrasenbildungsprozessen assoziiert wird. Das trifft auch auf mehrteilige Eigennamen zu, die trotz ihres syntaktisch komplexen Charakters nur als Gesamtheit referieren können.

Sowohl mehrteilige Eigennamen als auch BMS weisen eine Divergenz zwischen Form und Funktion auf, die bei anderen Nominalklassen nicht in gleicher Weise auftritt. Mehrgliedrige Eigennamen folgen dabei eindeutig syntaktischen Bildungsmustern, weshalb die formale Seite die funktionale dominiert und der Systematik der deutschen Orthografie folgend zur Spatienschreibung führt. Die funktionale Eigenart wird dadurch signalisiert, dass alle Bestandteile des Eigennamens durch eine initiale Majuskel ausgezeichnet werden. Bei BMS liegen uneindeutige und wenig transparente Bildungsmuster vor. Daher kann die formale Seite die funktionale nicht wie bei den mehrteiligen Eigennamen dominieren, sodass es zu der eigentümlich unentschiedenen grafischen Realisierung auf dem Grat zwischen Morphologie und Syntax kommt.

Der Begriff „Binnenmajuskel" ist daher nicht aus formalen, sondern aus funktionalen Gründen der etablierte. Der Binnencharakter des Phänomens liegt nicht vorrangig darin, dass eine Majuskel zwischen Minuskeln steht, sondern dass es sich um ein Phänomen auf der Grenze zwischen Morphologie und Syntax handelt.

Soll der etablierte Begriff der Binnenmajuskel aus funktionalen Gründen beibehalten werden, ist es erforderlich, die strukturellen Besonderheiten von BMS im Auge zu behalten. Insbesondere die häufige Verwendung von Konfixen scheint dazu zu dienen, Assoziationen zu evozieren, die mit dem bezeichneten Gegenstand bzw. Sachverhalt in Verbindung gebracht werden sollen. Der lose und unspezifische Charakter der Beziehung der Teilausdrücke innerhalb der BMS trägt dem onymischen, primär denotativen und lediglich sekundär konnotativen Charakter der Verbindungen Rechnung.

3.4. BMS und verwandte Phänomene

BMS ist als Phänomen weniger singulär, als der erste Augenschein erwarten lässt. Im Folgenden sollen schriftsprachliche Phänomene dargestellt werden, die BMS formal wie funktional ähneln und damit ihrer vertiefenden Charakterisierung dienen.

3.4.1. Binnenmajuskel und Akronyme

Die orthografische Norm des Deutschen kennt verschiedene Gebrauchsfälle von Majuskeln, denen kein Spatium vorangeht, so etwa innerhalb von Abkürzungen (JuSchG), Kurzwörtern (GmbH) oder Akronymen (CeDiS, BAföG).

Insbesondere die letzte Gruppe zeigt viele Ähnlichkeiten mit BMS. Wie diese weist sie in der Regel keinen Einfluss auf die Lautung auf, ist also ein grafisches, kein lautliches Phänomen. Ausnahmen von dieser Regel treten auf, sofern eine lautsprachliche Realisierung den deutschen Lautgesetzen widersprechen würde (KFOR, XtraX). Außerdem dient die Majuskelsetzung in beiden Fällen der Kennzeichnung grammatischer Grenzen innerhalb des Gesamtkomplexes, bildet also ein grammatisch motiviertes grafisches Abgrenzungssignal, wobei auch bei Akronymen sowohl syntaktische als auch morphologische Grenzen markiert werden können. Der morphosyntaktische Status des Bildungsmusters ist bei Akronymen allerdings eindeutig, bei BMS nicht.

Schließlich bildet der Gesamtkomplex in beiden Fällen einen eigennamenähnlichen Nominalkomplex, der sich auf einen individuellen Produkt- oder Firmennamen, eine Institution oder ein geistiges Konzept bezieht, auf das ohne vorherige Einführung artikellos oder mit bestimmtem Artikel referiert werden kann. Ähnlich wie bei Eigennamen überwiegt der denotative Charakter.

Der Unterschied zwischen BMS und Akronymen liegt darin, dass letztere eine lexikalische Variation zu ihrer jeweiligen Vollform bilden, zu der sie in systematischer Beziehung stehen. Darüber hinaus tendieren Akronyme bei zunehmender begrifflicher Etablierung dazu, ihren besonderen akronymischen Charakter zu verlieren und als eigenständige Begriffe aufgefasst zu werden. Dieser Prozess geht auch mit einer grafischen Angleichung einher, die in der Regel schließlich zu initialer Majuskelschreibung führt (Laser, Aids, Cern).

3.4.2. Initialminuskeln

In jüngerer Zeit treten zunehmend Schreibungen auf, die weniger durch den Begriff der Binnenmajuskel als durch den der Initial*minuskel* charakterisierbar sind.

(3)   eLearning, eBusiness, eBay

(4)   iMac, iZone, iGoogle

Initiale Minuskeln lassen sich in ähnlicher Weise wie Akronyme auf eine lexikalische Vollform beziehen, was für BMS nicht gilt. Das initiale <e> etwa steht für "electronic" oder "enhanced". Das initiale <i> des iMac stand in der ersten Generation des Produktes 1998 für „Internet", während sich die Schreibweise zunehmend verselbstständigte und heute eher mit der 1. Pers. Sg. des Englischen assoziiert wird, also eine persönliche Beziehung zwischen Nutzer und Produkt evozieren soll.

Die Beispiele zeigen, dass der lexikalische Bezug im Unterschied zu Akronymen nicht deutlich ausgeprägt ist, sondern unscharf bleibt. Wiederum fällt der lose, assoziative Charakter der Verknüpfung auf, der für BMS auf morphosyntaktischer Ebene bereits konstatiert wurde.

3.4.3. Typografische Grenzmarkierungen

Parallel zu BMS existieren im Kontext von Marken-, Produkt- und Firmenbezeichnungen weitere grafische Markierungsgewohnheiten, die zu ähnlichen das Schriftbild strukturierenden Zwecken eingesetzt werden. Wie BMS werden sie auf zusammengesetzte schriftsprachliche Entitäten angewendet, die den Charakter von Eigennamen haben und deren interne grammatische Grenzen grafisch markiert werden. Im Unterschied zu BMS kommen dabei nicht nur verschiedene Buchstabenregister zum Einsatz, sondern auch andere typografische Mittel, etwa Kursiv- und Fettschreibung (tages**themen**, *seh*süchte, **Think**Flood), unterschiedliche Schriftarten und -größen sowie verschiedene Schrift- und Hintergrundfarben (Spiegelonline Medimax, ProfitBricks).

Bei mehrteiligen Zeitungsnamen, aber auch bei anderen Eigennamen werden syntaktische Grenzen mitunter statt durch Spatium auch durch ikonische Bildzeichen dargestellt (Die Welt, Berliner Zeitung, Märkische Allgemeine, Media Markt). Bisweilen kommen dabei auch Zahlen und buchstabenähnliche Sonderzeichen zum Einsatz (m&m's, 1&1, Server4you). Gemeinsam ist diesen Beispielen die Tendenz zur Vermeidung des Spatiums zwischen den Teilausdrücken.

In vielen der genannten Beispiele treten die typografischen Markierungen nur im speziell gestalteten Firmenlogo auf, während bei ihrer Nennung im kontinuierlichen Text andere Mittel eingesetzt werden, um den Eigennamencharakter zu signalisieren, so etwa Versaloder Kursivschreibung, Schreibung in Anführungszeichen, zunehmend aber auch BMS.[10]

Der Variantenreichtum typografischer Grenzmarkierungen zeigt, dass BMS möglicherweise lediglich ein Spezialfall des generellen Problems ist, den funktionalen Zusammen-

---

[10] Vgl. etwa das Eingangsbeispiel.

hang mehrteiliger Eigennamen grafisch zu verdeutlichen, ohne dabei interne grammatische Grenzen zu verwischen, die für den Dekodierprozess wichtig sind. Die funktionale Ähnlichkeit typografischer Abgrenzungsmarkierungen zu BMS liegt damit nicht nur in ihrem schriftbildstrukturierenden Charakter, sondern auch in der Absicht, zwei gegenläufige Intentionen grafisch gleichzeitig zu berücksichtigen. Dieses Problem wird im nächsten Abschnitt genauer untersucht.

4.   BMS im Kontrast zu normgerechten Alternativen

Die Verwendung von BMS zur grafischen Kennzeichnung von Eigennamen ist als Gegenentscheidung zu normgerechten alternativen Schreibweisen aufzufassen. Infrage stehen hierbei nicht nur Getrennt- und Zusammenschreibung, sondern auch Durchkupplung mit Bindestrich (Divis). Alle drei Schreibweisen lassen sich bei der tradierten Verschriftung von Eigennamen nachweisen. Ihre Untersuchung im Hinblick auf jeweilige Vor- und Nachteile erbringt Hinweise, warum BMS den normgerechten Schreibweisen vorgezogen wird.

4.1.   Zusammenschreibung ohne Spatium

Begriffe und Eigennamen werden im deutschen Schriftsystem in der Regel ohne Spatium realisiert, da nicht die Teilausdrücke, sondern der Gesamtkomplex dem syntaktischen Parsing zugeführt werden soll (vgl. Fries 2012: 418–419). Ausnahmen treten dann auf, wenn die Bildungsmuster, die zwischen den Teilausdrücken intervenieren, syntaktischer Natur sind. Da nur bei einem Teilbereich der Anwendungsbeispiele eindeutig syntaktische Bildungsmuster nachweisbar waren, wäre einfache Zusammenschreibung ohne Spatium, Bindestrich oder Binnenmajuskel die erwartbare normgerechte Alternative. Sie entspräche zudem dem begriffsbildenden Charakter von BMS.

Bekanntlich erlauben die reichhaltigen kompositionellen Wortbildungsmöglichkeiten des Deutschen die Bildung sehr komplexer sprachlicher Einheiten. Mit zunehmender Komplexität leidet allerdings die schriftsprachliche Dekodierbarkeit der Verbindung, da die Identifizierung der Teilausdrücke mit zunehmender Länge immer anspruchsvoller wird. Eine mögliche Ursache für die Ausbreitung von BMS könnte folglich darin liegen, den inneren Aufbau komplexer schriftsprachlicher Einheiten zu verdeutlichen und damit die Transparenz des Gesamtkonstrukts zu erhöhen.

Der Großteil der BMS zeigt eine vergleichsweise geringe Komplexität. Kompositionen aus zwei oder drei Teilausdrücken sind im Deutschen keine Seltenheit, sodass das Kriterium zu großer Komplexität allein kein hinreichender Grund für die Verwendung der Binnenmajuskel sein kann. Die Beispiele in (5) sind auch ohne BMS problemlos identifizierbar.

(5)   Biofrischemarkt, Intercity, Zeichenträger

Allerdings weisen sehr viele Beispiele für BMS Teilausdrücke mit Eigennamen, fremdsprachlichen Morphemen oder Konfixen auf, sodass die Transparenz nicht aufgrund der Komplexität, sondern der geringen Geläufigkeit der Teilausdrücke gefährdet sein kann. Dabei macht auch die lose, assoziative Semantik vieler BMS eine klarere Kennzeichnung der Teilausdrucksgrenzen wünschenswert.

(6) $^?$ Compuserve

(7) $^?$ Protectstar

(8) $^{??}$ Glaxosmithkline

Zusammenschreibung ohne Spatium führt zur erwünschten Rezeption des Gesamtkomplexes als zusammengehörigen Begriffs bzw. Eigennamens, setzt ihn aber gleichzeitig der Gefahr mangelnder Transparenz der Teilausdrücke aus.

Darüber hinaus war bereits in Abschnitt 3.2 angesprochen worden, dass die grafische Auszeichnung durch BMS die Rezeption des Komplexes als Eigenname überhaupt erst veranlassen und eine Interpretation als Appellativum verhindern kann. Dieser Umstand spielt insbesondere dann eine Rolle, wenn sich Eigennamen als Determinativkomposita analysieren lassen und damit einer appellativischen (Fehl-)Interpretation offenstünden.

(9) ComfortKonto, FernUniversität, ZeichenTräger, KalenderBlatt

Zusammenschreibung ohne Spatium erweist sich damit für unterschiedliche Gruppen von BMS aus unterschiedlichen Gründen als suboptimal: Einheiten, deren uneindeutige morphologische und semantische Struktur die Dekodierung erschweren könnte, werden durch BMS transparenter, Einheiten, die aufgrund ihrer klaren morphologischen Struktur dieser Unterstützung nicht bedürften, lassen sich durch BMS vor einer appellativischen Interpretation schützen und unterstreichen damit den Eigennamencharakter der schriftsprachlichen Entität.

4.2. Getrenntschreibung mit Spatium

Bei mehreren BMS unterliegen die Teilausdrücke syntaktischen Bildungsmustern. Mindestens für diese Beispiele, darüber hinaus auch für eine Reihe morphosyntaktischer Zweifelsfälle, wäre Getrenntschreibung mit Spatium eine gangbare normkonforme Alternative.

Der Vorteil von Getrenntschreibung liegt darin, die Grenzen der Teilausdrücke transparent zu halten und damit die Rezeption zu erleichtern. Darüber hinaus findet Spatienschreibung für kompositorisch komplexe Ausdrücke Vorbilder in anderen europäischen Schriftsystemen wie dem Englischen. Tatsächlich zeigen sich in der deutschen Schriftsprache parallel zur Ausbreitung von BMS auch zunehmend normwidrige Spatienschreibungen innerhalb von Kompositionen, deren Vorbild das Englische sein könnte (vgl. auch Jacobs 2007: 6).

(10) * Bistro Restaurant

(11) * Himbeer Konfitüre

(12) * Service Personal

Wie in Abschnitt 3.3 erwähnt, dient das Spatium normaler Breite der Gliederung schriftsprachlicher Einheiten in „minimale syntaktisch relevante Abschnitte" (Fries 2012: 418). Dies wird für die Teilausdrücke von BMS in der Regel nicht intendiert. Spatienschreibung birgt also die Gefahr, als Anweisung verstanden zu werden, zwischen den Teilausdrücken syntaktische Beziehungen zueinander anzunehmen und sie damit nicht als begriffliche Einheit zu interpretieren.

Dieses Problem tritt allerdings auch bei anderen mehrteiligen Eigennamen auf, ohne zu BMS zu führen. In den meisten Fällen, insbesondere bei Adjektiv-Nomen-Verbindungen, lässt sich dies durch das zugrundeliegende syntaktische Bildungsmuster erklären, daneben treten aber auch kopulative Verbindungen auf, deren syntaktischer Status uneinheitlich eingeschätzt wird („Peter Pan", „Karpfen blau", „Jena West"). Phänomene dieser Art werden in der Regel als Juxtapositionen bezeichnet (Gallmann 1989: 101; 1997: 220), sie unterliegen starken Restriktionen und sind nur in bestimmten Anwendungsbereichen produktiv (so etwa bei Personennamen).

Für BMS mit kopulativem Charakter ist eine Interpretation als Juxtaposition und daraus resultierende Schreibung mit Spatium umso weniger akzeptabel, je klarer es sich bei einem oder beiden Teilausdrücken um Konfixe handelt. Das liegt daran, dass Konfixe ohne Verbindung zu anderen sprachlichen Entitäten keine syntaktische Position besetzen können.

(13)   Thyssen Krupp

(14) $^?$ Office Jet

(15) * Visi Calc

Damit erweist sich Schreibung mit Spatium gerade für diejenigen BMS als ungeeignet, für die aufgrund der geringen Geläufigkeit der Teilausdrücke auch Zusammenschreibung eine wenig günstige Alternative darstellt.

Getrenntschreibung mit Spatium bringt als grafische Möglichkeit den Vorteil der leichten Überschaubarkeit der Teilausdrücke mit sich. Sie birgt allerdings die Gefahr, zur separierenden syntaktischen Interpretation der Teilausdrücke zu führen, was für BMS nicht intendiert und für einen Teilbereich auch aus schriftsystematischen Gründen ausgeschlossen ist. Spatienschreibung ermöglicht grafische Transparenz, stört aber die begriffsbildende Funktion der BMS.

4.3. Schreibungen mit Bindestrich

Die Vor- und Nachteile der Schreibweisen mit und ohne Spatium sind diametral distribuiert. Diese Problemlage ist nicht spezifisch für BMS, sondern findet sich regelmäßig in der Projektion der deutschen Wortbildung auf das Schriftsystem. Zu ihrer Lösung hat sich die Bindestrichschreibung etabliert.

Gallmann (1989: 97f.) charakterisiert die Funktion des Bindestrichs (Divis) innerhalb von Wortformen als Grenzmarker zwischen den Bestandteilen eines Kompositums, sofern die besondere Kennzeichnung dieser Grenze von Bedeutung ist. Das ist dann der Fall, wenn die Teile der Komposition durch unterschiedliche Schreibtechniken realisiert werden (S-Kurve, Kfz-Steuer), wenn syntaktisch komplexe Phrasen in Durchkupplungen nominalisiert werden (das Auf-der-Stelle-Treten), bei Kompositionen mit schwer erkennbaren Grenzen der Teilausdrücke (Grenz-Erfahrung statt Grenzerfahrung) sowie bei mehrteiligen Eigennamen (August-Bebel-Straße). Alle vier Anwendungsbereiche finden sich auch bei BMS, sodass Bindestrichschreibung als die optimale normgerechte Alternative zur BMS zu kennzeichnen ist. Sie umgeht das Dilemma der Zusammen- bzw. Getrenntschreibung und verbindet sich funktional plausibel mit typischen Anwendungsfällen von BMS. Auch in der Forschungsliteratur ist Bindestrichschreibung als eigentlich naheliegende Alternative zur

Binnenmajuskel herausgestellt worden (Baumgart 1992: 218, Grzega 2001: 73, vgl. dagegen: Stein 1999: 274).

Warum und unter welchen Bedingungen wird BMS dennoch der Bindestrichschreibung vorgezogen? Baumgart (1992: 218) weist darauf hin, dass „durch den Bindestrichverzicht auf die enge Verbindung der Teile sowohl optisch als auch semantisch hingewiesen" werde, erläutert allerdings nicht näher, inwiefern der Bindestrich die Interpretation der semantischen Nähe zweier Teilausdrücke beeinflusst.

Bindestrichschreibung führt zu einer Dekomposition im Leseprozess. Geilfuß-Wolfgang (2007: 78–80) referiert im Anschluss an Pfeiffer (2002) die unterschiedlichen Rezeptionsprozesse zwischen Bindestrich- und Zusammenschreibung. Bei Bindestrichschreibung werden zunächst beide Teilausdrücke identifiziert und erst in einem zweiten Schritt zu einer Gesamtstruktur verknüpft. Der Bindestrich betont damit die Eigenständigkeit der Teilausdrücke, was sich auch anhand der Akzeptabilität von Bindestrichschreibungen bei verschiedenen Arten von Komposita zeigen lässt. So könnten insbesondere Kopulativkomposita leicht durch Bindestrich dekomponiert werden (Herz-Kreislauf-System), Determinativkomposita weniger leicht (?Gemüse-Theke), kaum schließlich Rektionskomposita (*Spazier-Gänger). Inakzeptabel ist Bindestrichschreibung für Konstruktionen, „bei denen Erst- oder Zweitbestandteil innerhalb des Gesamtausdrucks keine transparente Semantik aufweisen (Früh-Stück, Wellen-Sittich)" (Bredel 2011: 36).

Für einen Großteil der BMS könnte hierin der Grund für die Vermeidung des Bindestrichs liegen. Von einer transparenten Semantik i. S. Bredels kann bei vielen BMS, bei denen die Verbindung der Teilausdrücke auf eher losen thematischen Assoziationen beruht, nicht ausgegangen werden. Auch Dekomposition liegt nicht im Interesse des Zeichenproduzenten, da der Komplex als Eigenname aufgefasst werden soll.

Ein weiteres Merkmal der Bindestrichschreibung ist seiner Verwendung als normgerechter Alternative zu BMS hinderlich: Bindestrichschreibungen finden sich besonders häufig bei Okkasionalismen, spontanen, nicht im mentalen Lexikon abgelegten Wortbildungen, die den ökonomischen Sprachgebrauch unterstützen. Ihre Affinität zur Bindestrichschreibung liegt in der Absicht begründet, den Aufbau einer Komposition zu verdeutlichen, deren Wortbild im Gegensatz zu usuellen Komposita dem Rezipienten nicht vertraut und mithin schwerer zu dekodieren ist.

Auch mit BMS realisierte Eigennamen sind dem Rezipienten potenziell unvertraut, doch widerspräche es dem eigennamenbildenden Charakter diametral, wenn der Gesamtkomplex als okkasionelle Wortverbindung interpretiert würde. Berücksichtigt man diesen Umstand, ist auch und insbesondere bei BMS, bei denen eine transparente Semantik der Teilausdrücke vorliegt, plausibel, warum die Verwendung des Bindestrichs vermieden wird.

Ähnlich wie bei der Zusammenschreibung lassen sich somit zwei unterschiedliche Gründe erkennen, warum Bindestrichschreibung als normgerechte Alternative zur BMS nicht gewählt wird. Für einen Teilbereich verbietet die unscharfe, assoziative Semantik der Teilausdrücke die Verwendung des Bindestrichs. Für andere birgt gerade die semantische Transparenz die Gefahr, den Gesamtkomplex als okkasionelle Wortbildung aufzufassen und damit der Interpretation als Eigennamen entgegenzustehen.

5.   Wurzeln der BMS

Wenn ein schriftsprachliches Phänomen eine solche Eigendynamik entwickelt, dass es sich gegen die etablierte Sprachnorm ausbreitet, dann bedarf es in der Regel historischer Anknüpfungspunkte, von denen es seinen Ausgangspunkt nehmen kann. Diese können dem Zielphänomen formal oder funktional ähnlich sein, unterliegen aber bei ihrer Ausbreitung häufig Generalisierungs- und Umdeutungsprozessen, die ihren ursprünglichen Charakter verändern.

Einen Großteil der potenziellen Wurzeln von BMS hat Stein (1999: 264–271) ausführlich beschrieben, sodass sie an dieser Stelle nur kurz erwähnt werden sollen. Der Fokus dieser Darstellung liegt auf dem von Stein nur am Rande behandelten Bereich der Computertechnik und der Programmiersprachen, dessen Deutung in der Literatur zu Missverständnissen geführt hat und der daher eine eingehendere Untersuchung erfordert. Darüber hinaus eröffnet seine Betrachtung aufschlussreiche Perspektiven sowohl für die Technikaffinität wie für den begriffsbildenden Charakter von BMS.

Bereits im 17. Jh. traten Kompositaschreibungen mit Binnenmajuskel auf, bildeten aber diachron kein produktives Muster aus (vgl. Stein 1999: 263 im Anschluss an Mentrup [1979]). Auch doppelte Initialmajuskeln zum Zeichen der Ehrerbietung (HErr, GOtt), die zu dieser Zeit angewendet wurden, blieben Episode und verschwanden im Laufe des 18. Jh. aus den Schriftbildern. Eine Traditionslinie dieser frühen Verwendungsweisen mehrerer Majuskeln innerhalb eines Wortes zu den heutigen Schreibungen ist unwahrscheinlich.

Im Zusammenhang mit Begriffsbildung und Technik tritt BMS ab Anfang der 50er-Jahre in Erscheinung (CinemaScope), zunächst ohne eine umfassendere Ausbreitung anzustoßen. Einen starken Entwicklungsschub erhielt BMS im Zuge der feministischen Sprachkritik der 70er- und 80er-Jahre, in der sich das sog. Binnen-I als Zeichen der gemeinsamen Nennung männlicher und weiblicher Personenbezeichnungen ausbildete. Ähnlich wie BMS kann das Binnen-I als Reflex zur Lösung einer doppelten schriftsprachlichen Problemlage angesehen werden, nämlich einerseits dem Bedürfnis zur politisch korrekten Bezeichnung von Personengruppen ohne geschlechterspezifische Präferenz und andererseits der Ökonomisierung eines komplexen und schwer rezipierbaren Satzbaus.[11] Ebenfalls parallel zu BMS ersetzt die Majuskel dabei Spatien- und Bindestrichschreibung und kennzeichnet eine interne grammatische Grenze, wobei es sich beim zweiten Teilausdruck von Binnen-I-Schreibungen stets um ein unselbstständiges Derivationsaffix handelt.

Funktional halten sich die Ähnlichkeiten zwischen Binnen-I und BMS in engen Grenzen, da das Binnen-I auf ein klar umrissenes schriftsprachliches Bedürfnis reagiert und einige strukturelle Unterschiede zu BMS aufweist. Beispielsweise führt es systematisch zu einer veränderten Lautung der ausgezeichneten Strukturen. Ein Komplex wie *LeserInnen* wird entweder zur Vollform „Leser und Leserinnen" erweitert oder die durch Binnen-I gekennzeichnete Grenze wird phonologisch durch Glottisverschluss gekennzeichnet. Anders als BMS hat Binnen-I-Schreibung folglich systematische phonologische Konsequenzen. Als Wurzel der derzeitigen Ausbreitung der BMS ist Binnen-I-Schreibung angesichts der formalen und funktionalen Unterschiede unwahrscheinlich, wenngleich es die Rezeptionsge-

---

[11]   Diese Verwendung des Binnen-I ist ausführlich untersucht worden. Für nähere Darstellungen vgl. Gorny (1995).

wohnheiten der Sprachgemeinschaft verändert haben mag. Darüber hinaus scheint das Phänomen den Zenit seiner Verwendung bereits überschritten zu haben,[12] während BMS weiter prosperiert.

Einen starken Entwicklungsschub gewann BMS seit den 70er-Jahren vom zunehmenden Einfluss der Computertechnik. Bereits Zimmer (1997) leitet BMS aus der Computersprache her. Sie verdanke sich „dem Umstand, dass der Computer bei manchen internen Befehlen keine Leerzeichen duldet und Groß- wie Kleinbuchstaben als den gleichen Wert liest" (ebd.: 77). Grzega (2001) setzt sich mit dieser Behauptung auseinander, hält aber Zimmers Argumente für wenig einleuchtend. Wenn Computer keinen Unterschied zwischen Groß- und Kleinschreibung machten, erscheint es ihm unklar, warum BMS ihren Ursprung in diesem Bereich haben solle (ebd.: 73). Das dieser Argumentation zugrundeliegende Missverständnis gibt Anlass, den Zusammenhang von BMS und Computertechnik genauer zu betrachten.

Programmiersprachen lassen sich bezüglich des Umgangs mit Groß- und Kleinschreibung danach unterscheiden, ob sie auf Dateisystem- und Befehlsebene zwischen Groß- und Kleinschreibung unterscheiden oder nicht, ob sie *case sensitive* oder *case insensitive* sind. Unix-Dateisysteme sind case sensitive angelegt, die von Windows hingegen case insensitive. Beide Herangehensweisen haben spezifische Vor- und Nachteile.

Majuskel- und Minuskelvariante eines Buchstabens bilden im binären Code unterschiedliche Bitmuster und damit für das datenverarbeitende System unabhängige Zeichen. Programmiersprachen, die Groß- und Kleinschreibung nicht unterscheiden, müssen diesen Unterschied künstlich einebnen. Sie verlieren dadurch an Differenzierungsfähigkeit, gewinnen aber eine größere Einfachheit für den Benutzer, da viele Fehlermöglichkeiten beim Programmieren von vornherein ausgeschlossen sind. Nicht zufällig wurde das für den Einstieg in die Programmierung entwickelte BASIC *case insensitive* angelegt. Der Programmieranfänger muss sich so nicht merken, ob er seine Variablen und Funktionen mit Groß- oder mit Kleinschreibung deklariert hat.

Die meisten heute verwendeten Programmiersprachen sind case sensitive, so etwa C, Perl, Java oder PHP. Die wohl wichtigste Ausnahme ist Html. Auf diesen Punkt wird zurückzukommen sein.

Das höhere Risiko fehlerhafter Variablenschreibung lösen case sensitive Programmiersprachen in größeren Programmiervorhaben durch fest vereinbarte Namenskonventionen, mit denen die prinzipielle Arbitrarität der Namensgebung systematisch eingegrenzt wird. Eine der prominentesten Konventionen für Programmiersprachen ist unter dem Namen *Camel case* bekannt geworden. Sie verwendet systematisch BMS und bildet damit eine potenzielle Wurzel des heutigen Gebrauchs. Sie soll aus diesem Grund kurz näher vorgestellt werden.

Ziel von Namenskonventionen ist es, Objekt-, Variablen- und Funktionsnamen semantisch so zu gestalten, dass vom Namen auf den Inhalt bzw. die Funktionsweise, gleichzeitig aber auch von der benötigten Funktion auf ihren Namen und ihre Schreibung geschlossen werden kann. Namenskonventionen werden umso dringender benötigt und sind daher umso restriktiver, je stärker ein Programmiervorhaben auf die Zusammenarbeit mehrerer Pro-

---

[12] Viele Zeitungen und Zeitschriften wenden sich derzeit von der Binnen-I-Schreibung ab und kehren zu traditionellen Darstellungsweisen zurück, vgl. etwa http://www.taz.de/!31423/ [12.03.2012].

grammierer angewiesen ist. Sie bilden eine wichtige Grundlage, um effiziente Teamarbeit zu gewährleisten.

In der Camel-case-Konvention werden Funktionsnamen grundsätzlich imperativisch formuliert. Die einzelnen Syntagmen werden nicht durch Spatien, sondern durch BMS voneinander abgegrenzt, da Spatien innerhalb von Befehls- und Funktionsnamen nicht erlaubt sind. Sie unterliegen in Programmiersprachen wesentlich restringierteren Nutzungsbedingungen als in natürlichen Sprachen.

Die Binnenmajuskeln, die wie die Kamelhöcker aus dem Schriftbild herausragen (daher der Name *camel case*), ermöglichen es, den Aufbau von Variablen- und Funktionsbezeichnungen ohne Verwendung von Spatien transparent zu gestalten. Sie gewährleisten damit das Verständnis vorgefertigter Funktionen (vgl. (16), (17) aus JavaScript) wie auch selbst geschriebener Routinen (18).

(16)   captureEvents()

(17)   getElementsByTagName()

(18)   computeAllMeans()

Ohne BMS wären komplex formulierte Methoden wie (17) kaum oder nur mit Mühe zu entziffern, vgl. (19).

(19)   getelementsbytagname()

Camel case wird in einer Reihe von Programmiersprachen und Programmbibliotheken eingesetzt und hat sich zu einem weit verbreiteten Programmierstil entwickelt. Alternative Strukturierungsmöglichkeiten von Variablen- und Funktionsnamen sind zwar möglich, aber wenig gebräuchlich. Das liegt nicht zuletzt daran, dass die meisten nicht buchstabenartigen Zeichen wie Punkt, Semikolon oder Anführungszeichen in der Syntax von Programmiersprachen besondere Aufgaben erfüllen und damit für die Strukturierung von Variablen- und Funktionsnamen nicht zur Verfügung stehen. Bindestriche und bindestrichähnliche Zeichen wurden gelegentlich eingesetzt, bilden aber eine ganze Klasse von leicht miteinander verwechselbaren Zeichen und können folglich zu Fehlinterpretationen führen. Der Unicode-Standard kennt allein drei fast identisch aussehende Bindestrichzeichen gleicher Länge (Minuszeichen [Minus sign, U+2212], Bindestrich-Minus [Hyphen minus, U+002D] und Bindestrich [Hyphen, U+2010]), ferner weitere Zeichen größerer Länge wie Halbgeviertstrich, Geviertstrich, waagerechte Linie etc. Eine Verwechslung zwischen diesen Zeichen kann schwer zu entdeckende Programmfehler verursachen, sodass ihre Vermeidung wenig verwundert.

Als Alternative bleibt damit vor allem der Unterstrich übrig, der teilweise in C und Perl sowie in älteren PHP-Versionen zur Anwendung kam. Seine Zurückdrängung ist im Zusammenhang mit dem Erfolg der Binnenmajuskel zu erklären, die ihm gegenüber den Vorteil hat, ein Zeichen einzusparen und damit sowohl die Schreibung zu vereinfachen als auch den Programmcode kompakter zu machen.

Funktional lassen sich durch camel case ausgezeichnete Konstrukte insofern mit natürlichsprachlichen Eigennamen vergleichen, als Variablen- und Funktionsnamen rein denotative Komplexe sind. Ob eine Variable den Namen „allMeans" oder „x" trägt, spielt lediglich für den Programmierkomfort eine Rolle. Wie natürlichsprachliche Eigennamen verweisen

Variablen und Funktionen darüber hinaus stets auf singuläre Gegebenheiten. Nie dürfen zwei unterschiedliche Variablen den gleichen Namen haben. Camel case ist damit sowohl formal als auch funktional ein programmiersprachliches Äquivalent zur Auszeichnung von Eigennamen durch BMS. Als Wurzel für die aktuelle Entwicklung ist es daher aus zweierlei Gründen wahrscheinlich. Infrage steht lediglich, über welchen Weg das hochspezialisierte Wissen über Programmierstile Einzug in den Alltag finden konnte, sprich: Welcher Motor die heutige Ausbreitung von BMS verursacht hat. Eine Antwort findet sich in der Ausbreitung des Internets seit Ende der 90er-Jahre, die auch zeitlich mit der Ausbreitung von BMS korrespondiert.

6. Das Internet als Motor der BMS

Während es nach den bisherigen Ausführungen so scheint, als ob BMS nur für case sensitive Programmiersprachen eine Rolle spielt, wie ja auch Grzega (2001: 73) annimmt, zeigt der programmiertechnische Alltag ein eher gegenteiliges Bild. Der große Vorteil nicht-case-sensitiver Sprachen liegt darin, die Strukturierung von Namenskonstrukten optional zu ermöglichen, aber nicht obligatorisch zu erfordern. So werden beispielsweise auch im case insensitiven Visual Basic Befehle und Funktionen nach der Camel-case-Konvention gestaltet, um die Namensstruktur transparent zu machen. Der Programmieranfänger kann damit rezeptiv von einem gegliederten Schriftbild profitieren, ohne es in der eigenen Produktion übernehmen zu müssen.

Da Html als die wichtigste und anwendernächste Programmiersprache unserer Tage case insensitive angelegt ist, können auch Privatpersonen und Firmen von diesem Vorteil profitieren. So machen etwa viele Institutionen von der Strukturierungshilfe Camel case Gebrauch, um ihre Internet- und E-Mail-Adressen durch Binnenmajuskeln zu gliedern und damit deren Aufbau transparent zu machen, ohne den Nutzer zur Übernahme dieser Strukturierungshilfe zu verpflichten. Im Gegensatz zur Verwendung von Binde- oder Unterstrichen (Punkte und Spatien sind auch hier stark restringiert) können BMS übernommen, genauso gut aber auch weggelassen werden. Die Schreibungen www.thyssenkrupp.de, www.ThyssenKrupp.de oder www.THYSSENKRUPP.de, führen zu der gleichen Internetadresse, nicht hingegen www.thyssen-krupp.de.[13]

---

[13] Viele internationale Unternehmen reservieren sich neben der von ihnen bevorzugten Adresse auch Adressen mit alternativen Schreibungen, von denen der Besucher auf die eigentliche Adresse weitergeleitet wird. So leitet die Eingabe der Adresse www.thyssen-krupp.de automatisch auf die Hauptadresse ohne Bindestrich weiter. Bei diesen Weiterleitungen scheint sich derzeit eine interessante Trendwende abzuzeichnen, die mit der Ausbreitung der BMS in Verbindung stehen dürfte: Während es noch vor einer Dekade üblich war, eine Schreibung mit Bindestrich als Hauptadresse zu wählen und auf der bindestrichlosen Variante lediglich eine Umleitung zu schalten (so etwa www.s-bahn-berlin.de, www.uni-potsdam.de), gehen jüngere Internetauftritte in der Regel den umgekehrten Weg, leiten von der Bindestrichvariante auf die bindestrichlose um und nutzen dann bezeichnenderweise auch häufig BMS in ihrem Logo (www.daserste.de, www.ergodirekt.de, www.wolframalpha.com).

Camel case bzw. BMS ermöglicht damit eine sehr unkomplizierte und Fehleingaben vermeidende Möglichkeit, die Struktur des eigenen digitalen Auftritts transparent zu machen. Häufig deutet lediglich die Angabe der Top-Level-Domain „.de" oder „.com" hinter dem Firmenlogo an, dass der Name bzw. das Logo zugleich als Internetadresse fungiert. Dass die Groß- und Kleinschreibung, die gerade bei Firmenlogos aus typografischen Gründen von der Norm abweichen kann, dabei keine Rolle spielt, erweist sich als günstig. Unter Verwendung von Spatien- oder Bindestrichschreibung wäre ein so unkomplizierter Umgang mit der eigenen Adresse nicht in gleicher Weise gegeben. BMS macht die Möglichkeit der Namensgliederungen im Bereich des Internets optional, während sie durch Binde- oder Unterstriche zwingend und durch Spatium ausgeschlossen wäre.

Die Verwendung von BMS im Rahmen der Computertechnik erweist sich als anschlussfähige Wurzel des Phänomens. Sie macht plausibel, warum BMS besonders im Bereich Modernität und Technik eine wichtige Rolle spielt und warum sie auf Phänomene der Begriffsbildung angewendet wird. Schließlich sind auch Variablen- und Funktionsnamen nichts anderes als Denotate spezifischer technischer Zusammenhänge. Über die wachsende Bedeutung des Internets als Motor der Entwicklung lässt sich darüber hinaus die zunehmende Ausbreitung während der letzten Dekade erklären.

7.   Zur Funktion von BMS

BMS wurde in der Forschung bisher weitgehend auf die Erregung von Aufmerksamkeit durch normwidrige Schreibung zurückgeführt. Stein (1999) sieht in BMS in erster Linie ein grafostilistisches Muster, das durch einen bewussten Normverstoß Aufmerksamkeit erzeugen und damit die bezeichnete Sache aufwerten soll. Diese Sichtweise erklärt sich zu einem großen Teil aus seinen Beispielen, die praktisch ausschließlich aus dem Kontext der Firmen-, Marken- und Produktbezeichnung stammen. Hier sei BMS ein Mittel, „das eine Ware bezeichnen, für sie und das Unternehmen, die Institution usw. werben und ihren Namen (also Produkt- und Produzentennamen) im Gedächtnis haften lassen soll" (ebd.: 275). Diesem Ansatz ist in der Forschung weitgehend gefolgt worden. Er erscheint dem Phänomen aber aus mehreren Gründen nicht bzw. nicht mehr vollständig gerecht zu werden. So kann Steins Postulat nur bedingt die zunehmende Ausbreitung des Phänomens erklären. Da Aufmerksamkeit im Marketing eine begrenzte Ressource ist, um die Werbestrategen mit immer neuen Methoden ringen, sollte erwartbar sein, dass sich die Binnenmajuskel früher oder später verbraucht hat und durch andere grafostilistische Muster ersetzt würde. Das ist derzeit nicht abzusehen.

Im Gegenteil erobert BMS zunehmend Lebensbereiche, in denen Fragen der Aufmerksamkeitslenkung nicht im Mittelpunkt stehen (sollten), darunter insbesondere auch der Wissenschafts- und Bildungsbereich (vgl. oben). Wäre BMS lediglich ein Trick geschickter Werbeagenturen, sollte sich ihre Verwendung überall dort verbieten, wo Seriosität wichtiger ist als kurzfristige Erregung von Aufmerksamkeit.

Ferner kann Steins Erklärungsansatz nicht die Häufung von Binnenmajuskelschreibungen im Kontext mit Computer und Technik erklären, wo ihre Anwendung deutlich überrepräsentiert ist. Andere grafische Mittel zur Aufmerksamkeitserzeugung, etwa Schriftart,

-größe, und -farbe sind weitgehend unabhängig von der Thematik der Werbeanzeige. Läge die Funktion der Binnenmajuskel lediglich in der Aufmerksamkeitserregung, sollte sie unabhängig von der Produktsparte zu erwarten sein.

Was Stein für die Ursache der Entwicklung von BMS hält, die Firmen- und Produktwerbung mit ihrem umfassenden grafostilistischen Repertoire, ist selbst nur eine – wenngleich prominente – Folge tiefer liegender Zusammenhänge. In kaum einem anderen Lebensbereich spielt die Bildung neuer Begriffe in Form von Eigennamen eine so bedeutende Rolle wie in der produzierenden und vermarktenden Industrie. Das heißt aber nicht, dass sich BMS auf diesen Bereich zurückführen lässt. Vielmehr ist die Bildung und Markierung von Eigennamen zur Bezeichnung neuer geistiger und materieller Konzepte als ursächlich anzusehen. In allen Lebensbereichen, wo die Bildung solcher Konzepte erwartbar ist, ist auch BMS erwartbar.

Bei der Namensgebung für neue geistige Konzepte kommen sowohl morphologische, syntaktische als auch schwer zuordenbare Bildungsmuster zum Einsatz, für deren gemeinsame grafische Abbildung sich BMS als Phänomen auf der Schnittstelle zwischen Morphologie und Syntax besonders eignet. Die häufige Verwendung von Konfixen leitet sich aus dem artifiziellen Charakter der Konzepte her. Mit ihnen sollen semantische Assoziationen wachgerufen werden, ohne dass der Komplex als Syntagma oder gar als okkasionelle Wortbildung fehlinterpretiert werden kann. Konfixe sind daher nicht zufällig ein häufiger Bestandteil von BMS. Sie bilden das semantische Pendant zum grafischen Signal der Binnenmajuskel.

Bei morphologisch bzw. syntaktisch eindeutigen Bildungsmustern bietet BMS eine einfache Möglichkeit, einer appellativischen Interpretation des Gesamtkomplexes vorzubeugen. Dies ist gerade für das deutsche Schriftsystem wichtig, da es durch die generelle Substantivgroßschreibung im Gegensatz zu anderen europäischen Schriftsystemen keine Möglichkeit besitzt, um Eigennamen von anderen Nominalklassen grafisch abzuheben.

BMS bildet somit eine Möglichkeit zur Eigennamenauszeichnung, die sich etablierten grafischen Mitteln in vielerlei Hinsicht als überlegen erweist, da sie a) den Eigennamencharakter des Komplexes eindeutig markiert, dabei zugleich b) den Aufbau der Zusammensetzung transparent macht, ohne dadurch c) vorzeitiges syntaktisches Parsing der Teilausdrücke auszulösen oder d) als okkasionelle Spontanbildung missverstanden zu werden.

Dass BMS v. a. im technischen Bereich anzutreffen ist, ist auf ihre Wurzeln in Computertechnik und Programmierung sowie auf den Entwicklungsmotor Internet zurückzuführen, der durch seinen Einfluss auf Rezeptions- und Produktionsgewohnheiten nach wie vor Auswirkungen auf die Ausbreitung des Phänomens hat. Über die Prominenz und positive Konnotation des Lebensbereichs Technik erweist sich das Konzept als anschlussfähig und generalisierbar auf andere Lebensbereiche, in denen der Begriff der Modernität durch BMS evoziert werden soll. Von dort aus ist der Weg frei in andere Bereiche, in denen die Neubildung von Eigennamen eine Rolle spielt.

Literatur

Baumgart, Manuela. 1992. *Die Sprache der Anzeigenwerbung: Eine linguistische Analyse aktueller Werbeslogans*. Heidelberg: Physica.

Bredel, Ursula. 2008. *Die Interpunktion des Deutschen: Ein kompositionelles System zur Online-Steuerung des Lesens*. Tübingen: Niemeyer.

Bredel, Ursula. 2011. *Interpunktion*. Heidelberg: Universitätsverlag Winter.

Duden. 2009. *Die deutsche Rechtschreibung*. 25. völlig neu bearbeitete und erweiterte Auflage. Mannheim: Bibliographisches Institut.

Ewald, Petra und Dieter Nerius. 1990. *Die Groß- und Kleinschreibung im Deutschen: Die geltende Regelung, Problemfälle und Schwierigkeiten*. 2. Aufl. Leipzig: Bibliographisches Institut.

Fleischer, Wolfgang und Irmhild Barz. 2007. *Wortbildung der deutschen Gegenwartssprache*. 3. unveränderte Auflage. Tübingen: Niemeyer.

Fries, Norbert. 2012. Spatien oder Die Bedeutung des Nichts. In *Die Poesie der Zeichensetzung. Studien zur Stilistik der Interpunktion*, hg. v. Alexander Nebrig und Carlos Spoerhase, 407–429. Publikationen zur Zeitschrift für Germanistik 25. Frankfurt am Main: Lang.

Gallmann, Peter. 1989. Syngrapheme an und in Wortformen. Bindestrich und Apostroph im Deutschen. In *Schriftsystem und Orthographie*, hg. v. Peter Eisenberg und Hartmut Günther, 85–110. Reihe Germanistische Linguistik 97. Tübingen: Niemeyer.

Gallmann, Peter. 1997. Konzepte der Nominalität. In *Zur Neuregelung der deutschen Orthographie. Begründung und Kritik*, hg. v. Gerhard Augst, Karl Blüml, Dieter Nerius und Horst Sitta, 209–241. Reihe Germanistische Linguistik 179. Tübingen: Niemeyer.

Geilfuß-Wolfgang, Jochen. 2007. *Worttrennung am Zeilenende: Über die deutschen Worttrennungsregeln, ihr Erlernen in der Grundschule und das Lesen getrennter Wörter*. Tübingen: Niemeyer.

Gorny, Hildegard. 1995. Feministische Sprachkritik. In *Kontroverse Begriffe. Geschichte des öffentlichen Sprachgebrauchs in der Bundesrepublik Deutschland*, hg. v. Georg Stötzel und Martin Wengeler, 517–562. Berlin: de Gruyter.

Grzega, Joachim. 2001. Eigentümliche zeitgenössische Schreibgebräuche. Zur Verwendung von Apostrophen und inneren Großbuchstaben. In *Sprachwissenschaft ohne Fachchinesisch: 7 aktuelle Studien für alle Sprachinteressierten*, hg. v. Joachim Grzega, 71–79. Aachen: Shaker.

Heller, Klaus. 1996. Großschreibung im Wortinnern. *Sprachreport* 3: 3–4.

Jacobs, Joachim. 2007. *Spatien: Zum System der Getrennt- und Zusammenschreibung im heutigen Deutsch*. Berlin: de Gruyter.

Mentrup, Wolfgang. 1979. *Die Groß- und Kleinschreibung im Deutschen und ihre Regeln: Historische Entwicklung und Vorschlag zur Neuregelung*. Tübingen: Niemeyer.

Nussbaumer, Markus. 1996. BinnenGroßschreibung. *Sprachreport* 3: 1–3.

Pfeiffer, Markus. 2002. Lesen von Komposita. Diplomarbeit, RWTH Aachen. dargestellt in Geilfuß-Wolfgang, Jochen. 2007. *Wortrennung am Zeilenende. Über die deutschen Worttrennungsregeln, ihr Erlernen in der Grundschule und das Lesen getrennter Wörter*. Tübingen: Niemeyer. 78–80.

Stein, Stephan. 1999. Majuskeln im WortInnern. Ein neuer graphostilistischer Trend für die Schreibung von Komposita in der Werbesprache. *Muttersprache* 109: 261–278.

Stetter, Christian. 1998. *Groß- und Kleinschreibung verständlich erklärt. Alte und neue Regelung*. Berlin: Urania.

Zimmer, Dieter E. 1997. *Deutsch und anders: Die Sprache im Modernisierungsfieber*. Reinbeck: Rowohlt.